에듀윌과 함께 시작하면,
당신도 합격할 수 있습니다!

집안 사정으로 인해
오랫동안 학업을 중단했던 늦깎이 수험생

외국 생활을 앞두고
한국 학력 인정이 필요한 유학생

학교를 그만두고
미래를 스스로 준비하는 학교 밖 청소년

누구나 합격할 수 있습니다.
해내겠다는 '열정' 하나면 충분합니다.

마지막 페이지를 덮으면,

에듀윌과 함께
검정고시 합격이 시작됩니다.

85만 권 판매 돌파
177개월 베스트셀러 1위!

에듀윌이 만든 검정고시 BEST 교재로
합격의 차이를 직접 경험해 보세요

중 · 고졸 검정고시 기본서

중 · 고졸 검정고시 5개년 기출문제집
(24년 9월 출간 예정)

중 · 고졸 검정고시 핵심총정리
(24년 9월 출간 예정)

중 · 고졸 검정고시 모의고사
(24년 12월 출간 예정)

에듀윌 검정고시 합격 스토리

박○주 합격생

에듀윌 교재로 학습하면 고득점 합격 가능!

핵심총정리와 기출문제집 위주로 학습하면서, 취약했던 한국사는 기본서도 함께 보았습니다. 암기가 필요한 개념은 노트 정리도 하였고, 기출은 맞힌 문제와 틀린 문제 모두 꼼꼼히 살폈습니다. 저는 만점이 목표였는데, 사회 한 문제를 제외하고 모두 100점을 맞았답니다!

김○늘 합격생

노베이스에서 평균 96점으로 합격!

에듀윌 핵심총정리에 수록된 요약본을 토대로 나만의 요약노트를 만들고 반복해서 살펴보았습니다. 시험이 2주가량 남았을 때는 D-7 모의고사를 풀었는데, 실제 시험장처럼 OMR 답안카드 작성을 연습할 수 있었습니다. 검정고시를 준비하는 수험생이라면 이 두 책은 꼭 보기를 추천합니다~

노○지 합격생

에듀윌 기출문제집은 합격으로 가는 필수템!

저는 먼저 부족한 과목의 개념을 집중 학습한 후 기출문제를 반복해 풀었습니다. 기출문제집에는 시험 범위에 해당하지 않는 문제가 무엇인지 안내되어 있고, 출제 경향이 제시되어 있어 유용했습니다. 시험 일주일 전부터 전날까지 거의 매일 기출문제를 풀었어요. 제가 합격하는 데는 기출문제집의 역할이 컸습니다.

박○르 합격생

2주 만에 평균 95점으로 합격!

유학을 위해 검정고시를 준비했습니다. 핵심총정리를 통해 어떤 주제와 유형이 자주 출제되는지 알 수 있어 쉽게 공부했습니다. 모의고사는 회차별·과목별로 출제의도가 제시되어 있어 좋았습니다. 다들 각자의 목표가 있으실 텐데, 모두 원하는 결과를 얻고 새로운 출발을 하시길 응원할게요!

다음 합격의 주인공은 당신입니다!

더 많은
합격 스토리

eduwill

1위 에듀윌만의
체계적인 합격 커리큘럼

쉽고 빠른 합격의 첫걸음
고졸 검정고시 핵심개념서 무료 신청

원하는 시간과 장소에서, 합격 필수 콘텐츠까지
온라인 강의

① 전 과목 최신 교재 제공
② 과목별 업계 최강 교수진과 함께
③ 검정고시 합격부터 대입까지 가능한 학습플랜 제시

고졸 검정고시
핵심개념서
무료 신청

친구 추천 이벤트

"친구 추천하고 한 달 만에
920만원 받았어요"

친구 1명 추천할 때마다 현금 10만원 제공
추천 참여 횟수 무제한 반복 가능

※ *a*o*h**** 회원의 2021년 2월 실제 리워드 금액 기준
※ 해당 이벤트는 예고 없이 변경되거나 종료될 수 있습니다.

친구 추천 이벤트
바로가기

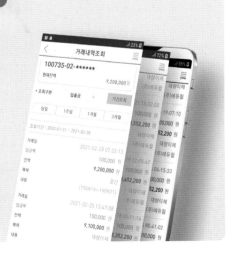

더 많은 혜택이 궁금하다면 1600-6700
* 위 내용은 서비스 개선을 위해 예고 없이 변경될 수 있습니다.

세상을 움직이려면
먼저 나 자신을 움직여야 한다.

– 소크라테스(Socrates)

에듀윌 중졸 검정고시 기본서 영어

eduwill

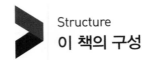
누구나 한 번에 합격할 수 있다!
이론부터 문제까지 해답은 기본서!

단원별로 이론을 학습하고 ▶ 문제로 개념을 점검하고 ▶ 모의고사로 영어를 완벽 정복!

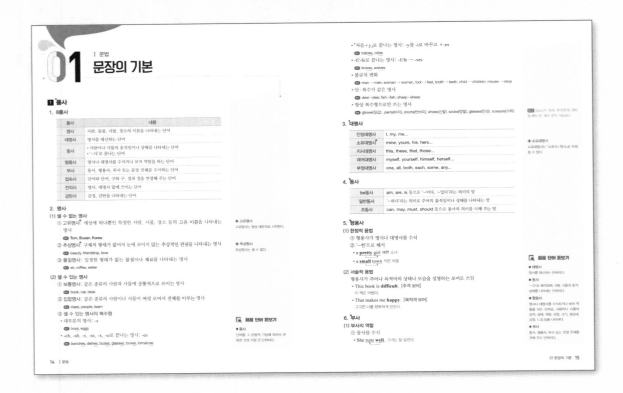

믿고 보는 단원별 이론

- 출제 범위에 해당하는 2015 개정 교육과정을 철저하게 반영하였습니다.
- 기초가 부족해도 충분히 이해할 수 있도록 내용을 쉽게 서술하였습니다.

이해를 돕는 보충 설명

- 이론과 연관된 보충 개념을 보조단에 수록하여 바로바로 확인할 수 있습니다.
- 단어 설명을 교재 하단에 수록하여 정확한 개념의 이해를 돕습니다.

BOOK
GUIDE

이론의 상세함 정도 ■■■■■□□
문제의 수록 정도 ■■■■□□
교재의 난도 ■■□□□□

기초부터 차근차근 학습할 수 있는 기본서

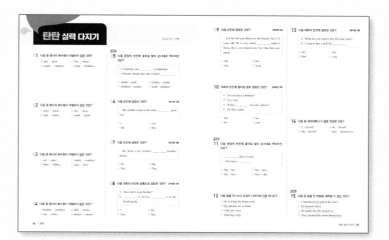

앞선 시험에 나온, 앞으로 시험에 나올!

탄탄 실력 다지기

기출문제 및 예상문제를 통해 이론을 효율
적으로 복습할 수 있습니다.

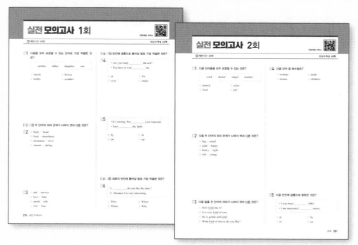

실전은 연습한 만큼 노련해지는 것!

최종 실력점검

그동안의 학습을 마무리하며 모의고사 2회
분을 풀어 봄으로써 자신의 실력을 가늠하
고 실전 감각을 향상시킬 수 있습니다.

BONUS STAGE

핵심만 꾹 눌러 담은!

꾹꾹이 노트

중졸 검정고시 핵심 어휘 250개를 엄선하여 정리
하였습니다. 필수 단어, 숙어를 예문과 함께 익히고,
한 손에 쏙 들어오는 크기로 이동 시 들고 다니며
활용할 수 있습니다.

함께 수록한 OMR 답안카드를
활용하여 실제 시험처럼 답안지
작성 연습을 할 수 있습니다.

┃ 중졸 검정고시란

부득이한 이유로 정규 중학교 과정을 마치지 못한 사람들을 대상으로 실시하는 국가 자격 시험입니다.
중졸 검정고시에 합격한 사람은 중학교를 졸업한 사람과 동등한 자격을 인정받습니다.

시험 주관 기관
• 시·도 교육청: 시행 공고, 원서 교부 및 접수, 시험 실시, 채점, 합격자 발표를 담당합니다.
• 한국교육과정평가원: 문제 출제, 인쇄 및 배포를 담당합니다.

출제 범위
• 2015 개정 교육과정에서 출제됩니다.
• 2013년 1회부터 문제은행 출제 방식이 도입됨에 따라 과거 기출문제가 30% 내외 출제될 수 있습니다.

🖐 본서는 출제 범위를 철저하게 반영하였으니 안심하고 학습하세요!

시험 일정

구분	공고일	접수일	시험일	합격자 발표일	공고 방법
제 1 회	2월 초순	2월 중순	4월 초·중순	5월 초·중순	시·도 교육청 홈페이지
제 2 회	6월 초순	6월 중순	8월 초·중순	8월 하순	

🖐 시험 일정은 시·도 교육청 협의에 따라 변경될 수 있어요.

출제 방향
중학교 졸업 정도의 지식과 그 응용 능력을 측정할 수 있는 수준으로 출제됩니다.

응시 자격
• 초등학교 졸업자 및 이와 동등 이상의 학력이 있는 사람
• 초·중등교육법 시행령 제29조의 규정에 의하여 학적이 정원 외로 관리되는 사람
• 3년제 고등공민학교 졸업자 및 졸업예정자
• 중학교에 준하는 각종 학교의 졸업자 또는 졸업예정자
• 보호소년 등의 처우에 관한 법률 시행령 제69조 제2호에 해당하는 사람

🖐 상기 자료는 2024년 서울시 교육청 공고문 기준이에요. 2025년 시험 응시 예정자는 최신 공고문을 꼭 확인하세요.

▌시험 접수부터 합격까지

시험 접수 방법
각 시 · 도 교육청 공고를 참조하여 접수 기간 내에 현장 혹은 온라인으로 접수합니다.
🖐접수 기간 내에 접수하지 못하면 시험을 응시할 수 없으니 주의가 필요해요!

시험 당일 준비물
• 수험표 및 신분증(만 17세 미만의 응시자는 청소년증, 주민등록번호가 포함된 여권 혹은 여권정보증명서)
• 샤프 또는 연필, 펜, 지우개와 같은 필기도구와 답안지 작성을 위한 컴퓨터용 수성사인펜,
  답안 수정을 위한 수정테이프, 아날로그 손목시계 🫳 ꒳ 디지털 손목시계는 금지되어 있어요!
• 소화가 잘되는 점심 도시락

입실 시간
• 1교시 응시자는 시험 당일 오전 8시 40분까지 지정 시험실에 입실합니다.
• 2~6교시 응시자는 해당 과목의 시험 시간 10분 전까지 시험실에 입실합니다.

시험 진행
🚩 이제부터 실력 발휘를 할 시간!

구분	1교시	2교시	3교시	4교시	점심	5교시	6교시
시간	09:00 ~ 09:40 (40분)	10:00 ~ 10:40 (40분)	11:00 ~ 11:40 (40분)	12:00 ~ 12:30 (30분)	12:30 ~ 13:30	13:40 ~ 14:10 (30분)	14:30 ~ 15:00 (30분)
과목	국어	수학	영어	사회		과학	선택 *

* 선택 과목에는 도덕, 기술 · 가정, 정보, 체육, 음악, 미술이 있습니다.

유의 사항
• 수험생은 시험 시간에 휴대 전화 등의 통신기기를 일절 소지할 수 없습니다. 만약 소지할 경우 사용 여부를
  불문하고 부정행위로 간주됩니다.
• 수험생은 시험 종료 시간이 될 때까지 퇴실할 수 없습니다. 다만, 불가피한 사유로 퇴실할 경우 퇴실 후
  재입실이 불가능하며 별도의 지정 장소에서 시험 종료 시까지 대기하여야 합니다.

합격자 발표
• 시 · 도 교육청 홈페이지에서 발표합니다.
• 100점 만점 기준으로 전 과목 평균 60점 이상을 취득해야 합니다.
• 평균 60점을 넘지 못했을 경우 60점 이상 취득한 과목은 과목 합격으로 간주되어, 이후 시험에서 본인이 원
  한다면 치르지 않을 수 있습니다.

How to study
선생님이 알려 주는 합격 전략

Q 2015 개정 교육과정이 적용된 출제 범위를 알고 싶어요.

2015 개정 교육과정에서는 듣기와 말하기 능력을 강조하며 의사소통 중심의 영어에 대한 중요성이 더욱 커졌어요. 중졸 검정고시 영어의 경우, 문법, 생활영어, 독해, 어휘의 4가지 영역을 중심으로 학습해야 함은 동일하니, 본서를 따라 차근차근 공부하도록 해요.

검정고시는 정상적으로 학교를 다니기 어려운 분들에게 추가적인 교육의 기회를 제공하기 위하여 실시하는 시험입니다. 따라서 가능하면 쉽게 출제하여 어려운 여건에서 공부하시는 분들이 학업의 기회를 가질 수 있도록 하며, 이러한 출제방침은 앞으로도 계속될 거예요.

Q 출제 난이도가 궁금해요. 공부를 놓은 지 오래되었는데 합격할 수 있을까요?

Q 지난 시험에서는 어떻게 출제되었나요?

2024년 1회 영어 시험은 이렇게 출제되었습니다.

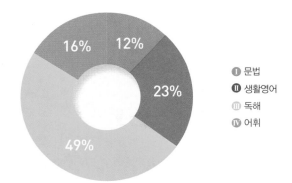

- 12%
- 23%
- 49%
- 16%

❶ 문법
❷ 생활영어
❸ 독해
❹ 어휘

문법 영역에서는 의문사, 과거진행시제, 현재진행시제, 조동사 can 등의 기초 문법 문제가 출제되었습니다. 중졸 검정고시 영어에서 지배적으로 많이 출제되는 생활영어와 독해를 대비하기 위해서는 기본이 되는 필수 어휘를 반드시 암기해야 하며, 많은 지문들을 독해하는 연습을 하는 것이 무엇보다 중요합니다.

중졸 검정고시 영어는 매년 유사한 유형의 문제들이 출제되고 있으며, 문제들의 난도 또한 기본적인 내용만 숙지한다면 높지 않은 편이에요. 따라서 자주 출제되는 핵심 개념을 위주로 확실히 익힌다면, 반드시 합격할 수 있어요.

합격하기 위해서는
어떻게 공부해야 할까요? Q

Tip 이렇게 공부해요!

• 문법은 기초적인 수준으로 출제되고 있어요. 핵심 문법 위주로 정확하게 이해하고 정리해야 해요. 또, 아무리 강조해도 지나침이 없는 것이 어휘 학습이에요. 중졸 검정고시 영어 필수 단어, 숙어는 꼭 암기하고 시험장에 들어갈 수 있도록 해요.

• 문법과 어휘가 정리되면 자연스럽게 독해도 쉬워져요. 모의고사를 풀어 보며 다양한 유형의 독해 지문에 익숙해져야 하고, 지문에서 몰랐던 단어와 숙어는 반드시 정리하는 것이 좋아요. 생활영어 영역을 공부할 때는 여러 상황별·장소별 대화문을 통해 자주 쓰는 표현을 익혀 두어야 해요.

Q 기본서 학습이 끝나면
어떻게 공부해야 할까요?

기본서 학습이 끝난 후에는 자신의 현재 수준과 고민에 맞는 방법을 선택하여 진행해 주세요. 합격에 한층 더 가까워질 거예요.

Tip 이렇게 공부해요!

이론을 한 번 더 정리하고 싶다면?

에듀윌 핵심총정리로 공부해 보세요. 핵심총정리는 6과목의 주요 이론을 압축 정리하여 단 한 권으로 구성하였어요. 자주 출제되고 앞으로 출제될 중요 개념만을 모아 효율적으로 학습할 수 있답니다.

문제 푸는 연습을 더 하고 싶다면?

에듀윌 기출문제집을 풀어 보세요. 기출문제집은 최신 5개년 기출문제와 상세한 해설을 수록하였어요. 2015 개정 교육과정에 해당하지 않는 문제는 별도로 표시하여 학습의 편의를 높였답니다.

실전 감각을 높이고 싶다면?

에듀윌 모의고사를 풀어 보세요. 모의고사는 실제 시험과 동일한 난이도와 형식으로 문제를 구성하였어요. 시험 직전에 실전을 완벽하게 대비할 수 있도록 제작되었답니다.

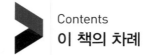

Contents
이 책의 차례

- 이 책의 구성
- 시험 정보
- 선생님이 알려 주는 합격 전략

I 문법

II 생활영어

Ⅲ

독해

Ⅳ

어휘

최종 실력점검

문법

01

문장의 기본

1 품사

1. 8품사

품사	내용
명사	사람, 동물, 사물, 장소의 이름을 나타내는 단어
대명사	명사를 대신하는 단어
동사	• 사람이나 사물의 움직임이나 상태를 나타내는 단어 • '~다'로 끝나는 단어
형용사	명사나 대명사를 수식거나 보어 역할을 하는 단어
부사	동사, 형용사, 부사 또는 문장 전체를 수식하는 단어
접속사	단어와 단어, 구와 구, 절과 절을 연결해 주는 단어
전치사	명사, 대명사 앞에 쓰이는 단어
감탄사	감정, 감탄을 나타내는 단어

2. 명사

(1) 셀 수 없는 명사

① **고유명사⁺**: 세상에 하나뿐인 특정한 사람, 사물, 장소 등의 고유 이름을 나타내는 명사

ⓔⓧ Tom, Busan, Korea

② **추상명사⁺**: 구체적 형태가 없어서 눈에 보이지 않는 추상적인 관념을 나타내는 명사

ⓔⓧ beauty, friendship, love

③ **물질명사**: 일정한 형태가 없는 물질이나 재료를 나타내는 명사

ⓔⓧ air, coffee, water

(2) 셀 수 있는 명사

① **보통명사**: 같은 종류의 사람과 사물에 공통적으로 쓰이는 명사

ⓔⓧ book, car, desk

② **집합명사**: 같은 종류의 사람이나 사물이 여럿 모여서 전체를 이루는 명사

ⓔⓧ class, people, team

③ 셀 수 있는 명사의 복수형

• 대부분의 명사: -s

ⓔⓧ boys, eggs

• -ch, -sh, -s, -ss, -x, -o로 끝나는 명사: -es

ⓔⓧ benches, dishes, buses, glasses, boxes, tomatoes

➕ 고유명사

고유명사는 항상 대문자로 시작한다.

➕ 추상명사

추상명사는 셀 수 없다.

🔍 꼼꼼 단어 돋보기

● 품사

단어를 그 문법적 기능에 따라서 분류한 것의 가장 큰 단위이다.

- 「자음+y」로 끝나는 명사: -y를 -i로 바꾸고 +-es

  ex babies, cities

- -f/-fe로 끝나는 명사: -f/fe → -ves

  ex knives, wolves

- 불규칙 변화

  ex man → men, woman → women, foot → feet, tooth → teeth, child → children, mouse → mice

- 단·복수가 같은 명사

  ex deer–deer, fish–fish, sheep–sheep

- 항상 복수형으로만 쓰는 명사

  ex gloves(장갑), pants(바지), shorts(반바지), shoes(신발), socks(양말), glasses(안경), scissors(가위)

참고 glass가 '유리, 유리잔'의 의미일 때는 단·복수 모두 가능하다.

3. 대명사

인칭대명사	I, my, me...
소유대명사⁺	mine, yours, his, hers...
지시대명사	this, these, that, those...
재귀대명사	myself, yourself, himself, herself...
부정대명사	one, all, both, each, some, any...

✚ 소유대명사
소유대명사는 「소유격+명사」로 바꿔 쓸 수 있다.

4. 동사

be동사	am, are, is 등으로 '~이다, ~있다'라는 의미의 말
일반동사	'~하다'라는 의미로 주어의 움직임이나 상태를 나타내는 말
조동사	can, may, must, should 등으로 동사의 의미를 더해 주는 말

5. 형용사

(1) 한정적 용법

① 형용사가 명사나 대명사를 수식

② '~한'으로 해석

- a **pretty** girl 예쁜 소녀
- a **small** town 작은 마을

(2) 서술적 용법

형용사가 주어나 목적어의 상태나 모습을 설명하는 보어로 쓰임

- This book is **difficult**. [주격 보어]
  이 책은 어렵다.
- That makes me **happy**. [목적격 보어]
  그것은 나를 행복하게 만든다.

6. 부사

(1) 부사의 역할

① 동사를 수식

- She runs **well**. 그녀는 잘 달린다.

🔍 꼼꼼 단어 돋보기

● **대명사**
명사를 대신하는 단어이다.

● **동사**
'~다'로 해석되며, 사람, 사물의 동작, 상태를 나타내는 단어이다.

● **형용사**
명사나 대명사를 수식하거나 보어 역할을 하는 단어로, 사람이나 사물의 성격, 상태, 색깔, 모양, 크기, 생김새, 감정, 느낌 등을 나타낸다.

● **부사**
동사, 형용사, 부사 또는 문장 전체를 꾸며 주는 단어이다.

② 형용사를 수식
  • He is a **very** kind teacher. 그는 매우 친절한 선생님이시다.
③ 다른 부사를 수식
  • She swims **very** well. 그녀는 수영을 매우 잘 한다.
④ 문장 전체를 수식
  • **Happily**, he found the way to solve the problem.
    행복하게도, 그는 그 문제를 푸는 방법을 발견했다.

(2) 부사의 형태
① 대부분의 형용사: 형용사＋-ly

  ex careful → carefully, slow → slowly

② 자음＋-y로 끝나는 형용사: y를 i로 바꾸고＋-ly

  ex busy → busily, easy → easily

③ 자음＋-le로 끝나는 형용사: e를 빼고＋-y

  ex comfortable → comfortably, simple → simply

④ 부사로 착각하기 쉬운 형용사: 명사＋-ly(형용사)

  ex friendly: 다정한(friend＋ly), lovely: 사랑스런(love＋ly)

7. 접속사

(1) 접속사의 역할
① 단어와 단어 연결   ② 구와 구 연결   ③ 절과 절 연결

(2) 접속사의 종류
① 등위접속사

and	~와, 그리고	but	그러나, 그런데
or	또는, 혹은	so	그래서

② 상관접속사

both A and B	A와 B 둘 다	either A or B	A 또는 B 중 하나
not A but B	A가 아니라 B	not only A but (also) B	A뿐만 아니라 B도 역시＋

③ 종속접속사

시간을 나타내는 종속접속사	when	~할 때
	before	~하기 전에
	after	~한 후에
이유를 나타내는 종속접속사	because	~ 때문에
	since	~ 때문에
조건을 나타내는 종속접속사	if	만약 ~한다면
	unless	만약 ~하지 않는다면

➕ B as well as A
'A뿐만 아니라 B도 역시'의 의미로 not only A but (also) B와 같은 의미이다.

🔍 **꼼꼼 단어 돋보기**

● 접속사
단어와 단어, 구와 구, 절과 절을 연결해 주는 단어이다.

8. 전치사

(1) 장소의 전치사

at	~에	• 비교적 좁은 장소 • 하나의 지점 ex at home, at school
on	~ 위에, ~에	표면에 접촉해 있는 상태 ex on the desk, on the wall
in	~ 안에, ~에	• 비교적 넓은 장소(국가, 도시 등) • 공간 내부 ex in China, in the box
over	~ 위에	표면에서 떨어진 상태 ex over my head
under	~ 아래에	표면에서 떨어진 상태 ex under the table
in front of	~ 앞에	ex in front of the library
behind	~ 뒤에	ex behind the post office
next to = by, beside	~ 옆에	ex next to[by, beside] the door
between	둘 사이에	ex between the park and the school

(2) 방향의 전치사

up	~ 위로	ex up the stairs
down	~ 아래로	ex down the mountain
into	~ 안으로	ex into the classroom
out of	~ 밖으로	ex out of the building
across	~을 건너, ~을 가로질러	ex across the river
along	~을 따라서	ex along the road
from	~로부터	ex from Seoul
to	~로, ~까지	ex to the post office

(3) 시간의 전치사

① at+구체적 시각, 특정 시점

   ex at 6 o'clock, at noon

② on+요일, 날짜, 특정한 날

   ex on Monday, on May 2nd, on Christmas

③ in+비교적 긴 시간(월, 계절, 연도), 하루의 때(오전, 오후)

   ex in March, in spring, in 1985, in the morning, in the afternoon, in the evening

④ before: ~ 전에

   ex before dinner

> 🔍 **꼼꼼 단어 돋보기**
>
> ● 전치사
> 명사나 대명사 앞에 쓰여 장소, 방향,
> 시간 등을 나타내는 단어이다.

⑤ after: ~ 후에
> **ex** after school

⑥ for+구체적 숫자: ~ 동안
> **ex** for two weeks

9. 감탄사

감정, 감탄을 나타내는 단어
> **ex** Bravo!, Oh!, Oops!

밑줄 친 단어의 품사를 쓰시오.

1. I have a <u>bike</u>.   (　　　　　)
2. <u>We</u> are good friends.   (　　　　　)
3. I <u>like</u> soccer.   (　　　　　)
4. Ann is <u>pretty</u>.   (　　　　　)
5. He sings <u>happily</u>.   (　　　　　)
6. It's <u>under</u> the tree.   (　　　　　)
7. They are William <u>and</u> Ben.   (　　　　　)
8. <u>Oops</u>! I forgot her name.   (　　　　　)

답　1. 명사　2. 대명사　3. 동사　4. 형용사　5. 부사　6. 전치사　7. 접속사　8. 감탄사

② 문장의 형식⁺

1. 문장의 구성요소

주어	'누가' 또는 '무엇이'에 해당하는 말로 주로 문장의 앞에 나와서 문장을 이끎
동사	'~이다' 또는 '~하다'에 해당하는 말로 주어의 동작이나 상태를 나타냄
목적어	'누구를' 또는 '무엇을'에 해당하는 말로 주어가 하는 동작의 대상이 됨
보어	주어나 목적어를 보충 설명하는 말
수식어	문장의 기본 요소들을 꾸며 주는 말

✚ 문장의 5형식

1형식	주어+동사
2형식	주어+동사+주격 보어
3형식	주어+동사+목적어
4형식	주어+동사+간접목적어+직접목적어
5형식	주어+동사+목적어+목적격 보어

2. 1형식

주어	+	동사

① 1형식 문장은 주어와 동사만으로도 문장이 성립
② 보통 장소, 시간 등의 수식어와 같이 쓰임

- Birds sing. 새들이 노래한다.
- Time flies. 시간은 빠르다.

3. 2형식

$$주어 \; + \; 동사 \; + \; 주격 \; 보어$$

① 2형식 문장은 주어와 동사 다음에 주어를 보충 설명해 주는 보어가 반드시 나와야 문장이 성립
② 대표적인 2형식 동사

상태동사	be동사
변화동사	become, get, go 등
감각동사	look, sound, smell, taste, feel 등

- I **am** a middle school student.⁺ 나는 중학생이다.
- She **is** happy.⁺ 그녀는 행복하다.
- You **look** pretty. 너는 예뻐 보인다.
- That **sounds** strange. 그것은 이상하게 들린다.
- This coffee **smells** good. 이 커피는 좋은 냄새가 난다.
- This candy **tastes** sweet. 이 사탕은 달콤한 맛이 난다.
- I **feel** tired. 나는 피곤하게 느낀다.

☑ 개념 check up 　 감각동사의 쓰임⁺

- 「look+형용사」: ~하게 보이다
- 「sound+형용사」: ~하게 들리다
- 「smell+형용사」: ~한 냄새가 난다
- 「taste+형용사」: ~한 맛이 난다
- 「feel+형용사」: ~하게 느끼다

✚ 주어와 주격 보어
- I am a middle school student.
  └── 주어=보어 ──┘
- She is happy.
  └─주어=보어─┘

✚ 「감각동사+like+명사(구)」
감각동사 뒤에 명사(구)가 올 때는 전치사 like(~처럼, ~같이)를 함께 쓴다.
Tigers look like cats.
호랑이는 고양이처럼 보인다.

4. 3형식

$$주어 \; + \; 동사 \; + \; 목적어$$

- I love you. 나는 너를 사랑한다.
- My brother broke the window. 내 남동생(오빠/형)이 그 창문을 깼다.

5. 4형식

$$주어 \; + \; 동사 \; + \; 간접목적어 \; + \; 직접목적어$$

(1) 수여동사

① 4형식 동사를 수여동사라고도 부름
② 수여동사는 give, bring, send, show, teach, tell, buy, make, cook, ask 등 '~에게 …을 해 주다'의 의미를 가진 동사로 '~에게(간접목적어)'와 '…을(직접목적어)'에 해당하는 두 개의 목적어를 가짐

(2) 4형식에서 3형식으로의 전환

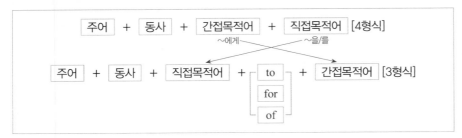

(3) to를 취하는 동사

give, bring, send, show, teach, tell 등

- They **gave** me some flowers. 그들은 나에게 꽃을 조금 주었다.
  → They **gave** some flowers **to** me.
- She **sent** me a birthday card. 그녀는 나에게 생일 카드를 보냈다.
  → She **sent** a birthday card **to** me.
- He **showed** me a picture. 그는 나에게 그림을 보여 주었다.
  → He **showed** a picture **to** me.

참고 to를 취하는 동사는 받는 사람이 꼭 있어야 한다. to는 '~에게'라는 뜻의 전치사이다.

(4) for를 취하는 동사

buy, make, cook 등

- She **bought** me a book. 그녀는 내게 책 한 권을 사주었다.
  → She **bought** a book **for** me.
- He **made** me a kite. 그는 나에게 연을 만들어 주었다.
  → He **made** a kite **for** me.

참고 for는 '(특별히) ~을 위해서'라는 의미를 가진다.

(5) of를 취하는 동사

ask 등

- I **asked** my teacher some questions. 나는 나의 선생님께 질문 몇 개를 했다.
  → I **asked** some questions **of** my teacher.

참고 ask ~ of ... 구문은 시험에는 나오지만, 일상생활에서 많이 사용하는 표현은 아니다.

6. 5형식

(1) 특징

① 5형식의 보어는 목적격 보어임
② 5형식에서 목적어와 보어의 관계는 '목적어=목적격 보어'임
③ 동사에 따라 목적격 보어 자리에는 명사(구), 형용사(구), to부정사, 동사원형 등이 올 수 있음

(2) 품사에 따른 목적격 보어

① 목적격 보어가 명사나 대명사일 경우: 목적격 보어는 목적어와 같음
- You call it **love**. 너는 그것을 사랑이라고 부른다.

② 목적격 보어가 형용사일 경우: 목적격 보어는 목적어의 상태를 설명
- I found this book **difficult**. 나는 이 책이 어렵다는 것을 알았다.

🔍 **꼼꼼 단어 돋보기**

● 목적격 보어
목적격 보어는 목적어의 성질이나 상태를 보충하여 설명해 주는 말이다.

③ 목적격 보어가 to부정사일 경우: to부정사는 목적어의 상태나 동작을 설명[+]
- He allowed me **to leave**. 그는 내가 떠나는 것을 허락했다.
- She asked me **to buy** some sandwiches. 그녀가 내게 샌드위치를 좀 사달라고 부탁했다.
- We expect them **to arrive** soon. 우리는 그들이 곧 도착하기를 기대한다.
- I told Sam **to stop**. 나는 Sam에게 그만하라고 말했다.
- She wants you **to come** to her party. 그녀는 네가 그녀의 파티에 오기를 원한다.

④ 사역동사(let, make, have)+목적어+목적격 보어(동사원형)
- She let me **drive** her car. 그녀는 내가 그녀의 자동차를 운전하게 했다.
- He made me **clean** my room. 그는 나에게 내 방을 청소하라고 시켰다.
- I had him **paint** the fence. 나는 그가 담장을 칠하도록 했다.

⑤ 지각동사(see, hear, feel)+목적어+목적격 보어(동사원형 혹은 현재분사)
- I saw him **drive** a car. 나는 그가 차를 운전하는 것을 보았다.
- I heard her **sing**. 나는 그녀가 노래하는 것을 들었다.
- I felt the ground **shake**. 나는 땅이 흔들리는 것을 느꼈다.
- I felt the ground **shaking**.[+] 나는 땅이 흔들리고 있는 것을 느꼈다.

다음 문장의 형식을 쓰시오.
1. He likes baseball.   (   )
2. He works at night.   (   )
3. She gave me a book.   (   )
4. She is a teacher.   (   )
5. She called the boy Sam.   (   )

답 1. 3형식 2. 1형식 3. 4형식 4. 2형식 5. 5형식

☆ 3 문장의 종류

1. 의문문

(1) 의문사가 없는 의문문(Yes/No 의문문)[+]

의문사가 없는 의문문에 대한 답은 Yes 혹은 No로 함

be동사가 있을 경우	「Be동사＋주어 ~?」
일반동사가 있을 경우	「Do(es)/Did＋주어＋동사원형 ~?」
조동사가 있을 경우	「조동사＋주어＋동사원형 ~?」

(2) 의문사가 있는 의문문[+]

특정 정보에 대해 물어볼 때, 의문사가 있는 의문문으로 물어봄

be동사가 있을 경우	「의문사＋be동사＋주어 ~?」
일반동사가 있을 경우	「의문사＋do(es)/did＋주어＋동사원형 ~?」
조동사가 있을 경우	「의문사＋조동사＋주어＋동사원형 ~?」

[+] 목적격 보어가 to부정사일 경우
- 「allow+목적어+to부정사」: ~에게 …하도록 허락하다
- 「ask+목적어+to부정사」: ~에게 …해 달라고 부탁하다
- 「expect+목적어+to부정사」: ~가 …하리라고 기대(예상)하다
- 「tell+목적어+to부정사」: ~에게 …하라고 말하다
- 「want+목적어+to부정사」: ~가 …하기를 원하다

[+]
동작이 진행 중임을 강조할 때는 목적격 보어로 현재분사를 쓰기도 한다.

[+] 의문사
- 누가: who
- 언제: when
- 어디에서: where
- 무엇을: what
- 어떻게: how
- 왜: why
- 어느 것, 어떤 것: which

[+] 의문사가 있는 의문문의 특징
- 끝을 내려 말한다.
- Yes나 No로 답할 수 없다.

🔍 꼼꼼 단어 돋보기

● 사역동사
주어가 목적어에게 어떤 동작을 하게 시킨다는 의미를 가지는 동사이다.

● 지각동사
보고, 듣고, 느끼는 것과 관련된 의미를 가지는 동사이다.

① **who**: '누구, 누가'의 의미이며, 사람을 가리켜 누구인지 물을 때 사용
  - A: **Who** is that tall boy? 저 키가 큰 소년은 누구니?
    B: He is my classmate. 그는 나의 반 친구야.
② **when**: '언제'의 의미이며, 날짜, 요일, 시각 등을 물을 때 사용
  - A: **When** is your birthday? 너의 생일은 언제니?
    B: It's July 1. 7월 1일이야.
  - A: **When** did you buy your car? 너는 언제 너의 차를 샀니?
    B: I bought it yesterday. 나는 어제 그것을 샀어.
③ **where**: '어디에'의 의미이며, 장소를 물을 때 사용
  - A: **Where** are you from? (= **Where** do you come from?) 너는 어디에서 왔니?
    B: I'm from Busan, Korea. 나는 대한민국 부산에서 왔어.
  - A: **Where** does she live? 그녀는 어디에 사니?
    B: She lives in Daejeon. 그녀는 대전에서 살아.
④ **what**: '무엇'의 의미이며, 가리키는 대상이 무엇인지 물을 때 사용
  - A: **What** do you want? 너는 무엇을 갖고 싶니?
    B: I want some flowers. 나는 꽃을 좀 원해.
⑤ **how**: '어떻게'의 의미이며, 상태, 방법 등을 물을 때 사용
  - A: **How** is the weather today? (= What is the weather like today?)
    오늘의 날씨는 어떠니?
    B: It's sunny. 날씨가 화창해.
  - A: **How** do you go to school? 너는 어떻게 학교에 가니?
    B: I go to school by bus. 나는 버스를 타고 학교에 가.
⑥ **why**: '왜'의 의미이며, 이유를 물을 때 사용하고 주로 Because로 대답
  - A: **Why** was he late? 그는 왜 늦었니?
    B: Because he got up late. 그가 늦게 일어났기 때문이야.
⑦ 「**how**＋형용사/부사」: 뒤에 여러 가지 형용사가 동반되어 '얼마나 ~하니?'의 정도
  를 물을 때 사용

<참고 '~을 타고'라는 교통수단을 표현할 때 전치사 by를 쓴다.
- by taxi 택시를 타고
- by train 기차를 타고
- by airplane 비행기를 타고
  cf. on foot 걸어서

How old ~?	얼마나 나이 든/오래된

- A: **How old** are you? 너는 몇 살이니?
  B: I'm 15 years old. 나는 15살이야.

How tall ~?	얼마나 키가 큰/얼마나 높은

- A: **How tall** are you? 너는 키가 몇이니?
  B: I'm 165 centimeters tall. 나는 165cm야.

How long ~?	얼마나 긴, 얼마나 오랫동안

- A: **How long** is this river? 이 강은 얼마나 기니?
  B: (It's) Ten kilometers (long). 그것은 10킬로미터야.
- A: **How long** will you stay here? 너는 여기서 얼마나 오래 있을 거니?
  B: (I will stay here) For five days. 5일 동안 있을 거야.

How far ~?	얼마나 먼

- A: **How far** is your school from here? 여기서 너의 학교까지는 거리가 얼마나 되니?
- B: It's about two kilometers from here. 여기서부터 약 2킬로미터 정도야.

How often ~?	얼마나 자주[+]

- A: **How often** do you exercise? 너는 얼마나 자주 운동을 하니?
- B: Every day. 매일 해.

「How many+복수 명사 ~?」	(수가) 얼마나 많은/많이

- A: **How many** students are there in your class? 너희 반에 학생은 몇 명이 있니?
- B: There are 30 students in my class. 나의 반에는 30명이 있어.
- A: **How many** books do you read? 너는 책을 몇 권이나 읽니?
- B: I read 2 books every week. 나는 매주 두 권을 읽어.

「How much+단수 명사 ~?」	(양이) 얼마나 많은/많이

- A: **How much** is this cap? 이 모자는 가격이 얼마입니까?
- B: It's 20 dollars. 그것은 20달러입니다.
- A: **How much** money do you have? 너는 돈이 얼마나 있니?
- B: I have 500 won. 나는 500원이 있어.

(3) 부가의문문
문장 끝에 단축 의문문을 붙여서 동의를 구하거나 알고 있는 내용을 확인할 때 쓰는 표현

① 부가의문문 만드는 방법
- 주 문장이 긍정이면 부정의문으로, 부정이면 긍정의문으로 나타냄
- 시제는 주 문장의 시제와 일치해야 하며, 어순은 「동사+주어?」
- 주 문장의 동사가 일반동사일 때는 do/does/did를, be동사나 조동사일 때는 그대로 사용
- 부가의문문의 주어는 항상 대명사로 씀

② 부가의문문의 형태

be동사가 있는 부가의문문	긍정문	「주어+be동사 긍정문 ~, be동사 부정형+주어?」
	부정문	「주어+be동사 부정문 ~, be동사+주어?」

- You are busy, **aren't you**?[+] 너 바쁘지, 그렇지 않니?
- Your favorite color is green, **isn't it**? 네가 가장 좋아하는 색깔은 녹색이지, 그렇지 않니?
- The steak is not delicious, **is it**? 스테이크가 맛이 없어, 그렇지?
- She was not rich, **was she**? 그녀는 부자가 아니었어, 그렇지?

조동사가 있는 부가의문문	긍정문	「주어+조동사 긍정문 ~, 조동사 부정형+주어?」
	부정문	「주어+조동사 부정문 ~, 조동사+주어?」

- Tony can play the piano, **can't he**? Tony는 피아노를 칠 수 있어, 그렇지 않니?
- Jenny can't swim, **can she**? Jenny는 수영을 못 해, 그렇지?

일반동사가 있는 부가의문문	긍정문	「주어+일반동사 긍정문 ~, don't/doesn't/didn't+주어?」
	부정문	「주어+일반동사 부정문 ~, do/does/did+주어?」

[+] 빈도·횟수를 나타내는 표현
- always 항상
- usually 보통
- often 종종
- sometimes 때때로
- never 결코 ~ 아닌
- once 한 번
- twice 두 번
- three times 세 번
- once a day 하루에 한 번
- once a week 일주일에 한 번
- once a month 한 달에 한 번
- once a year 1년에 한 번

[+] 부가의문문 축약형
부가의문문이 부정형일 때, 동사 부분은 반드시 축약형을 사용한다.

참고 주 문장이 「have/has+과거분사」가 있는 현재완료 시제이면, 부가의문문은 「have/has+주어?」를 활용해 표현한다.
Sally has finished her homework, hasn't she?
Sally는 그녀의 숙제를 끝냈어, 그렇지 않니?

- They like pizza, **don't they**? 그들은 피자를 좋아해, 그렇지 않니?
- The train goes to Chicago, **doesn't it**? 그 기차는 시카고로 가, 그렇지 않니?
- You got up late today, **didn't you**? 너는 오늘 늦게 일어났지, 그렇지 않니?
- You don't like the game, **do you**? 너는 그 게임을 좋아하지 않아, 그렇지?
- He doesn't live in Busan, **does he**? 그는 부산에 살지 않아, 그렇지?
- The students didn't go on a picnic, **did they**? 그 학생들은 소풍을 가지 않았어, 그렇지?

명령문의 부가의문문	「명령문 ~, will you?」[+]
청유문의 부가의문문	Let's ~, shall we?

- Open the door, **will you**? 문 좀 열어라, 알겠지?
- Don't come home late, **will you**? 집에 늦게 오지 마, 알겠지?
- Let's join the soccer team, **shall we**? 축구팀에 가입하자, 그럴 거지?
- Let's not open the window, **shall we**? 창문 열지 말자, 그럴 거지?

(4) 선택의문문
① or를 사용하여 선택의 대상을 묻는 의문문
② 대답은 Yes/No로 하지 않고, 한쪽을 선택해서 함
- A: **Which** do you want, apples **or** oranges?
  너는 어느 것을 원하니? 사과 아니면 오렌지?
- B: I want oranges. 나는 오렌지를 원해.

2. 명령문
상대방에게 명령하거나 지시할 때 사용

(1) 일반동사로 시작하는 명령문
주어 You를 생략하고, 동사원형으로 시작
- You close your eyes. 너는 너의 눈을 감는다.
  → **Close** your eyes. 너의 눈을 감아라.
- You warm up before swimming. 너는 수영하기 전에 준비 운동을 한다.
  → **Warm** up before swimming. 너는 수영하기 전에 준비 운동을 해라.

(2) be동사로 시작하는 명령문
주어 You를 생략하고, Be로 시작
- You are careful. 너는 조심스럽다.
  → **Be** careful. 조심해라.
- You are happy. 너는 행복하다.
  → **Be** happy. 행복해라.
- Please be quiet.[+] 조용히 해 주세요.
  = **Be** quiet, please. 조용히 해 주세요.

(3) 부정 명령문
'~하지 마라'는 뜻으로 「Don't + 동사원형」의 형태
- **Don't** [Never] **open** your book.[+] 책을 펴지 마라.
- **Don't** [Never] **be** afraid. 두려워하지 마라.

+ 명령문과 청유문의 부가의문문
명령문은 주어 없이 동사원형으로 시작하는 문장으로 '~해라'의 뜻을 나타낸다. 청유문은 「Let's+동사원형」으로 시작하는 문장으로 '~하자'의 뜻을 나타낸다.
명령문과 청유문의 부가의문문은 주문장이 긍정이든 부정이든 각각 will you?, shall we?로 쓴다.

+ 명령문의 please
명령문에서 please를 쓰면 좀 더 부드러운 명령이나 부탁을 나타낸다. please는 문장의 앞이나 뒤에 올 수 있는데, 뒤에 오는 경우 콤마(,)를 please 앞에 붙인다.

+ Never
Don't 대신 Never를 쓰면 더 강한 금지의 표현이 된다.

3. 제안문

권유나 제안을 할 때 사용

① 「Let's+동사원형 ~」: '~하자'라는 뜻으로 긍정의 제안문

참고 Let's는 Let us의 줄임말이다.

- 「Shall we+동사원형 ~?」: ~할래?
- 「Why don't we+동사원형 ~?」: ~하는 게 어때?
- 「How[What] about+-ing ~?」: ~하는 게 어때?
- **Let's** go on a picnic. 소풍 가자.
  - = **Shall we** go on a picnic? 우리 소풍 갈래?
  - = **Why don't we** go on a picnic? 우리 소풍 가는 게 어때?
  - = **How[What] about** going on a picnic? 우리 소풍 가는 게 어때?
- **Let's** meet at the bus stop. 버스 정류장에서 만나자.
  - = **Shall we** meet at the bus stop? 우리 버스 정류장에서 만날래?
  - = **Why don't we** meet at the bus stop? 우리 버스 정류장에서 만나는 게 어때?
  - = **How[What] about** meeting at the bus stop? 우리 버스 정류장에서 만나는 게 어때?
- **Let's** take a rest. 휴식을 취하자.
  - = **Shall we** take a rest? 우리 휴식을 취할래?
  - = **Why don't we** take a rest? 우리 휴식을 취하는 게 어때?
  - = **How[What] about** taking a rest? 우리 휴식을 취하는 게 어때?

② 「Let's not+동사원형 ~」: '~하지 말자'라는 뜻으로 부정의 제안문

- **Let's not** go there. 그곳에 가지 말자.
- **Let's not** play here. 여기에서 놀지 말자.
- **Let's not** watch TV. TV를 보지 말자.

4. 감탄문

'~하구나!'와 같이 기쁨, 슬픔, 놀라움 등을 표현하는 문장

(1) 평서문을 감탄문으로 바꾸기

① 문장에 형용사와 명사가 있으면 what 감탄문으로, 형용사만 있으면 how 감탄문으로 만듦

② very 또는 really를 감탄사인 What 또는 How로 바꿈

③ 「감탄사+주어+동사!」 순서로 알맞게 배열

(2) What 감탄문

참고 셀 수 있는 명사 앞에 붙이는 부정관사는 a와 an의 두 가지 형태가 있다. 이 중 an은 뒤에 나오는 단어의 첫 소리가 모음(a, e, i, o, u)으로 시작할 때 사용한다.
a umbrella(×)
an umbrella(○)

> What(+a/an)+형용사+명사(+주어+동사)!

- She is a very smart student. 그녀는 정말로 똑똑한 학생이다.
  - → **What a smart student she is!** 그녀는 정말로 똑똑한 학생이구나!
- It is a very exciting game. 그것은 정말로 흥미진진한 게임이다.
  - → **What an exciting game it is!** 그것은 정말로 흥미진진한 게임이구나!
- You have really big eyes. 너는 정말로 눈이 크다.
  - → **What big eyes you have!** 너는 정말로 눈이 크구나!

(3) How 감탄문

> How+형용사/부사(+주어+동사)!

- You are very cute. 너는 정말로 귀엽다.
  - → **How cute you are!** 너는 정말로 귀엽구나!
- The train goes really fast. 그 기차는 정말로 빨리 간다.
  - → **How fast the train goes!** 그 기차는 정말로 빨리 가는구나!

콕콕 개념 확인하기

다음 문장에 알맞은 것을 고르시오.

1. They are students, (are, aren't) they?
2. She can't drive, (can, is) she?
3. Sam lives in Canada, (don't, doesn't) he?
4. (Be, Are) quite!
5. (Doesn't, Don't) drink too much soft drink.
6. Let's (go not, not go) to the party.
7. What a (life happy, happy life)!
8. How pretty (she is, is she)!

답 1. aren't 2. can 3. doesn't 4. Be 5. Don't 6. not go 7. happy life 8. she is

01 대화의 빈칸에 들어갈 말로 가장 적절한 것을 고르시오.

2018년 1회

> A : _____ does the art museum open?
> B : It usually opens at 10:00 a.m.

① Which   ② Whose
③ What   ④ When

02 대화의 빈칸에 들어갈 말로 가장 알맞은 것을 고르시오.

2017년 1회

> A : _____ do you live?
> B : I live in Seoul.

① Who   ② When
③ What   ④ Where

03 대화의 빈칸에 들어갈 말로 가장 적절한 것을 고르시오.

2017년 2회

> A : _____ are you so late?
> B : Because I got up late.

① Why   ② Who
③ Where   ④ When

주목

04 대화의 빈칸에 들어갈 말로 가장 적절한 것을 고르시오.

2019년 1회

> A : How _____ is the post office from here?
> B : It's about 5km from here.

① far   ② old
③ many   ④ often

05 대화의 빈칸에 들어갈 말로 가장 적절한 것을 고르시오.

2020년 1회

> A : How _____ does it take to get there?
> B : It takes one hour by train.

① old   ② long
③ many   ④ often

06 다음 대화의 빈칸에 알맞은 것은?

2013년 1회

> A : _____ did you stay at the hotel?
> B : For two weeks.

① How far   ② How long
③ How much   ④ How often

07 다음 대화의 빈칸에 들어갈 말로 가장 적절한 것은?

2017년 2회

> A : How _____ do you exercise?
> B : Three times a week.

① tall　　　　　② old
③ often　　　　④ far

08 대화의 빈칸에 공통으로 들어갈 말로 가장 적절한 것은?

2019년 1회

> A : _____ often do you go swimming?
> B : Once a week.
> A : _____ do you go to the swimming pool?
> B : By bus.

① How　　　　　② Who
③ Why　　　　　④ When

09 대화의 빈칸에 공통으로 들어갈 말로 알맞은 것은?

2015년 1회

> A : _____ often do you go to the movies?
> B : Once a month.
> A : _____ do you usually go there?
> B : By bus.

① How　　　　　② What
③ When　　　　④ Which

주목

10 다음 대화의 빈칸에 들어갈 가장 알맞은 말은?

2014년 1회

> A : _____ often do you visit your
> 　　grandparents?
> B : Once a month.

① How　　　　　② Who
③ Why　　　　　④ What

11 대화의 마지막 응답으로 알맞은 것은?　　2016년 1회

> Nina : What do you do in your free time, Jack?
> Jack : I cook.
> Nina : How often do you cook?
> Jack : _____.

① Pizza　　　　② At home
③ With my mom　④ Twice a week

12 다음 대화의 빈칸에 알맞은 것은?　　2012년 2회

> A : May I help you?
> B : I want to buy some apples.
> A : How _____ do you want?
> B : Five, please.

① many　　　　② long
③ often　　　　④ far

13 빈칸에 들어갈 말로 가장 알맞은 것은? 2016년 1회

> A: I want to buy some oranges.
> B: How _____ do you want?
> A: Four, please.

① far
② tall
③ many
④ long

14 다음 대화의 빈칸에 알맞은 것은? 2010년 1회

> A: How _____ days from now is your test?
> B: Two days.

① old
② tall
③ much
④ many

주목

15 대화의 빈칸에 들어갈 말로 가장 적절한 것을 고르시오. 2020년 1회

> A: How _____ members are there in your club?
> B: There are twenty members.

① high
② long
③ many
④ often

16 다음 대화의 빈칸에 공통으로 알맞은 것은? 2010년 2회

> Minsu: _____ many books do you read?
> Juwon: Two books a week.
> Minsu: _____ much money do you spend?
> Juwon: About 50,000 won a month.

① Who
② How
③ When
④ What

17 다음 대화의 빈칸에 들어갈 말로 가장 알맞은 것은? 2017년 1회

> A: How _____ is this cap?
> B: It's 25 dollars.

① long
② many
③ much
④ tall

18 대화의 빈칸에 들어갈 말로 가장 적절한 것을 고르시오.

2018년 1회

> A: They are great actors, _____ they?
> B: Yes, they are.

① isn't   ② aren't
③ don't   ④ doesn't

주목

19 대화의 빈칸에 들어갈 말로 가장 적절한 것을 고르시오.

2018년 2회

> A: It's cold, _____
> B: Yes, let's turn on the heater.

① isn't it?   ② don't you?
③ aren't they?   ④ doesn't he?

20 다음에서 설명하는 동작을 잘 나타낸 그림은?

2014년 2회

> Stand up. Put your hands on the table.

①   ②

③   ④

21 표지판이 의미하는 것으로 알맞은 것은?

2015년 1회

① Do not swim.
② Do not smoke.
③ Do not ride a bike.
④ Do not take pictures.

22 다음 빈칸에 알맞은 것은?

2012년 1회

> _____ a beautiful day it is!

① How   ② What
③ When   ④ Where

02 시제

1 현재시제

1. be동사 현재시제

	단수⁺			복수⁺		
	주어	be동사	줄임말	주어	be동사	줄임말
1인칭⁺	I	am	I'm	We		We're
2인칭	You	are	You're	You		You're
3인칭	He	is	He's	They	are	They're
	She		She's			
	It		It's			

➕ 단수·복수
하나를 단수, 두 개 이상을 복수라고 한다.

➕ 1인칭·2인칭·3인칭
'나'는 1인칭, '너'는 2인칭, 그 외는 3인칭이다.

(1) be동사의 현재형

be동사의 현재형에는 am, are, is가 있고 주어의 인칭이나 수에 따라 달라짐

① '(주어가) ~이다'의 의미

- I **am** [**I'm**] twenty years old. 나는 20살이다.
- You **are** [**You're**] a middle school student. 너는 중학생이다.
- It **is** [**It's**] his book. 그것은 그의 책이다.
- It **is** [**It's**] a cat. 그것은 고양이다.
- Its name is Coco. (= The cat's name is Coco.)⁺ 그것의 이름은 Coco이다.
- We **are** [**We're**] good friends. 우리는 좋은 친구들이다.
- They **are** [**They're**] busy. 그들은 바쁘다.

② '(주어가) ~에 있다'의 의미

- He **is** [**He's**] in the park now. 그는 지금 공원에 있다.
- She **is** [**She's**] in the kitchen. 그녀는 부엌에 있다.

➕ it's와 its
it's는 it is의 줄임말이며, its는 it의 소유격이다.

(2) be동사 현재시제 부정문 – 「주어＋be동사＋not」⁺

주어	부정형	줄임말	
I	am not	I'm not	
You	are not	You're not	You aren't
He/She/It	is not	He's not/She's not/It's not	He isn't/She isn't/It isn't
We/You/They	are not	We're not/You're not/They're not	We aren't/You aren't/They aren't

➕ 「be동사 현재형＋not」의 축약형
- are not → aren't
- is not → isn't
cf. am not은 축약하여 쓰지 않는다.

- I **am** thirsty. 나는 목이 마르다.
  - ↔ I **am not**[**I'm not**] thirsty. 나는 목이 마르지 않다.
- You **are** tall. 너는 키가 크다.
  - ↔ You **are not**[**You're not**=You **aren't**] tall. 너는 키가 크지가 않다.
- He **is** hungry. 그는 배고프다.
  - ↔ He **is not**[**He's not**=He **isn't**] hungry. 그는 배고프지 않다.
- She **is** my best friend. 그녀는 나의 가장 친한 친구이다.
  - ↔ She **is not**[**She's not**=She **isn't**] my best friend. 그녀는 나의 가장 친한 친구가 아니다.
- It **is** a cap. 그것은 모자이다.
  - ↔ It **is not**[**It's not**=It **isn't**] a cap. 그것은 모자가 아니다.
- We **are** in Yeosu. 우리는 여수에 있다.
  - ↔ We **are not**[**We're not**=We **aren't**] in Yeosu. 우리는 여수에 있지 않다.
- They **are** doctors. 그들은 의사이다.
  - ↔ They **are not**[**They're not**=They **aren't**] doctors. 그들은 의사가 아니다.

(3) be동사 현재시제 의문문 − 「be동사+주어 ~?」
be동사를 맨 앞으로 보내고 문장 마지막에 물음표를 붙임

참고 be from(= come from)은 '~ 출신이다'라는 의미이다.

의문문	긍정 대답(네)	부정 대답(아니요)
Am I ~?	Yes, you are.	No, you aren't.
Are you ~?	Yes, I am.	No, I'm not.
Is he/she/it ~?	Yes, he/she/it is.	No, he/she/it isn't.
Are we/you/they ~?	Yes, we/you/they are.	No, we/you/they aren't.

- You **are** from France. 너는 프랑스 출신이다.
  - → A : **Are** you from France? 너는 프랑스 출신이니?
  - B : Yes, I **am**. 응, 그래.
  - C : No, **I'm not**. 아니, 그렇지 않아.
- He **is** at home. 그는 집에 있다.
  - → A : **Is** he at home? 그는 집에 있니?
  - B : Yes, he **is**. 응, 그는 집에 있어.
  - C : No, he **isn't**. 아니, 그는 집에 있지 않아.
- They **are** happy. 그들은 행복하다.
  - → A : **Are** they happy? 그들은 행복하니?
  - B : Yes, they **are**. 응, 그들은 행복해.
  - C : No, they **aren't**. 아니, 그들은 행복하지 않아.

(4) 「There+be동사」 구문[+]
① 「There+be동사」

There is+단수 명사	~이 있다
There are+복수 명사	~들이 있다

- **There is** a book on the desk. 책상 위에 책 한 권이 있다.
- **There are** seven days in a week. 한 주에는 7일이 있다.

+ there의 두 가지 쓰임
- 장소를 나타내는 부사로 쓰일 때는 '그곳에, 거기에'라고 해석한다.
  We went there.
  우리는 그곳에 갔다.
- 「There+be동사」에 쓰인 there는 별도로 해석하지 않는다.
  There is an apple on the table.
  탁자 위에 사과가 한 개가 있다.

② 「There＋be동사＋not」

There is not＋단수 명사	~이 없다
There are not＋복수 명사	~들이 없다

- **There is not** a bag on the chair. 의자 위에 가방이 없다.
- **There are not** vases on the table. 탁자 위에 꽃병들이 없다.

③ 「be동사＋there ~?」

Is/Are there ~?	~이 있니?, ~들이 있니?
Yes, there is/are.	응, 있어.
No, there isn't/aren't.	아니, 없어.

- A : **Is there** a park around here? 여기 근처에 공원이 있니?
  B : Yes, **there is**. 응, 있어.
  C : No, **there isn't**. 아니, 없어.
- A : **Are there** two balls in the box? 상자 안에 공이 두 개 있니?
  B : Yes, **there are**. 응, 있어.
  C : No, **there aren't**. 아니, 없어.

콕콕 개념 확인하기

다음 문장에 알맞은 것을 고르시오.

1. (He, It, They) is a pencil.
2. They are (a teacher, teachers).
3. The boys (am, are, is) students.
4. (We is, We're) boys.
5. Is he a doctor? (No, it isn't., No, he isn't.)
6. There (are, is) a cat on the sofa.
7. There (are, is) six balls in the box.

답 1. It 2. teachers 3. are 4. We're 5. No, he isn't. 6. is 7. are

2. 일반동사 현재시제⁺

(1) 일반동사의 현재형

현재형은 주어가 3인칭 단수인 경우를 제외하고, 동사원형을 그대로 씀

- I **go** to school. 나는 학교에 간다.
- You **like** chocolate very much. 너는 초콜릿을 굉장히 좋아한다.
- We **have** a nice car. 우리는 멋진 차를 가지고 있다.
- They **have** lunch at school. 그들은 학교에서 점심을 먹는다.

(2) 일반동사의 3인칭 단수 현재형

① 대부분의 동사: 「동사원형＋-s」

ex comes, eats, likes, loves, plays, runs, sings, smiles, speaks, wears, works

- She **speaks** English well. 그녀는 영어를 잘한다.
- He **plays** the piano. 그는 피아노를 친다.

＋ 일반동사
be동사와 조동사 이외의 동사는 모두 일반동사이다. 일반동사는 주어의 행동이나 상태를 나타내는 말이다.

＋ 현재시제
현재시제는 일상적인 습관이나 현재의 상태 등을 나타낸다.

참고 have는 '가지고 있다'라는 의미와 '먹다'라는 의미가 있다.

② -o, -s, -ss, -ch, -sh, -x로 끝나는 동사: 「동사원형 + -es」

> **ex** do → do**es**, go → go**es**, miss → miss**es**, pass → pass**es**, teach → teach**es**, watch → watch**es**
> finish → finish**es**, wash → wash**es**, fix → fix**es**, mix → mix**es**

- She **does** her homework after school. 그녀는 방과 후에 그녀의 숙제를 한다.
- He **teaches** math. 그는 수학을 가르친다.

③ 「자음+-y」로 끝나는 동사: y → -ies

> **ex** cry → cr**ies**, fly → fl**ies**, study → stud**ies**

- The baby **cries** every night. 그 아기는 매일 밤에 운다.
- It **flies** very fast. 그것은 매우 빨리 난다.
- She **studies** Enghish with her friends. 그녀는 그녀의 친구들과 함께 영어를 공부한다.

④ have → has

- He **has** a wife. 그는 아내가 있다.
- She **has** many books. 그녀는 많은 책을 가지고 있다.

(3) 일반동사 현재시제 부정문

'~하지 않는다'의 의미

① 주어가 I/You/We/They인 경우

> 주어+do not[don't]+동사원형

- I **have** a bike. 나는 자전거를 갖고 있다.
  - ↔ I **don't have** a bike. 나는 자전거를 갖고 있지 않다.

② 주어가 He/She/It인 경우

> 주어+does not[doesn't]+동사원형

- She **likes** pizza. 그녀는 피자를 좋아한다.
  - ↔ She **doesn't like** pizza. 그녀는 피자를 좋아하지 않는다.
- He **teaches** science. 그는 과학을 가르친다.
  - ↔ He **doesn't teach** science. 그는 과학을 가르치지 않는다.
- She **has** a pet. 그녀는 반려동물이 있다.
  - ↔ She **doesn't have** a pet. 그녀는 반려동물이 없다.

(4) 일반동사 현재시제 의문문

'~하니?'의 의미

① 주어가 I/You/We/They인 경우

> Do+주어+동사원형 ~?
> Yes, 주어+do. [긍정의 답]
> No, 주어+don't. [부정의 답]

- A: **Do** you **clean** your room? 너는 너의 방을 청소하니?
- B: Yes, I **do**. 응, 그래.
- C: No, I **don't**. 아니, 그렇지 않아.

② 주어가 He/She/It인 경우

> Does+주어+동사원형 ~?
> Yes, 주어+does. [긍정의 답]
> No, 주어+doesn't. [부정의 답]

- A: **Does** she play tennis? 그녀는 테니스를 치니?
  B: Yes, she **does**. 응, 그래.
  C: No, she **doesn't**. 아니, 그렇지 않아.

콕콕 개념 확인하기

다음 문장에 알맞은 것을 고르시오.

1. I (have, has) a brother.
2. She (live, lives) in Spain.
3. He (don't, doesn't) like beef.
4. (Do, Does) you like football?
5. Does he (teach, teaches) Korean?

답 1. have 2. lives 3. doesn't 4. Do 5. teach

2 과거시제

1. be동사 과거시제

(1) be동사 과거시제 긍정문
'~이었다, ~에 있었다'의 의미

현재형	과거형
am, is	was
are	were

- I **was** a singer before. I **am** a cook now.[+]
  나는 전에 가수였다. 지금은 나는 요리사이다.
- They **were** very fat. They **are not** fat now.
  그들은 아주 뚱뚱했다. 그들은 지금 뚱뚱하지 않다.

(2) be동사 과거시제 부정문
'~이 아니었다, ~에 있지 않았다'의 의미

> 주어+was/were+not ~.

- I **was** poor before. I **was not[wasn't]** rich.
  나는 전에 가난했다. 나는 부유하지 않았다.
- He **was** sad yesterday. He **was not[wasn't]** happy.
  그는 어제 슬펐다. 그는 행복하지 않았다.

+ 과거시제를 나타내는 부사(구)
- last 지난 ~
- ago ~ 전에
- yesterday 어제
- then 그때
- those days 그 시절
- at that time 그 당시에

- It **was** sunny yesterday. It **was not[wasn't]** rainy yesterday. [+]

  어제는 맑았다. 어제 비가 오지 않았다.

- We **were** in the park. We **were not[weren't]** in the library.

  우리는 공원에 있었다. 우리는 도서관에 있지 않았다.

(3) be동사 과거형의 의문문

'~이었니?, ~에 있었니?'의 의미

> Was / Were + 주어 ~?
> Yes, 주어 + was / were. [긍정의 답]
> No, 주어 + wasn't / weren't. [+] [부정의 답]

- He **was** angry. 그는 화가 났다.
  - → A: **Was** he angry? 그가 화가 났니?
    B: Yes, he **was**. 응, 그랬어.
    C: No, he **wasn't**. 아니, 아니었어.
- They **were** tired. 그들은 피곤했다.
  - → A: **Were** they tired? 그들은 피곤했니?
    B: Yes, they **were**. 응, 그랬어.
    C: No, they **weren't**. 아니, 아니었어.

콕콕 개념 확인하기

다음 문장에 알맞은 것을 고르시오.

1. I (was, were) very busy last weekend.
2. They (wasn't, weren't) in the classroom.

답 1. was 2. weren't

2. 일반동사 과거시제 [+]

(1) 일반동사의 과거형

① 규칙 변화

구분	만드는 방법	예
대부분의 동사	동사원형 + -ed	cleaned, ended, helped opened, passed, played rained, started, talked visited, wanted, watched
-e로 끝나는 동사	-d를 붙임	agreed, arrived, closed danced, hoped, invited liked, lived, loved
「자음+-y」로 끝나는 동사	y를 i로 고치고 + -ed	carried, cried, fried, studied worried, tried
「단모음+단자음」으로 끝나는 동사	끝에 자음을 한 번 더 쓰고 + -ed	dropped, skipped

+ 날씨와 관련된 표현
- sunny 맑은
- cloudy 구름 낀
- rainy 비가 오는
- snowy 눈이 오는
- cold 추운
- hot 더운

+ 「be동사 과거형+not」의 축약형
- was not → wasn't
- were not → weren't

+ 과거시제
과거시제는 과거의 동작이나 상태, 습관, 역사적 사실을 나타낸다.

참고 「모음+y」로 끝나면 y를 i로 바꾸지 않고 -ed를 붙인다.
eg. played

② 불규칙 변화

구분	예	
현재형과 과거형이 같은 동사	• cut → cut • put → put	• hit → hit • read → read
모양이 완전히 바뀌는 동사	• come → came • give → gave • meet → met • say → said • win → won • buy → bought • do → did	• eat → ate • go → went • run → ran • see → saw • have → had • bring → brought • hold → held

참고 read(읽다)는 현재형과 과거형의 발음이 다르다.
• 현재형 read [riːd]
• 과거형 read [red]

- I **read** the novel last year. 나는 그 소설을 작년에 읽었다.
- I **brought** my friend. 나는 내 친구를 데려왔다.
- She **bought** a new car last month. 그녀는 지난달에 새 차를 샀다.
- He **came** to my house. 그는 나의 집에 왔다.
- We **did** our homework all day long. 우리는 온종일 우리의 숙제를 했다.
- I **ate** a hamburger for dinner. 나는 저녁으로 햄버거를 먹었다.
- Last year, they **went** to Waikiki Beach. 작년에 그들은 와이키키 해변에 갔다.
- We **met** for the first time six years ago. 우리는 6년 전에 처음 만났다.
- You **said** that a month ago. 너는 한 달 전에 그렇게 말했다.
- I **saw** him yesterday. 나는 어제 그를 봤다.

(2) 일반동사 과거시제 부정문

'~하지 않았다'의 뜻으로, 주어에 상관없이 did를 씀

주어＋did not[didn't]＋동사원형 ～.

참고 현재시제에서는 주어에 따라 do나 does를 사용한다.

- We **listened** to music. 우리는 음악을 들었다.
  - ↔ We **didn't listen** to music. 우리는 음악을 듣지 않았다.
- They **danced**. 그들은 춤을 췄다.
  - ↔ They **didn't dance**. 그들은 춤을 추지 않았다.
- He **studied** math. 그는 수학을 공부했다.
  - ↔ He **didn't study** math. 그는 수학을 공부하지 않았다.
- I **dropped** my cell phone. 나는 나의 휴대전화를 떨어뜨렸다.
  - ↔ I **didn't drop** my cell phone. 나는 나의 휴대전화를 떨어뜨리지 않았다.

(3) 일반동사 과거시제 의문문

'~했니?'의 뜻으로, 주어에 상관없이 Did를 맨 앞에 씀

Did＋주어＋동사원형 ～?
Yes, 주어＋did. [긍정의 답]
No, 주어＋didn't. [부정의 답]

- They **bought** many cookies. 그들은 쿠키를 많이 샀다.
  - → A: **Did** they **buy** many cookies? 그들은 쿠키를 많이 샀니?

B：Yes, they **did**. 응. 그랬어.

C：No, they **didn't**. 아니, 그러지 않았어.

- They **went** to the zoo last weekend. 그들은 지난 주말에 동물원에 갔다.
  → A：**Did** they **go** to the zoo last weekend? 그들은 지난 주말에 동물원에 갔니?
    B：Yes, they **did**. 응. 그랬어.
    C：No, they **didn't**. 아니, 그러지 않았어.
- He **played** the piano. 그는 피아노를 쳤다.
  → A：**Did** he **play** the piano? 그는 피아노를 쳤니?
    B：Yes, he **did**. 응. 그랬어.
    C：No, he **didn't**. 아니, 그러지 않았어.

다음 문장을 과거형으로 바꿀 때, 빈칸에 알맞은 말을 쓰시오.

1. She watches TV. → She _____ TV.
2. He doesn't play soccer. → He _____ play soccer.
3. Do you like the movie? → _____ you _____ the movie?

답 1. watched 2. didn't 3. Did, like

play가 '악기를 연주하다'라는 의미일 때는 악기 이름 앞에 정관사 the를 붙인다. play가 '운동 경기를 하다'라는 의미일 때는 play 뒤에 바로 운동 경기 이름이 나온다.
- play the violin 바이올린을 연주하다
- play baseball 야구를 하다

3 진행시제

1. 현재진행시제[+]

「be동사의 현재형 + 동사의 -ing형」으로 표현함

(1) 동사의 -ing형

➕ 현재진행시제
현재 시점에서 진행 중인 동작을 나타낼 때 쓰인다. 동사에 -ing 붙은 형태를 현재분사라고 한다.

구분	만드는 방법	예
대부분의 동사	동사원형 + -ing	answering, buying, calling cooking, doing, drinking eating, finishing, going meeting, playing, reading sending, singing, staying visiting, waiting, looking
-e로 끝나는 동사	e를 빼고 + -ing	coming, dancing, driving having, leaving, living making, preparing, smoking using, writing
「단모음+단자음」으로 끝나는 1음절 동사	마지막 자음을 한 번 더 쓰고 + -ing	cutting, getting, hitting planning, putting, running sitting, swimming, winning
-ie로 끝나는 동사	-ie를 y로 바꾸고 + -ing	dying, lying, tying

- I **am doing** my homework. 나는 숙제를 하고 있다.
- I **am reading** a book. 나는 책을 읽고 있는 중이다.

- He **is dancing** on the stage. 그는 무대에서 춤을 추고 있는 중이다.
- She **is making** a pizza. 그녀는 피자를 만들고 있는 중이다.
- They **are swimming**. 그들은 수영을 하고 있는 중이다.
- They **are winning**. 그들이 이기고 있는 중이다.
- He **is lying** on the beach. 그가 해변에 누워 있는 중이다.

(2) 현재진행과 현재⁺

① 현재진행: '현재'에 '진행'이라는 말이 첨가되어 동작이 오랫동안 진행되고 있는 것 처럼 느껴지지만, 말하는 시점에서의 동작의 진행을 나타낼 때 사용
- I **am driving** a bus now. 나는 지금 버스를 운전하고 있는 중이다.
  ⇨ 말하고 있는 시점에 버스를 운전하고 있다는 의미만을 나타낼 뿐, 매일 직업적 으로 하는지는 모름
- He **is reading** comic books. 그는 만화책을 읽고 있는 중이다.
  ⇨ 그가 조금 전까지는 무엇을 했는지 모르지만, 지금 현재는 만화책을 읽고 있다 는 의미

② 현재: 지금 그 순간 일이 일어나고 있다는 것을 나타내는 것이 아니라, 현재의 사 실, 반복적인 습관 또는 일반적인 사실을 나타낼 때 사용
- I drive a bus every day. 나는 매일 버스를 운전한다.
  ⇨ '나는 직업이 버스운전사이다'라는 의미를 담고 있음. 즉, 말하는 시점뿐만 아 니라 과거부터 현재 그리고 미래에도 아마 버스를 운전할 것이라는 의미
- He reads comic books. 그는 만화책을 읽는다.
  ⇨ 그가 평소에 만화책을 즐겨 읽는다는 의미

(3) 현재진행시제 긍정문

'~하고 있는 중이다'의 의미

주어+be동사 현재형(am/are/is)+동사원형+-ing ~.

- I **am running** now. 나는 지금 달리고 있는 중이다.
- We **are playing** baseball. 우리는 야구를 하고 있는 중이다.
- He **is listening** to the radio now. 그는 지금 라디오를 듣고 있는 중이다.
- I have a nice car. (○) 나는 멋진 차를 가지고 있다.
- I am having a nice car.⁺ (×)
- I have lunch. (○) 나는 점심을 먹는다.
- I **am having** lunch. (○) 나는 점심을 먹는 중이다.

(4) 현재진행시제 부정문

'~하고 있지 않다'의 의미

주어+be동사의 현재형(am/are/is)+not+동사원형+-ing ~.

- I **am not playing** the piano. 나는 피아노를 치고 있지 않다.
- We **are not cooking** in the kitchen. 우리는 부엌에서 요리를 하고 있지 않다.
- She **is not watching** TV. 그녀는 TV를 보고 있지 않다.

+ 현재진행과 현재
- 현재진행: 지금 진행 중인 동작
- 현재: 현재의 사실, 반복적인 습관, 일반적인 사실

참고 have가 '먹다'의 뜻일 때는 진 행형이 가능하다.

+ 진행형을 쓸 수 없는 동사
- 감정을 나타내는 동사: like, hate
- 상태나 소유를 나타내는 동사: know, understand, have

(5) 현재진행시제 의문문

'~하고 있는 중이니?'의 의미

> be동사의 현재형(am/are/is)+주어+동사원형+-ing ~?
> Yes, 주어+be동사. [긍정의 답]
> No, 주어+be동사+not. [부정의 답]

- A: **Are** you **studying** English? 너는 영어 공부를 하고 있는 중이니?
  B: Yes, I **am**. 응, 그래.
  C: No, **I'm not**. 아니, 그렇지 않아.
- A: **Is** she **sleeping**? 그녀는 자고 있는 중이니?
  B: Yes, she **is**. 응, 그래.
  C: No, she **isn't**. 아니, 그렇지 않아.
- A: **Is** he **reading** a newspaper? 그는 신문을 읽고 있는 중이니?
  B: Yes, he **is**. 응, 그래.
  C: No, he **isn't**. 아니, 그렇지 않아.

콕콕 개념 확인하기

다음 문장에 알맞은 것을 고르시오.

1. He (doing, is doing) his homework.
   그는 숙제를 하고 있는 중이다.
2. They (are not, not are) playing tennis.
   그들은 테니스를 치고 있지 않다.
3. Are you (play, playing) the violin?
   너는 바이올린을 연주하고 있는 중이니?

답   1. is doing   2. are not   3. playing

2. 과거진행시제⁺

(1) 과거진행시제 긍정문

'~하고 있던 중이었다'의 의미

> 주어+be동사의 과거형(was/were)+동사원형+-ing ~.

- I **was taking** a shower. 나는 샤워를 하고 있던 중이었다.
- They **were crossing** the road. 그들은 길을 건너던 중이었다.

(2) 과거진행시제 부정문

'~하고 있던 중이 아니었다'의 의미

> 주어+be동사의 과거형(was/were)+not+동사원형+-ing ~.

- I **was not taking** a shower. 나는 샤워를 하던 중이 아니었다.
- They **were not crossing** the road. 그들은 길을 건너던 중이 아니었다.

＋ 과거진행시제
과거의 특정 시점에서 진행된 동작이나 상태를 나타낸다. 주로 과거의 시점을 나타내는 부사나 부사구 또는 when절(~할 때)과 함께 쓰인다.
- He **was repairing** his car at 10 a.m.
  그는 오전 10시에 차를 고치고 있었다.
- I **was playing** tennis when you called me.
  네가 전화했을 때 나는 테니스를 치고 있었다.

참고 과거진행 vs. 과거
- 과거진행: 과거의 한 시점에 계속하여 진행 중이었던 일
- 과거: 과거에 이미 끝난 동작이나 상태, 역사적 사실

(3) 과거진행시제 의문문

'~하고 있던 중이었니?'의 의미

> be동사 과거형(Was/Were)+주어+동사원형+-ing ~?
> Yes, 주어+be동사 과거형(was/were). [긍정의 답]
> No, 주어+wasn't/weren't. [부정의 답]

- A: **Were** you **taking** a shower? 너는 샤워를 하던 중이었니?
  B: Yes, I **was**. 응, 그랬어.
  C: No, I **wasn't**. 아니, 그렇지 않았어.
- A: **Were** they **crossing** the road? 그들은 길을 건너던 중이었니?
  B: Yes, they **were**. 응, 그랬어.
  C: No, they **weren't**. 아니, 그렇지 않았어.

콕콕 개념 확인하기

다음 문장에 알맞은 것을 고르시오.

1. It (was get, was getting) dark outside.
   밖이 어두워지고 있었다.
2. I (was read, was reading) a magazine.
   나는 잡지를 읽고 있던 중이었다.
3. She (was watch, was watching) TV.
   그녀는 TV를 보고 있었다.
4. They (was dancing, were dancing) on the street.
   그들은 길에서 춤을 추고 있었다.

답   1. was getting   2. was reading   3. was watching   4. were dancing

4 미래시제⁺

1. will

(1) 긍정문

'~할[될] 것이다, ~하겠다'의 의미

> 주어+will+동사원형~.

- I **will be** a singer. 나는 가수가 될 것이다.
- I **will do** my best. 나는 최선을 다할 것이다.
- We **will play** tennis tomorrow. 우리는 내일 테니스를 칠 것이다.
- Sam was 6 years old last year. He is 7 years old now. He **will be** 8 years old next year. Sam은 작년에 여섯 살이었다. 그는 지금 일곱 살이다. 그는 내년에 여덟 살이 될 것이다.

(2) 부정문

'~하지 않을 것이다'의 의미

> 주어+will not[won't]+동사원형~.

＋ 미래시제
앞으로 일어날 일을 표현할 때 쓰인다. 주로 tomorrow(내일), next ~(다음 ~), later(나중에) 등의 표현과 함께 쓴다.

참고 will의 축약형은 'll이다.
I will be a singer.
= I'll be a singer.

- I **will not be** late again. 나는 다시는 늦지 않을 것이다.
  = I **won't be** late again.
- An onion **will not produce** a rose. 콩 심은 데 콩 나고, 팥 심은 데 팥 난다. (속담)
- We **will not eat** *bulgogi* for lunch. 우리는 점심으로 불고기를 먹지 않을 것이다.
  = We **won't eat** *bulgogi* for lunch.
- She **will not be** at home on Sunday. 그녀는 일요일에 집에 있지 않을 것이다.
  = She **won't be** at home on Sunday.

(3) 의문문

'~할 것이니?'의 의미

> Will+주어+동사원형~?
> Yes, 주어+will. [긍정의 답]
> No, 주어+won't. [부정의 답]

- A: **Will** you **go** shopping tomorrow? 너는 내일 쇼핑하러 갈 거니?
  B: Yes, I **will**. 응, 그럴 거야.
  C: No, I **won't**. 아니, 그러지 않을 거야.
- A: **Will** she **play** basketball this weekend? 그녀는 이번 주말에 농구를 할 거니?
  B: Yes, she **will**. 응, 그럴 거야.
  C: No, she **won't**. 아니, 그렇지 않을 거야.

참고 go -ing는 '~하러 가다'라는 의미이다.
- go camping 캠핑하러 가다
- go skiing 스키 타러 가다
- go hiking 하이킹 하러 가다

2. be going to +

(1) 긍정문

① 「주어+be going to+동사원형~.」의 형태로 '~할 것이다, ~할 예정이다'의 의미
② will을 대신하여 '~할 작정이다'라는 주어의 의지를 나타내기도 하고, '~할 예정이다'라는 의미로 가까운 미래의 일을 나타내기도 함
③ be동사는 주어의 인칭, 수에 따라 변화함
- I **am going to travel** to Türkiye this winter. 나는 이번 겨울에 튀르키예로 여행을 갈 예정이다.
- We **are going to go** to the zoo tomorrow. 우리는 내일 동물원에 갈 것이다.
- He **is going to study** French. 그는 프랑스어를 공부할 예정이다.

(2) 부정문

「주어+be not going to+동사원형~.」의 형태로 '~하지 않을 것이다'라는 의미
- I **am not going to meet** my friend this afternoon. 나는 오늘 오후에 친구를 만나지 않을 것이다.
- We **are not going to get** up early tomorrow. 우리는 내일 일찍 일어나지 않을 것이다.
- She **is not going to attend** his wedding. 그녀는 그의 결혼식에 참석하지 않을 것이다.

(3) 의문문

① 「be동사+주어+going to+동사원형~?」의 형태로 '~할 것이니?'라는 의미
② 긍정이면 「Yes, 주어+be동사.」로, 부정이면 「No, 주어+be동사+not.」으로 답함
- A: **Are** you **going to come** to Tom's birthday party tonight?
  너는 오늘 밤에 Tom의 생일 파티에 올 거니?
  B: Yes, I **am**. 응, 갈 거야.
  C: No, I'**m not**. 아니, 안 갈 거야.
- A: **Is** he **going to wash** his car? 그는 세차를 할 거니?

+ be going to
미래시제로 쓰이는 be going to에서 be동사는 주어의 인칭과 수에 따라 am, is, are이 된다.

B: Yes, he **is**. 응, 그럴 거야.

C: No, he **isn't**. 아니, 그러지 않을 거야.

- A: **Is** she **going to go** shopping this afternoon? 그녀는 오늘 오후에 쇼핑하러 갈 거니?

  B: Yes, she **is**. 응, 그럴 거야.

  C: No, she **isn't**. 아니, 그러지 않을 거야.

(4) be going to의 쓰임

① 현재진행: 「be going to + 명사」

- **I am going to the bookstore**. 나는 서점에 가고 있는 중이다.

② 미래: 「be going to + 동사원형」

- **I am going to buy** some books there. 나는 그곳에서 책을 몇 권 살 것이다.

콕콕 개념 확인하기

다음 두 문장의 뜻이 같도록 빈칸에 알맞은 말을 쓰시오.

1. It will rain tomorrow.

   = It _____ tomorrow.

2. She is not going to attend the meeting.

   = She _____ attend the meeting.

3. Are they going to play basketball with us?

   = _____ they _____ basketball with us?

답 1. is going to rain 2. will not(won't) 3. Will, play

5 현재완료시제[+]

1. 현재완료시제 긍정문

용법(경험, 계속, 완료, 결과)에 따라 의미가 조금씩 다름

> have/has + 과거분사

- **I have played** soccer for 10 years. 나는 축구를 10년 동안 해 왔다.

2. 현재완료시제 부정문

> have/has + not + 과거분사

- **I haven't finished** my homework yet. 나는 아직 나의 숙제를 끝마치지 않았다.

3. 현재완료시제 의문문

> Have/Has + 주어 + 과거분사 ~?
> Yes, 주어 + have/has. [긍정의 답]
> No, 주어 + haven't/hasn't. [부정의 답]

- A: **Have** you **finished** your homework yet? 너는 벌써 너의 숙제를 끝마쳤니?

  B: Yes, I **have**. 응, 끝마쳤어.

  C: No, I **haven't**. 아니, 아직 끝마치지 못했어.

+ 현재완료

과거 어느 시점에 시작된 동작 및 상태를 현재와 관련지어 말하는 것으로 경험, 계속, 완료, 결과의 의미를 가진다. 과거의 때를 나타내는 부사(구)인 yesterday, ago, last 등과 의문사 when은 현재완료와 함께 쓰일 수 없다. 주어가 3인칭 단수이면 「has + 과거분사」로 현재완료를 표현한다.

4. 현재완료의 용법

(1) 경험

① '(과거부터 지금까지) ~한 적이 있다'라는 의미로 지금까지의 경험을 말할 때 쓰임
② ever(지금까지), never(한 번도 ~한 적이 없다), before(전에), once(한번)와 같은 빈도를 나타내는 부사와 함께 사용

- He **has been** to China.⁺ 그는 중국에 간 적이 있다.
- I **have never met** her. 나는 결코 그녀를 만난 적이 없다.
- I **have seen** the singer **before**. 나는 그 가수를 전에 본 적이 있다.

(2) 계속

① '(과거의 어느 시점부터 지금까지) 계속 ~해 왔다'라는 의미로 어떤 일이나 상태가 계속되고 있음을 나타냄
② for(~ 동안), since(~ 이후) 등의 표현과 함께 사용

- I **have watched** TV **for 3 hours**. [for+기간] 나는 3시간 동안 TV를 봐 왔다.
- I **have lived** here **since 1990**. [since+시점] 나는 1990년 이래로 여기서 살아 왔다.

(3) 완료

① '(과거부터 시작된 일이) 지금 막[이미] ~하였다'라는 의미로 어떤 동작이 지금 막 또는 최근에 끝났음을 나타냄
② now(지금), just(방금), already(이미), yet(아직, 벌써) 등의 부사와 함께 사용

- He **has just finished** his homework. 그는 막 그의 숙제를 끝마쳤다.
- I **have already met** your uncle. 나는 이미 너의 삼촌을 만났다.

(4) 결과⁺

① '~해서 (그 결과) 지금 ~하다'라는 의미로 과거에 행한 동작이 현재 어떤 결과로 나타날 때 쓰임
② 흔히 go, come, become, grow 등의 동사가 이러한 의미로 사용

- I **have lost** my pen.
  = I lost my pen and I don't have it. 나는 나의 펜을 잃어버려서 지금은 펜이 없다.
- She **has gone** to America.
  = She went to America and she is not here. 그녀는 미국으로 가 버려서 지금 여기 없다.

**＋ have been to
vs. have gone to**

- He has been to China. [경험]
  그는 중국에 간 적이 있다.
  ⇨ be(있다) → '있었던 적이 있다'는 의미
- He has gone to China. [결과]
  그는 중국에 가 버렸다.
  ⇨ go(가다) → '가 버렸다'는 의미, 지금 여기에 없음

＋ 현재완료 vs. 과거

현재완료 시제는 과거에 발생한 일이 현재에도 영향을 미칠 때 사용된다.

- He has lost his bike.
  그는 자전거를 잃어버렸다.
  ⇨ 현재도 분실 상태
- He lost his bike yesterday.
  그는 어제 자전거를 잃어버렸다.
  ⇨ 현재 찾았는지 알 수 없음

콕콕 개념 확인하기

다음 현재완료의 용법을 쓰시오.

1. I have just written this report.   (   )
2. He has lived in Seoul for ten years.   (   )
3. I have read the book before.   (   )
4. I have lost my watch.   (   )

답 1. 완료 2. 계속 3. 경험 4. 결과

01 다음 빈칸에 알맞은 것은?　　　　　2011년 1회

> There _____ five books on the table.

① am　　　　　② is
③ are　　　　　④ was

02 빈칸에 들어갈 말로 가장 적절한 것은?　　　　　2019년 1회

> There _____ three lions in the zoo.

① is　　　　　② be
③ are　　　　　④ was

03 빈칸에 들어갈 말로 가장 적절한 것은?　　　　　2020년 1회

> _____ are really delicious.

① It　　　　　② That
③ They　　　　　④ This

04 다음 대화의 빈칸에 들어갈 말로 가장 적절한 것은?
　　　　　2017년 2회

> A: Is David at home?
> B: No, _____. He's at school.

① he is　　　　　② he isn't
③ I'm not　　　　　④ she is

05 대화의 빈칸에 들어갈 말로 알맞은 것은?　　　　　2015년 1회

> A: Is this your bag?
> B: Yes, it _____.

① am　　　　　② is
③ are　　　　　④ do

06 다음 대화의 빈칸에 들어갈 말로 가장 적절한 것은?
　　　　　2018년 2회

> A: _____ you tired?
> B: No, I am not.

① Do　　　　　② Is
③ Are　　　　　④ Does

07 빈칸에 공통으로 들어갈 말로 가장 적절한 것을 고르시오. 2019년 2회

> • My dad _____ breakfast at 6 a.m.
> • My town _____ many beautiful parks.

① has
② goes
③ plays
④ cooks

08 빈칸에 들어갈 말로 가장 적절한 것은? 2019년 2회

> I _____ like tomatoes.

① are
② does
③ don't
④ aren't

09 다음 대화의 빈칸에 알맞은 것은? 2013년 2회

> A: Do you know how to drive?
> B: Yes, I _____.

① do
② is
③ shall
④ will

10 다음 대화의 빈칸에 알맞은 것은? 2012년 1회

> A: Do you exercise every day?
> B: _____.

① Yes, I am
② Yes, you are
③ Yes, I do
④ Yes, you do

11 다음 대화의 빈칸에 알맞은 것은? 2012년 1회

> A: Do you like science?
> B: _____. It's my favorite subject.

① Yes, I am
② Yes, I do
③ No, I'm not
④ No, I don't

12 다음 질문에 대한 응답으로 가장 알맞은 것은? 2011년 1회

> Do you like playing sports?

① Yes, I am.
② Yes, I do.
③ No, I can't.
④ No, I'm not.

13 대화의 빈칸에 들어갈 말로 가장 적절한 것을 고르시오. 2019년 1회

> A: _____ you like pizza?
> B: Yes, I do.

① Is
② Do
③ Are
④ Does

14 대화의 빈칸에 들어갈 말로 알맞은 것은? 2015년 2회

> A: _____ he play the violin?
> B: No, he doesn't.

① Is
② Are
③ Do
④ Does

15 B의 응답으로 가장 알맞은 것을 고르시오. 　2016년 2회

> A: Does she like ice cream?
> B: _____.

① Yes, I can　　　　② No, you don't
③ Yes, she does　　④ No, they aren't

16 빈칸에 들어갈 말로 가장 적절한 것은? 　2020년 2회

> He _____ very sick yesterday.

① am　　　　② be
③ are　　　　④ was

17 빈칸에 들어갈 말로 알맞은 것은? 　2015년 1회

> They _____ fishing yesterday.

① go　　　　② went
③ will go　　④ are going

18 다음 빈칸에 알맞은 것은? 　2013년 1회

> I _____ at a hospital last month.

① work　　　② worked
③ will work　④ am working

19 다음 빈칸에 알맞지 않은 것은? 　2012년 1회

> I went to Namsan _____.

① last Sunday　　② two days ago
③ tomorrow　　　④ yesterday

주목
20 빈칸에 들어갈 말로 알맞지 않은 것은? 　2016년 1회

> My family went camping _____.

① tomorrow　　　② yesterday
③ last Saturday　④ three days ago

21 다음 대화의 빈칸에 알맞은 것은? 　2010년 1회

> A: Did you see the movie, *Avatar*?
> B: No, I _____.

① do　　　　② did
③ don't　　　④ didn't

22 대화의 빈칸에 들어갈 말로 가장 적절한 것을 고르시오.
　2017년 2회

> A: _____ you finish your homework last
> 　night?
> B: Yes, I did.

① Are　　　② Did
③ What　　④ Who

23 대화의 빈칸에 들어갈 말로 가장 알맞은 것은?

2014년 2회

> A: Where did you go last weekend?
> B: I _____ to the zoo with my family.

① go   ② goes
③ went   ④ will go

24 다음 대화의 빈칸에 들어갈 말로 가장 알맞은 것은?

2017년 1회

> A: What did you eat for dinner yesterday?
> B: I _____ *bibimbap*.

① ate   ② eats
③ eating   ④ has eaten

25 다음 대화에서 B에 대한 A의 질문으로 가장 알맞은 것은?

2017년 1회

> A: _____?
> B: She is reading a book.

① Did you have lunch
② What is she doing
③ How are you doing
④ When does she get up

26 다음 그림 속 Mary의 행동을 알맞게 표현한 것은?

2014년 1회

① Mary is cutting flowers.
② Mary is watering flowers.
③ Mary is drawing flowers.
④ Mary is picking up flowers.

27 그림 속 Sora의 상황을 표현한 것으로 알맞은 것은?

2016년 1회

① Sora is sitting on a chair.
② Sora is washing the dishes.
③ Sora is playing with a ball.
④ Sora is swimming in a pool.

28 그림 속 Tom의 행동을 표현한 것으로 알맞은 것은?

2015년 1회

① Tom is watching TV.
② Tom is washing a car.
③ Tom is playing baseball.
④ Tom is listening to music.

29 다음 상황을 적절하게 표현한 것은?  2014년 2회

① She is reading a book.
② She is playing football.
③ She is taking a shower.
④ She is painting a picture.

30 그림으로 보아 빈칸에 들어갈 말로 가장 적절한 것은?

2020년 2회

Jenny is _____ in the park with her dog.

① walking
② driving
③ washing
④ swimming

주목
31 그림을 설명한 문장으로 가장 적절한 것은?

2019년 2회

① Boram is reading a book.
② Tom is walking around.
③ Jane is talking on the phone.
④ Minho is sitting next to Jane.

32 다음 빈칸에 알맞은 것은? 2013년 2회

> I will go fishing _____.

① tomorrow
② yesterday
③ last night
④ two days ago

33 대화의 빈칸에 들어갈 말로 알맞은 것은? 2015년 2회

> A : Are you going to visit your grandparents?
> B : Yes, I _____ them next month.

① visits
② visited
③ visiting
④ will visit

34 다음 빈칸에 공통으로 알맞은 것은? 2012년 2회

> • Joe has lived in Seoul _____ 20 years.
> • This rose is _____ you.

① at
② in
③ for
④ during

35 대화의 빈칸에 들어갈 말로 가장 적절한 것을 고르시오.

2018년 1회

> A : _____ you ever been to Paris?
> B : No, I haven't. I'd like to go there someday.

① Are
② Can
③ Does
④ Have

03 I 문법
조동사

1 조동사의 특징

① 인칭, 수에 따라 모양이 변하지 않음
- He can play the piano. (○)
  He cans play the piano. (×)

② 조동사 뒤에는 항상 동사원형이 옴
- She may believe your story. (○)
  She may believes your story. (×)

③ 조동사 2개를 연속으로 쓸 수 없음
- You may have to finish the work by tomorrow. (○)
  You may must finish the work by tomorrow. (×)

④ 형태

긍정문	「주어＋조동사＋동사원형.」
부정문	「주어＋조동사＋not＋동사원형.」
의문문	「조동사＋주어＋동사원형 ～?」

＋ 조동사

동사 자체만으로 가능, 허락, 요청, 추측, 의무, 충고를 나타낼 수 없으므로 이러한 의미를 더해 주며 동사를 돕는 역할을 한다.

2 조동사 can

1. 가능 · 능력

'～할 수 있다'는 뜻을 동사의 의미에 덧붙임

긍정문	「can＋동사원형」 (= 「be able to＋동사원형」)
부정문	「cannot [can't]＋동사원형」 (= be not able to)
의문문	「Can＋주어＋동사원형～?」 (= 「Be동사＋주어＋able to＋동사원형～?」)

- I **can** play the piano. 나는 피아노를 칠 수 있다.
  = I **am able to** play the piano.
- He **can** speak English. 그는 영어를 말할 수 있다.
  = He **is able to** speak English.
- They **can** dance well. 그들은 춤을 잘 출 수 있다.
  = They **are able to** dance well.
- I **can not [cannot, can't]** drive a car. 나는 차를 운전할 수가 없다.
  = I **am not able to** drive a car.

＋ can not의 활용

can not은 cannot으로 붙여 쓰거나 can't로 줄여서 쓸 수 있다.

＋ play

'연주하다'라는 의미로 play가 쓰일 때는 「play+the+악기 이름」의 형태이다.
'운동 경기를 하다'라는 의미로 play가 쓰일 때는 「play+운동 경기 이름」의 형태이다.

- She **can not [cannot, can't]** speak Chinese. 그녀는 중국어를 말할 수가 없다.
  = She **is not able to** speak Chinese.
- They **cannot** swim. 그들은 수영을 하지 못한다.
  = They **are not able to** swim.
- A: **Can** you speak French? 너는 프랑스어를 할 줄 아니?
  = **Are** you **able to** speak French?
  B: Yes, I **can**. 응, 할 줄 알아.
  C: No, I **can't**. 아니, 할 줄 몰라.
- A: **Can** he cook Japanese food? 그는 일본 요리를 할 줄 아니?
  = **Is** he **able to** cook Japanese food?
  B: Yes, he **can**. 응, 그는 할 줄 알아.
  C: No, he **can't**. 아니, 그는 할 줄 몰라.
- A: **Can** she ride a bike? 그녀는 자전거를 탈 수 있니?
  = **Is** she **able to** ride a bike?
  B: Yes, she **can**. 응, 그녀는 탈 수 있어.
  C: No, she **can't**. 아니, 그녀는 탈 줄 몰라.

> **참고** cook은 '요리하다'라는 동사의 의미와 '요리사'라는 명사의 의미가 있다. cooker는 '요리기구'이다.

2. 허락⁺

'~해도 좋다'는 뜻을 동사의 의미에 덧붙임
- You **can** go home now. 너는 지금 집에 가도 좋다.
- You **can** use my telephone. 너는 내 전화를 써도 좋다.

> **+ 허락의 can**
> can이 '~해도 좋다'라는 허락의 의미로 쓰일 때는 may로 바꿔 쓸 수 있다.

3. 요청

'~해 주실래요?'의 의미로, could는 can보다 공손한 표현
- **Can [Could] you** come to my house? 너는 우리 집에 올 수 있니?

요청에 대한 대답	
요청을 들어줄 때	요청을 들어주지 못할 때
• Of course. • Okay. • Sure.	• Sorry, I can't.

3 조동사 may

1. 허락

① '~해도 좋다'의 의미. 이때 may는 허락을 나타내는 can과 바꿔 쓸 수 있음
- You **may** go out. 너는 밖에 나가도 좋다.
  ↪ You **may not** go out.
- You **may** park here. 너는 여기에 주차해도 좋다.
  ↪ You **may not** park here.
- You **may** use my computer. 너는 나의 컴퓨터를 사용해도 좋다.
  ↪ You **may not** use my computer.

② 허락을 구할 때 쓰는 표현으로는 「May＋I＋동사 ～?」의 형태를 사용. '～해도 될까요?'의 의미
  • A: May I try this on? 이것을 제가 입어도 될까요?
    B: Yes, you may./Sure./Okay./Of course./No problem. [긍정의 대답]
    C: No, you may not. [부정의 대답]

2. 추측

'～일지도 모른다'의 의미
• It **may** rain tomorrow. 내일 비가 올지도 모른다.
  ↪ It **may not** rain tomorrow.
• He **may** meet his friend today. 그는 그의 친구를 오늘 만날지도 모른다.
  ↪ He **may not** meet his friend today.
• She **may** be a cook. 그녀는 요리사일지도 모른다.
  ↪ She **may not** be a cook.

4 조동사 must

1. 의무

① '(반드시) ～해야 한다'라는 의미로, 강한 의무를 나타냄
② 조동사 must와 비슷한 의미로 쓰이는 have to는 다소 약한 의무를 나타냄. 주어가 3인칭 단수이면 has to로 쓰고, 과거시제이면 had to로 씀
  • I **must** go to school. 나는 반드시 학교에 가야 한다.
  • You **have to** exercise every day. 너는 매일 운동해야 한다.
  • She **has to** study math. 그녀는 수학을 공부해야 한다.
  • I **had to** finish the report yesterday. 나는 어제 보고서를 끝마쳐야 했다.
③ must의 부정문

| must not | '～해서는 안 된다'라는 의미로, 강한 금지를 나타냄 |
| don't[doesn't] have to | '～할 필요가 없다'라는 의미 |

  • You **must not** watch that movie. 너는 그 영화를 보면 안 된다.
  • You **don't have to** watch that movie. [추천하지 않음] 너는 그 영화를 볼 필요가 없다.
  • She **doesn't have to** work on weekends. 그녀는 주말에는 일을 할 필요가 없다.

2. 강한 추측

'～임에 틀림없다'라는 의미
• He **must** be a doctor. 그는 의사임에 틀림없다.

5 조동사 should[+]

'～해야 한다', '～하는 것이 좋겠다'의 뜻으로, 의무나 충고의 뜻을 동사의 의미에 덧붙임
• You **should** go to bed early. 너는 일찍 잠자리에 드는 게 좋겠다.
• You **should not** eat too much fast food. 너는 패스트푸드를 너무 많이 먹어서는 안 된다.

[+] must와 should의 차이
• must: '반드시 ～해야 한다'는 의미이다. [강제성]
• should: '반드시 하지 않아도 되지만 ～하는 게 좋겠다'는 의미이다. [의무나 충고]

6 조동사 had better

'~하는 게 좋겠다'의 뜻으로, 충고나 조언의 뜻을 동사의 의미에 덧붙임

• You**'d better**⁺ take an umbrella. 너는 우산을 가져가는 것이 좋다.
• You**'d better not** go swimming. 너는 수영을 가지 않는 것이 좋다.

콕콕 개념 확인하기

다음 우리말 뜻이 되도록 빈칸에 알맞은 조동사를 쓰시오.

1. She _____ swim.
   그녀는 수영을 할 수 있다.

2. He _____ come back.
   그는 돌아올지도 모른다.

3. You _____ be quiet in the library.
   도서관에서 조용히 해야 한다.

답 1. can 2. may 3. must(have to)

탄탄 실력 다지기

정답과 해설 **9쪽**

01 다음 표는 두 학생이 할 수 있는 일(○)과 할 수 없는 일(×)을 나타낸 것이다. 표를 바르게 설명한 것은?

2010년 2회

	draw cartoons	skate	ride a bike	play the piano
Jinsu	O	X	X	O
Nara	O	O	O	X

① Jinsu can skate.
② Jinsu can't ride a bike.
③ Nara can play the piano.
④ Nara can not draw cartoons.

02 다음 빈칸에 들어갈 수 <u>없는</u> 말은? 2018년 2회

> I can _____ fast.

① run   ② easy
③ cook   ④ walk

03 다음 두 문장의 의미가 같도록 할 때 빈칸에 들어갈 말로 가장 적절한 것은?

> I am able to play the cello.
> = I _____ play the cello.

① can   ② may
③ must   ④ should

04 대화의 빈칸에 들어갈 말로 가장 적절한 것을 고르시오.

2020년 2회

> A : I have to clean my room. Can you help me?
> B : _____.

① Yes, I can   ② Yes, I am
③ No, I don't   ④ No, I am not

05 대화의 빈칸에 들어갈 말로 가장 적절한 것을 고르시오.

2018년 1회

> A : Can you make a paper rose?
> B : No, _____. I can only make a paper bird.

① I am   ② I can't
③ he is   ④ you aren't

06 대화의 빈칸에 들어갈 말로 가장 알맞은 것을 고르시오.

2017년 1회

> A : _____ you speak Chinese?
> B : Yes, I can.

① Is   ② Can
③ Are   ④ Does

07 대화의 빈칸에 들어갈 말로 가장 적절한 것은?

> A : Can he _____ English very well?
> B : Yes, he can.

① speak   ② speaks
③ spoke   ④ spoken

08 다음 두 문장의 의미가 같도록 할 때 빈칸에 들어갈 말로 가장 적절한 것은?

> We have to leave now.
> = We _____ leave now.

① can   ② may
③ must   ④ will

09 밑줄 친 must의 의미로 가장 적절한 것은?

> A : Look, he has a very expensive car.
> B : He <u>must</u> be rich.

① 금지   ② 미래
③ 추측   ④ 허락

주목
10 다음 밑줄 친 must의 뜻이 나머지와 다른 하나는?

① I <u>must</u> go now.
② You <u>must</u> clean your room.
③ She <u>must</u> be tired.
④ We <u>must</u> be quiet in the library.

11 다음 빈칸에 들어갈 말로 가장 적절한 것은?

> She should _____ back by 6.

① come   ② comes
③ came   ④ coming

12 다음 대화의 내용과 관련 있는 표지판은?   2014년 1회

> A : Excuse me, sir. You shouldn't ride a bike here.
> B : I'm sorry. I didn't know that.

①   ②
③   ④

13 대화의 빈칸에 들어갈 말로 가장 적절한 것을 고르시오.
2018년 1회

> A : My arm hurts. I think I exercised too much.
> B : You'd _____ see a doctor today.

① rest   ② worse
③ better   ④ should

14 다음 밑줄 친 ①~⑤ 중 어법상 틀린 곳은?

> You'd ① <u>better</u> ② <u>going</u> ③ <u>and</u> ④ <u>take</u> a rest.

15 다음 빈칸에 들어갈 말로 가장 적절한 것은?

> He _____ stop smoking.

① had better   ② had good
③ has better   ④ have better

16 다음 우리말에 맞게 괄호 안의 단어들을 순서대로 배열할 때 빈칸 세 번째에 오는 단어는?

> I think _____ _____ _____ _____ your hair color.
> 나는 네가 머리 색깔을 바꾸지 않는 것이 더 좋을 것 같아.
> (you, not, had better, change)

① you   ② not
③ had better   ④ change

04 Ⅰ 문법
명사, 관사, 대명사

1 명사

1. 셀 수 없는 명사

① 고유명사: 세상에 하나뿐인 특정한 사람, 사물, 장소 등의 고유 이름을 나타내는 명사

ex Tom, Korea, Busan

• **Tom** is my little brother.

Tom은 나의 남동생이다.

② 추상명사: 머릿속으로만 생각할 수 있으며 눈에 보이는 구체적인 형태가 없이 추상적인 관념을 나타내는 명사

ex friendship, happiness, love

• We always want **happiness**.

우리는 언제나 행복을 원한다.

③ 물질명사: 일정한 형태가 없는 물질이나 재료를 나타내는 명사

ex • 원료, 재료: paper, glass ...
    • 음식: bread, cheese ...
    • 액체, 기체: water, gas ...

• I like **milk** more than **juice**.

나는 주스보다 우유를 더 좋아한다.

2. 셀 수 있는 명사

① 보통명사: 같은 종류의 사람과 사물에 공통으로 쓰이는 명사

ex bag, book, tree

② 집합명사: 사람이나 사물이 모인 집합체의 이름

ex class, family, people

3. 셀 수 있는 명사의 복수형

(1) 규칙 변화

구분	만드는 방법	예
대부분의 명사	-s	apples, caps, doors
-ch, -sh, -s, -ss, -x, -o로 끝나는 명사	-es	benches, dishes, buses, classes, boxes, foxes, potatoes
「자음+y」로 끝나는 명사	y를 i로 바꾸고 -es	ladies, stories
「모음+y」로 끝나는 명사	-s	boys, days
-f/-fe로 끝나는 명사	-f/-fe → -ves	wolves, knives

참고 고유명사는 항상 대문자로 시작한다.

✚ 물질명사의 수량을 표현하는 방법

물질명사의 수량은 담는 용기의 형태를 바꾸어 표현한다.

• a cup of coffee 한 잔의 커피
• three cups of coffee 세 잔의 커피
• a glass of juice 한 잔의 주스
• two glasses of juice 두 잔의 주스
• a bottle of water 한 병의 물
• four bottles of water 네 병의 물
• a piece of paper 한 장의 종이
• three pieces of paper 세 장의 종이
• a loaf of bread 한 덩어리의 빵
• two loaves of bread 두 덩어리의 빵

🔍 꼼꼼 단어 돋보기

● 명사

사람, 동물, 사물, 장소의 이름을 나타내는 품사이다.

(2) 불규칙 변화

- man → men
- foot → feet
- tooth → teeth
- mouse → mice
- woman → women
- goose → geese
- child → children

(3) 단·복수가 같은 명사

- deer – deer
- fish – fish
- sheep – sheep

(4) 항상 복수형으로 쓰는 명사

① 하나의 쌍을 이루어야 제 기능을 하는 명사

②「pair + of + 명사」형태로 표현

- gloves
- shoes
- socks

 → a pair of gloves    → a pair of shoes    → a pair of socks

2 관사

1. 부정관사 a[an]

① 셀 수 있는 명사가 한 개일 때 쓰임. 뒤 단어의 첫음이 자음으로 발음되면 a를 쓰고, 모음(a, e, i, o, u 등)으로 발음되면 an을 씀

- **a** bag
- **a** boy
- **a** cat
- **a** girl
- **an** ant
- **an** apple
- **an** interesting movie
- **an** only child
- **a** book
- **a** car
- **a** dog
- **an** airplane
- **an** artist
- **an** elephant
- **an** old tree
- **an** umbrella

② a[an] 주의해서 쓰기

- 뒤 단어의 철자가 자음으로 시작하지만 모음으로 발음되면 an을 씀
  - **an** hour (h: 묵음)
  - **an** honest boy (h: 묵음)
  - **an** MP3 player [em]
- 뒤 단어의 철자가 모음으로 시작하지만 자음으로 발음되면 a를 씀
  - **a** university [juː]
  - **a** useful expression [juː]

2. 정관사 the

① 셀 수 있는 명사와 셀 수 없는 명사 앞에서 모두 쓸 수 있으며, 이미 언급한 명사나 특정한 것을 가리킬 때 씀

🔍 **꼼꼼 단어 돋보기**

● 관사(冠詞)

갓 '관' 자에 말 '사' 자를 써서 모자(관)를 머리 위에 쓰듯 머리인 명사 앞에서 모자인 관사가 나와야 한다. 명사의 수나 성격을 알려 주는 말이다.

② 자음 앞에서 [ðə]로, 모음 앞에서 [ði]로 발음

③ 이미 언급된 것을 가리킬 때 보통 '그'라고 해석

참고 [ðə]와 [ði]은 각각 한국어 발음의 [더]와 [디]처럼 발음한다.

- I have a book. **The** book is interesting. 나는 책 한 권이 있다. 그 책은 재미있다.
- I saw a boy. **The** boy is tall. 나는 한 소년을 보았다. 그 소년은 키가 크다.
- He has a flower. **The** flower is beautiful. 그는 꽃을 가지고 있다. 그 꽃은 아름답다.

④ 설명하지 않아도 이미 알고 있는 것을 가리킬 때 씀

- Open **the** door, please. 문을 좀 열어 주세요.
- Pass me **the** salt, please. 소금을 좀 건네주세요.

⑤ 세상에 하나밖에 없는 것을 가리킬 때 씀

- **the** earth 지구
- **the** moon 달
- **the** sky 하늘
- **the** sun 해

⑥ 악기 이름 앞에 사용

- I can play **the** piano. 나는 피아노를 칠 수 있다.

3. 관사의 생략

① 부르는 말: 고유명사의 성격을 지니므로 관사를 생략

- Waiter, give me a cup of coffee, please. 웨이터, 커피 한 잔 주세요.

② 자기 가족

- Father = My father
- Father is talking with mother. 아버지는 어머니와 이야기를 하고 있다.

③ 식사

- I usually have breakfast at seven. 나는 보통 7시에 아침을 먹는다.

④ 운동 이름

- I play baseball after school. 나는 방과 후에 야구를 한다.

⑤ 학과⁺

- He is interested in science. 그는 과학에 흥미가 있다.

⑥ by+교통·통신수단

- by bus 버스로
- by car 차로
- by ship 배로
- by taxi 택시로
- by train 기차로
- by e-mail 이메일로

+ 다양한 학과 이름
- Korean 한국어
- math 수학
- science 과학
- history 역사
- music 음악
- P.E. 체육

콕콕 개념 확인하기

다음 명사의 복수형을 쓰시오.

1. lion ( )
2. bus ( )
3. baby ( )
4. toy ( )
5. leaf ( )

빈칸에 a[an] 또는 the를 쓰시오.

6. I have _____ pencil.
7. This is _____ alligator.
8. I see _____ moon.

답 1. lions 2. buses 3. babies 4. toys 5. leaves 6. a 7. an 8. the

3 대명사

1. 인칭대명사

(1) 의미

나, 너, 그, 그녀, 그것, 우리, 너희들, 그들 등을 나타냄

수	인칭	주격	소유격	목적격	소유대명사
단수	1인칭	I	my	me	mine
	2인칭	you	your	you	yours
	3인칭	he	his	him	his
		she	her	her	hers
		it	its	it	–
복수	1인칭	we	our	us	ours
	2인칭	you	your	you	yours
	3인칭	they	their	them	theirs

- Sam likes Yumi. Sam은 Yumi를 좋아한다.
- → **He** likes **her**. 그는 그녀를 좋아한다.

(2) 종류

① 주격

- **I** am a singer. 나는 가수이다.
- **He** is a singer. 그는 가수이다.
- **We** are singers. 우리는 가수들이다.
- **They** are singers. 그들은 가수들이다.
- **They** are books. 그것들은 책들이다.

- **You** are a singer. 너는 가수이다.
- **She** is a singer. 그녀는 가수이다.
- **You** are singers. 너희들은 가수들이다.
- **It** is a book. 그것은 책이다.

② 목적격

- Tom likes **me**. Tom은 나를 좋아한다.
- Tom likes **him**. Tom은 그를 좋아한다.
- Tom likes **it**. Tom은 그것을 좋아한다.
- Tom likes **you**. Tom은 너희를 좋아한다.

- Tom likes **you**. Tom은 너를 좋아한다.
- Tom likes **her**. Tom은 그녀를 좋아한다.
- Tom likes **us**. Tom은 우리를 좋아한다.
- Tom likes **them**. Tom은 그들을 좋아한다.

③ 소유격

- This is **my** computer. 이것은 나의 컴퓨터이다.
- This is **your** computer. 이것은 너의 컴퓨터이다.
- This is **his** computer. 이것은 그의 컴퓨터이다.
- This is **her** computer. 이것은 그녀의 컴퓨터이다.
- This is **our** computer. 이것은 우리의 컴퓨터이다.

참고 사람 이름의 소유격은 이름 뒤에 's를 붙여 표현한다.
Tony's little sister is a student.
Tony의 여동생은 학생이다.

꼼꼼 단어 돋보기

● 대명사
명사를 대신하는 말이다.

● 주격
'~은, ~는, ~이, ~가'의 의미로, 문장에서 주어의 역할을 한다.

● 목적격
'~을[를]'의 의미로, 문장에서 목적어 역할을 한다.

● 소유격
'~의'라는 의미로, 명사 앞에 쓰여 소유 관계를 나타낸다.

- This is **your** computer. 이것은 너희들의 컴퓨터이다.
- This is **their** computer. 이것은 그들의 컴퓨터이다.

명사 앞에는 관사와 소유격이
나란히 나오지 못한다.
This is a their computer. (×)

2. 소유대명사

'~의 것'의 의미로 「소유격＋명사」를 대신함

- This is my car. 이것은 나의 차이다.
  = This is **mine**. (mine = my car) 이것은 나의 것이다.
- This is your car. 이것은 너의 차이다.
  = This is **yours**. (yours = your car) 이것은 너의 것이다.
- This is his car. 이것은 그의 차이다.
  = This is **his**. (his = his car) 이것은 그의 것이다.
- This is her car. 이것은 그녀의 차이다.
  = This is **hers**. (hers = her car) 이것은 그녀의 것이다.
- This is our car. 이것은 우리의 차이다.
  = This is **ours**. (ours = our car) 이것은 우리의 것이다.
- This is your car. 이것은 너희들의 차이다.
  = This is **yours**. (yours = your car) 이것은 너희들의 것이다.
- This is their car. 이것은 그들의 차이다.
  = This is **theirs**. (theirs = their car) 이것은 그들의 것이다.

3. 비인칭 주어 it

시간, 날짜, 요일, 날씨, 계절, 명암, 거리 등을 나타낼 때는 문장의 주어로 it을 사용
하며, 이때 it은 우리말로 해석하지 않는 비인칭 주어임

시간	**It's** five-thirty. 5시 30분이다.
날짜	**It's** May 1st. 5월 1일이다.
요일	**It's** Monday today. 오늘은 월요일이다.
날씨	**It's** very sunny today. 오늘은 정말 화창하다.
계절	**It's** spring. 봄이다.
명암	**It's** getting dark. 날이 점점 어두워지고 있다.
거리	**It's** 10km from here. 여기서 10킬로미터 거리이다.

4. 지시대명사

① this/these: '이것/이것들[이 사람/이 사람들]'이라는 뜻으로 비교적 가까이 있는
대상을 가리킴
- **This** is my best friend. 이 사람은 나의 가장 친한 친구이다.
- **This** is my umbrella. 이것은 나의 우산이다.
- **These** are cute puppies. 이것들은 귀여운 강아지들이다.

② that/those: '저것/저것들[저 사람/저 사람들]'이라는 뜻으로 비교적 멀리 있는 대상
을 가리킴
- **That** is my car. 저것은 나의 차이다.
- **Those** are my books. 저것들은 나의 책들이다.

🔍 **꼼꼼 단어 돋보기**

● 지시대명사
'이것', '저것'처럼 사람이나 사물을 가
리킬 때 사용한다.

5. 재귀대명사

(1) 재귀대명사의 형태

단수	• I – <u>myself</u> • he – <u>himself</u>	• you – <u>yourself</u> • she – <u>herself</u>	• it – <u>itself</u>
복수	• we – <u>ourselves</u>	• you – <u>yourselves</u>	• they – <u>themselves</u>

(2) 재귀용법

주어가 행한 행위가 자신에게로 돌아오는 경우에 쓰며, 목적어 역할을 하고 생략할 수 없음

• I love **myself**. 나는 내 자신을 사랑한다.

(3) 강조용법

강조하고자 하는 말 뒤나 문장의 맨 끝에 올 수 있으며, '자신이 직접'이라는 뜻으로 생략할 수 있음

• She made pizza **herself**. 그녀가 직접 피자를 만들었다.

= She **herself** made pizza.

☑ 개념 check up 재귀대명사의 관용적 용법

• by oneself 혼자서
• enjoy oneself 즐기다
• for oneself 자기 힘으로
• help oneself 마음껏 먹다

---

6. 부정대명사

(1) one[+]

① '~한 것'이라는 의미로, 앞에 언급된 명사와 같은 종류의 명사를 가리킬 때 사용. 부정대명사 one은 「a/an + 명사」의 의미를 나타내기도 함

• I lost my bag. So I need to buy **one**(= a bag).

나는 가방을 잃어버렸다. 그래서 나는 가방 하나를 살 필요가 있다.

② 부정대명사 one은 다른 명사처럼 형용사와 전치사구의 수식을 받기도 함

• 형용사가 수식: 「the + 형용사 + one」 **ex** the blue one 파란 것
• 전치사구가 수식: 「the one + 전치사구」 **ex** the one with wings 날개가 있는 것

☑ 개념 check up one의 쓰임

• This pink dress is nice. 이 분홍 드레스 예뻐요.
  I will buy <u>it</u>. 그걸로(분홍 드레스로) 살게요.
  ⇨ it은 앞에 나온 특정 명사 그대로를 가리킴
• But I will buy the red <u>one</u>. 하지만 빨간 것으로 살게요.
  ⇨ one은 앞에 나온 명사와 종류가 같은 일반적인 사물을 가리킴

---

(2) all

'모든 것/모든 사람들'의 의미

• **All [Everything]** is ready. [단수] 모든 것은 준비되었다.
• **All** the people look excited. [복수] 모든 사람들은 흥분돼 보였다.

➕ one과 ones

부정대명사 one의 복수형은 ones이며 셀 수 있는 명사를 대신한다.

She has three cars: a red <u>one</u> and two black <u>ones</u>.

그녀는 차 세 대가 있다. 빨간색 한 대와 검정색 두 대.

🔍 꼼꼼 단어 돋보기

● 재귀대명사

주어의 동작이 다시 주어로 되돌아가는 관계를 나타내는 대명사를 말한다.

● 부정대명사

정해지지 않은 대상을 가리키는 대명사를 말한다.

(3) both

'둘 다, 양쪽의'의 뜻으로 항상 복수 취급함

- **Both** are friendly. 둘 다 친근하다.

(4) each[+]

'각각(의)'의 뜻으로 항상 단수 취급함

- **Each** book costs 20 dollars. 각각의 책은 20달러씩이다.

(5) every[+]

'모든'의 뜻으로 항상 단수 취급함

- **Every** student has a talent. 모든 학생들은 재능을 가지고 있다.

✚ **each**의 활용
「each+단수명사+단수동사」
각각의 ～는 …하다

✚ **every**의 활용
「every+단수명사+단수동사」
모든 ～는 …하다

✔ 개념 check up   each와 every

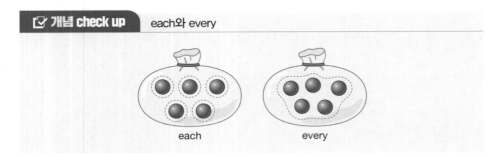

each   every

(6) 주의해야 할 부정대명사

① one, the other: (둘 중의) 하나, 나머지 하나

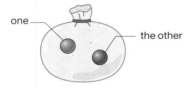

- I have two pets. **One** is a cat, **the other** is a dog.

    나는 반려동물 두 마리가 있다. 하나는 고양이고, 나머지 하나는 개다.

② one, another, the other: (셋 중의) 하나, 또 다른 하나, 나머지 하나

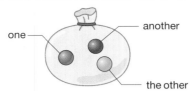

- I have three brothers. **One** is 21, **another** is 17, and **the other** is 10 years old.

    나는 세 명의 형제가 있다. 한 명은 21살, 또 다른 한 명은 17살, 나머지 한 명은 10살이다.

③ one, the others: (여럿 중의) 하나, 나머지 전부

- Sam has five roses. **One** is white, and **the others** are red.

Sam은 다섯 송이의 장미가 있다. 하나는 하얀색이고, 나머지 전부는 빨간색이다.

④ some, others: (여럿 중의) 어떤 것[사람]들, 다른 어떤 것[사람]들 일부

- **Some** students like teuroteu, and **others** like hip-hop.

어떤 학생들은 트로트를 좋아하고, 다른 어떤 학생들은 힙합을 좋아한다.

⑤ some, the others: (여럿 중의) 어떤 것[사람]들, 나머지 전부

- There are nine apples. **Some** apples are red, and **the others** are green.

아홉 개의 사과가 있다. 어떤 사과들은 빨간색이고, 나머지 전부는 초록색이다.

콕콕 개념 확인하기

다음 문장에 알맞은 것을 고르시오.

1. Look at my son. (You, He) is so cute.
2. I know (she, her) well.
3. (I, My) name is William.
4. (It, That) is Sunday.
5. I have two caps. (Another, One) is black, and the other is red.

답 1. He 2. her 3. My 4. It 5. One

01 다음 중 명사의 복수형이 적절하지 <u>않은</u> 것은?

① pen → pens ② bus → buses
③ candy → candyes ④ child → children

02 다음 중 명사의 복수형이 적절하지 <u>않은</u> 것은?

① door → doors ② box → boxs
③ lady → ladies ④ tooth → teeth

03 다음 중 명사의 복수형이 적절하지 <u>않은</u> 것은?

① cat → cates ② watch → watches
③ baby → babies ④ man → men

04 다음 중 명사의 복수형이 적절하지 <u>않은</u> 것은?

① brother → brothers ② dish → dishes
③ city → cities ④ mouse → mouss

주목

05 다음 문장의 빈칸에 들어갈 말이 순서대로 짝지어진 것은?

> • Cleaning your _____ is important.
> • Parents should take care of their _____.

① childs – teeth ② childes – tooths
③ children – toothes ④ teeth – children

06 다음 빈칸에 알맞은 것은? **2014년 1회**

> My mother wears a hat when _____ goes out.

① I ② you
③ she ④ they

07 다음 빈칸에 알맞은 것은? **2012년 2회**

> Mr. Kim is my teacher. _____ teaches music.

① He ② She
③ You ④ They

08 다음 대화의 빈칸에 공통으로 알맞은 것은? **2010년 1회**

> A: How old is your brother?
> B: _____ is eleven. _____ is in the fourth grade.

① I ② He
③ You ④ She

09 다음 빈칸에 알맞은 것은? 2010년 1회

> Let me tell you about my boyfriend. He is 21 years old. He is very smart. _____ name is Jinsu. He is very kind to me. So I like him very much.

① My   ② His
③ Her   ④ Your

10 대화의 빈칸에 들어갈 말로 알맞은 것은? 2015년 1회

> A : Do you have a brother?
> B : Yes, I do.
> A : What's _____ favorite subject?
> B : He likes math.

① her   ② our
③ his   ④ your

주목
11 다음 문장의 빈칸에 들어갈 말이 순서대로 짝지어진 것은?

> • _____ dress is nice.
> • This hat is _____.

① She – her   ② She – hers
③ Her – hers   ④ Hers – she

12 다음 밑줄 친 his의 쓰임이 나머지와 다른 하나는?

① He is doing his homework.
② His parents are so kind.
③ I like his voice.
④ That bag is his.

13 다음 대화의 빈칸에 알맞은 것은? 2013년 2회

> A : What do you want to buy for your sister?
> B : I want to buy a doll for _____.

① me   ② her
③ him   ④ you

14 다음 중 재귀대명사가 잘못 연결된 것은?

① I – myself   ② he – hisself
③ she – herself   ④ they – themselves

주목
15 다음 중 밑줄 친 부분을 생략할 수 없는 것은?

① I introduced myself to the class.
② He himself did it.
③ We made the kite ourselves.
④ They cleaned the room themselves.

05 형용사, 부사, 비교

1 형용사

1. 형용사의 용법

(1) 한정적 용법

형용사가 명사나 대명사를 수식

- He is a **kind** boy. 그는 친절한 소년이다.
- She is a **pretty** girl. 그녀는 예쁜 소녀이다.

(2) 서술적 용법

형용사가 주어나 목적어의 상태나 모습을 설명하는 보어로 쓰임

- The story is **interesting**. [주격 보어] 그 이야기는 재미있다.
- I found the story **interesting**. [목적격 보어] 나는 그 이야기가 재밌다는 것을 알았다.

+ a boy, a girl

a boy   a girl

☑ 개념 check up   형용사의 활용

- 「감각을 나타내는 동사+형용사」
  - You look **nice** today. 너는 오늘 멋져 보인다.
  - It sounds **strange**. 그것은 이상하게 들린다.
  - The room smells **bad**. 그 방은 나쁜 냄새가 난다.
  - It tastes **sweet**. 그것은 달콤한 맛이 난다.
  - I feel **tired**. 나는 피곤하다.
- 「-thing/-body/-one+형용사」: 형용사가 뒤에서 꾸며 줌
  - He wants something **cold**. 그는 차가운 뭔가를 원한다.
  - Do you know anybody **smart**? 너는 똑똑한 누군가를 아니?
  - I saw someone **strange** in front of his house. 나는 그의 집 앞에서 수상한 누군가를 봤다.

---

2. 수량형용사

구분	많은	약간의	~이 거의 없는
셀 수 있는 명사	many	a few	few
셀 수 없는 명사	much	a little	little
둘 다 쓰는 경우	a lot of, lots of	−	−

① many, much(=a lot of, lots of)

「many+셀 수 있는 복수 명사」	(books, friends 등의 수가) 많은
「much+셀 수 없는 명사」	(money, time 등의 양이) 많은

🔍 꼼꼼 단어 돋보기

● 형용사
명사나 대명사를 꾸며 주거나 보어로 사용하는 말이다. 사람이나 사물의 성격, 상태, 색깔, 모양, 크기, 생김새, 감정, 느낌 등을 나타낸다.

● 수량형용사
명사의 수나 양의 정도를 표시하는 형용사이다.

- **many** friends 많은 친구들
- **much** time 많은 시간

② (a) few, (a) little

「a few＋셀 수 있는 복수 명사」	(수가) 약간 있는 ⇨ 긍정적 의미
「few＋셀 수 있는 복수 명사」	(수가) 거의 없는 ⇨ 부정적 의미

- I have **a few** friends. 나는 친구가 몇 명 있다.
- I have **few** friends. 나는 친구가 거의 없다.

「a little＋셀 수 없는 단수 명사」	(양·정도가) 조금 있는 ⇨ 긍정적 의미
「little＋셀 수 없는 단수 명사」	(양·정도가) 거의 없는 ⇨ 부정적 의미

- I have **a little** time. 나는 시간이 조금[약간] 있다.
- I have **little** time. 나는 시간이 거의 없다.

③ some, any: 셀 수 있는 명사, 셀 수 없는 명사 모두에 사용. 단, some은 긍정문에서, any는 부정문과 의문문에서 사용⁺
- I have **some** money. 나는 돈이 약간 있다.
- I don't have **any** money. 나는 돈이 한 푼도 없다.
- Do you have **any** money? 너는 돈이 조금 있니?
- Would you like **some** coffee? 커피를 드시겠습니까?
- Could I have **some** coffee? 제가 커피를 마실 수 있겠습니까?
- **Any** child can do it. 어떤 아이라도 그것을 할 수가 있다.

+ some과 any

some이 의문문에, any가 긍정문에 사용되는 경우도 있다. any가 긍정문에 사용되는 경우 '어떤 ~라도'의 뜻으로 사용된다.

3. 숫자 읽기

(1) 종류별 숫자 읽기

① 숫자: 영어에서 3자리씩 끊어 읽고, 단위(천, 백만 등)를 붙이기만 하면 아무리 숫자가 길더라도 읽을 수 있음

> **ex** 423,536 → four hundred twenty three thousand, five hundred thirty six
> 사십 이만 삼천 오백 삼십 육

② 소수

> **ex** 3.52 → three point five two 삼점 오이

참고 점(.)을 point라고 읽는 것을 제외하고는 우리말과 동일하게 읽는다.

③ 분수: 분자를 one/two/three의 형식으로 먼저 읽고, 분모를 first/second/third의 형식으로 나중에 읽되, 분자가 복수이면 분모에 s를 붙임

> **ex** 4⅔ → four and two thirds 사와 삼분의 이

④ 연도: 연도는 2자리씩 끊어서 읽음

> **ex** 1942 → nineteen forty two

⑤ 월일: 일반적으로 표기는 December 25와 같이 쓰나, 날짜를 읽을 때는 twenty five가 아니라 twenty fifth로 읽음

> **ex** December 25 → December twenty fifth 십이월 이십오일

⑥ 전화번호: 전화번호는 한 글자씩 읽음

> **ex** 876-2345 → eight seven six, two three four five

⑦ 방 번호: 한 글자씩 읽음 **ex** Room 214 → Room two one four 이백십사 호

⑧ 달러 **ex** $ 3.50 → three dollars and fifty cents 삼 달러 오십 센트

참고 1dollar = 100cents

(2) 기수와 서수

① 기수: 우리말의 '하나, 둘, 셋…'에 해당하는 말. 숫자의 크기를 나타냄

• 100 미만의 숫자

0	zero	10	ten	20	twenty
1	one	11	eleven	21	twenty-one
2	two	12	twelve	22	twenty-two
3	three	13	thirteen	23	twenty-three
4	four	14	fourteen	24	twenty-four
5	five	15	fifteen	25	twenty-five
6	six	16	sixteen	26	twenty-six
7	seven	17	seventeen	27	twenty-seven
8	eight	18	eighteen	28	twenty-eight
9	nine	19	nineteen	29	twenty-nine
30	thirty	40	forty	50	fifty
31	thirty-one	41	forty-one	51	fifty-one
32	thirty-two	42	forty-two	52	fifty-two
33	thirty-three	43	forty-three	53	fifty-three
34	thirty-four	44	forty-four	54	fifty-four
35	thirty-five	45	forty-five	55	fifty-five
36	thirty-six	46	forty-six	56	fifty-six
37	thirty-seven	47	forty-seven	57	fifty-seven
38	thirty-eight	48	forty-eight	58	fifty-eight
39	thirty-nine	49	forty-nine	59	fifty-nine
60	sixty	70	seventy	80	eighty
61	sixty-one	71	seventy-one	81	eighty-one
62	sixty-two	72	seventy-two	82	eighty-two
63	sixty-three	73	seventy-three	83	eighty-three
64	sixty-four	74	seventy-four	84	eighty-four
65	sixty-five	75	seventy-five	85	eighty-five
66	sixty-six	76	seventy-six	86	eighty-six
67	sixty-seven	77	seventy-seven	87	eighty-seven
68	sixty-eight	78	seventy-eight	88	eighty-eight
69	sixty-nine	79	seventy-nine	89	eighty-nine
90	ninety				
91	ninety-one				
92	ninety-two				
93	ninety-three				
94	ninety-four				
95	ninety-five				

96	ninety-six		
97	ninety-seven		
98	ninety-eight		
99	ninety-nine		

- 100 이상의 큰 숫자

100	one hundred	1,000	one thousand
101	one hundred and one	2,000	two thousand
200	two hundred	10,000	ten thousand
300	three hundred	100,000	one hundred thousand
400	four hundred	1,000,000	one million
500	five hundred	10,000,000	ten million
600	six hundred		one hundred and twenty-three million, four hundred and fifty-six thousand, seven hundred and eighty-nine
700	seven hundred	123,456,789	
800	eight hundred		
900	nine hundred		

② 서수: 우리말의 '첫째, 둘째, 셋째…'에 해당하는 말. 순서를 나타냄

참고 thirty-first 31th

1st	first	11th	eleventh	21st	twenty-first
2nd	second	12th	twelfth	22nd	twenty-second
3rd	third	13th	thirteenth	23rd	twenty-third
4th	fourth	14th	fourteenth	24th	twenty-fourth
5th	fifth	15th	fifteenth	25th	twenty-fifth
6th	sixth	16th	sixteenth	26th	twenty-sixth
7th	seventh	17th	seventeenth	27th	twenty-seventh
8th	eighth	18th	eighteenth	28th	twenty-eighth
9th	ninth	19th	nineteenth	29th	twenty-ninth
10th	tenth	20th	twentieth	30th	thirtieth

콕콕 개념 확인하기

다음 문장에 알맞은 것을 고르시오.

1. A (beautiful, beautifully) girl came to my school.
2. The classroom was (quiet, quietly).
3. There are (many, much) cows on the farm.
4. How (many, much) money have you spent?
5. There are (a few, a little) toys in the box.
6. There is (a few, a little) milk.

답 1. beautiful 2. quiet 3. many 4. much 5. a few 6. a little

2 부사

1. 부사의 역할

① 동사를 수식
  • He sings **beautifully**. 그는 아름답게 노래한다.
② 형용사를 수식
  • I am **very** kind. 나는 매우 친절하다.
③ 다른 부사를 수식
  • She eats **too** slowly. 그녀는 너무 느리게 먹는다.
④ 문장 전체를 수식
  • **Luckily**, I didn't miss the train. 운 좋게도, 나는 기차를 놓치지 않았다.

2. 부사의 형태

구분	형태	예
대부분의 형용사	「형용사＋-ly」	loud → loudly quiet → quietly
「자음＋-y」로 끝나는 형용사	y를 i로 바꾸고 -ly를 붙임	easy → easily happy → happily
「자음＋-le」로 끝나는 형용사	e를 빼고 -y를 붙임	simple → simply
모양이 완전히 다른 부사	–	good → well
형용사와 부사가 같은 형태	–	early → early, fast → fast late → late, hard → hard high → high

참고 late는 '늦은'이라는 형용사, '늦게'라는 부사이다.
lately는 '최근에'라는 부사이다.
hard는 '딱딱한, 어려운'이라는 형용사, '열심히'라는 부사이다.
hardly는 '거의 ~하지 않는'이라는 부사이다.

• She has a **loud** voice. [형용사] 그녀는 목소리가 크다.
• She speaks **loudly**. [부사] 그녀는 크게 말한다.
• Sam is a **happy** boy. [형용사] Sam은 행복한 소년이다.
• Sam smiles **happily**. [부사] Sam은 행복하게 웃는다.
• She had an **early** lunch. [형용사] 그녀는 이른 점심을 먹었다.
• She gets up **early**. [부사] 그녀는 아침에 일찍 일어난다.
• She is a **fast** runner. [형용사] 그녀는 빠른 달리기 선수이다.
• She runs **fast**. [부사] 그녀는 빨리 달린다.
• I was **late** for school. [형용사] 나는 학교에 늦었다.
• I got up **late** this morning. [부사] 나는 오늘 아침에 늦게 일어났다.
• It is a **hard** work. [형용사] 그것은 어려운 일이다.
• He works **hard**. [부사] 그는 열심히 일한다.
• It's a **high** mountain. [형용사] 그것은 높은 산이다.
• The eagle flies **high**. [부사] 독수리가 높이 난다.

☑ 개념 check up   부사로 착각하기 쉬운 형용사

-ly로 끝나지만 부사가 아니라 형용사인 단어들은 특히 주의하여야 한다. 주로 「명사＋-ly」 형태의 단어들이다.
ex friendly(friend＋ly) 다정한, lovely(love＋ly) 사랑스러운

🔍 꼼꼼 단어 돋보기

● 부사
동사, 형용사, 다른 부사 또는 문장 전체를 꾸며 주는 말이다.

3. 빈도부사[+]

always	항상	usually	보통, 대개
often	자주, 종종	sometimes	가끔, 때때로
never	전혀 ~ 않는		

- I am **always** happy. 나는 항상 행복하다.
- She **usually** cleans her room in the morning. 그녀는 대개 아침에 방을 청소한다.
- He **often** goes swimming. 그는 자주 수영하러 간다.
- I **sometimes** help my parents. 나는 가끔 부모님을 돕는다.
- We **never** eat fish. 우리는 생선을 전혀 먹지 않는다.

➕ 빈도부사

어떤 일이 얼마나 자주 일어나는지를 나타내는 부사이다. be동사나 조동사 뒤, 일반동사 앞에 위치한다.

100%	always
85%	usually
60%	often
50%	sometimes
0%	never

콕콕 개념 확인하기

다음 형용사의 부사형을 쓰시오.

1. slow _____
2. heavy _____
3. simple _____
4. fast _____

다음 빈칸에 알맞은 빈도부사를 쓰시오.

100%	5. _____
85%	6. _____
60%	7. _____
50%	8. _____
0%	9. _____

답 1. slowly 2. heavily 3. simply 4. fast 5. always 6. usually 7. often 8. sometimes 9. never

3 ˙원급, 비교급, 최상급

1. 비교급·최상급 만들기

① 대부분의 경우: -er, -est

원급	비교급	최상급
fast 빠른	faster 더 빠른	fastest 가장 빠른
long 긴	longer 더 긴	longest 가장 긴
young 젊은	younger 더 젊은	youngest 가장 젊은

② 형용사/부사가 e로 끝나는 경우: -r, -st

원급	비교급	최상급
large 넓은	larger 더 넓은	largest 가장 넓은
safe 안전한	safer 더 안전한	safest 가장 안전한
wise 현명한	wiser 더 현명한	wisest 가장 현명한

🔍 꼼꼼 단어 돋보기

● 원급
형용사나 부사의 원래의 모양으로 기준이 되는 급을 말한다.

● 비교급
원급보다 정도가 더 크고 최상급보다는 덜한 급을 말한다. '더 ~한, 더 ~하게'로 해석한다.

● 최상급
정도가 가장 큰 급을 말한다. '가장 ~한, 가장 ~하게'로 해석한다.

③ 형용사/부사가 「단모음＋단자음」으로 끝나는 경우: 끝의 자음 하나를 더 쓰고 -er, -est

원급	비교급	최상급
big 큰	bigger 더 큰	biggest 가장 큰
hot 뜨거운	hotter 더 뜨거운	hottest 가장 뜨거운
thin 얇은	thinner 더 얇은	thinnest 가장 얇은

④ 형용사/부사가 「자음＋-y」로 끝나는 경우: y를 i로 고치고 -er, -est

원급	비교급	최상급
early 일찍	earlier 더 일찍	earliest 가장 일찍
easy 쉬운	easier 더 쉬운	easiest 가장 쉬운
happy 행복한	happier 더 행복한	happiest 가장 행복한

⑤ -ful, -less, -ous, -ive, -ing로 끝나는 단어 또는 3음절 이상의 단어 또는 「형용사＋ly」인 경우: more/most＋원급

원급	비교급	최상급
beautiful 아름다운	more beautiful 더 아름다운	most beautiful 가장 아름다운
famous 유명한	more famous 더 유명한	most famous 가장 유명한
expensive 비싼	more expensive 더 비싼	most expensive 가장 비싼

⑥ 불규칙 변화

원급	비교급	최상급
good/well 좋은/잘	better 더 좋은/더 잘	best 가장 좋은/가장 잘
bad/ill 나쁜/아픈	worse 더 나쁜/아픈	worst 가장 나쁜/아픈
many/much 많은	more 더 많은	most 가장 많은
little 적은	less 더 적은	least 가장 적은

2. 원급 비교와 비교급 · 최상급

(1) 원급 비교

① 「as＋원급＋as」: ~만큼 …하게

형용사 원급 비교	부사 원급 비교
Sam is **as tall as** Yumi. Sam은 Yumi만큼 키가 크다.	William runs **as quickly as** Ben. William은 Ben만큼 빨리 달린다.

꼼꼼 단어 돋보기

● 음절

단어를 발음할 때 생기는 최소 단위이다. 음절은 단어를 발음할 때의 모음을 기준으로 나눈다.

② 「not as[so]＋원급＋as」: ~만큼 …하지 않은/않게
- Your shoes are **not as old as** mine. 너의 신발은 나의 것만큼 오래되지 않았다.

(2) 비교급⁺비교

✚ 비교급
비교되는 두 대상이 정도가 서로 다를 때 쓴다.

① 「비교급＋than」: ~보다 더 …한/하게
- Noma is **older than** Yerim. Noma는 Yerim보다 나이가 더 많다.
- Canada is **larger than** China. 캐나다는 중국보다 더 크다.
- The elephant is **bigger than** the monkey. 코끼리가 원숭이보다 더 크다.
- My book is **heavier than** yours. 내 책이 네 책보다 더 무겁다.
- Time is **more important than** money. 시간이 돈보다 더 중요하다.

② 「less＋원급＋than」: ~보다 더 …하지 않은/않게
- Working in spring is **less hard than** working in winter.
  = Working in spring is **not as[so] hard as** working in winter.
  봄에 일하는 것은 겨울에 일하는 것보다 덜 힘들다.

③ 비교급 강조: 비교급 앞에 much, still, even, a lot, far를 붙여 비교의 의미 강조
- She studies English **much harder than** her classmates.
  그녀는 그녀의 반 친구들보다 훨씬 더 열심히 영어 공부를 한다.
- Eric is **still taller than** Tony.
  Eric은 Tony보다 훨씬 더 키가 크다.
- This blouse is **even bigger than** I thought.
  이 블라우스는 내가 생각했던 것보다 훨씬 크다.
- Maria speaks Korean **a lot better than** I expected.
  Maria는 내가 기대했던 것보다 훨씬 더 한국말을 잘한다.
- It's **far warmer** here **than** in Canada.
  여기가 캐나다에서보다 훨씬 더 따뜻하다.

④ 비교급 표현

Which(Who) ~ 비교급, A or B?	A와 B 중 어느 쪽이 더 ~한가?
become/get/grow＋비교급 and 비교급	점점 더 ~하게 되다, 더욱 더 ~하게 되다
the 비교급 ~, the 비교급 …	~하면 할수록 더욱 더 …하다

- **Which** do you like **better**, soccer **or** tennis?
  너는 축구와 테니스 중에서 어느 것을 더 좋아하니?
- **Who** do you like **better**, Seonu **or** Dagyeong?
  너는 Seonu와 Dagyeong 중에 누구를 더 좋아하니?
- She **became more and more beautiful**.
  그녀는 점점 더 예뻐졌다.
- It is **getting warmer and warmer** day by day.
  날씨가 날마다 더 따뜻해지고 있다.
- The tree **grew taller and taller**.
  그 나무는 점점 더 크게 자랐다.
- **The higher** we climb up the mountain, **the harder** the wind blows.
  산에 높이 올라가면 갈수록, 바람은 더 세게 분다.

(3) 최상급⁺

① 「the＋최상급＋in＋장소/범위」: (장소/범위)에서 가장 ~한

- Sowon is **the kindest** student **in** our class.
  Sowon은 우리 반에서 가장 친절한 학생이다.
- Yerin is **the nicest** student **in** our class.
  Yerin은 우리 반에서 가장 멋진 학생이다.
- Sinbi is **the busiest** student **in** our class.
  Sinbi는 우리 반에서 가장 바쁜 학생이다.
- Yuju is **the most beautiful** student **in** our class.
  Yuju는 우리 반에서 가장 아름다운 학생이다.
- Eomji is **the most famous** student **in** our class.
  Eomji는 우리 반에서 가장 유명한 학생이다.
- Eunha is **the most popular** student **in** our class.
  Eunha는 우리 반에서 가장 인기 있는 학생이다.

② 「the＋최상급＋of＋비교 집단」: (비교 집단) 중에서 가장 ~한

- Hun is **the tallest** (boy) **of my friends**.
  Hun은 나의 친구들 중에서 가장 키가 크다.

③ 「one of the＋최상급＋복수 명사」: 가장 ~한 것들 중의 하나

- I was **one of the best soccer players** in my school.
  나는 우리 학교 최고의 축구 선수 중 한 명이었다.

+ 최상급
여러 개의 대상을 비교하여 'A는 (~ 중에서) 가장 …한/…하게'라고 표현할 때 쓴다.

콕콕 개념 확인하기

다음 문장에 알맞은 것을 고르시오.

1. Andy is as old (as, than) Amy.
2. Tigers are faster (as, than) elephants.
3. English is (difficulter, more difficult) than math.
4. He is (gooder, better) than you.
5. What is (longer, the longest) river in the world?

답   1. as   2. than   3. more difficult   4. better   5. the longest

01 다음 문장의 빈칸에 들어갈 말로 가장 적절한 것은?

Sam is more _____ than Yumi.

① old   ② popular
③ tall   ④ young

주목

02 다음 그림의 내용으로 보아 빈칸에 알맞은 것은?

2013년 1회

orange   apple

1,000원   500원

The orange is _____ than the apple.

① cheaper   ② cheapest
③ expensive   ④ more expensive

03 표의 내용으로 보아 빈칸에 들어갈 말로 알맞은 것은?

2015년 2회

Fruit	Price(each)
Peach	500 won
Apple	1,000 won

The peach is _____ than the apple.

① cheap   ② cheaper
③ expensive   ④ more expensive

04 표의 내용으로 보아 빈칸에 들어갈 말로 가장 알맞은 것은?

2016년 2회

Drinks	Price
Coffee	$3.00
Tea	$5.00

The coffee is _____ than the tea.

① cheap   ② cheaper
③ expensive   ④ more expensive

05 그림으로 보아 빈칸에 들어갈 말로 가장 적절한 것은?

2020년 2회

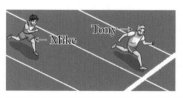

Tony is running _____ than Mike.

① older   ② faster
③ colder   ④ younger

06 Tom과 Susan의 대화로 보아 빈칸에 들어갈 말로 가장 적절한 것은? 2018년 2회

> Tom : Your computer looks nice. Is it new?
> Susan : Yes, I bought it last Friday.
> Tom : I want to get a new one. I bought mine three years ago.

> Tom bought his computer _____ than Susan.

① higher ② bigger
③ earlier ④ cheaper

07 Mina와 Jim의 대화로 보아 빈칸에 들어갈 말로 알맞은 것은? 2016년 1회

> Mina : I come to school at 8 a.m.
> Jim : Really? I come to school at 8:30 a.m.

> Mina comes to school _____ than Jim.

① older ② higher
③ bigger ④ earlier

08 다음은 Tom과 친구들의 지난 일요일 기상 시간을 조사한 표이다. 표의 내용으로 보아 빈칸에 알맞은 것은? 2012년 2회

이름	Jake	Alice	Tom	David	Linda
기상 시간	7:50	8:40	8:00	9:00	8:20

> Tom got up later than _____.

① Jake ② Alice
③ David ④ Linda

09 대화의 빈칸에 들어갈 말로 가장 적절한 것을 고르시오. 2019년 1회

> A : I usually get up at 7 in the morning.
> B : You get up _____ than I do. I usually get up at 6 in the morning.

① later ② taller
③ faster ④ bigger

주목
10 다음 표의 내용과 일치하는 것은? 2011년 1회

Name	Age
Meg	16
John	15
Beth	13
Amy	10

① Meg is the youngest of all.
② John is older than Meg.
③ Beth is younger than John.
④ Amy is the oldest of all.

11 다음 표의 내용과 일치하는 것은? 2011년 2회

Name	Height(cm)
Jane	166
Mina	166
Susan	170
Tommy	180

① Jane is taller than Mina.
② Mina is taller than Susan.
③ Susan is as tall as Tommy.
④ Tommy is the tallest of all.

12 다음 우리말을 영어로 옮길 때 빈칸에 알맞은 것은?

2010년 1회

> 에베레스트 산은 세계에서 가장 높은 산이다.
> → Mt. Everest is the _____ mountain in the world.

① high
② higher
③ highest
④ more high

13 다음 그림을 보고 빈칸에 들어갈 말로 가장 적절한 것은?

2020년 1회

> The rabbit is the _____ animal of the three.

① biggest
② longest
③ tallest
④ smallest

14 그래프로 보아 빈칸에 들어갈 말로 가장 알맞은 것은?

2017년 1회

Hanil Middle School Students' Favorite Sports

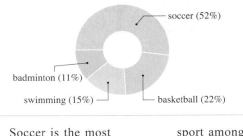

> Soccer is the most _____ sport among the students at Hanil Middle School.

① spicy
② cloudy
③ popular
④ delicious

15 그림으로 보아 빈칸에 들어갈 말로 가장 적절한 것은?

2020년 2회

Daehan Middle School Students' Favorite Food

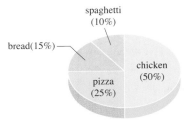

> _____ is the most popular food for Daehan Middle School students.

① Pizza
② Chicken
③ Spaghetti
④ Bread

06 접속사, 전치사

1 접속사

1. 접속사의 역할

① 단어와 단어의 연결
- I like milk **and** juice. 나는 우유와 주스를 좋아한다.

② 구와 구의 연결
- I like drawing cartoons **and** making cookies.
  나는 만화를 그리는 것과 쿠키를 만드는 것을 좋아한다.

③ 절과 절의 연결
- I like movies **and** my husband likes sports.
  나는 영화를 좋아하고 나의 남편은 운동을 좋아한다.

2. 접속사의 종류

(1) 등위접속사

문법상 대등한 역할을 하는 단어와 단어, 구와 구, 절과 절을 연결하는 접속사

and⁺	~와, 그리고	They are Sam **and** Yumi. 그들은 Sam과 Yumi이다.
but	그러나, 그런데	This blouse is pretty **but** expensive. 이 블라우스는 예쁘지만 비싸다.
or⁺	또는, 혹은	We can take a bus **or** ride a bike. 우리는 버스를 타거나 또는 자전거를 탈 수 있다.
so	그래서	I was very hungry, **so** I ate dinner early. 나는 배가 매우 고팠고, 그래서 저녁을 일찍 먹었다.

(2) 상관접속사

서로 짝을 이루어 접속사 역할을 하는 접속사

both A and B	A와 B 둘 다	**Both** my father **and** grandfather are singers. 나의 아버지와 할아버지는 두 분 다 가수이다.
either A or B	A 또는 B 둘 중에 하나	You can choose **either** pizza **or** pasta. 너는 피자와 파스타 중에 하나를 고를 수 있다.
not A but B	A가 아니라 B	He speaks **not** English **but** Spanish. 그는 영어가 아니라 스페인어를 말한다.
not only A but (also) B (= B as well as A)	A뿐만 아니라 B 역시	He is **not only** kind **but (also)** honest. = He is honest **as well as** kind. 그는 친절할 뿐만 아니라 정직하기도 하다.

➕ **명령문의 and, or**

- 「명령문+and」: ~해라, 그러면 …한다.
  Hurry up now, **and** you'll be able to meet her.
  서둘러, 그러면 너는 그녀를 만날 수 있어.
  = If you hurry up now, you'll be able to meet her.
  만약 지금 서두른다면, 너는 그녀를 만날 수 있을 거야.

- 「명령문+or」: ~해라, 그렇지 않으면 …한다.
  Hurry up now, **or** you won't be able to meet her.
  서둘러, 그렇지 않으면 너는 그녀를 만날 수 없을 거야.
  = If you don't hurry up now, you won't be able to meet her.
  만약 서두르지 않는다면, 너는 그녀를 만날 수 없을 거야.

🔍 **꼼꼼 단어 돋보기**

● **접속사**
단어와 단어, 구와 구, 절과 절을 연결해 주는 역할을 한다.

● **구**
두 개 이상의 단어가 모여서 하나의 역할을 하는 것이다. 명사구, 동사구, 부사구 등이 있다.

● **절**
「주어+동사」가 갖춰진 문장 요소이다.

(3) 종속접속사

의미상 종속되어 있는 두 문장을 연결시켜 주는 접속사

- 종속절이 주절 앞에 오면 「종속접속사＋주어＋동사, 주절」의 형태로 종속절과 주절 사이에 콤마(,)를 써야 함
- 종속절이 주절 뒤에 오면 「주절＋종속접속사＋주어＋동사」의 형태로 콤마(,)가 필요하지 않음

① 시간을 나타내는 종속접속사

- 시간을 나타내는 종속접속사가 이끄는 절은 주절의 앞뒤에서 동작이나 상태가 언제 일어났는지를 나타내는 부사절로 쓰임

when⁺	～할 때	**When** I was young, I lived in China. = I lived in China **when** I was young. 내가 어렸을 때, 나는 중국에서 살았다.
before	～하기 전에	**Before** you go to bed, you should finish the homework. 잠자리에 들기 전에, 너는 숙제를 끝마쳐야만 한다.
after	～한 후에	**After** I have dinner, I brush my teeth. 나는 저녁 식사를 한 후에, 이를 닦는다.

② 이유를 나타내는 종속접속사

- because, as가 이끄는 부사절은 이유를 나타냄
- 주절은 종속절이 나타내는 이유에 대한 결과를 표현함

because	～ 때문에	I stayed home **because** it rained. 비가 왔기 때문에 나는 집에 있었다.
as	～하므로	**As** I was tired, I soon fell asleep. 나는 피곤했기 때문에 곧 잠들었다.

③ 조건을 나타내는 종속접속사: '만약 ～라면[한다면]'이라는 의미이며, 조건을 나타내는 부사절을 이끔

if	만약 ～라면 [한다면]	• **If** I go to Korea, I will eat *bulgogi*. 만약 내가 한국에 간다면, 나는 불고기를 먹을 것이다. • **If** I go shopping, I will buy some fruit. 만약 내가 장을 보러 간다면, 나는 과일을 좀 살 것이다.
unless	만약 ～가 아니라면[하지 않는다면]	• **Unless** you get up early, you will miss the train. = **If** you **don't** get up early, you will miss the train. 일찍 일어나지 않는다면, 너는 기차를 놓칠 것이다. • **Unless** it rains tomorrow, we'll go to the beach. = **If** it **doesn't** rain tomorrow, we'll go to the beach. 내일 비가 오지 않는다면, 우리는 해변에 갈 것이다.

④ 양보를 나타내는 접속사: though, although, even though 등. '비록 ～이지만, 비록 ～일지라도, 비록 ～임에도 불구하고'의 의미임. 강조할 때는 even though를 사용함

- **Though** the question was so hard, she solved it.

  = **Although** the question was so hard, she solved it.

＋ 의문사 when
vs. 접속사 when

- 의문사 when은 '언제'라는 뜻으로, 「When＋be동사[조동사]＋주어 ～?」의 어순을 취한다.
  When is your birthday?
  네 생일이 언제니?
  When can he finish his work?
  그는 언제 일을 끝낼 수 있니?
- 접속사 when은 '～할 때'라는 뜻으로, 「When＋주어＋동사 ～, 주어＋동사 ～」의 어순을 취한다.
  When I have a cold, I go see a doctor.
  감기에 걸릴 때, 나는 병원에 간다.

🔍 꼼꼼 단어 돋보기

- **종속절**
  두 개 이상의 문장이 이어질 때 종속이 되는 절(주절이 아닌 절)을 말한다.

- **주절**
  두 개 이상의 문장이 이어질 때 주가 되는 절을 말한다.

= **Even though** the question was so hard, she solved it.
비록 그 문제가 매우 어려웠지만, 그녀는 그것을 풀었다.

☑ 개념 **check up**   현재시제가 미래시제를 대신하는 경우

• 시간을 나타내는 부사절에서는 미래시제를 대신해서 현재시제를 사용한다.
 – I will call you **when** I finish my work. (O)
   I will call you when I will finish my work. (X)
   내가 일을 끝내면 나는 너에게 전화할 것이다.
 – I will show this **when** he comes back. (O)
   I will show this when he will come back. (X)
   그가 돌아오면 이것을 보여줄 것이다.
• 조건을 나타내는 부사절에서는 미래시제를 대신해서 현재시제를 사용한다.
 – We will go on a picnic **if** it is sunny. (O)
   We will go on a picnic if it will be sunny. (X)
   만약 날씨가 맑으면 우리는 소풍을 갈 것이다.

콕콕 개념 확인하기

다음 빈칸에 알맞은 접속사를 쓰시오.

1. Yungi is smart _____ tall.
   Yungi는 똑똑하고 키가 크다.

2. His car is very old _____ nice.
   그의 차는 아주 오래됐지만 멋있다.

3. Do you like pizza _____ spaghetti?
   너는 피자를 좋아하니, 스파게티를 좋아하니?

4. Jane had a bad cold, _____ she didn't go to school.
   Jane은 심한 감기에 걸려서 학교에 가지 않았다.

5. _____ his mother and grandmother are cooks.
   그의 어머니와 할머니는 두 분 다 요리사이다.

6. She's tired _____ she went to bed late.
   그녀는 늦게 잤기 때문에 피곤하다.

7. We will go to the sea _____ it is sunny tomorrow.
   내일 날씨가 맑으면 우리는 바다에 갈 것이다.

답 1. and 2. but 3. or 4. so 5. Both 6. because 7. if

2 전치사

☆ 1. 장소의 전치사⁺

① at: ~에(비교적 좁은 장소, 하나의 지점)

  ex at the bus stop, at home, at school

• He arrived **at** the bus stop. 그는 버스정류장에 도착했다.
• She is **at** home now. 그녀는 지금 집에 있다.

② on: ~ 위에, ~ 표면에(~에 붙어서)

  ex on the bench, on the desk, on the sofa

• A ball is **on** the bench. 공 하나가 벤치 위에 있다.

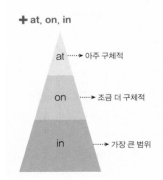

+ at, on, in

at ······▶ 아주 구체적

on ······▶ 조금 더 구체적

in ······▶ 가장 큰 범위

- He is sleeping **on** the sofa. 그는 소파 위에서 자고 있다.

③ in: ~ 안에, ~에(국가, 도시 등 비교적 넓은 장소, 공간 내부)

    ex in the bathroom, in the kitchen, in Korea, in Seoul

- I heard him sing **in** the bathroom. 나는 그가 욕실에서 노래하는 것을 들었다.
- I live **in** Seoul. 나는 서울에 산다.

④ over: (떨어져서) ~ 위에

    ex over the river

- There is a bridge **over** the river. 강 위에 다리가 있다.

⑤ under: (떨어져서) ~ 아래에

    ex under the table

- The cat is sleeping **under** the table. 그 고양이가 탁자 아래에서 자고 있다.

⑥ in front of: ~ 앞에

    ex in front of the library, in front of the store, in front of the tree

- She is **in front of** the store. 그녀는 그 가게 앞에 있다.
- He is standing **in front of** the tree. 그는 그 나무 앞에 서 있는 중이다.

⑦ behind: ~ 뒤에

    ex behind the tree

- There is a boy **behind** the tree. 나무 뒤에 한 소년이 있다.

⑧ next to: ~ 옆에(= by, beside)

    ex next to[by, beside] the door, next to[by, beside] her

- He is sitting **next to[by, beside]** her. 그는 그녀의 옆에 앉아 있는 중이다.

⑨ between: 둘 사이에[+]

    ex between the two boys, between the bank and the post office

- She is sitting **between** the two boys. 그녀는 두 소년들 사이에 앉아 있는 중이다.
- The church is **between** the bank and the post office.
그 교회는 은행과 우체국 사이에 있다.

+ between A and B
'A와 B' 사이에'라는 의미이다.

☑ 개념 check up　　장소의 전치사

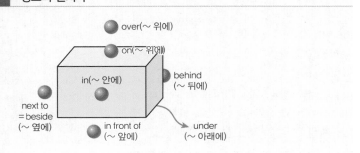

+ 방향을 나타내는 전치사

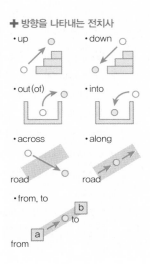

2. 방향의 전치사[+]

① up: ~ 위로

    ex up the stairs

- He is going **up** the stairs. 그는 층계를 올라가고 있는 중이다.

② down: ~ 아래로

    ex down the stairs

- She is coming **down** the stairs. 그녀는 층계를 내려오고 있다.

③ into: ～ 안으로

    ⓔⓧ into the classroom, into the room

- He ran **into** the classroom. 그는 교실로 달려 들어갔다.
- She came **into** the room. 그녀는 방 안으로 들어왔다.

④ out of: ～ 밖으로

    ⓔⓧ out of the classroom, out of the room

- He ran **out of** the classroom. 그는 교실에서 밖으로 뛰어나갔다.
- She went **out of** the room. 그녀는 방 밖으로 나갔다.

⑤ across: ～을 건너, ～을 가로질러⁺

    ⓔⓧ across the river, across the street

- She swam **across** the river. 그녀는 강을 가로질러서 수영을 했다.
- He walked **across** the street. 그는 길을 건넜다.

⑥ along: ～을 따라서

    ⓔⓧ along the river, along the road

- I took my dog for a walk **along** the river. 나는 나의 개를 데리고 강가를 산책했다.
- He walked **along** the road. 그는 길을 따라서 걸었다.

⑦ from: ～로부터

    ⓔⓧ from Busan

- She started **from** Busan. 그녀는 부산에서부터 출발을 했다.

⑧ to: ～로, ～까지

    ⓔⓧ to the post office

- She went **to** the post office. 그녀는 우체국에 갔다.

3. 시간의 전치사⁺

① 「at＋구체적 시각, 식사 시간, 특정 시점」

    ⓔⓧ at 6 o'clock, at noon, at night

- I get up **at** 6 o'clock. 나는 아침 6시 정각에 일어난다.
- I eat lunch **at** noon. 나는 정오에 점심을 먹는다.
- I listen to the radio **at** night. 나는 밤에 라디오를 듣는다.

② 「on＋요일, 날짜, 특별한 날, 특별한 행사」

    ⓔⓧ on Friday, on March 2nd, on Christmas

- They play soccer **on** Sundays. 그들은 일요일마다 축구를 한다.
- School begins **on** March 2nd. 학교는 3월 2일에 개학을 한다.

③ 「in＋비교적 긴 시간(월, 연도, 계절)/하루의 때(오전, 오후)」

    ⓔⓧ in September, in 1984, in spring, in the morning, in the afternoon, in the evening

- School starts **in** September. 학교는 9월에 시작한다.
- We play soccer **in** spring. 우리는 봄에 축구를 한다.

④ before: ～ 전에

    ⓔⓧ before dinner, before five

- She'll be here **before** five. 그녀는 5시 이전에는 여기에 올 것이다.

✚ across from

'～의 맞은편에'의 의미이다.

The store is across from the fire station.

그 가게는 소방서 맞은편에 있다.

✚ 시간의 전치사

at ·····➤ 아주 구체적

on ·····➤ 조금 더 구체적

in ·····➤ 가장 큰 범위

참고 요일에 -s를 붙이면 '～요일마다'라는 의미가 된다.

on Saturdays 토요일마다

⑤ after: ~ 후에

   ex after breakfast, after dinner

  • He went out **after** breakfast. 그는 아침 식사 후에 나갔다.

⑥ 「for+구체적 숫자」: (일정 기간이 지속되는) ~ 동안

   ex for five days, for two weeks

  • I work **for** five days. 나는 5일 동안 일을 한다.

⑦ 「during+기간」: ~하는 동안

  • He'll sell ice cream during the festival. 그는 축제 기간 동안 아이스크림을 팔 것이다.

4. 그 밖의 전치사

① with: (동반) ~와 함께, (방법) ~을 사용해서, ~로

  • He lives **with** his parents. 그는 부모님과 함께 산다.

  • Cut it **with** a knife. 그것을 칼로[칼을 가지고] 잘라라.

② without: (사람, 물건 등이) 없이

  Don't go **without** me. 나 없이 가지 마.

  I can see well **without** my glasses. 안경 없이도 잘 볼 수 있다.

콕콕 개념 확인하기

다음 빈칸에 알맞은 전치사를 쓰시오.

1. Let's meet _____ the bus stop.
  버스 정류장에서 만나자.

2. There is a cup _____ the table.
  탁자 위에 컵이 있다.

3. I studied English _____ Canada.
  나는 캐나다에서 영어를 공부했다.

4. I get up _____ 6 o'clock.
  나는 6시 정각에 일어난다.

5. Christmas is _____ December 25th.
  크리스마스는 12월 25일이다.

6. I was born _____ 1999.
  나는 1999년에 태어났다.

답　1. at　2. on　3. in　4. at　5. on　6. in

탄탄 실력 다지기

정답과 해설 15쪽

01 다음 우리말을 영어로 옮길 때 빈칸에 들어갈 말로 가장 적절한 것은?

> 내가 집에 왔을 때, 나는 배고팠다.
> → I was hungry _____ I came home.

① after ② before
③ until ④ when

주목

02 다음 두 문장의 의미가 같도록 할 때 빈칸에 알맞은 것은?
2011년 2회

> _____ you exercise very hard, you won't be healthy.
> = If you don't exercise very hard, you won't be healthy.

① As ② So
③ Unless ④ Because

03 빈칸에 공통으로 들어갈 말로 가장 알맞은 것은?
2016년 2회

> • I am interested _____ math.
> • There is a computer _____ my room.

① in ② of
③ to ④ with

주목

04 그림으로 보아 빈칸에 들어갈 말로 알맞은 것은?
2015년 2회

> There are three books _____ the table.

① on ② to
③ under ④ behind

05 그림으로 보아 빈칸에 들어갈 말로 알맞은 것은?

> The cat is _____ the table.

① between ② in
③ on ④ under

06 그림으로 보아 빈칸에 들어갈 말로 알맞은 것은?

The bird is _____ the cage.

① behind   ② in
③ on   ④ under

07 그림으로 보아 빈칸에 들어갈 말로 알맞은 것은?

The boy is _____ the tree.

① behind   ② in
③ on   ④ under

08 그림으로 보아 빈칸에 들어갈 말로 알맞은 것은?

The bank is _____ the bookstore and the restaurant.

① between   ② in
③ on   ④ under

09 다음 빈칸에 공통으로 알맞은 것은?   2010년 1회

Post Office
Monday to Friday
Open _____ 9:00 a.m.
Close _____ 5:00 p.m.
On Saturday
Close _____ noon

① at   ② in
③ on   ④ to

주목
10 다음 빈칸에 공통으로 알맞은 것은?   2011년 2회

• I was born _____ 1998.
• I am interested _____ animals.

① by   ② in
③ on   ④ to

07
I 문법
부정사, 동명사

1 to부정사[+]

1. to부정사의 명사적 용법

(1) 주어 역할
'~하기는, ~하는 것은'이라고 해석함
- **To study** English is important. 영어를 공부하는 것은 중요하다.
  = It is important **to study** English.
  <u>가주어</u>   <u>진주어</u>

(2) 보어 역할
'~하는 것(이다)'로 해석함
- My dream is **to be** a teacher.
  나의 꿈은 선생님이 되는 것이다.
- His hobby is **to sing** a song.
  그의 취미는 노래를 부르는 것이다.

(3) 목적어 역할[+]
'~하기를, ~하는 것을'이라고 해석함
- I want **to study** English in Canada.
  나는 캐나다에서 영어 공부하기를 원한다.
- I hope **to meet** her.
  나는 그녀를 만나기를 희망한다.
- We decided **to go** to the party.
  우리는 파티에 가는 것을 결정했다.
- I planned **to move** to Busan.
  나는 부산으로 이사 가는 것을 계획했다.
- I expect **to succeed**.
  나는 성공하기를 기대한다.

(4) 「의문사 + to부정사」[+]
「의문사+to부정사」는 명사구로서 주어, 목적어, 보어로 쓰일 수 있는데, 주로 목적어로 쓰임. 자주 쓰이는 의문사는 how, what, when, where이며, why는 쓰지 않음

주어	Where to go is most important. 어디로 가야 할지가 가장 중요하다.
목적어	I don't know how to do it. 나는 그것을 어떻게 해야 할지 모른다.
보어	The problem is what to buy for her. 문제는 그녀를 위해 무엇을 살 것인가이다.

+ to부정사
- 「to+동사원형」의 형태로 문장에서 명사, 형용사, 부사의 역할을 한다.
- to부정사의 부정: 「not/never+to +동사원형」

참고 일반적으로 to부정사가 주어로 사용되는 경우는, it(가주어)을 맨 앞에 대신 놓고 to부정사를 뒤에 놓는다.

+ to부정사만을 목적어로 사용하는 동사
- want 원하다
- hope 희망하다
- decide 결정하다
- plan 계획하다
- promise 약속하다
- expect 기대하다

+ 「의문사 + to부정사」
「의문사+to부정사」는 「의문사+주어+should+동사원형」으로 바꿔 쓸 수 있다.
- 「how+to부정사」: 어떻게 ~할지
- 「what+to부정사」: 무엇을 ~할지
- 「when+to부정사」: 언제 ~할지
- 「where+to부정사」: 어디에 ~할지

① 「how+to부정사」
  • Do you know **how to fix the computer**?
    = Do you know **how you should fix the computer**?
    너는 컴퓨터를 어떻게 고쳐야 하는지 아니?
② 「what+to부정사」
  • I don't know **what to do**.
    = I don't know **what I should do**.
    나는 무엇을 해야 할지 모르겠다.
③ 「when+to부정사」
  • Please tell me **when to stop**.
    = Please tell me **when I should stop**.
    언제 멈춰야 하는지 말해 주세요.
④ 「where+to부정사」
  • We haven't decided **where to meet**.
    = We haven't decided **where we should meet**.
    우리는 어디에서 만날지 정하지 않았다.

2. to부정사의 형용사적 용법

형용사처럼 to부정사가 앞의 명사나 대명사를 수식함

(1) 「명사 + to부정사」

  • I have some books **to read**. 나는 읽어야 할 책이 몇 권이 있다.
  • He has a lot of homework **to do**. 그는 해야 할 숙제가 많이 있다.
  • She has many problems **to solve**. 그녀는 풀어야 할 많은 문제들이 있다.

(2) 「명사 + to부정사 + 전치사」

  ① to부정사의 수식을 받는 명사가 to부정사의 목적어 역할을 하기 부적절한 경우에
     는 반드시 to부정사 뒤에 전치사를 씀
  ② 동사의 목적어로 명사를 넣었을 때 문장이 성립되면 전치사를 쓰지 않고, 문장이
     성립되지 않으면 전치사를 씀
  • We need a house to live **in**. (○) (← live in a house)
    We need a house to live. (×)
    우리는 살 집이 필요하다.
  • Give me a chair to sit **on**. (○) (← sit on a chair)
    Give me a chair to sit. (×)
    나에게 앉을 의자를 줘.
  • I want a pen to write **with**. (○) (← write with a pen)
    I want a pen to write. (×)
    나는 쓸 펜을 원한다.

(3) 주의해야 할 to부정사의 어순

some		-thing		
any	+	-body	+ 형용사 + to부정사	
every		-one		

  • Please give me something cold **to drink**.
    저에게 마실 수 있는 차가운 것을 주세요.

- I'm looking for <u>something interesting</u> **to watch**.
  나는 볼 수 있는 재미있는 것을 찾고 있다.

☆ 3. to부정사의 부사적 용법

to부정사가 목적, 결과, 감정의 원인, 판단의 근거를 표현하거나 형용사를 수식함

(1) 목적⁺

'~하기 위해서(=in order to, so as to)'의 의미

- I came **to see** you. 나는 너를 보기 위해서 왔다.
- I went to the store **to buy** some bread. 나는 빵을 조금 사기 위해서 가게에 갔다.
- I got up early **to catch** the first train to Busan.
  나는 부산으로 가는 첫 기차를 타기 위해서 일찍 일어났다.
- She practiced singing and dancing **to pass** the audition.
  그녀는 오디션에 합격하기 위해서 노래와 춤을 연습했다.
- In the evening, they get together **to prepare** dinner.
  저녁에 그들은 저녁 식사를 준비하기 위해 모인다.
- Why don't we visit those places **to learn** more about Chinese history?
  중국 역사에 대해 더 배우기 위해서 그러한 장소들을 방문하는 게 어떨까?

(2) 결과

'(그 결과) ~하다'의 의미

- My grandmother lived **to be** ninety. 나의 할머니께서는 90세까지 사셨다.
- She grew up **to be** a singer. 그녀는 커서 가수가 되었다.

(3) 감정의 원인⁺

'~해서'의 의미

- I am glad **to see** you. 나는 너를 보니 기쁘다.
- I am happy **to solve** the problem. 나는 그 문제를 해결해서 행복하다.

(4) 판단의 근거

'~하다니'의 의미

- You must be smart **to solve** the problem. 그 문제를 풀다니 너는 영리한 것임에 틀림없다.
- She must be kind **to help** me. 나를 돕다니 그녀가 친절한 것임에 틀림없다.
- He must be angry **to say** so. 그렇게 말하다니 그는 화가 난 것임에 틀림없다.

(5) 형용사 수식

'~하기에'의 의미

- He is young **to play** soccer. 그는 축구를 하기에 어리다.
- This book is difficult **to understand**. 이 책은 이해하기에 어렵다.

4. 자주 쓰는 to부정사 표현

① 「too+형용사/부사+to부정사」: ~하기에는 너무 …한
  - She is **too weak to lift** this box. 그녀는 이 상자를 들기에는 너무 약하다.
② 「형용사/부사+enough+to부정사」: ~하기에 충분히 …한
  - She is **strong enough to lift** this box. 그녀는 이 상자를 들기에 충분히 강하다.

+ 목적 vs. 결과
- 목적: 동사가 의도된 행동
- 결과: 동사가 의도된 행동이 아닌 시간의 흐름에 따른 자연스러운 일

참고 Why don't we ~?는 '~하는 것은 어때?'라는 의미로 How about -ing?, What about -ing?, Let's ~. 등과 같은 의미이다.

+ 감정을 나타내는 형용사
happy, glad, sad, sorry, pleased, surprised, excited

다음 밑줄 친 to부정사의 용법을 쓰시오.

1. To learn English is difficult.　　　(　　　　　)
2. I want to see you.　　　　　　　　(　　　　　)
3. To see is to believe.　　　　　　 (　　　　　)
4. I have many books to read.　　　 (　　　　　)
5. I left early to catch the train.　　(　　　　　)
6. I'm happy to pass the test.　　　 (　　　　　)
7. This program is difficult to use.　(　　　　　)

답　1. 명사적 용법　2. 명사적 용법　3. 명사적 용법　4. 형용사적 용법
5. 부사적 용법　6. 부사적 용법　7. 부사적 용법

2 동명사⁺

1. 동명사의 형태

구분	만드는 방법	예
대부분의 동사	동사원형＋-ing	answering, buying, calling, cooking doing, drinking, eating, finishing going, looking, meeting, opening playing, reading, sending, singing staying, teaching, telling, visiting waiting, washing, watching
-e로 끝나는 동사	e를 빼고＋-ing	coming, dancing, driving, having leaving, living, making, preparing smoking, using, writing
「단모음＋단자음」으로 끝나는 동사	마지막 자음을 한 번 더 쓰고＋-ing	cutting, getting, hitting, planning putting, running, sitting, swimming
-ie로 끝나는 동사	-ie를 y로 바꾸고＋-ing	dying, lying, tying

2. 동명사의 쓰임⁺

(1) 동명사의 명사적 용법
① 동사의 성질을 유지하면서 명사의 역할을 함
② 주어, 보어, 목적어로 사용될 수 있으며, 주어나 보어로 사용된 동명사는 to부정사로도 바꾸어 쓸 수 있음

(2) 주어 역할을 하는 동명사
① '~하기는, ~하는 것은'의 의미
② 주어로 쓰인 동명사는 to부정사로 바꿔 쓸 수 있음
③ 주어로 쓰인 동명사는 항상 단수 취급을 함

＋동명사
• 「동사＋-ing」의 형태로 문장 속에서 동사의 성격을 가지고 명사의 역할을 한다.
• 동명사의 부정: 「not/never＋동사＋-ing」

＋동명사의 쓰임
• Baking cookies is easy. [주어] 쿠키를 굽는 것은 쉽다.
• My hobby is baking cookies. [보어] 나의 취미는 쿠키를 굽는 것이다.
• I enjoy baking cookies. [목적어] 나는 쿠키를 굽는 것을 즐긴다.

- **Fishing** is my hobby. 낚시를 하는 것은 나의 취미이다.
  = To fish is my hobby.
- **Playing** computer games is fun. 컴퓨터 게임을 하는 것은 재미가 있다.
  = To play computer games is fun.
- **Taking** a walk is a good exercise. 산책을 하는 것은 좋은 운동이다.
  = To take a walk is a good exercise.

(3) 보어 역할을 하는 동명사
① '~하는 것(이다)'의 의미
② 보어로 쓰인 동명사는 to부정사로 바꿔 쓸 수 있음
- My uncle's job is **driving** a bus. 나의 삼촌의 직업은 버스를 운전하는 것이다.
  = My uncle's job is to drive a bus.
- My hope is **being** a pilot. 나의 희망은 비행기 조종사가 되는 것이다.
  = My hope is to be a pilot.

(4) 목적어 역할을 하는 동명사
① '~하기를, ~하는 것을'의 의미
② enjoy, keep, practice, finish, give up, mind, avoid 등의 목적어로 쓰임
- I **enjoy listening** to music. 나는 음악 듣는 것을 즐긴다.
- I **kept reading** books all day. 나는 온종일 책 읽는 것을 계속했다.
- We **practiced playing** basketball every day. 우리는 매일 농구를 연습했다.
- I **finished reading** this book. 나는 이 책을 읽는 것을 끝냈다.
- I **gave up meeting** him. 나는 그를 만나는 것을 포기했다.
- Do you **mind helping** me tomorrow?[+]
  내일 나를 도와주는 것을 꺼리니?(= 내일 나를 도와줄 수 있니?)
- I **avoid playing** the piano at night. 나는 밤에 피아노 치는 것을 피한다.

3. to부정사와 동명사의 비교
(1) to부정사만을 목적어로 사용하는 동사

• want 원하다	• hope 희망하다	• decide 결정하다
• plan 계획하다	• promise 약속하다	• expect 기대하다

- I **want to see** you. 나는 너를 보기를 원한다.
- I **hope to see** you again. 나는 너를 다시 보기를 희망한다.
- I **decided to sell** my house. 나는 나의 집을 팔기로 결정을 했다.
- She **planned to visit** Portugal this summer.
  그녀는 이번 여름에 포르투갈을 방문할 것을 계획했다.
- He **promised to come** to my house. 그는 나의 집에 올 것을 약속했다.
- I **expect to have** a great time. 나는 즐거운 시간을 보낼 것을 기대한다.

(2) 동명사만을 목적어로 사용하는 동사

• enjoy 즐기다	• keep 계속하다	• practice 연습하다	• finish 끝내다
• give up 포기하다	• mind 꺼리다	• avoid 피하다	

✚ mind로 물어봤을 때의 응답
mind가 '신경 쓰이다, 꺼리다'라는 부정의 의미이기 때문에 대답에 유의해야 한다.
- 긍정의 답
  - No, I don't mind.
  - No, not at all.
  - of course not.
- 부정의 답
  - Yes, I do.
  - Yes, I do mind.

참고 경험했거나 경험할 일을 즐기고, 계속하고, 연습하고, 끝내고, 포기하고, 꺼리고, 피하는 의미를 지닌 동사들은 동명사와 함께 쓴다.

- I **enjoyed playing** the violin. 나는 바이올린 켜는 것을 즐겼다.
- I **kept playing** the violin. 나는 바이올린 켜는 것을 계속했다.
- I **practice playing** the violin. 나는 바이올린 켜는 것을 연습한다.
- I **finished playing** the violin. 나는 바이올린 켜는 것을 끝냈다.
- I **gave up playing** the violin. 나는 바이올린 켜는 것을 그만뒀다.
- I **mind playing** the violin. 나는 바이올린 켜는 것을 꺼린다.
- I **avoided playing** the violin. 나는 바이올린 켜는 것을 피했다.

(3) to부정사, 동명사 둘 다 목적어로 사용하는 동사

① 뜻이 같은 동사

• like 좋아하다	• love 사랑하다	• hate 싫어하다
• begin 시작하다	• start 시작하다	• continue 계속하다

- I **like to drink** coffee. 나는 커피 마시는 것을 좋아한다.
  = I **like drinking** coffee.
- I **love to drink** coffee. 나는 커피 마시는 것을 사랑한다.
  = I **love drinking** coffee.
- I **hate to drink** coffee. 나는 커피 마시는 것을 싫어한다.
  = I **hate drinking** coffee.
- I **began to dance**. 나는 춤추는 것을 시작했다.
  = I **began dancing**.
- I **started to dance**. 나는 춤추는 것을 시작했다.
  = I **started dancing**.
- I **continue to dance**. 나는 춤추는 것을 계속한다.
  = I **continue dancing**.

② 뜻이 달라지는 동사

remember	• 「remember+동명사」: (과거에) ~한 것을 기억하다 　- I **remember meeting** Sam last week. 　　나는 지난주에 Sam을 만났던 것을 기억한다. • 「remember+to부정사」: (미래에) ~할 것을 기억하다 　- I **remember to meet** Sam tonight. 　　나는 오늘 밤 Sam을 만날 것을 기억한다.
forget	• 「forget+동명사」: (과거에) ~한 것을 잊다 　- I **forgot bringing** the book. 나는 책을 가져왔다는 것을 잊었다. • 「forget+to부정사」: (미래에) ~할 것을 잊다 　- I **forgot to bring** the book. 나는 책을 가져오는 것을 잊었다.
try	• 「try+동명사」: ~를 (한번) 해 보다 　- I **tried making** spaghetti. 나는 시험 삼아 스파게티를 만들어 봤다. • 「try+to부정사」: ~할 것을 노력하다 　- I **tried to make** spaghetti. 나는 스파게티를 만들려고 노력했다.
stop	• 「stop+동명사」: ~하는 것을 멈추다 　- I **stopped talking** to her. 나는 그녀에게 말하는 것을 멈췄다. • 「stop+to부정사」: ~하기 위해 멈추다 　- I **stopped to talk** to her. 나는 그녀에게 말하기 위해서 멈췄다.

참고 「stop+to부정사」는 부사적 용법으로써 목적을 나타낸다.

4. 자주 쓰는 동명사 표현

① be busy -ing: ~하느라 바쁘다
  • She **is busy doing** her homework. 그녀는 숙제를 하느라 바쁘다.

② be worth -ing: ~할 가치가 있다
  • This book **is worth reading**. 이 책은 읽을 가치가 있다.

③ can't help -ing =「cannot but+동사원형」: ~하지 않을 수 없다
  • I **can't help laughing** at the picture. 나는 그 사진을 보고 웃지 않을 수 없다.
    = I cannot but laugh at the picture.

④ feel like -ing: ~와 같은 느낌이 있다, ~하고 싶다
  • We **feel like eating** pizza. 우리는 피자가 먹고 싶다.

⑤ go -ing: ~하러 가다⁺
  • We **went fishing** yesterday. 우리는 어제 낚시를 하러 갔다.

⑥ have difficulty[problem/trouble/a hard time] (in) -ing: ~하는 데 어려움을 겪다
  • Did you **have difficulty finding** my house? 나의 집을 찾는 데 어려움을 겪었니?

⑦ How[What] about -ing? =「Let's+동사원형」: ~하는 것이 어때?(= ~하자)
  • **How**[**What**] **about playing** tennis with me? 나랑 테니스 치는 게 어때?
    = Let's play tennis with me. 나랑 테니스 치자.

⑧ It is no use -ing: ~해 봤자 소용없다
  • **It is no use worrying** about the past. 과거에 대해 걱정해도 소용없다.

⑨ look forward to -ing: ~하기를 고대하다
  • I'm **looking forward to seeing** you again. 나는 너를 다시 보기를 고대하고 있다.

⑩ on -ing(= as soon as): ~하자마자
  • **On hearing** the news, he began to cry. 그는 뉴스를 듣자마자 울기 시작했다.

⑪「spend+시간·돈 등+ -ing」: ~하는 데 시간·돈 등을 쓰다
  • She **spent** a lot of **time cleaning** her room.
    그녀는 그녀의 방을 청소하는 데 많은 시간을 보냈다.

콕콕 개념 확인하기

다음 괄호 안에서 알맞은 것을 고르시오.

1. I enjoyed (singing, to sing) a song.
2. I finished (make, making) the cake.
3. I gave up (meeting, to meet) them.
4. I avoid (watch, watching) horror movies.

답   1. singing   2. making   3. meeting   4. watching

01 다음 빈칸에 알맞은 것은?

> I want _____ buy a new computer.

① as   ② by
③ on   ④ to

02 다음 빈칸에 알맞은 것은?

> I decided _____ stay home.

① at   ② for
③ to   ④ too

03 다음 빈칸에 알맞은 것은?

> I hope to _____ a doctor.

① am   ② be
③ is   ④ are

04 다음 빈칸에 알맞은 것은?

> I planned _____ Canada this winter.

① visit   ② visits
③ visited   ④ to visit

05 다음 빈칸에 알맞은 것은?

> I have a book _____.

① to study   ② studies
③ studied   ④ study

06 다음 우리말을 영어로 바르게 옮긴 것은?

> 작별 인사를 해야 할 시간이다.

① It's say goodbye.
② It's time to say goodbye.
③ It's time to says goodbye.
④ It's time to said goodbye.

주목
07 다음 〈보기〉의 밑줄 친 부분과 쓰임이 같은 것은?

보기

> Do you want something <u>to drink</u>?

① <u>To speak</u> English is not easy.
② My dream is <u>to make</u> a movie.
③ She has lots of homework <u>to do</u>.
④ I want <u>to be</u> a dentist.

08 다음 〈보기〉의 밑줄 친 부분과 쓰임이 같은 것은?

> 보기
>
> He has lots of bills to pay.

① She came here to meet me.
② He was surprised to hear the news.
③ She must be kind to help you.
④ He has a lot of friends to help him.

09 다음 밑줄 친 부분의 쓰임이 나머지와 다른 하나는?

① I need something to eat.
② This book is difficult to understand.
③ There are many places to visit in Korea.
④ It is time to go to bed.

10 다음 빈칸에 알맞은 것은?   2011년 1회

> Would you like something _____?

① eat   ② ate
③ to eat   ④ eating

11 다음 빈칸에 공통으로 알맞은 것은?

> • I studied hard _____ pass the test.
> • I went to Paris _____ study art.

① in   ② of
③ so   ④ to

12 다음 빈칸에 알맞은 것은?   2011년 1회

> I enjoy _____ cartoons.

① drawing   ② drew
③ to draw   ④ draw

13 다음 빈칸에 알맞은 것은?

> I gave up _____ him.

① meet   ② meeting
③ to meet   ④ meets

14 다음 빈칸에 알맞은 것은?

> I finished _____ the dishes.

① wash   ② washes
③ to wash   ④ washing

08 I 문법 분사

1 분사의 개념

① 분사(分詞): 동사에서 갈려 나왔다는 뜻으로, 동사에 -ing나 -ed가 붙은 형태임
   문장 안에서 동사의 의미를 가지고 형용사의 역할을 함
② 분사는 명사를 꾸며 주는 역할과 주어 또는 목적어의 상태나 동작을 보충 설명하
   는 보어 역할을 함
③ 분사에는 현재분사와 과거분사가 있음

2 현재분사

1. 현재분사의 개념

① 현재분사는 능동·진행의 의미를 나타냄

| 능동 | ~하는 | The movie was **boring**. 그 영화는 지루했다. |
| 진행 | ~하고 있는 | The boy was **singing**. 그 소년은 노래를 하고 있었다. |

② 형태: 「동사원형＋-ing」 **ex** open → opening

2. 현재분사형 만들기

구분	만드는 방법	예
대부분의 동사	동사원형＋-ing	answering, buying, calling, doing drinking, eating, finishing, going looking, opening, playing, reading sending, teaching, telling, waiting washing, watching
-e로 끝나는 동사	e를 빼고＋-ing	coming, dancing, driving, having leaving, living, making, preparing smoking, writing
「단모음＋단자음」으로 끝나는 동사	마지막 자음을 한 번 더 쓰고＋-ing	cutting, getting, hitting, planning putting, running, sitting, swimming
-ie로 끝나는 동사	-ie를 y로 바꾸고＋-ing	dying, lying, tying

• Look at the **crying baby**. [명사 수식] 저 울고 있는 아기를 봐.
• The **baby crying on the bed** is my son. [명사 수식]
  침대에서 울고 있는 아기가 나의 아들이다.
• The **woman sitting on the bench** is my homeroom teacher. [명사 수식]
  벤치에 앉아 있는 여자는 나의 담임선생님이다.

참고 분사가 단독으로 수식할 때는 명사 앞에 위치하고, 분사 뒤에 수식 어구가 있을 때는 명사 뒤에 위치한다. 현재분사가 명사의 뒤에서 수식하는 경우, 명사와 현재분사 사이에 「주격 관계대명사+be동사」가 생략되어 있다고 볼 수 있다.

- The **man standing at the window** has brown hair. [명사 수식]
  창가에 서 있는 남자는 갈색 머리카락이다.
- The **horse running in the field** is my uncle's. [명사 수식]
  들판에서 뛰어다니는 말은 나의 삼촌의 것이다.
- There are **many people waiting for the bus**. [명사 수식]
  버스를 기다리고 있는 많은 사람들이 있다.
- The pet store was full of **animals waiting for their new owner**. [명사 수식]
  그 반려동물 가게는 새 주인을 기다리는 동물들로 가득했다.
- Look at the **stars shining in the sky**. [명사 수식]
  하늘에서 빛나고 있는 별들을 봐.
- The **movie** is very **interesting**. [주격 보어]
  그 영화는 굉장히 재밌다.
- I heard **Justin Bieber singing** in the gym. [목적격 보어]
  나는 Justin Bieber가 체육관에서 노래하는 것을 들었다.

참고 my uncle's는 '나의 삼촌의 것'이라는 소유대명사 표현이다.

참고 be full of는 '~로 가득 차다'의 의미로 be filled with와 같은 표현이다.

3 과거분사

1. 과거분사의 개념

① 과거분사는 수동·완료의 의미를 나타냄

| 수동 | ~된 | The girl was **disappointed**. 소녀는 실망했다. |
| 완료 | ~한 | The leaves have **fallen**. 낙엽이 졌다. |

② 형태: 「동사원형＋-ed」 ex end－ended－ended

2. 과거분사형 만들기

(1) 규칙 변화

구분	만드는 방법	예
대부분의 동사	동사원형＋-ed	visit – visited – visited
-e로 끝나는 동사	＋-d	dance – danced – danced
「자음＋-y」로 끝나는 동사	y를 i로 고치고＋-ed	cry – cried – cried
「단모음＋단자음」으로 끝나는 동사	마지막 자음을 한 번 더 쓰고 ＋-ed	stop – stopped – stopped

(2) 불규칙 변화

① A－A－A형

뜻	현재형	과거형	과거분사형
터지다	burst	burst	burst
던지다	cast	cast	cast
비용이 들다	cost	cost	cost
자르다	cut	cut	cut
치다	hit	hit	hit

다치다	hurt	hurt	hurt
시키다	let	let	let
넣다	put	put	put
읽다	read	read	read
놓다	set	set	set
닫다	shut	shut	shut
쪼개다	split	split	split
퍼지다	spread	spread	spread
찌르다	thrust	thrust	thrust

② A－B－B형

뜻	현재형	과거형	과거분사형
데리고 오다	bring	brought	brought
사다	buy	bought	bought
싸우다	fight	fought	fought
생각하다	think	thought	thought
애쓰다	seek	sought	sought
잡다	catch	caught	caught
가르치다	teach	taught	taught
팔다	sell	sold	sold
말하다	tell	told	told
피가 나다	bleed	bled	bled
먹이를 주다	feed	fed	fed
빨리 가다	speed	sped	sped
이끌다	lead	led	led
만나다	meet	met	met
지키다	keep	kept	kept
자다	sleep	slept	slept
울다	weep	wept	wept
느끼다	feel	felt	felt
짓다	build	built	built
놓다	lay	laid	laid
지불하다	pay	paid	paid
말하다	say	said	said
보내다	send	sent	sent
쓰다	spend	spent	spent
구부리다	bend	bent	bent

찾다	find	found	found
묶다	bind	bound	bound
듣다	hear	heard	heard
잡다	hold	held	held
의미하다	mean	meant	meant
떠나다	leave	left	left
잃다	lose	lost	lost
앉다	sit	sat	sat
빛나다	shine	shone	shone
매달리다	cling	clung	clung
파다	dig	dug	dug
만들다	make	made	made
회전하다	spin	spun	spun
가지다	have	had	had

③ A－B－C형

뜻	현재형	과거형	과거분사형
시작하다	begin	began	begun
마시다	drink	drank	drunk, drunken
헤엄치다	swim	swam	swum
노래 부르다	sing	sang	sung
빠지다	sink	sank	sunk
낳다	bear	bore	born
맹세하다	swear	swore	sworn
울다, 찢다	tear	tore	torn
입다	wear	wore	worn
운전하다	drive	drove	driven
타다	ride	rode	ridden
일어나다	rise	rose	risen
쓰다	write	wrote	written
씹다	bite	bit	bitten
숨기다	hide	hid	hid/hidden
데리고[가지고] 가다	take	took	taken
흔들다	shake	shook	shaken
깨우다	wake	woke	waken
깨뜨리다	break	broke	broken
말하다	speak	spoke	spoken

훔치다	steal	stole	stolen
선택하다	choose	chose	chosen
얼다	freeze	froze	frozen
자라다	grow	grew	grown
불다	blow	blew	blown
알다	know	knew	known
던지다	throw	threw	thrown
날다	fly	flew	flown
끌다	draw	drew	drown
보여주다	show	showed	shown
떨어지다	fall	fell	fallen
먹다	eat	ate	eaten
잊다	forget	forgot	forgotten
주다	give	gave	given
가다	go	went	gone
하다	do	did	done

④ A－B－A형

뜻	현재형	과거형	과거분사형
오다	come	came	come
되다	become	became	become
달리다	run	ran	run

- He will buy a <u>**used car**</u>. [명사 수식]
  그는 중고차를 살 것이다.

- The <u>**chocolate made in Japan**</u> is delicious. [명사 수식]
  일본에서 만들어진 초콜릿은 맛있다.

- This is the <u>**robot invented by Dr. Lee**</u>. [명사 수식]
  이것은 이 박사님이 발명한 로봇이다.

- This is the <u>**sweater made by my grandmother**</u>. [명사 수식]
  이것은 나의 할머니께서 만드신 스웨터이다.

- I got a <u>**letter written in Spanish**</u>. [명사 수식]
  나는 스페인어로 쓰인 편지 한 통을 받았다.

- The **audience** was completely **touched**. [주격 보어]
  청중은 완전히 감동받았다.

- I saw **him taken** to the hospital. [목적격 보어]
  나는 그가 병원으로 실려 가는 것을 보았다.

4 형용사화된 분사(감정을 나타내는 분사)

① 현재분사: ~한 감정을 느끼게 하는
② 과거분사: ~한 감정을 느끼는

동사	현재분사	과거분사
bore 지루하게 하다	boring 지루하게 하는	bored 지루한 감정을 느끼는
please 기쁘게 하다	pleasing 기쁘게 하는	pleased 기쁜 감정을 느끼는
satisfy 만족시키다	satisfying 만족시키는	satisfied 만족한 감정을 느끼는
shock 충격을 주다	shocking 충격을 주는	shocked 충격을 받은
surprise 놀라게 하다	surprising 놀라게 하는	surprised 놀란 감정을 느끼는

- The story is **boring**. 그 이야기는 지루했다.
- I'm **bored** with the story. 나는 그 이야기에 지루함을 느낀다.
- The design is **pleasing**. 디자인이 흡족하다.
- I'm **pleased** with the design. 나는 그 디자인에 흡족함을 느낀다.
- The food was **satisfying**. 음식은 만족스러웠다.
- The customer was **satisfied** with the food. 그 고객은 음식에 만족했다.
- The ending was **shocking**. 그 결말은 충격적이었다.
- We were **shocked** by the ending. 우리는 그 결말에 충격을 받았다.
- The party was **surprising**. 그 파티는 놀라웠다.
- I was **surprised** at the party. 나는 그 파티에서 놀랐다.

5 분사구문

1. 분사구문의 특징

① 「접속사+주어+동사~」의 형태인 부사절을 분사를 사용하여 바꾼 구문
② 반복되는 말을 줄여 간략하게 쓰기 위해 사용되며, 문맥에 따라 시간, 이유, 조건, 양보, 동시동작 등의 의미를 나타냄
③ 분사구문 만드는 방법
- 부사절의 접속사를 생략함. 필요한 경우 남겨 두기도 함
- 부사절의 주어가 주절의 주어와 같으면 부사절의 주어를 생략
- 부사절의 동사를 분사로 바꿈
④ 분사구문의 부정: 부정어가 분사 앞에 위치
- As they didn't know what to do, they asked for my help.
  = **Not** knowing what to do, they asked for my help.
  그들은 무엇을 할지 몰라서 나에게 도움을 청했다.

참고 분사구문에서 Being은 생략할 수가 있다.

2. 분사구문의 쓰임

시간 (as, when, while)	~할 때, ~ 동안에	When I arrived at the airport, I turned on my cell phone. = **Arriving** at the airport, I turned on my cell phone. 공항에 도착했을 때, 나는 휴대 전화를 켰다.

이유 (because, as)	~해서, ~하기 때문에	• Because I have no money, I can't help you. = **Having** no money, I can't help you. 나는 돈이 없기 때문에, 너를 도울 수 없다. • As she had a bad cold, she couldn't go outside. = **Having** a bad cold, she couldn't go outside. 그녀는 심한 감기에 걸렸기 때문에, 밖에 나갈 수 없었다.
조건 (if)	~한다면	If you do your best, you can get good results. = **Doing** your best, you can get good results. 네가 최선을 다하면 너는 좋은 결과를 얻을 수 있다.
양보 (though, although)	(비록) ~할지라도, ~하지만	Although I wore a heavy coat, I was cold. = **Wearing** a heavy coat, I was cold. 나는 두꺼운 코트를 입었지만 추웠다.
동시동작 (as, while)	~하면서	Emma Watson entered the room, while she smiled at us. = Emma Watson entered the room, **smiling** at us. Emma Watson은 우리에게 미소를 지으며 방으로 들어왔다.

콕콕 개념 확인하기

다음 우리말 뜻이 되도록 괄호 안의 단어를 알맞은 형태로 바꿔 쓰시오.

1. Look at the girl _____ a pink dress. (wear)
   분홍색 드레스를 입고 있는 저 소녀를 봐라.

2. This is a picture _____ by my father. (paint)
   이것은 나의 아버지가 그리신 그림이다.

다음 두 문장의 의미가 같도록 분사를 사용하여 빈칸을 완성하시오.

3. When I arrived at the station, I found the train starting.
   = _____ at the station, I found the train starting.
   내가 그 역에 도착했을 때, 나는 그 기차가 떠나는 것을 발견했다.

4. If you study hard, you will pass the exam.
   = _____ hard, you will pass the exam.
   네가 열심히 공부한다면, 너는 그 시험에서 합격을 할 것이다.

답   1. wearing   2. painted   3. Arriving   4. Studying

01 다음 빈칸에 알맞은 것은?

> The _____ puppy is so cute.

① sleep   ② sleeping

③ to sleep   ④ sleeps

02 다음 빈칸에 알맞은 것은?

> The girl _____ a red cap is my sister.

① wear   ② wears

③ to wear   ④ wearing

주목
03 다음 빈칸에 알맞은 것은?

> The boy _____ at the bus stop is my brother.

① wait   ② waits

③ to wait   ④ waiting

주목
04 다음 빈칸에 알맞은 것은?

> I collect _____ leaves in the fall.

① fall   ② falls

③ fallen   ④ fell

05 다음 빈칸에 알맞은 것은?

> This is the picture _____ by Sam.

① take   ② takes

③ taken   ④ took

06 다음 빈칸에 알맞은 것은?

> This is the card _____ by Ben.

① write   ② writes

③ wrote   ④ written

09

Ⅰ 문법

관계사

1 관계대명사

1. 관계대명사의 특징

① 관계대명사가 이끄는 절이 앞의 명사인 선행사를 수식함(형용사절)
② 관계대명사절은 불완전한 절임

☆ 2. 관계대명사의 종류

선행사	주격	소유격	목적격
사람	who	whose	who(m)
사물, 동물	which	whose (of which)	which
사람, 사물, 동물	that	–	that

참고 that은 앞에 콤마(,)나 전치사가 올 수 없다.

① 주격 관계대명사

• I know a boy. 나는 한 소년을 알고 있다.

　＋He plays the violin well. 그는 바이올린을 잘 켠다.

　→ I know a boy **who**[**that**] plays the violin well.
　　　나는 바이올린을 잘 켜는 한 소년을 알고 있다.

• This is the car. 이것이 그 차이다.

　＋It is very nice. 그것은 매우 멋있다.

　→ This is the car **which**[**that**] is very nice. 이것은 매우 멋있는 그 차이다.

② 소유격 관계대명사

• I have a girl friend. 나는 여자 친구가 있다.

　＋Her mother is a singer. 그녀의 어머니는 가수다.

　→ I have a girl friend **whose** mother is a singer. 나는 어머니가 가수인 여자 친구가 있다.

• I know the city. 나는 그 도시를 안다.

　＋Its name is Barcelona. 그 도시의 이름이 바르셀로나이다.

　→ I know the city **whose** name is Barcelona. 나는 이름이 바르셀로나인 그 도시를 안다.

③ 목적격 관계대명사

• Van Gogh is the artist. Van Gogh는 예술가이다.

　＋I like him the most. 나는 그를 가장 좋아한다.

　→ Van Gogh is the artist **who**(**m**)[**that**] I like the most.
　　　Van Gogh는 내가 가장 좋아하는 화가이다.

• This is the hat. 이것이 그 모자이다.

　＋I saw it yesterday. 나는 그것을 어제 봤다.

　→ This is the hat **which**[**that**] I saw yesterday. 이것이 내가 어제 본 모자이다.

참고 동사 뒤에 -(e)r을 붙이면 '～하는 사람'이라는 의미가 된다.
• sing → singer(가수)
• paint → painter(화가)
• drive → driver(운전수)

🔍 **꼼꼼 단어 돋보기**

● 관계대명사
두 문장을 연결해 주는 접속사 역할과 앞의 명사를 대신하는 대명사 역할을 동시에 한다.

3. 관계대명사의 생략

목적격 관계대명사는 생략이 가능

- Van Gogh is the artist (**whom**) I like the most.

  = Van Gogh is the artist I like the most.

  Van Gogh는 내가 가장 좋아하는 화가이다.

- This is the hat (**which**) I saw yesterday.

  = This is the hat I saw yesterday.

  이것이 내가 어제 본 모자이다.

4. 관계대명사의 용법

참고 관계대명사 다음에 나오는 동사는 선행사의 수와 일치시킨다.

(1) 제한적 용법

① 관계대명사가 이끄는 절이 선행사를 꾸며줄 수 있으며 관계대명사절부터 해석

② 콤마(,) 없음

- I have two friends **who** can speak Spanish well. 나는 스페인어를 잘하는 친구가 두 명 있다.

  ⇨ 친구가 여러 명 있는데, 스페인어를 잘하는 친구는 두 명이라는 의미

- We have two sons **who** became singers. 우리에게는 가수가 된 아들이 두 명 있다.

  ⇨ 아들이 여러 명 있는데, 가수인 아들은 두 명이라는 의미

(2) 계속적 용법

① 선행사를 보충 설명함. 단어나 구뿐만 아니라 앞 문장 전체를 선행사로 취할 수 있으며 앞에서부터 순서대로 해석

② 콤마(,) 있음

③ that은 계속적 용법으로 쓸 수 없음

- I have two friends, **who** can speak Spanish well.

  나는 친구가 둘 있는데 그들은 스페인어를 잘한다.

  ⇨ 친구가 두 명 있는데, 그 친구 두 명이 스페인어를 잘한다는 의미

- We have two daughters, **who** became nurses.

  우리에게는 딸이 두 명 있는데 그들은 간호사가 되었다.

  ⇨ 딸이 두 명 있는데, 그 딸 두 명이 간호사가 되었다는 의미

- William came home late, **which** made his father angry.

  William은 집에 늦게 왔고 이것은 그의 아버지를 화나게 만들었다.

  ⇨ 선행사는 앞 문장 전체

5. 관계대명사 that의 특별 용법

① 선행사가 「사람 + 사물」 또는 「사람 + 동물」일 때

- I saw a boy and a puppy **that** were running in the park.

  나는 공원에서 뛰고 있는 소년과 강아지를 보았다.

② everything, something, anything 등과 같이 선행사가 -thing으로 끝나는 경우

- She remembered something **that** her father had said.

  그녀는 그녀의 아버지가 말했던 무언가를 기억했다.

③ 선행사에 최상급, 서수, the only, the very, the same 등이 있을 때

- He is the tallest man **that** I've ever seen. 그는 이제껏 내가 본 가장 키가 큰 남자이다.

6. 관계대명사 what

① 선행사를 포함하는 관계대명사로 the thing(s) which[that]로도 바꿔 쓸 수 있음
② '~하는 것'으로 해석
③ 명사절을 이끌며 이때 명사절은 문장에서 주어, 목적어, 보어의 역할을 함

- **What** I said is true. [주어] 내가 말했던 것은 진실이다.
- I couldn't understand **what** she said. [목적어] 나는 그녀가 말한 것을 이해할 수 없었다.
- That is **what** I want to know. [보어] 그것이 내가 알고 싶은 것이다.

콕콕 개념 확인하기

다음 빈칸에 알맞은 관계대명사를 쓰시오.

1. This is the boy _____ speaks Italian well.
2. These are the animals _____ live in Seoul Grand Park Zoo.
3. He is the boy _____ mother is a cook.
4. Look at the house _____ roof is blue.
5. This is the man _____ I met at the festival.
6. This is the music _____ I like the most.

> 답 1. who[that] 2. which[that] 3. whose 4. whose[of which] 5. who(m)[that] 6. which[that]

2 관계부사

1. 관계부사의 특징

문장과 문장을 연결해 주는 접속사 역할을 하면서 시간, 장소, 이유, 방법을 나타내는 선행사를 수식하는 절을 이끌어 그 관계사절 안에서 부사 역할을 함

2. 관계부사의 종류

구분	선행사	관계부사	「전치사+관계대명사」
시간	the time	when	at/on/in which
장소	the place	where	at/on/in which
이유	the reason	why	for which
방법	(the way)	how	in which

① when: 선행사가 시간을 나타낼 때
- I remember the day. + You came on the day.
  = I remember the day **on which** you came.
  = I remember the day **when** you came.
  나는 네가 온 그 날을 기억한다.
② where: 선행사가 장소를 나타낼 때
- This is the house. + She lives in the house.
  = This is the house **in which** she lives.
  = This is the house **where** she lives.
  이 집은 그녀가 살고 있는 집이다.

🔍 꼼꼼 단어 돋보기

● 관계부사

문장과 문장을 연결해 주는 접속사 역할을 함과 동시에 선행사에 따라 시간(when), 장소(where), 이유(why), 방법(how)을 나타내는 부사의 역할을 한다.

③ why: 선행사가 이유를 나타낼 때
- This is the reason. + He is late for the reason.
  = This is the reason **for which** he is late.
  = This is the reason **why** he is late.
  이것이 그가 늦은 이유이다.
④ how: 선행사가 방법을 나타낼 때
- This is the way. + She made it in the way.
  = This is the way **in which** she made it.
  = This is **the way** she made it.
  = This is **how** she made it.
  이것이 그녀가 그것을 만든 방법이다.
- This is the way how she made it. (×)
  ⇨ 관계부사 how는 선행사 the way와 함께 쓸 수 없으므로 둘 중 하나는 생략해야 함

☑ 개념 check up   관계대명사 vs. 관계부사

- 관계대명사는 어떤 명사(선행사)든지 꾸며 줄 수 있지만, 관계부사는 특정 명사(시간, 장소, 이유, 방법)만을 꾸며 줄 수 있다.
- 관계대명사는 주격, 소유격, 목적격 등의 '격'이 있지만, 관계부사는 '격'이 없다.
- 관계대명사절은 불완전한 절이지만, 관계부사절은 완전한 절이다.

콕콕 개념 확인하기

다음 빈칸에 알맞은 관계부사(where, when, why, how)를 쓰시오.

1. I remember the day _____ I first met you.
2. This is the hospital _____ I was born.
3. I don't know the reason _____ he left me.
4. This is _____ he did it.

답   1. when   2. where   3. why   4. how

탄탄 실력 다지기

01 다음 빈칸에 알맞은 것은?   2011년 2회

> Do you know the boy _____ is singing on the stage?

① who ② what
③ which ④ whose

주목

02 두 문장을 한 문장으로 연결할 때 빈칸에 알맞은 것은?   2014년 2회

> • There is a dog.
> • The dog is drinking water.
> → There is a dog _____ is drinking water.

① how ② when
③ what ④ which

03 두 문장을 한 문장으로 연결할 때 빈칸에 알맞은 것은?

> • Do you know the girl?
> • She came to the party yesterday.
> → Do you know the girl _____ came to the party yesterday?

① who ② whose
③ whom ④ which

04 다음 빈칸에 알맞은 것은?

> Here is my cat _____ is very cute.

① what ② whose
③ whom ④ which

05 다음 빈칸에 들어갈 말로 가장 적절한 것은?

> I met a friend _____ moved to another city.

① who ② whose
③ whom ④ which

06 다음 빈칸에 들어갈 말로 가장 적절한 것은?

> This is the book _____ is very fun.

① who ② whose
③ whom ④ which

07 두 문장을 한 문장으로 연결할 때 빈칸에 알맞은 것은?

> • I know a boy.
> • He plays the piano well.
> → I know a boy _____ plays the piano well.

① who ② whose
③ whom ④ which

08 두 문장을 한 문장으로 연결할 때 빈칸에 알맞은 것은?

> • I want a bag.
> • It has many pockets.
> → I want a bag _____ has many pockets.

① who   ② whose
③ whom   ④ which

09 두 문장을 한 문장으로 연결할 때 빈칸에 알맞지 <u>않은</u> 것은?

> • Picasso is the painter.
> • I like him the most.
> → Picasso is the painter _____ I like the most.

① who   ② whose
③ whom   ④ that

10 두 문장을 한 문장으로 연결할 때 빈칸에 알맞은 것은?

> • The dress is very pretty.
> • Alice is wearing it.
> → The dress _____ Alice is wearing is very pretty.

① who   ② whose
③ whom   ④ which

11 다음 빈칸에 알맞지 <u>않은</u> 것은?

> This is the man _____ I met at the party.

① who   ② whom
③ which   ④ that

12 다음 빈칸에 알맞은 것은?

> This is the car _____ I bought yesterday.

① who   ② whose
③ whom   ④ which

13 다음 빈칸에 알맞은 것은?

> I remember the day _____ I met him for the first time.

① when   ② where
③ why   ④ how

14 다음 빈칸에 알맞은 것은?

> This is the building _____ my mom works.

① when   ② where
③ why   ④ how

10 Ⅰ 문법 수동태

1 수동태

1. 수동태의 특징
① 주어가 동사의 행동을 받거나 당하는 경우에 쓰임
② '~되다, ~당하다, ~받다, ~하여지다'로 해석
③ 형태: 「be동사＋과거분사＋by＋행위자(목적격)」

☆ 2. 수동태 만들기
① 능동태의 목적어 → 수동태의 주어(주격으로 바꿈)
② 능동태의 동사 → 「be동사[＋]＋과거분사(p.p.)」
③ 능동태의 주어 → 「by＋행위자(목적격)」
- She loves you. [능동태] 그녀는 너를 사랑한다.
  → You **are loved by** her. [수동태] 너는 그녀에게 사랑받고 있다.
- He painted this picture. [능동태] 그가 이 그림을 그렸다.
  → This picture **was painted by** him.[＋] [수동태] 이 그림은 그에 의해 그려졌다.

> ### ☑ 개념 check up 「by＋목적격」의 생략
>
> 「by＋목적격」의 생략은 행위자가 일반인이거나, 불특정한 사람일 때 한다.
> - Korean is spoken in Korea. 대한민국에서는 한국어를 쓴다. ⇨ 행위자가 일반인
> - The vase was broken. 그 꽃병이 깨졌다. ⇨ 행위자가 불특정인

2 수동태의 시제

1. 현재시제

> 주어＋am/are/is＋과거분사＋by ～.

- I do this work. [능동태] 나는 이 일을 한다.
  → This work **is done by** me. [수동태] 이 일은 나에 의해서 되어진다.

2. 과거시제

> 주어＋was/were＋과거분사＋by ～.

- I did this work. [능동태] 나는 이 일을 했다.
  → This work **was done by** me. [수동태] 이 일은 나에 의해 되어졌다.

✚ 수동태의 일치
- be동사의 인칭 및 수는 수동태의 주어와 일치시킨다.
- 시제는 능동태의 시제와 일치시킨다.

✚ paint a picture

- He is painting a picture.
  그는 그림을 그리고 있다.
- A picture is being painted by him.
  그림이 그에 의해서 그려지고 있다.

3. 미래시제

> 주어+will+be+과거분사+by ~.

- I will do this work. [능동태] 나는 이 일을 할 것이다.
  - → This work **will be done by** me. [수동태] 이 일은 나에 의해서 되어질 것이다.

4. 현재진행시제

> 주어+am/are/is+being+과거분사+by ~.

- I am doing this work. [능동태] 나는 이 일을 하고 있다.
  - → This work **is being done by** me. [수동태] 이 일은 나에 의해 되어지고 있다.

5. 과거진행시제

> 주어+was/were+being+과거분사+by ~.

- I was doing this work. [능동태] 나는 이 일을 하고 있었다.
  - → This work **was being done by** me. [수동태] 이 일은 나에 의해 되어지고 있었다.

6. 현재완료시제

> 주어+have/has+been+과거분사+by ~.

- I have done this work. [능동태] 나는 이 일을 했다.
  - → This work **has been done by** me. [수동태] 이 일은 나에 의해 되어졌다.

3 수동태의 부정문

be동사 다음에 not을 붙임

> 주어+be동사+not+과거분사+by ~.

- The letter **was not written by** her. 그 편지는 그녀에 의해서 쓰여지지가 않았다.

4 수동태의 의문문

주어 앞에 be동사를 씀

> be동사+주어+과거분사+by ~?

- **Was** the letter **written by** her? 그 편지는 그녀에 의해서 쓰여졌니?

- be filled with: ~로 가득 차다
  - The cup is filled with coffee. 그 컵은 커피로 가득 차 있다.
- be interested in: ~에 흥미가 있다
  - I am interested in history. 나는 역사에 관심이 있다.
- be made from: ~로 만들어지다 (원료의 성질이 변할 때, 화학적 변화)
  - Wine is made from grapes. 와인은 포도로 만들어진다.
- be made of: ~로 만들어지다 (재료의 성질이 변하지 않을 때, 물리적 변화)
  - This table is made of wood. 이 탁자는 나무로 만들어진다.
- be satisfied with: ~에 만족하다
  - I am satisfied with the test result. 나는 시험 결과에 만족한다.
- be surprised at: ~에 놀라다
  - He was surprised at the news. 그는 그 소식에 놀랐다.

콕콕 개념 확인하기

다음 능동태 문장을 수동태 문장으로 바꾸시오.

1. He cleans the room. → _____
2. Sam broke the window. → _____
3. She will fix the car. → _____

답　1. The room is cleaned by him.　2. The window was broken by Sam.　3. The car will be fixed by her.

정답과 해설 **21**쪽

01 다음과 같이 문장을 바꿔 쓸 때 빈칸에 알맞은 것은?

> She loves you.
> → You _____ by her.

① love   ② loved
③ are loved   ④ is loved

02 다음과 같이 문장을 바꿔 쓸 때 빈칸에 알맞은 것은?

> He cleans the room.
> → The room _____ by him.

① cleans   ② has cleaned
③ is cleaned   ④ was cleaned

03 다음 빈칸에 알맞은 것은?

> English _____ in Canada.

① is spoke   ② is spoken
③ is speaking   ④ is to speak

주목

04 다음과 같이 문장을 바꿔 쓸 때 빈칸에 알맞은 것은?

> She painted this picture.
> → This picture _____ by her.

① painted   ② has painted
③ was paint   ④ was painted

05 다음과 같이 문장을 바꿔 쓸 때 빈칸에 알맞은 것은?

> I broke the window.
> → The window _____ by me.

① am broken   ② are broken
③ has broken   ④ was broken

06 will이 들어갈 위치로 알맞은 곳은?

> The piano (①) be (②) played (③) by (④) my son.

07 not이 들어갈 위치로 알맞은 곳은?

> The cake (①) was (②) made (③) by (④) my dad.

11

가정법

1 가정법의 종류

가정법 과거	현재 사실의 반대를 가정
가정법 과거완료	과거 사실의 반대를 가정

2 가정법 과거

1. 형태

> If+주어+동사의 과거형 ~, 주어+조동사의 과거형+동사원형 ….

+ 조동사의 과거형
would, should, could, might가 있다.

2. 특징

'만약 ~하면, …할 텐데'의 의미로, 현재 사실에 반대되는 가정을 할 때 사용

- **If** I **had** a lot of money, I **could buy** a nice car.

  만약 내가 돈이 많다면, 멋진 차를 살 수 있을 텐데.

  = As I don't have a lot of money, I cannot buy a nice car.

  나는 돈이 많이 없기 때문에, 멋진 차를 살 수 없다.

- **If** I **knew** his address, I **would write** to him.

  만약 내가 그의 주소를 안다면, 그에게 편지를 쓸 텐데.

  = As I don't know his address, I don't write to him.

  나는 그의 주소를 모르기 때문에, 그에게 편지를 쓰지 못한다.

  ⇨ 가정법에서 동사 형태는 과거이지만 현재 사실의 반대를 가정하는 것이므로 뜻은 현재임. 따라서 직설법으로 바꿔 표현하면 현재시제를 써야 하며, '긍정 ⇄ 부정' 관계가 됨

- **If** I **were** a bird, I **would fly** to you.

  만약 내가 새라면, 너에게 날아갈 텐데.

  = As I am not a bird, I don't fly to you.

  나는 새가 아니므로, 너에게 날아갈 수 없다.

  ⇨ 가정법 과거 문장에서 if절의 동사가 be동사일 때는 인칭에 관계없이 were를 씀

- **If** I **were** young, I **could enjoy** this festival.

  만약 내가 젊다면, 나는 이 축제를 즐길 수 있을 텐데.

  = As I am not young, I cannot enjoy this festival.

  나는 젊지 않으므로, 이 축제를 즐길 수 없다.

🔍 꼼꼼 단어 돋보기

● **가정법**

있는 그대로의 사실을 진술하는 문장은 직설법이고, 사실의 반대를 가정하거나 상상하는 표현법은 가정법이다.

3 가정법 과거완료

1. 형태

> If+주어+had+과거분사 ~, 주어+조동사의 과거형+have+과거분사 ….

2. 특징

'만약 ~했다면, …했을 텐데'의 의미로, 과거 사실에 반대되는 가정을 할 때 사용

- **If** I **had had** lots of money, I **could have bought** a large house.

  만약 내가 돈이 많았더라면, 큰 집을 살 수 있었을 텐데.

  = As I didn't have lots of money, I could not buy a large house.

  나는 돈이 많이 없었기 때문에, 큰 집을 살 수 없었다.

- **If** I **had worked** hard, I **could have succeeded**.

  만약 내가 열심히 일했더라면, 나는 성공했을 텐데.

  = As I didn't work hard, I could not succeed.

  내가 열심히 일을 하지 않았기 때문에, 나는 성공하지를 못했다.

4 I wish 가정법

1. I wish+가정법 과거

① '~라면 좋을 텐데'의 의미로, 현재에 이룰 수 없는 소망 또는 현재 일에 대한 유감이나 아쉬움을 표현

② 형태: 「I wish + 주어 + 동사의 과거형」

- **I wish I had** a cat. 고양이가 한 마리 있으면 좋을 텐데.

  = I don't have a cat, but I want to have one.

  나는 고양이가 없지만, 한 마리 있었으면 한다.

2. I wish+가정법 과거완료

① '~했더라면 좋았을 텐데'의 의미로, 과거의 사실과 반대되는 소망 또는 과거의 일에 대한 유감이나 아쉬움을 표현

② 형태: 「I wish + 주어 + had + 과거분사(p.p.)」

- **I wish I had slept** well. 내가 잠을 잘 잤더라면 좋았을 텐데.

  = I didn't sleep well. I'm very sleepy. 나는 제대로 자지 못했다. 나는 매우 졸리다.

참고 상태를 표현하는 형용사는 여러 가지가 있다.
- sleepy 졸린
- hungry 배고픈
- tired 피곤한
- sad 슬픈
- scared 두려운

콕콕 개념 확인하기

다음 괄호 안에서 알맞은 것을 고르시오.

1. If I (remembers, remembered) his phone number, I could call him.

   만약 내가 그의 전화번호를 기억한다면, 그에게 전화를 걸 수 있을 텐데.

2. If she had worked hard, she (may, might) have succeeded.

   만약 그녀가 열심히 일했다면, 그녀는 성공했을 텐데.

답 1. remembered 2. might

탄탄 실력 다지기

01 다음 문장이 뜻하는 것으로 가장 알맞은 것은?

2009년 1회

> If I were you, I wouldn't wear such a short skirt.

① 난 짧은 치마를 입을 생각이 없었어.
② 내가 너라면 짧은 치마를 입을 거야.
③ 내가 너라면 짧은 치마를 입지 않을 거야.
④ 나는 지금 너처럼 짧은 치마를 입고 있어.

02 다음 문장이 뜻하는 것으로 가장 알맞은 것은?

> If I were a bird, I could fly to her.

① 내가 새가 아니라서 그녀에게 날아갈 수 있어.
② 내가 새라서 그녀에게 날아갈 수 없어.
③ 내가 만약 새라면 그녀에게 날아갈 수 있을 텐데.
④ 내가 만약 새라면 그녀에게 날아갈 수 없을 텐데.

03 다음 문장이 뜻하는 것으로 가장 알맞은 것은?

> If I had enough money, I could buy that car.

① 내가 충분한 돈이 없어서 저 차를 살 수 있어.
② 내가 충분한 돈이 있다면 저 차를 살 수 있을 텐데.
③ 내가 충분한 돈이 있어서 저 차를 살 수 없어.
④ 내가 충분한 돈이 있다면 저 차를 살 수 없을 텐데.

04 다음 빈칸에 알맞은 것은?

> If I _____ wings, I could fly to school.

① had
② has
③ have
④ having

05 다음 빈칸에 알맞은 것은?

> If the weather _____ nice, we would go on a picnic.

① be
② am
③ are
④ were

06 다음 빈칸에 알맞은 것은?

> If she were here, I _____ her.

① meet
② met
③ have met
④ would meet

생활영어

01

II 생활영어

인사

1 기본 인사

1. 아침, 낮, 저녁에 만났을 때

- Good morning! (오전 중 인사) (밤새) 안녕! **참고** 보통 아침 해가 뜬 후 낮 12시까지
- Good afternoon! (오후 인사) 안녕! **참고** 정오가 지난 후부터 저녁에 해가 질 때까지
- Good evening! (저녁 인사) 안녕! **참고** 해가 지고 난 후
- Good night! 잘 자! **참고** 자기 전

2. 안부를 묻고 답할 때

(1) 안부 묻기

- How do you feel? 어떠니?
- How are you doing? 잘 지내고 있니?
  = How are you? / How's it going? / How's everything?
- What's up? 요즘 어때?

(2) 안부 답하기

① 긍정의 대답
- Fine, thank you. 좋아. 고마워.
- Great. 아주 잘 지내.
- Good. 좋아.
- Very well, thank you. 아주 좋아. 고마워.

② 부정의 대답
- (Just) So-so. 그럭저럭 지내.
- Not so good(= Not great). 그다지 좋지 않아(= 별로야).
- Terrible. 아주 나빠.

3. 오랜만에 만났을 때

- Long time no see. 오랜만이야.
- I haven't seen you for a long time. 오랜만이야.
- I haven't seen you in ages. 오래 못 봤어.
- We haven't seen each other for a long time. 우리는 오랫동안 만나지 못했어.

4. 헤어질 때

- Bye. 안녕.
- Good-bye. 잘 가.
- Take care. 조심해서 잘 가.
- See you again. 또 만나자.
- See you later. 나중에 보자.
- See you tomorrow. 내일 보자.

2 소개

1. 자기소개
- Let me introduce myself. 내 소개를 할게.
- Just call me Ben. 나를 그냥 Ben이라고 불러줘.
- My name is Ben. 내 이름은 Ben이야.

2. 다른 사람 소개하고 인사하기
- This is ~. 이 사람(분)은 ~이(시)다.
- Nice to meet you. 만나서 반갑습니다.
  = Glad to meet you. / Happy to meet you.
- How do you do? 처음 뵙겠습니다.

3 감사

1. 감사 표현
- Thank you. 고마워.

2. 구체적인 감사 표현
① 무엇이 고마운지 구체적으로 이야기하고 싶을 때는 for를 붙이고, 그 뒤에 구체적인 내용을 덧붙임
② 단, for는 전치사이므로 뒤에 명사가 나와야 함
③ 어떤 행위에 대한 감사를 표하기 위해 for 뒤에 동사를 사용할 때는 동명사 형태를 씀
- Thank you for your present. 너의 선물에 고마워.
- Thank you for helping me. 나를 도와줘서 고마워.

3. 감사 표현에 답하기
- You're welcome. 천만에.
- No problem. 괜찮아.
- Not at all. 별것도 아닌데 뭐.
- Don't mention it. 고맙다고 할 것까지야.
- My pleasure. 나도 기뻐.
- Anytime. (도움이 필요하면) 언제든지.

4 사과

1. 사과 표현
- I'm sorry. 미안해.
- It's all my fault. 다 내 잘못이야.
- I'm really/so/very sorry. 정말 미안해.
- Please forgive me. 용서해 줘.

2. 구체적인 사과 표현
무엇이 미안한지 구체적으로 이야기하고 싶을 때는 뒤에 about/for/to를 붙여 주고, 그 뒤에 구체적인 내용을 덧붙임
- I'm sorry about[for/to] ~. ~에 대해 미안해.
- I'm sorry about your phone bill. 전화 요금 때문에 미안해.

- I'm sorry for speaking in bad manner. 나쁜 태도로 이야기해서 미안해.
- I'm sorry to hurt your feelings. 기분을 상하게 해서 미안해.

3. 사과 표현에 답하기

- That's all right. 괜찮아.
- Don't worry about it. 걱정할 것 없어.
- Never mind. 걱정하지 마.
- That's OK. 괜찮아.
- No problem. 걱정할 것 없어.
- Forget it. 잊어버려.

5 축하

축하 표현은 생일, 결혼기념일, 명절 앞에 happy를 붙여 함
- Happy birthday (to you)! (너의) 생일을 축하해!
- Happy New Year! 새해 복 많이 받으세요!
- Congratulations! 축하합니다!
- Congratulations on + (구체적인 일)! ～을 축하해!
- Congratulations on your graduation! 너의 졸업을 축하해!

표현 익히기

A: I got a prize in a writing contest.
B: Congratulations!

A: 나 글짓기 대회에서 상 받았어.
B: 축하해!

A: Congratulations on your new job.
B: Thanks.

A: 새 직장 얻은 거 축하해.
B: 고마워.

01 B의 응답으로 가장 알맞은 것을 고르시오. 2016년 2회

A: How are you doing?
B: _____.

① Great
② Me, too
③ Three hours
④ You're welcome

02 다음 대화의 빈칸에 알맞지 <u>않은</u> 것은? 2011년 1회

A: It's time to go now. See you later.
B: _____.

① Bye-bye
② Have a nice day
③ See you next time
④ Nice to meet you

03 두 사람이 처음 만난 상황일 때 적절하지 <u>않은</u> 것은?
2011년 2회

A: Hello, I'm Susan Smith. ① I'm your English teacher.
B: ② Nice to meet you.
A: ③ Happy to see you again. Where are you from?
B: ④ I come from Korea.

04 다음 대화의 빈칸에 알맞은 것은? 2010년 1회

A: Hi, my name is Mimi. What's your name?
B: I am Insu. Nice to meet you, Mimi.
A: _____, too.

① Feeling blue
② Sorry to hear that
③ Nice to meet you
④ Terrible to see you

05 대화의 빈칸에 들어갈 말로 알맞은 것은? 2015년 1회

Minho: Hi, Yuna. This is my friend, Sally.
Yuna: _____.
Sally: Nice to meet you, too.

① I'm Minho
② Nice to meet you
③ Fine, thanks
④ Sorry to hear that

주목
06 다음 대화의 빈칸에 알맞지 <u>않은</u> 것은? 2012년 1회

A: Thank you so much for your help.
B: _____.

① Don't mention it
② Yes, please
③ My pleasure
④ You're welcome

07 다음 대화 중 밑줄 친 말의 의도로 알맞은 것은?
2012년 2회

A: I won the first prize in the dancing contest.
B: <u>Great! Congratulations!</u>

① 축하하기
② 권유하기
③ 불평하기
④ 설득하기

02 II 생활영어 감정

⭐ 1 감정

기쁠 때	I'm happy. / I'm pleased.	화날 때	I'm angry.
슬플 때	I'm sad.	놀랄 때	I'm surprised.
걱정할 때	I'm worried.	지루할 때	I'm bored.
초조할 때	I'm nervous.	외로울 때	I'm lonely.
속상할 때	I'm upset.		

2 기쁨

1. 기쁨을 표현할 때
- I'm happy. 나는 행복해.

2. 상대방의 말을 듣고 기쁨 표현하기
- I'm glad to hear that. 그 말을 들으니 기쁘구나.
- I'm happy to hear that. 그 말을 들으니 기쁘구나.
- I'm pleased to hear that. 그 말을 들으니 기쁘구나.

⭐ 3 슬픔

1. 슬픔 · 걱정 묻기
- What's wrong? 무슨 일이니?
- What's the matter? 무슨 일이니?
- What's the problem? 무슨 일이니?
- What happened? 무슨 일이니?
- Why the long face?+ 왜 시무룩한 표정이니?

2. 걱정하기
- I'm worried about ~.

  참고 걱정이나 고민을 나타내는 표현으로 about 다음에는 사람, 사물, 사건 등 걱정하는 대상을 쓴다. 전치사 about 뒤에는 명사 형태만 올 수 있기 때문에 행위를 쓸 때는 동명사 형태가 되어야 한다. 강조하고자 한다면 주로 be동사 뒤에 really나 so를 넣는다.

- I'm worried/nervous about ~. 나는 ~이 걱정돼.
- I'm worried/nervous about the English test. 나는 영어 시험이 걱정돼.
- I'm worried about going over there. 나는 그곳을 넘어가는 것이 걱정돼.

표현 익히기

A: How are you feeling?
B: I'm nervous.

A: 기분이 어떠니?
B: 나는 초조해.

A: Are you happy?
B: Yes, I am. I'm happy.

A: 너는 행복하니?
B: 응, 그래. 나는 행복해.

A: Are you happy?
B: No, I'm not.

A: 너는 행복하니?
B: 아니, 그렇지 않아.

표현 익히기

A: I passed the test.
B: I'm glad to hear that.

A: 나 시험에 합격했어.
B: 그 말을 들으니 기쁘구나.

+ long face
울적하고 시무룩할 때 입이 아래로 삐죽 내려가서 얼굴이 길어지는 데서 생긴 표현이다.

표현 익히기

A: You look worried. What's wrong?
B: I forgot my key.

A: 너 걱정스러워 보인다. 무슨 일이니?
B: 열쇠를 깜빡했어.

3. 위로 · 격려하기

(1) 위로하기

- Don't worry. 걱정하지 마.
- You don't have to worry. 걱정할 필요 없어.
- Don't take it so hard. 너무 심각하게 받아들이지 마.
- Take it easy. 쉽게 생각해.
- Never mind. 신경 쓰지 마.
- Forget it. 잊어버려.

(2) 격려하기

- Don't give up. 포기하지 마.
- Cheer up. 힘내.
- Come on. 힘내.
- You can do it. 너는 할 수 있어.
- Things will get better. 상황이 더 나아질 거야.
- Everything will be fine. 모든 일이 잘될 거야.
- Everything will be OK. 모든 일이 잘될 거야.

4. 유감 표현하기

- I'm sorry to hear that. 그 말을 들으니 유감이구나.
  > **참고** 이때 sorry는 '미안한'이라는 뜻이 아닌 '~해서 유감인', '~해서 마음이 아픈' 등의 뜻이다.
- That's too bad. 안됐구나.
- That's a pity.⁺ 참 안됐구나.
- What a pity! 정말 안됐구나!

4 놀람

- That's amazing! 그것 참 놀랍구나!
- That's surprising! 그것 참 놀랍구나!
- What a surprise! 정말 놀라워!
- I can't believe it! 믿을 수 없어!
- Unbelievable! 믿기지 않아!
- Really? 정말?
- Are you kidding? 농담이지?
- No kidding! 농담 아냐(= 정말이야)!

5 칭찬

1. 칭찬하기

- Awesome!
- Cool!
- Excellent!
- Fantastic!
- Great!
- Good (for you)!
- Wonderful!
- Well done!
- (You did a) Good job!
- I'm proud of you! 네가 자랑스럽구나!
- You're the best! 네가 최고야!

표현 익히기

A: I lost my new bike.
B: Don't worry. You'll find it.

A: 새 자전거를 잃어버렸어.
B: 걱정 마. 찾을 수 있을 거야.

A: I didn't do well on the science test. I'm upset.
B: Don't give up. You'll do better on the next test.

A: 과학 시험을 잘 못 봤어. 속상해.
B: 포기하지 마. 다음 시험에서 더 잘할 수 있을 거야.

표현 익히기

A: I didn't sleep well last night.
B: That's too bad.

A: 지난밤에 잠을 잘 못 잤어.
B: 안됐구나.

+ pity

pity는 '유감'이나 '동정'의 뜻으로 상대방으로부터 나쁜 소식을 들어 유감을 표현하거나 상대방의 나쁜 상황을 알게 되어 동정을 나타내기 위해 사용한다. That's a pity. 또는 What a pity!라고 말하거나 유감스럽게 생각하는 상황을 뒤에 문장으로 붙여서 사용하기도 한다.

표현 익히기

A: I have six sisters.
B: What a surprise!

A: 나는 여섯 명의 자매가 있어.
B: 정말 놀라워!

A: It's snowing outside.
B: Are you kidding? It's June now.

A: 밖에 눈이 오고 있어.
B: 농담이지? 지금은 6월이야.

2. 구체적인 칭찬 표현

- Your English is really good. 너는 영어를 정말 잘하는구나.
- You are a great cook. 너는 정말 훌륭한 요리사구나.

3. 칭찬에 답하기

- Thank you (very much). (정말) 고마워.   • Thanks. 고마워.
- I'm glad you like(d) ~. 나는 네가 ~을 좋아해서 기뻐.

표현 익히기

A: Dad, I cleaned the house.
B: You did a good job!

A: 아빠, 제가 집 청소를 했어요.
B: 잘했어!

⭐ 6 좋고 싫음

1. 선호하는 것 묻기

- Would you prefer A or B?⁺
- Would you prefer rice or noodles? 밥이 더 좋니, 국수가 더 좋니?
- Which do you prefer, A or B?
- Which do you prefer, milk or juice? 우유와 주스 중 어느 것을 더 좋아하니?
- Which do you like better, A or B?
- Which do you like better, meat or fish? 고기와 생선 중 어느 것을 더 좋아하니?

＋ 선택의문문

의문문에 or가 쓰여 둘 중 어느 한쪽을 선택할 것을 요구하는 의문문으로, Yes나 No로 답하지 않는다. 또한 일반의문문과 달리 or 앞부분은 올려서, 문장 끝은 내려서 말한다.

2. 선호 표현하기

- I prefer A (to B).
  ⇨ prefer A to B는 'B보다 A를 더 좋아한다'라는 의미로, to가 전치사이므로 뒤에 (동)명사가 오는 것에 유의해야 하며, 비교 대상이 되는 to B는 생략할 수 있음
- I like A better (than B).
  ⇨ 비교 대상이 되는 than B는 생략할 수 있음

3. 가장 좋아하는 것 묻기

- What's your favorite + 명사?
- What's your favorite color/day/food/fruit/movie/music/number/season/subject?
  네가 가장 좋아하는 색깔/요일/음식/과일/영화/음악/숫자/계절/과목은 무엇이니?
- What are your favorite + 복수 명사?
  ⇨ 좋아하는 것 여러 가지를 묻는 표현

4. 가장 좋아하는 것 답하기

- My favorite ~ is .... 내가 가장 좋아하는 ~는 …이야.
- I like ~ most. 나는 ~를 제일 좋아해.
- My favorite color/day/food/fruit/movie/music/number/season/subject is ~.
  내가 가장 좋아하는 색깔/요일/음식/과일/영화/음악/숫자/계절/과목은 ~이야.

표현 익히기

A: Would you prefer *bulgogi* or *galbi*?
B: I'd prefer *bulgogi*.

A: 불고기가 더 좋니, 갈비가 더 좋니?
B: 나는 불고기를 더 좋아해.

A: Which do you like better, math or science?
B: I like science better.

A: 수학과 과학 중 어느 것을 더 좋아하니?
B: 나는 과학을 더 좋아해.

A: What's your favorite color?
B: My favorite color is red.

A: 네가 가장 좋아하는 색깔은 무엇이니?
B: 내가 가장 좋아하는 색깔은 빨간색이야.

탄탄 실력 다지기

01 다음 대화에서 B에 대한 A의 질문으로 가장 적절한 것은? **2017년 2회**

> A : _____?
> B : I'm feeling good because the weather is so nice today.

① How's your father
② How are you feeling
③ Where is your brother
④ What's your favorite movie

02 다음 대화에서 A의 기분으로 알맞은 것은? **2012년 2회**

> A : I didn't pass the test. I'm very angry.
> B : That's too bad.
> A : I studied very hard but I didn't do well.

① 즐거움
② 화가 남
③ 외로움
④ 만족함

주목
03 다음 대화의 빈칸에 알맞은 것은? **2011년 1회**

> A : Subin, you look very excited.
> B : Yes, I won the first prize in the speech contest.
> A : Really? _____.

① That sounds bad
② I'm happy to hear that
③ Don't worry about it
④ I'm sorry to hear that

04 다음 대화에 나타난 B의 심정으로 알맞은 것은? **2014년 2회**

> A : You look happy. What happened?
> B : I won the first prize in the contest.

① 기쁨
② 화남
③ 속상함
④ 두려움

05 다음 대화에 나타난 B의 기분으로 알맞은 것은? **2009년 2회**

> A : What's up? You look sad.
> B : Well, I am a little upset. I didn't get good grades.

① 기쁨
② 놀라움
③ 속상함
④ 외로움

주목
06 대화에 나타난 B의 심정으로 가장 알맞은 것은? **2015년 2회**

> A : What's wrong? You look upset.
> B : My brother broke my new camera, but he didn't say, "I'm sorry." I can't stand it.

① angry
② happy
③ scared
④ hopeful

07 다음 대화의 빈칸에 알맞은 것은? 2012년 1회

> A : You look upset. What's the problem?
>
> B : _____.

① I won the first prize
② I lost my new bicycle
③ I passed the English exam
④ I got a great birthday present

08 대화에서 B가 숙제를 끝내지 못한 이유는? 2018년 1회

> A : You look down. What's the matter with you?
>
> B : I couldn't finish my homework because my computer didn't work last night.

① 숙제가 너무 많아서
② 감기에 걸려서
③ 컴퓨터가 작동되지 않아서
④ 집에 손님이 와서

09 대화에서 B가 걱정하는 이유는? 2019년 1회

> A : Is there something wrong?
>
> B : I'm really worried about the math test tomorrow.
>
> A : Don't worry. You'll do well.

① 친구와 다투어서
② 수학 시험 때문에
③ 자전거가 고장 나서
④ 지갑을 잃어버려서

10 대화에서 밑줄 친 말의 의도로 알맞은 것은? 2016년 2회

> A : How was your English test?
>
> B : It was really hard. I don't think I did very well.
>
> A : <u>Don't worry. You'll do better next time.</u>

① 거절하기　　② 격려하기
③ 초대하기　　④ 허락하기

주목
11 주어진 말에 이어질 두 사람의 대화를 〈보기〉에서 찾아 순서대로 가장 적절하게 배열한 것은? 2018년 2회

> Let's play outside.

보기
(A) OK, I will. Thanks.
(B) Sorry, I can't. I have a cold.
(C) That's too bad. Why don't you see a doctor?

① (A) − (C) − (B)　　② (B) − (A) − (C)
③ (B) − (C) − (A)　　④ (C) − (B) − (A)

12 대화에서 B가 경기에 참여하지 못한 이유는? 2019년 2회

> A : Why do you look so sad?
>
> B : I wasn't able to play in the soccer game because I broke my leg.
>
> A : Sorry to hear that.

① 비가 와서
② 다리가 부러져서
③ 학원에 가야 해서
④ 평소에 운동을 하지 않아서

13 다음 대화에서 밑줄 친 말의 의도로 가장 적절한 것은? 2017년 2회

> A: Minho has six dogs.
> B: <u>Wow! That's surprising.</u>

① 거절하기   ② 제안하기
③ 놀람 표현하기   ④ 안부 묻기

14 다음 대화 중 밑줄 친 말의 의도로 알맞은 것은? 2009년 2회

> A: I won the English speaking contest.
> B: <u>Great. I'm proud of you.</u>

① 권유   ② 칭찬
③ 동의   ④ 충고

15 대화의 빈칸에 들어갈 말로 가장 적절한 것을 고르시오. 2019년 2회

> A: I passed my English test.
> B: _____.

① I'm sorry   ② No, thanks
③ Good for you   ④ You're welcome

16 다음 대화의 내용으로 가장 적절한 것은? 2017년 2회

> A: What color do you like?
> B: I like yellow. How about you?
> A: I like green.

① 읽고 싶은 책
② 좋아하는 색깔
③ 배우고 있는 악기
④ 기르고 싶은 애완동물

17 다음 중 대화가 자연스럽지 <u>않은</u> 것은? 2013년 2회

① A: Can you swim?
    B: Yes, I can.
② A: Let's play soccer.
    B: That's a good idea.
③ A: Thank you very much.
    B: My pleasure.
④ A: What is your favorite animal?
    B: Yes, I like it.

18 다음 빈칸에 알맞은 것은? 2011년 1회

> A: What's your favorite food?
> B: I like _____.

① green   ② pizza
③ soccer   ④ English

19 대화의 주제로 가장 적절한 것은? 2019년 2회

> A: Do you like hamburgers more than *gimbap*?
>
> B: No, I think *gimbap* is better.
>
> A: Me, too. *Gimbap* is my favorite food.

① 좋아하는 음식　　② 다양한 의복 문화
③ 음식물 쓰레기 처리　　④ 요리 수업 신청 방법

20 다음 대화의 빈칸에 공통으로 알맞은 것은?　2010년 1회

> A: Who is your _____ singer?
>
> B: I like Michael Jackson best. I especially love his powerful dancing. What about you, Mira?
>
> A: My _____ singer is Hyo-ri.

① funny　　② famous
③ favorite　　④ friendly

21 다음 대화의 빈칸에 알맞은 것은?　2010년 2회

> A: _____?
>
> B: My favorite sport is soccer.

① Who do you like
② Why do you like soccer
③ When do you play soccer
④ What's your favorite sport

주목
22 다음 대화의 주제로 가장 적절한 것은?　2018년 2회

> A: What are your favorite sports?
>
> B: My favorite sports are swimming and tennis.
>
> A: Really? I like them, too.

① 추천하는 책　　② 좋아하는 운동
③ 보고 싶은 연극　　④ 여행하고 싶은 나라

03

II 생활영어

화술

1 동의

1. 동의 묻기

- Do you agree? 동의하니?
- Do you agree with me?[+] 내 말에 동의하니?

2. 답하기

(1) 동의하기

- I agree. 동의해.
- I agree with you. 네 말에 동의해.
- I think so. 나도 그렇게 생각해.
- I'm with you. 동의해.
- You're right. 네 말이 맞아.
- Me, too. 나도.
- Same here. 나도.
- I agree with you 100 percent. 100% 동의해.
- I couldn't agree with you more. 전적으로 동의해.
- You can say that again. 네 말에 전적으로 동의해.

(2) 반대하기

- I disagree. 동의하지 않아.
- I don't agree. 동의하지 않아.
- I don't agree with you. 네 말에 동의하지 않아.
- I don't think so. 그렇게 생각하지 않아.
- (I'm afraid) You're wrong. 네가 틀렸어.

+ agree
- 「agree with+사람」: (사람에게) 동의하다
- 「agree to+동사원형」: (의견이나 제안에) 동의하다

표현 익히기

A : Did you like the movie, Mia?
B : Yes, I liked it. It was really interesting.
A : I think so, too. The actors were very good, too.

A : 그 영화가 마음에 들었니, Mia?
B : 응. 나는 그것이 좋았어. 정말 흥미로웠어.
A : 나도 그렇게 생각해. 그 배우들도 정말 좋았어.

A : I go to bed at 10:30.
B : Same here.

A : 나는 10시 30분에 잠자리에 들어.
B : 나도.

☑ 개념 check up — 동의 표현

'나도 그래.'라는 의미의 동의를 나타내는 표현으로, 긍정문에 대해서는 So do I., 부정문에 대해서는 Neither do I.를 사용하기도 한다.
- A: I like baseball. 나는 야구가 좋아.
  B: So do I. 나도 그래.
- A: I don't think he is kind. 나는 그가 친절하다고 생각하지 않아.
  B: Neither do I. 나도 그래.

2 되묻기(반복 요청하기)

- What (did you say)? 뭐라고 말했니?
- Can you say that again? 다시 한 번 말해 주겠니?
- I beg your pardon? 뭐라고?
- Pardon (me)? 뭐라고?
- (I'm) Sorry? 뭐라고?
- Excuse me? 뭐라고?

  참고 I beg your pardon? / Pardon? / Sorry? / Excuse me? 등은 뒷부분의 억양을 올려서 말해야 한다.

3 질문

1. Who

누구인지 궁금할 때 사용

> A: Who is that man? 저 남자는 누구니?
> B: He is my math teacher. 그는 나의 수학 선생님이야.

2. When

언제인지 궁금할 때 사용

> A: When is your birthday? 생일이 언제니?
> B: It's May 4th. 5월 4일이야.

3. Where

어디인지 궁금할 때 사용

> A: Where is my bag? 내 가방이 어디 있지?
> B: It's on the bed. 침대 위에 있어.

4. What

무엇인지 궁금할 때 사용

> A: What are you going to do this weekend? 이번 주말에 무엇을 할 거니?
> B: I'm going to study English. 영어 공부할 거야.

☑ 개념 check up   계획 묻고 답하기

- 계획 묻기
  - What are you going to do+(시기)? ~에 무엇을 할 거니?
  - What are you planning to do+(시기)? ~에 무엇을 할 계획이니?

- 답하기
  - I'm going to+동사원형. ~할 거야.
  - I'm planning to+동사원형. ~할 계획이야.

---

5. How

어떻게 또는 얼마인지 궁금할 때 사용

> A: How is your new car? 네 새 차는 어떠니?
> B: It's nice. 멋져.

6. Why

왜인지 궁금할 때 사용

> A: Why are you late? 너는 왜 늦었니?
> B: Because I got up late. 늦게 일어났기 때문이야.

☑ 개념 check up 이유 묻고 답하기

• 이유 묻기
  – Why is that? 왜?
  – Why do you say that? 왜 그렇게 말하니?
  – What makes you say that? 왜 그렇게 말하니?
  – Why do you think so? 왜 그렇게 생각하니?
  – What makes you think so? 왜 그렇게 생각하니?

• 답하기
  – (It's) Because ~. 왜냐하면 ~이기 때문이야.

표현 익히기

A: You look tired. Why? Why is that?

B: Because I didn't sleep well last night.

A: 너는 피곤해 보이네. 왜? 왜 그런 거야?

B: 왜냐하면 어젯밤에 잠을 제대로 못 잤기 때문이야.

4 제안

1. 제안하기

• Let's+동사원형~. ~하자. 참고 Let's는 Let us의 줄임말이다.
  = Shall we+동사원형~? ~할래? 참고 주로 영국에서 쓰는 표현이다.
  = Why don't we+동사원형~? ~하는 게 어때?
  = How[What] about+동사원형+-ing~? ~하는 게 어때?
• Let's go to the beach. 해변에 가자.
  = Shall we go to the beach? 해변에 갈래?
  = Why don't we go to the beach? 해변에 가는 게 어때?
  = How[What] about going to the beach? 해변에 가는 게 어때?

2. 답하기

(1) 승낙하기

• Sure. 그래.
• (That) Sounds good[great]. 좋아.
• That's a good[great] idea. 그거 좋은 생각이야.

(2) 거절하기

• I'm sorry, but I can't. 미안하지만, 안 되겠어.

표현 익히기

A: It's hot today. Let's go swimming.

B: Sounds good.

A: 오늘 덥다. 수영하러 가자.

B: 좋아.

A: How about going to the gallery?

B: That's a good idea. I'm interested in art.

A: 미술관에 가는 게 어때?

B: 그거 좋은 생각이야. 나는 예술에 관심이 있어.

A: What about going on a picnic?

B: I'm sorry, but I can't.

A: 소풍 가는 게 어때?

B: 미안하지만, 안 되겠어.

5 요청

1. 도움 요청

(1) 도움 요청하기
- Can you help me? 나 좀 도와줄 수 있니?
- Help me, please. 도와줘.
- Can you give me a hand? 좀 도와줄래? 참고 이때 hand는 '손'이 아닌 '도움의 손길'을 뜻한다.

(2) 답하기
① 승낙하기
- No problem. 문제없어.
- Okay. 좋아.
- Sure. 물론이지.

② 거절하기
- Sorry, I can't. 미안해, 도와줄 수 없어.

2. 허락 요청

(1) 허락 요청하기⁺
- Do you mind if ~? ~해도 되겠니? 참고 mind는 '꺼리다'라는 뜻이다.
- Do you mind if I close the window? 창문 좀 닫아도 되겠니?

(2) 답하기(mind를 사용하여 물었을 때)
① 승낙하기
- Certainly not.
- No, I don't (mind).⁺
- No problem.
- Not at all.
- Of course not.

② 거절하기
- Yes.
- Yes, I do.
- I'm afraid I do.

6 충고

1. 충고 구하기
- What should I do? 내가 어떻게 해야 하니?
- What do you think I should do? 내가 어떻게 하면 좋겠니?
- What can I do? 내가 어떻게 해야 하니?
- What would you advise me to do? 내가 어떻게 하라고 충고할 거니?
- Can you give me some advice? 충고 좀 해 줄 수 있니?

2. 충고하기
- You should ~. 너는 ~해야 해.
- You'd better ~. 너는 ~하는 게 좋겠어.
- Why don't you ~? ~하는 게 어때?

✔ 개념 check up 충고 표현

- You should ~.는 친구 사이에 충고를 하는 경우에 더 많이 쓰는 표현
- You'd better ~.는 주로 더 권위가 있는 사람이 긴급한 상황이나 충고가 필요한 상황에서 쓰는 표현
- 충고하는 말 앞에 I think나 Maybe를 써서 좀 더 부드럽게 말할 수 있음
  - You should take an umbrella. 너는 우산을 가져가야 해.
  - You'd better take an umbrella. 너는 우산을 가져가는 게 좋겠어.
  - Why don't you take an umbrella? 우산을 가져가는 게 어때?

표현 익히기

A: Can you help me with my homework?
B: Sorry, I can't. I'm busy.

A: 내 숙제를 도와줄 수 있니?
B: 미안해, 도와줄 수가 없어. 나 바빠.

✚ 허락 요청 표현

어떤 일을 하기 전에 상대방에게 허락을 요청할 때는 May I ~? / Can I ~? 등을 사용할 수 있다.

✚ mind에 대한 대답

- mind는 '꺼리다'라는 부정적인 뜻의 동사이므로 허락할 경우 부정으로 대답해야 한다.
- Yes.라고 대답하면 허락하지 않는 것, 즉 거절을 의미한다.

표현 익히기

A: Do you mind if I borrow your book?
B: Not at all.

A: 너의 책을 빌려도 되겠니?
B: 그럼.

표현 익히기

A: I lost my backpack. What should I do?
B: I think you should try the Lost and Found.
A: Thank you for your advice.

A: 배낭을 잃어버렸어. 내가 어떻게 해야 하니?
B: 분실물 관리소에 가 봐야 해.
A: 조언 고마워.

탄탄 실력 다지기

주목

01 대화에서 밑줄 친 말의 의도로 가장 적절한 것은?

2018년 1회

> A: What do you think about wearing school uniforms?
> B: I don't think it's a good idea because everyone looks the same.
> A: I agree with you.

① 동의하기   ② 거절하기

③ 축하하기   ④ 충고하기

02 대화의 빈칸에 들어갈 말로 가장 적절한 것을 고르시오.

2019년 1회

> A: I think eating breakfast is important.
> B: _____. It gives you energy for the day.

① No, I'm not

② I think so, too

③ It is impossible

④ I am good at drawing

03 다음 대화의 빈칸에 알맞지 <u>않은</u> 것은?

2013년 1회

> A: I think this restaurant serves great food.
> B: _____. The food is really good.

① I think so, too

② That's right

③ I'm sorry, but I can't

④ I agree with you

04 대화의 빈칸에 들어갈 말로 알맞지 <u>않은</u> 것은?

2015년 2회

> A: I think doing homework is good for me.
> B: _____. It helps me study harder.

① I think so, too

② You are right

③ I agree with you

④ I'm sorry, but I can't

주목

05 다음 대화의 빈칸에 알맞은 것은?

2011년 1회

> A: _____?
> B: Because she sings very well.

① What is your hobby

② When do you sing a song

③ Why do you like the singer

④ Who is your favorite singer

06 다음 대화의 빈칸에 알맞은 것은?

2013년 2회

> A: Which season do you like best?
> B: I like winter best.
> A: _____?
> B: Because I can ski in winter.

① Who   ② Why

③ What   ④ When

07 주어진 말에 이어질 두 사람의 대화를 〈보기〉에서 찾아 순서대로 가장 적절하게 배열한 것은? 2019년 1회

> Why are you going to Hawaii?

보기

(A) That's great. How long will you stay there?
(B) I'm going there for a vacation.
(C) For a week.

① (A) − (C) − (B) ② (B) − (A) − (C)
③ (C) − (A) − (B) ④ (C) − (B) − (A)

08 다음 대화의 빈칸에 알맞지 <u>않은</u> 것은? 2012년 1회

> A: _____?
> B: Sounds great.

① Shall we go out for lunch
② How about playing soccer
③ When do you study English
④ Why don't we go fishing together

09 대화에서 밑줄 친 말의 의도로 가장 적절한 것은? 2012년 1회

> A: Do you want to go to the library together?
> B: Sure. What time shall we meet?
> A: <u>Let's meet at 6.</u>
> B: Great! See you then.

① 감사하기 ② 사과하기
③ 제안하기 ④ 칭찬하기

10 다음 대화에서 이번 주 일요일에 두 사람이 함께 할 활동은? 2017년 1회

> A: Shall we go to the movies this Sunday?
> B: Okay. Let's go.
> A: Great. How about meeting at 2 p.m.?

① 탁구 치기 ② 신발 사기
③ 박물관 가기 ④ 영화 보러 가기

주목
11 대화에서 밑줄 친 말의 의도로 알맞은 것은? 2016년 1회

> A: Did you hear the news? Jiho won the singing contest.
> B: That's great!
> A: <u>Why don't we have a party for him?</u>
> B: That's a good idea.

① 제안하기 ② 거절하기
③ 위로하기 ④ 사과하기

12 두 사람이 이번 주 금요일에 할 일로 가장 적절한 것은? 2020년 1회

> A: Why don't we eat out this Friday?
> B: That's a good idea. What do you want to eat?
> A: How about a steak?
> B: I'd love it.

① 책 사기 ② 운동하기
③ 외식하기 ④ 학원 가기

13 다음 상황에서 민수가 할 말로 적절하지 <u>않은</u> 것은?

2011년 2회

> Minsu is not good at math. He has to finish the math homework by tomorrow. So he wants to ask for help.

① Help yourself.
② Can you help me?
③ Do you mind helping me?
④ Could you give me a hand?

14 다음 상황에서 민수가 할 말로 가장 알맞은 것은?

2009년 2회

> Minsu has lots of work to do. So he wants to ask for help.

① Is it OK if I work here?
② Can you give me a hand?
③ Help yourself to this cake.
④ I go to school by subway.

15 다음 대화에서 엄마가 수지에게 부탁하는 것은?

2013년 2회

> Mom: I'm washing the dishes. Can you help me, Suji?
> Suji: Sorry, I'm busy. I'm doing my homework.

① 세차하기
② 청소하기
③ 설거지하기
④ 화분에 물 주기

16 다음 대화에서 밑줄 친 말의 의도로 가장 알맞은 것은?

2014년 1회

> A: Can you help me with my homework?
> B: <u>No problem.</u> What is it?

① 거절
② 승낙
③ 조언
④ 비난

주목

17 대화 직후에 A가 할 일로 가장 적절한 것은?

2018년 1회

> A: What are you doing?
> B: We're cleaning the classroom, but it's a lot of work. Will you help us?
> A: Sure, I will.

① 교실 청소 돕기
② 책 반납하기
③ 함께 운동하기
④ 학용품 구입하기

18 대화로 보아 A가 B를 위해 할 일로 가장 알맞은 것은?

2016년 2회

> A: Mom, is there anything I can help you with?
> B: Can you wash the dishes?
> A: Sure. I'll wash the dishes now.

① 꽃 물 주기
② 사진 찍기
③ 설거지하기
④ 음식 주문하기

19 다음 대화 직후 B가 A를 위해서 할 일은? 2017년 2회

> A: Oh, it's raining. I didn't bring my umbrella. Could you lend me yours?
> B: Sure, I will lend you my umbrella.

① 우산 빌려주기　　② 책 반납하기
③ 교실 청소하기　　④ 숙제 도와주기

20 대화에서 밑줄 친 말의 의도로 알맞은 것은? 2015년 2회

> A: May I use your pencil?
> B: Sure. Go ahead.

① 거절하기　　② 축하하기
③ 승낙하기　　④ 칭찬하기

21 다음 대화의 밑줄 친 말의 의도로 알맞은 것은?

2014년 2회

> A: Can you join us?
> B: I'm sorry, I can't. I'm busy.

① 칭찬　　② 명령
③ 제안　　④ 거절

22 다음 대화의 밑줄 친 말의 의도로 알맞은 것은?

2012년 1회

> A: Do you mind if I use the computer?
> B: Of course not. Go ahead.

① 승낙하기　　② 조언하기
③ 축하하기　　④ 소개하기

주목
23 다음 대화에서 밑줄 친 부분이 의미하는 것은?

2011년 1회

> A: It's very hot here. Do you mind if I open the window?
> B: Of course not. Go ahead.
> A: Thanks a lot.

① 아니요, 창문 열면 안 됩니다.
② 예, 괜찮으니 창문을 열어도 됩니다.
③ 저는 더워서 밖으로 나가고 싶습니다.
④ 저는 더워서 밖으로 나가고 싶지 않습니다.

주목
24 대화에서 밑줄 친 말의 의도로 가장 적절한 것은?

2019년 1회

> A: I have a terrible headache.
> B: I think you should see a doctor.

① 칭찬하기　　② 조언하기
③ 감사하기　　④ 사과하기

25 다음 대화의 밑줄 친 말의 의도로 알맞은 것은?

2011년 1회

> A : What's the matter?
> B : I have a bad cold.
> A : Why don't you see a doctor?

① 거절하기   ② 칭찬하기
③ 조언하기   ④ 이유 묻기

27 다음 대화의 빈칸에 알맞은 것은?

2011년 2회

> A : What's up?
> B : I studied all night long. I'm very tired.
> A : _____.

① You must keep a diary
② You have to exercise more
③ You don't have to take a rest
④ You had better sleep right now

26 다음 대화의 밑줄 친 말의 의도로 알맞은 것은?

2013년 1회

> A : What's wrong with you? You look so down.
> B : My English grade is not good.
> A : Why don't you study harder?

① 초대하기   ② 거절하기
③ 칭찬하기   ④ 조언하기

04 Ⅱ 생활영어
사교

1 초대

1. 초대하기

① 상대방을 초대할 때는 「Can you+동사원형?」이나 「Will you+동사원형?」의 표현을 씀

② 좀 더 공손하게 상대방을 초대할 때는 could나 would를 씀

- Can[Could] you come to ~? ~에 올 수 있니?
- Will[Would] you come to ~? ~에 올 수 있니?

2. 초대에 답하기

(1) 승낙하기

- Of course. 당연하죠.
- Sure. 물론이죠.

(2) 거절하기

- Sorry. 죄송합니다.
- Sorry, but ~. 죄송합니다만, ~.

2 약속

1. 약속 시간 정하기

- What time do you want to meet? 몇 시에 만나고 싶니?
- When do you want to meet? 언제 만나고 싶니?
- What time shall we meet? 우리 몇 시에 만날까?
- When shall we meet? 우리 언제 만날까?
- What time shall we make it? 우리 몇 시에 만날까?

2. 약속 장소 정하기

- Where do you want to meet? 어디에서 만나고 싶니?
- Where shall we meet? 우리 어디에서 만날까?

3 식사

1. 음식 권하기

- Would you like (some) ~? ~ 좀 드실래요?
- Would you like to have (some) ~? ~를 드시겠어요?

• Do you want (some) ~? ~를 원하니?

> **참고** 의문문이지만 권유를 나타내는 문장에는 any가 아닌 some을 사용한다.

• Help yourself to ~. ~을 마음껏 먹으렴.

2. 음식 권유에 답하기

(1) 승낙하기

• Yes, please. 네, 주세요.

(2) 거절하기

• No, thanks. 고맙습니다만 괜찮아요.

• No, thanks. I'm full. 고맙지만 괜찮아요. 저는 배가 불러요.

탄탄 실력 다지기

01 다음 대화의 빈칸에 들어갈 말로 가장 적절한 것은?

2018년 2회

> A : _____
> B : How about at 5 o'clock?

① Where are you going?
② Who opens that store?
③ How much is this book?
④ What time do you want to meet?

주목

02 두 사람이 오늘 저녁에 할 일로 가장 적절한 것은?

2019년 2회

> A : Let's play badminton together this evening.
> B : Sounds great! What time do you want to meet?
> A : How about at 7 o'clock?
> B : OK.

① 산책하기　　　② 사진 찍기
③ 도서관 가기　④ 배드민턴 치기

03 다음 대화의 상황으로 가장 알맞은 것은?

2014년 1회

> A : Let's go to the concert tomorrow.
> B : Great. What time shall we meet?
> A : How about at seven?
> B : Okay. See you then.

① 안부 묻기　　② 물건 사기
③ 약속 정하기　④ 길 안내하기

04 다음 대화의 빈칸에 알맞은 것은?

2012년 2회

> A : Let's go to the concert tomorrow.
> B : Great. _____ shall we meet?
> A : How about at four?
> B : OK. See you then.

① When　②　Where
③ Who　④　How

주목

05 다음 말에 이어질 대화의 내용을 순서에 맞게 배열한 것은?

2011년 2회

> Let's see a movie tonight.

> (A) How about 6 o'clock?
> (B) Good idea. What time shall we make it?
> (C) Sounds good. See you then.

① (A)－(B)－(C)　② (A)－(C)－(B)
③ (B)－(A)－(C)　④ (B)－(C)－(A)

06 대화의 빈칸에 들어갈 말로 알맞은 것은? 2015년 2회

> A : _____ shall we meet?
>
> B : Let's meet at the library.

① Who ② Why

③ What ④ Where

07 다음 대화 중 자연스럽지 <u>않은</u> 것은? 2014년 2회

① A : How are you doing?

　 B : I'm pretty good.

② A : What day is it today?

　 B : It's Monday.

③ A : What time shall we meet?

　 B : At the bus stop.

④ A : Why were you late for school?

　 B : Because I missed the bus.

08 대화의 빈칸에 들어갈 말로 가장 알맞은 것을 고르시오. 2016년 2회

> A : This looks delicious. What is it?
>
> B : It's a banana cake. Would you like some?
>
> A : _____.

① Yes, I am ② Yes, please

③ I like tennis ④ I have some books

09 다음 대화의 밑줄 친 말의 의도로 알맞은 것은? 2013년 2회

> A : Do you want some more cake?
>
> B : <u>No, thank you.</u> I'm full.

① 거절하기 ② 비난하기

③ 설득하기 ④ 칭찬하기

05 Ⅱ 생활영어
화제

1 개인 신상

1. 이름

(1) 이름 묻기

- What's your name? 이름이 뭐니?
- Can [May] I have your name? 성함이 어떻게 되세요?

(2) 답하기

- My name is ~. 내 이름은 ~야.
- My name is Yumi. 내 이름은 Yumi야.
- Just call me ~. 그냥 ~라고 불러줘.
- Just call me William. 그냥 William이라고 불러줘.

2. 나이

(1) 나이 묻기

- How old are you? 몇 살이니?

(2) 답하기

- I'm ~ years old. 나는 ~살이야.
- I'm five years old. 나는 5살이야.

3. 출신

(1) 출신지 묻기

- Where are you from? 너는 어디 출신이니?

  참고 from은 '~로부터'라는 뜻으로 출신지나 출발지 등 시작점을 나타낼 때 쓰는 전치사이다.

(2) 답하기

- I'm from ~. 나는 ~ 출신이야.
- I'm from Canada. 나는 캐나다 출신이야.

☑ 개념 check up 국가와 해당 국가의 사람을 칭하는 표현

- Korea – Korean 한국 – 한국인
- Canada – Canadian 캐나다 – 캐나다인
- England – English 영국 – 영국인
- Germany – German 독일 – 독일인
- America – American 미국 – 미국인
- China – Chinese 중국 – 중국인
- France – French 프랑스 – 프랑스인
- Japan – Japanese 일본 – 일본인

표현 익히기

A: What's your name?
B: My name is Ben.
A: How do you spell it?
B: B-E-N.

A: 이름이 뭐니?
B: 내 이름은 Ben이야.
A: 철자가 어떻게 되니?
B: B-E-N이야.

참고 이름의 철자를 쓰거나 말할 때는 대문자를 사용하여 알파벳 하나씩 차례대로 나열한다.

표현 익히기

A: How old are you?
B: I'm ten years old.

A: 몇 살이니?
B: 10살이야.

참고 '~출신이다'라는 be from은 come from으로 표현하기도 한다.

표현 익히기

A: Where are you from?
B: I'm from Korea.

A: 어디 출신이니?
B: 한국 출신이야.

4. 가족

(1) 가족 수 묻기

- How many (people) are there in your family? 너는 가족이 몇 명이니?

(2) 답하기

- There are ~ in my family. 내 가족은 ~명이야.

표현 익히기

A: How many (people) are there in your family?
B: There are three in my family.

A: 너는 가족이 몇 명이니?
B: 내 가족은 3명이야.

☑ 개념 check up 가족 관계 관련 단어

mother, mom	어머니, 엄마	father, dad	아버지, 아빠
grandmother	할머니	grandfather	할아버지
sister	언니, 누나, 여동생	brother	오빠, 형, 남동생
parents	부모님	daughter	딸
son	아들	wife	아내
husband	남편	aunt	숙모, 외숙모, 고모, 이모
uncle	삼촌, 외삼촌, 고모부, 이모부	cousin	사촌

5. 직업

(1) 직업 묻기

- What do you do? 당신의 직업은 무엇인가요?
- What do you do for a living? 당신의 직업은 무엇인가요?
- What is your job? 당신의 직업은 무엇인가요?
- What kind of a job do you have? 당신의 직업은 무엇인가요?

(2) 답하기

- I'm a/an ~. ~입니다.
- I'm a dancer. 무용수입니다.

표현 익히기

A: What do you do?
B: I'm an announcer.

A: 당신의 직업은 무엇인가요?
B: 아나운서입니다.

A: What do you do for a living?
B: I'm a doctor.

A: 당신의·직업은 무엇인가요?
B: 의사입니다.

☑ 개념 check up 직업 관련 단어

animal doctor(vet)	수의사	announcer	아나운서
artist	화가, 예술가	bus driver	버스 운전사
computer programmer	컴퓨터 프로그래머	cook	요리사
dancer	무용수	dentist	치과의사
designer	디자이너	doctor	의사
farmer	농부	firefighter	소방관
lawyer	변호사	magician	마술사
movie star	영화배우	musician	음악가
nurse	간호사	pianist	피아니스트
pilot	조종사	police officer	경찰
reporter	기자	scientist	과학자
singer	가수	soccer player	축구선수
teacher	선생님	writer	작가

2 장래희망

1. 장래희망 묻기
- What do you want to be? 너는 무엇이 되고 싶니?
- What do you want to be in the future? 너는 미래에 무엇이 되고 싶니?
- What do you want to be when you grow up? 너는 커서 무엇이 되고 싶니?
  - ⇨ What do you want to be ~?는 상대방에게 앞으로의 계획·소망을 묻는 표현으로 뒤에는 in the future(미래에), when you grow up(자라서)과 같이 구체적인 시기를 밝혀 쓰기도 함

2. 답하기
- I want to be ~. 나는 ~가 되고 싶어.

표현 익히기

A: What do you want to be?
B: I want to be a singer.

A: 너는 무엇이 되고 싶니?
B: 나는 가수가 되고 싶어.

A: What do you want to be when you grow up?
B: I want to be a cook. I like to make food. How about you?
A: My dream is to be a doctor. I want to help sick people.

A: 너는 커서 무엇이 되고 싶니?
B: 나는 요리사가 되고 싶어. 나는 음식 만드는 것을 좋아해. 너는?
A: 나의 꿈은 의사가 되는 거야. 나는 아픈 사람을 돕고 싶어.

⭐ 3 여가활동 · 취미

1. 여가활동 · 취미 묻기
- What do you do in your free time? 너는 여가 시간에 무엇을 하니?
- What do you usually do in your free time? 너는 여가 시간에 주로 무엇을 하니?
- What do you like to do in your free time? 너는 여가 시간에 무엇을 하는 것을 좋아하니?
- What's your hobby? 너는 취미가 뭐니?
- Do you have any hobbies? 너는 취미가 있니?

2. 답하기
- I usually ~. 나는 보통 ~.
- I usually read books. 나는 보통 책을 읽어.
- I enjoy -ing. 나는 ~하는 것을 즐겨.
- I enjoy reading books. 나는 책 읽는 것을 즐겨.
- My hobby is ~. 나의 취미는 ~야.
- My hobby is reading books. 나의 취미는 책 읽는 것이야.

표현 익히기

A: What do you usually do in your free time?
B: I usually read novels in the library.

A: 너는 여가 시간에 주로 무엇을 하니?
B: 나는 보통 도서관에서 소설을 읽어.

A: What do you like to do in your free time?
B: I enjoy listening to music. How about you?
A: I enjoy playing tennis.

A: 너는 여가 시간에 무엇을 하는 것을 좋아하니?
B: 나는 음악 듣는 것을 즐겨. 너는?
A: 나는 테니스 치는 것을 즐겨.

4 인물

1. 특징
(1) 특징 묻기
- What is she like? 그녀는 어떤 사람이니?
- What is he like? 그는 어떤 사람이니?
- What is your new homeroom teacher like? 너의 새 담임선생님은 어떤 분이시니?
  - ⇨ What is ~ like?는 '~는 어떤 사람이니?'라는 뜻으로 인물의 성격이나 능력 등의 특징을 물을 때 씀

(2) 특징 묘사하기
- She is nice and smart. 그녀는 착하고 똑똑해.
- He is kind and humorous. 그는 친절하고 유머가 있어.

2. 외모

(1) 외모 묻기

- What does she look like? 그녀는 어떻게 생겼니?
- What does he look like? 그는 어떻게 생겼니?
  ⇨ What does ~ look like?는 '~는 어떻게 생겼니?'라는 뜻으로 외모를 물을 때 씀

(2) 외모 묘사하기

① 「be＋형용사」: 전체적인 외모에 대한 묘사
- She is tall/short. 그녀는 키가 크다/작다.
- He is fat/thin. 그는 뚱뚱하다/날씬하다.
- She is pretty/cute. 그녀는 예쁘다/귀엽다.
- He is handsome. 그는 잘생겼다.

② 「have＋신체 부위」: 신체 부위와 연관된 묘사
- She has big eyes. 그녀는 큰 눈을 가지고 있다.
- He has blue/brown/green eyes. 그는 파란/갈색/초록색 눈을 가지고 있다.
- She has long/short hair. 그녀는 긴/짧은 머리카락을 가지고 있다.
- He has curly/straight hair. 그는 곱슬거리는/곧게 뻗은 머리카락을 가지고 있다.

3. 패션

(1) 패션 묻기

- What is she/he wearing? 그녀는/그는 무엇을 착용하고 있니?

(2) 패션 묘사하기

- She/He is wearing＋옷/잡화/장신구. 그녀는/그는 ~을 착용하고 있다.
- He is wearing a suit. 그는 정장을 입고 있다.
- She is wearing a white blouse and a black skirt. 그녀는 흰 블라우스와 검정 치마를 입고 있다.
- He is wearing a baseball cap. 그는 야구 모자를 쓰고 있다.
- He is wearing glasses. 그는 안경을 끼고 있다.
- She is wearing high heels. 그녀는 하이힐을 신고 있다.
- She is wearing a ring. 그녀는 반지를 끼고 있다.

★ 5 날씨

1. 날씨 묻기

- What's the weather like? 날씨는 어떠니?
- How's the weather? 날씨는 어떠니?

2. 답하기

- It's＋날씨를 나타내는 표현.
- It's sunny. 화창해.
- It's rainy. 비가 내려.
- It's foggy. 안개가 꼈어.
- It's stormy. 폭풍우가 쳐.
- It's cloudy. 흐려.
- It's snowy. 눈이 내려.
- It's windy. 바람이 불어.

- It's warm. 따뜻해.
- It's cool. 시원해.
- It's hot. 더워.
- It's cold. 추워.

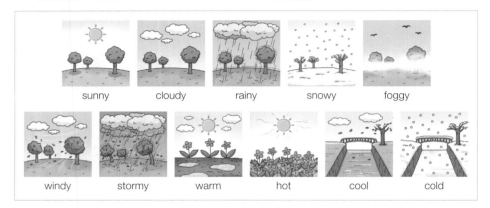

sunny	cloudy	rainy	snowy	foggy
windy	stormy	warm	hot	cool

cold

표현 익히기

A: What's the weather like today?
B: It's sunny and warm.

A: 오늘 날씨 어때?
B: 화창하고 따뜻해.

A: How's the weather today?
B: It's cold and snowy.

A: 오늘 날씨 어때?
B: 춥고 눈이 내려.

6 날짜 · 요일 · 시각

1. 날짜

(1) 날짜 묻기

- What's the date today? 오늘은 며칠이니?
- What date is it today? 오늘은 며칠이니?
- What is today's date? 오늘은 며칠이니?

☑ 개념 check up 월을 나타내는 단어

1월	January	Jan.	2월	February	Feb.
3월	March	Mar.	4월	April	Apr.
5월	May	May.	6월	June	Jun.
7월	July	Jul.	8월	August	Aug.
9월	September	Sept.	10월	October	Oct.
11월	November	Nov.	12월	December	Dec.

(2) 답하기

'어느 달의 ~번째 날'이라는 의미로 날짜를 말할 때는 순서를 나타내는 서수를 사용

ex first, second, third

- It's + 월 + 일(서수).
- It's January 2nd. 1월 2일이다.

2. 요일

(1) 요일 묻기

- What day is it today? 오늘이 무슨 요일이니?

(2) 답하기

- It's + 요일.
- It's Monday. 월요일이야.

표현 익히기

A: What's the date today?
B: It's May 1st.

A: 오늘 며칠이지?
B: 5월 1일이야.

표현 익히기

A: What day is it today?
B: It's Sunday.

A: 오늘이 무슨 요일이니?
B: 일요일이야.

월요일	Monday	Mon.	화요일	Tuesday	Tue.
수요일	Wednesday	Wed.	목요일	Thursday	Thu.
금요일	Friday	Fri.	토요일	Saturday	Sat.
일요일	Sunday	Sun.			

3. 시각

(1) 시각 묻기

- What time is it? 몇 시니?
- Do you have the time? 몇 시니?

  참고 Do you have time?은 '시간 있으세요?'라는 뜻이다.

(2) 답하기

- It's + 숫자.
- It's two o'clock. 2시 정각이야.

  ⇨ 정각을 나타낼 때는 o'clock을 사용함
- It's two ten. 2시 10분이야.

  ⇨ 시와 분을 나타낼 때는 각각 숫자로 나타냄

참고 o'clock은 of the clock의 줄임말이다.

(3) 시각 나타내기

- It's ten o'clock. 10시 정각이다.

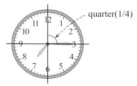
quarter(1/4)

- It's seven fifteen. 7시 15분이다.

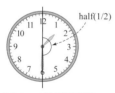
half(1/2)

- It's one thirty. 1시 30분이다.

- It's five fifty. 5시 50분이다.
- It's ten to six. 6시 10분 전이다.

표현 익히기

A: What time is it now?
B: It's seven o'clock.

A: 지금 몇 시니?
B: 7시 정각이야.

01 대화의 빈칸에 들어갈 말로 가장 알맞은 것은?

2016년 2회

> A : _____?
> B : I am fourteen years old.

① How old are you
② What is your hobby
③ Who is your best friend
④ Where is your hometown

02 빈칸에 들어갈 말로 가장 알맞은 것은?

2016년 2회

> A : _____ are you from?
> B : I'm from China.

① Who　　　　　② How
③ When　　　　④ Where

주목

03 대화의 빈칸에 들어갈 말로 가장 적절한 것을 고르시오.

2019년 2회

> A : _____ are you from?
> B : I'm from Canada.

① How　　　　　② What
③ When　　　　④ Where

04 다음 대화의 주제로 알맞은 것은?

2013년 2회

> A : What do you want to be in the future?
> B : I want to be a doctor. How about you?
> A : I want to be a movie star.

① 장래 희망　　　② 취미 활동
③ 학교 생활　　　④ 환경 보호

주목

05 대화의 주제로 알맞은 것은?

2016년 1회

> A : What do you want to be in the future?
> B : I want to be a teacher. How about you?
> A : My dream is to be a movie director.

① 취미　　　　　② 여행지
③ 희망 직업　　　④ 추천 영화

06 다음 대화의 주제로 알맞은 것은?

2014년 1회

> A : What do you do in your free time?
> B : I dance. I love dancing. How about you?
> A : I like listening to music.

① hobby　　　　　② weather
③ school sports　　④ favorite food

07 대화의 빈칸에 들어갈 말로 가장 적절한 것을 고르시오.

2018년 2회

> A: What do you like to do in your free time?
> B: I like to go fishing with my dad.
> _____
> A: I like to go shopping.

① What about you?
② Where is your dad?
③ How do you go there?
④ When is your free time?

08 대화의 빈칸에 들어갈 말로 가장 알맞은 것을 고르시오.

2017년 1회

> A: What is your _____?
> B: I like cooking.

① age   ② size
③ hobby   ④ nickname

09 다음 대화의 빈칸에 알맞은 표현은?

2014년 1회

> A: What does your father look like?
> B: _____.

① He lives in Seoul
② He likes to play tennis
③ He is looking at pictures
④ He is tall and handsome

10 대화에서 묘사하고 있는 인물로 알맞은 것은?

2015년 1회

> A: What does she look like?
> B: She has long and curly hair. She's wearing glasses.

①   ②   ③   ④

11 민수가 가족사진을 보며 친구와 대화를 나누고 있다. 다음 사진에서 민수의 아버지는?

2012년 2회

> A: Minsu, is this your father?
> B: No, it isn't. It's my uncle. My father is wearing glasses.

주목

12 대화에서 묘사하고 있는 인물로 가장 적절한 것은?

2019년 1회

> A: Who is Tom?
> B: He's the man wearing glasses and a cap. He is reading a book on the bench.

13 다음 대화의 빈칸에 알맞은 것은?   2011년 2회

> A : What's the _____ like in Busan?
> B : It's rainy and windy.

① time   ② season
③ weather   ④ forecaster

주목
14 대화에서 알 수 있는 서울의 현재 날씨는?   2016년 2회

> A : What's the weather like in Busan?
> B : It's cloudy. How's the weather in Seoul?
> A : It's sunny now.

① 비   ② 눈
③ 구름   ④ 해

15 대화에서 알 수 있는 서울의 현재 날씨는?   2015년 1회

> A : How's the weather in Seoul?
> B : It's sunny now.

① sunny   ② windy
③ rainy   ④ snowy

16 대화의 빈칸에 들어갈 말로 가장 적절한 것을 고르시오.   2018년 1회

> A : _____ is the weather today?
> B : It is foggy.

① How   ② Who
③ Where   ④ Which

17 다음 대화 중 자연스럽지 <u>않은</u> 것은?   2014년 1회

① A : How much is it?
　 B : It's fifteen dollars.
② A : What day is it today?
　 B : You're welcome.
③ A : Where are you from?
　 B : I'm from Japan.
④ A : What is your favorite sport?
　 B : I like soccer.

18 다음 대화의 빈칸에 알맞은 것은?   2012년 1회

> A : What _____ is it?
> B : It's 7 o'clock.

① class   ② color
③ size   ④ time

19 다음 대화에서 현재 시각으로 알맞은 것은?
　　2012년 2회

> A : What time is it? Is it three fifteen?
> B : No. It's three fifty.
> A : Oh, you're right.

① 3시 15분   ② 3시 30분
③ 3시 45분   ④ 3시 50분

06 Ⅱ 생활영어
통신 · 교통

1 전화

1. 전화 걸고 받기

(1) 전화 걸기
- Hello. 여보세요.
- May[Can] I speak to ~? ~와 통화할 수 있어요?
- May[Can] I talk to ~? ~와 통화할 수 있어요?
- I'd like to speak to ~. ~와 통화하고 싶어요.
- Is ~ there? ~ 있어요?

(2) 전화 받기
- It's me. 저예요.
- This is he/she. 저예요.
- This is he/she speaking. 저예요.
- Speaking. 저예요.

2. 다양한 통화 상황

전화 건 사람 확인하기	• Who's calling, please? 전화 거신 분은 누구세요?
전화 건 사람 밝히기	• This is ~. 저는 ~예요.
통화를 원하는 상대 바꿔주기	• Hold on, please. 잠시만 기다려 주세요. • Just a second, please. 잠시만 기다려 주세요.
통화를 원하는 상대가 부재중	• Sorry, he/she's not here. 죄송하지만, 여기 없어요. • May[Can] I take a message? 메시지 남기시겠어요? • Would you like to leave a message? 메시지 남기시겠어요?
잘못 걸린 전화	• You have the wrong number. 전화를 잘못 거셨어요.
통화 중	• The line is busy. 통화 중입니다.

★ 2 길

1. 길 묻고 안내하기

(1) 길 묻기
- How can I get to ~? ~에 어떻게 가나요?
- Can[Could] you tell me the way to ~? ~에 가는 길을 알려 주시겠어요?
- Can[Could] you show me the way to ~? ~에 가는 길을 알려 주시겠어요?

- Where is ~? ~은 어디에 있나요?
- How can I get to the zoo? 동물원에 어떻게 가나요?
- Can[Could] you tell me the way to the zoo? 동물원 가는 길을 알려 주시겠어요?
- Can[Could] you show me the way to the zoo? 동물원 가는 길을 알려 주시겠어요?
- Where is the zoo? 동물원은 어디에 있나요?

(2) 길 안내하기

- Go straight. 곧바로 가세요.
- Go straight one block. 한 블록 직진하세요.
- Go straight two blocks. 두 블록 직진하세요.
- Turn left. 왼쪽으로 도세요.
- Turn right. 오른쪽으로 도세요.
- It's on your left. 당신의 왼편에 있어요.
- It's on your right. 당신의 오른편에 있어요.
- It's in front of ~. ~ 앞에 있어요.
- It's behind ~. ~ 뒤에 있어요.
- It's next to ~. ~ 옆에 있어요.
- It's between A and B. A와 B 사이에 있어요.
- You can't miss it. 분명 찾을 거예요.

2. 거리 묻고 말하기

(1) 거리 묻기

- How long does it take to get to ~? ~에 가는 데 얼마나 걸리나요?

(2) 거리 말하기

- It takes about ~. 대략 ~ 정도 걸립니다.

3 교통수단

1. 교통수단 묻기

- How will you go there? 어떻게 거기에 갈 거니?
  = How will you get there?

2. 교통수단 답하기

- I will go there by train. 나는 거기에 기차를 타고 갈 거야.
- I go to school on foot. 나는 걸어서 학교에 가.
  참고 도보로 걸어갈 때는 '걸어서'라는 의미의 on foot을 쓴다.

개념 check up   by+교통수단

- by (air)plane 비행기를 타고
- by bike 자전거를 타고
- by bus 버스를 타고
- by car 자동차를 타고
- by ship 배를 타고
- by subway 지하철을 타고
- by train 기차를 타고

01 다음 대화의 빈칸에 알맞지 <u>않은</u> 것은?　　2013년 1회

> A : May I speak to Jane, please?
> B : _____.

① Speaking　　　　② So am I
③ Jane's speaking　　④ This is she

02 다음 대화의 빈칸에 알맞지 <u>않은</u> 것은?　　2014년 2회

> A : Hello. May I speak to Tony?
> B : _____

① Yes, this is he.
② Sorry, he's not in.
③ Can I leave a message?
④ Speaking. Who's calling?

03 다음 대화의 빈칸에 알맞지 <u>않은</u> 것은?　　2011년 2회

> A : May I speak to Mina?
> B : _____.

① Yes, speaking
② I'm afraid she's out
③ Please tell her I'll call again
④ Sorry. You've got the wrong number

04 다음 대화의 빈칸에 알맞은 것은?　　2012년 1회

> A : Hello. May I speak to Tom, please?
> B : Speaking. _____
> A : This is David.

① Who's calling, please?
② Can I leave a message?
③ He's not in at the moment.
④ You've got the wrong number.

05 다음 대화의 빈칸에 알맞은 것은?　　2014년 1회

> A : May I speak to Jane, please?
> B : _____. Can I take a message?
> A : Yes. Please tell her Minho called.

① No, thank you
② This is she speaking
③ Sorry, but she is out
④ You have the wrong number

06 B의 응답으로 알맞은 것을 고르시오.　　2016년 1회

> A : Hello. May I speak to Jane?
> B : Sorry, _____.

① this is you　　　② she's not in
③ they're mine　　④ that sounds good

07 다음 대화에서 전화를 받는 사람은? 2012년 2회

> A: Hello? May I speak to Mark?
> B: Speaking. Who's calling, please?
> A: Hi, Mark. This is Namsu's mom.

① Mark
② Mark's mom
③ Namsu
④ Namsu's mom

08 다음 대화에서 A가 찾고 있는 곳은? 2014년 1회

> A: Excuse me, but I'm looking for a bookstore.
> B: Go straight for one block and turn right. It's on your right. You can't miss it.

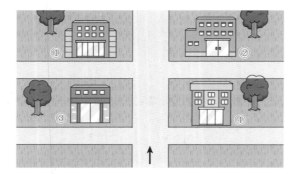

09 대화에서 A가 가려고 하는 장소로 알맞은 것은?

2015년 1회

> A: Excuse me, but I'm looking for a _____.
> B: Go straight one block and turn left. It's on your right.

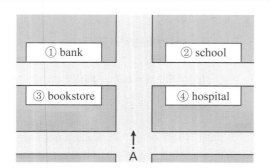

10 다음 대화의 빈칸에 알맞은 것은? 2013년 1회

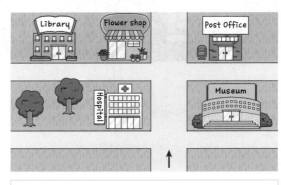

> A: Excuse me. Where is the _____?
> B: Go straight one block. And turn left. It's next to the flower shop.

① hospital
② library
③ museum
④ post office

11 다음 대화에서 A가 가려고 하는 곳의 위치는?

2013년 2회

> A: Excuse me. Where is the bookstore?
> B: Go straight and then turn right at the first corner. It's on your right.

12 A가 찾아가려는 곳의 위치로 옳은 것은? 2019년 2회

> A: Excuse me, how do I get to the library from here?
> B: Go straight for 2 blocks and turn right. It's on your left.
> A: Thank you.

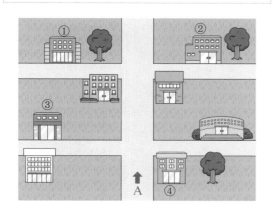

13 다음 대화에서 남자가 가려고 하는 곳은? 2010년 2회

> Man: Excuse me. Is there a bookstore nearby?
> Woman: Yes. Go straight two blocks and turn right.

① 호텔 ② 은행
③ 서점 ④ 우체국

14 다음 대화의 상황으로 가장 알맞은 것은? 2015년 2회

> A: Excuse me, where is the post office?
> B: Go straight for two blocks. It's on your right.
> A: Thank you.

① 사과하기 ② 물건 사기
③ 길 묻고 답하기 ④ 인물 묘사하기

주목
15 다음 대화의 빈칸에 알맞은 것은? 2014년 2회

> A: _____?
> B: It usually takes 20 minutes.

① What time is it
② How old are you
③ What's your hobby
④ How long does it take

주목
16 B의 응답으로 알맞은 것을 고르시오. 2016년 1회

> A: How do you go to school?
> B: _____.

① By bus ② At seven
③ In Seoul ④ Ten minutes

주목
17 다음 대화의 밑줄 친 부분과 같은 의미를 가진 것은? 2010년 1회

> A: How does your mother go to work?
> B: She goes to work on foot.

① She walks to work.
② She takes the bus to work.
③ She drives her car to work.
④ She takes the subway to work.

07

II 생활영어

장소

1 공항(입국심사)

1. 여권

- May I see your passport? 여권 좀 보여 주시겠어요?
- Can I see your passport? 여권 좀 보여 주시겠어요?
- Here you are. (여권) 여기요.
- Here it is. (여권) 여기요.

2. 방문 목적

- What is the purpose of your visit? 방문 목적이 무엇인가요?
- I'm here for sightseeing. 관광하러 왔습니다.
- I'm here for traveling. 여행하러 왔습니다.

3. 방문 기간

- How long are you going to stay? 얼마나 오래 머물 예정인가요?
- How long are you staying? 얼마나 오래 머물 예정인가요?
- How long will you be staying? 얼마나 오래 머물 예정인가요?
- For a week. 일주일이요.

4. 숙소

- Where are you going to stay? 어디에 머물 예정인가요?
- Where are you staying? 어디에 머물 예정인가요?
- Where will you be staying? 어디에 머물 예정인가요?
- At the Hilton Hotel in New York. 뉴욕 힐튼 호텔에 머물 겁니다.

2 택시

1. 택시기사

- Where to? 어디로 가세요?
- Here we are. 도착했습니다.

2. 승객

- Take me to ~. ~로 데려다주세요.
- Take me to the airport. 공항으로 데려다주세요.
- ~, please. ~로 가 주세요.
- The Plaza Hotel, please. 플라자 호텔로 가 주세요.
- Let me get off ~. ~에 내려 주세요.

표현 익히기

A: Can I see your passport?
B: Here it is.
A: What is the purpose of your visit?
B: For traveling.
A: How long are you staying?
B: For ten days.
A: Where are you staying?
B: At the Hilton Hotel in Guam.

A: 여권 좀 보여 주시겠어요?
B: (여권) 여기요.
A: 방문 목적이 무엇인가요?
B: 여행하러 왔습니다.
A: 얼마나 오래 머물 예정인가요?
B: 10일이요.
A: 어디에 머물 예정인가요?
B: 괌 힐튼 호텔에 머물 겁니다.

A: May I see your passport?
B: Here you are.
A: Is this your first visit to the United States?
B: Yes, it is.
A: Do you have a return ticket to Korea?
B: Yes.

A: 여권 좀 보여 주시겠어요?
B: (여권) 여기요.
A: 미국엔 처음이신가요?
B: 네.
A: 한국행 귀국 항공권을 가지고 있나요?
B: 네.

- Let me get off in front of the Hayatt Hotel. 하얏트 호텔 앞에 내려 주세요.
- Open the trunk, please. 트렁크 좀 열어 주세요.

3 상점

1. 점원

- Can[May] I help you? 도와드릴까요?
- Do you need any help? 도움이 필요하세요?
- What can I do for you? 무엇을 도와드릴까요?
- How about this one? 이거 어때요?
- How do you want to pay? 어떻게 계산하겠어요?
- How would you like to pay? 어떻게 계산하겠어요?
- Cash or charge? 현금으로 하시겠어요, 아니면 카드로 하시겠어요?

2. 손님

- I'm just looking around. 그냥 둘러보는 거예요.
- I'm looking for ~. ~을 찾고 있어요.
- Can[May] I try this on? 입어 봐도 될까요?
- Do you have this in a different color? 이것으로 다른 색 있어요?
- Do you have this in a smaller size? 이것으로 조금 더 작은 것 있어요?
- Do you have this in a larger size? 이것으로 조금 더 큰 것 있어요?
- I'll take it/them. 그것을/그것들을 살게요.
- I'll pay in cash. 현금으로 계산할게요.
- I'll pay by credit card. 신용카드로 할게요.

3. 가격 묻고 답하기

- How much is it/this/that? 얼마예요?
- How much are these/those?
  (물건이 두 개 이상일 때, 신발처럼 두 개가 한 쌍인 물건일 때) 얼마예요?
- It/This/That is ~ won/dollar(s). ~원/달러입니다.
- They/These/Those are ~ won/dollar(s). ~원/달러입니다.

4 식당

1. 종업원

- Are you ready to order? 주문하시겠어요?
- Can[May] I take your order? 주문하시겠어요?
- Would you like to order? 주문하시겠어요?
- How would you like your steak? 스테이크는 어떻게 해드릴까요?
- Anything else? 더 필요한 거 있으세요?
- For here or to go? 여기서 드실 건가요 아니면 가져가실 건가요?

2. 손님

- Can[May] I see the menu? 메뉴 보여 주시겠어요?
- What's today's special? 오늘의 특별 요리는 무엇인가요?
- What do you recommend? 추천해 주실 만한 게 있나요?
- What's good here? 여기에서(식당에서) 잘하는 게 뭐죠?
- I'd like ~. ~ 주세요. 참고 I'd like는 I would like의 줄임말로 I want와 같은 표현이다.
- I'll have ~. ~ 주세요. 참고 have는 '먹다'라는 의미이다.
- ~, please. ~ 주세요. 참고 주문하고자 하는 음식의 종류와 수량을 제시하고 please를 붙이기도 한다.
- Rare, please. 살짝 익혀 주세요.
- Medium, please. 중간으로 익혀 주세요.
- Well done, please. 잘 익힌 것이요.
- For here, please. 여기서 먹을 거예요.
- To go, please. 가져갈 거예요.

5 미술관

1. 관람객

- Can[May] I bring my pet? 반려동물을 데리고 가도 될까요?
- Can[May] I take pictures here? 여기에서 사진을 찍어도 될까요?
- Can[May] I touch the picture? 그림을 만져 봐도 될까요?

2. 도슨트 참고 도슨트는 미술관이나 박물관 등에서 전시 작품을 설명하는 전문 안내인을 말한다.

(1) 승낙하기

- Yes, you can[may]. 네, 해도 된답니다.
- Okay. 좋아요.
- Of course. 물론이죠.
- Sure. 물론이죠.

(2) 거절하기

- Sorry, you can't. 죄송하지만, 안 됩니다.
- No, you may not. 아니요, 안 됩니다.
- No way. 안 됩니다.

6 영화관

1. 관람객

- Can I get ~ ticket(s) for + (영화 제목)? (영화 제목) 표 ~장 주시겠어요?

2. 매표소 직원

- Here you are. 여기 있어요.
- The tickets are all sold out. 표가 모두 매진되었어요.

표현 익히기

A: Are you ready to order?
B: Yes. I'd like a sandwich and a coke.
A: Anything else?
B: No, thanks.

A: 주문하시겠어요?
B: 네. 샌드위치와 콜라 주세요.
A: 더 필요한 거 있으세요?
B: 아니요, 그게 다예요.

A: Can I take your order?
B: I'll have a T-bone steak.
A: How would you like your steak?
B: Well done, please.

A: 주문하시겠어요?
B: 티본 스테이크 주세요.
A: 스테이크는 어떻게 해드릴까요?
B: 잘 익혀 주세요.

참고 스테이크의 굽기 단계

- rare
- medium rare
- medium
- medium well
- well done

표현 익히기

A: May I take pictures here?
B: No, you may not. You may take pictures outside.

A: 여기서 사진을 찍어도 될까요?
B: 아니요, 안 됩니다. 밖에서는 사진 찍을 수 있습니다.

표현 익히기

A: Can I get a ticket for *The Lion King*?
B: Here you are. Enjoy the movie.

A: 〈라이온 킹〉 표 한 장 주시겠어요?
B: 여기 있어요. 영화 재미있게 보세요.

7 우체국

1. 고객

- I'd like to send this letter to Korea. 이 편지를 한국에 보내고 싶어요.
- I'd like to mail this package to Korea. 이 소포를 한국에 보내고 싶어요.
- How long will it take to get there? 거기에 도착하는 데 얼마나 걸릴까요?
- How much is the postage? 우편요금이 얼마인가요?
- I'd like to buy some stamps. 우표를 사고 싶어요.

2. 우체국 직원

- How would you like to send the letter/package? 편지/소포를 어떻게 보내드릴까요?
- What's inside? 내용물이 뭐죠?

표현 익히기

A: Can I help you?
B: I'd like to send this letter to Korea.
A: How would you like to send the letter?
B: By air, please.

A: 도와드릴까요?
B: 이 편지를 한국에 보내고 싶어요.
A: 편지를 어떻게 보내드릴까요?
B: 항공편으로 보내 주세요.

8 병원

1. 의사

- Where does it hurt? 어디가 아프세요?
- When did the pain start? 언제부터 아팠어요?
- Let me take a look. 좀 볼게요.
- Take a deep breath. 심호흡을 해 보세요.
- Hold your breath. 숨을 멈추세요.
- Let's take your temperature. 체온을 재 볼게요.
- Take this medicine and get some rest. 이 약을 드시고 좀 쉬세요.
- Please drink a lot of warm water. 따뜻한 물을 많이 드세요.

2. 환자

- I don't feel well. 몸이 좋지 않아요.
- I have a headache/toothache/stomachache. 머리/이/배가 아파요.
- I have a cold. 감기에 걸렸어요.
- I have a fever. 열이 나요.
- I have a runny nose. 콧물이 나와요.
- I have a cough. 기침이 나와요.
- I have a sore throat. 목이 아파요.

표현 익히기

A: Where does it hurt?
B: I have a fever and a runny nose.
A: You have a cold. Take this medicine and get some rest.

A: 어디가 아프세요?
B: 열이 나고 콧물이 나와요.
A: 감기에 걸렸네요. 이 약을 드시고 좀 쉬세요.

01 다음 대화가 이루어지는 장소는?　　2010년 2회

> A: May I see your passport, please?
> B: Sure. Here it is.
> A: Is this your first trip to Korea?
> B: Yes, it is.

① 학교　　　　　　② 공항
③ 수영장　　　　　④ 영화관

02 다음 대화가 이루어지는 장소로 가장 알맞은 것은?

2010년 1회

> A: Good morning, ma'am. Where to?
> B: Stop at the nearest subway station, please.
> A: Here we are. That'll be 2,200 won.

① in a bank　　　　② in a taxi
③ in a hotel　　　　④ in a market

03 다음 대화의 상황으로 가장 알맞은 것은?　　2013년 1회

> A: Can I help you?
> B: Yes, please. I need a bag.
> A: How about this one? It's on sale now.

① 진료하기　　　　② 물건 사기
③ 안부 묻기　　　　④ 축하하기

04 다음 대화가 이루어지는 장소는?　　2014년 1회

> A: May I help you?
> B: I'm looking for a blouse.
> A: How about this white one?
> B: It looks good! I'll take it.

① 병원　　　　　　② 식당
③ 은행　　　　　　④ 옷가게

주목
05 다음 말에 이어질 대화의 순서로 알맞은 것은?

2013년 2회

> May I help you?

> (A) I want a blue one.
> (B) What color do you want?
> (C) Yes, please. I'm looking for a shirt.

① (A)−(C)−(B)　　　② (B)−(A)−(C)
③ (B)−(C)−(A)　　　④ (C)−(B)−(A)

06 다음 대화의 마지막 응답으로 가장 적절한 것은?

2018년 2회

> A: Can I help you?
> B: Yes, please. I'm looking for a new bag for my son.
> A: _____

① What day is it?
② What does he eat?
③ What are you wearing?
④ What style does he like?

07 대화에서 B가 찾고 있는 것은?　　　　2018년 1회

> A : What are you looking for?
>
> B : I'm looking for the bag with a flower on it.

① 　②

③ 　④

08 다음 대화에서 B가 사려고 하는 것은?　　　2017년 2회

> A : May I help you?
>
> B : Yes, please. I want to buy a cap with a star on it.

① 　②

③ 　④

09 대화의 빈칸에 들어갈 말로 가장 알맞은 것을 고르시오.　　　2016년 2회

> A : I'm looking for a necktie.
>
> B : How about this one?
>
> A : I like it. How much is it?
>
> B : _____.

① Not at all

② I'm a cook

③ It's too long

④ It's twenty dollars

10 대화의 빈칸에 들어갈 A의 질문으로 가장 적절한 것은?　　　2018년 1회

> A : Hi! _____?
>
> B : Yes, please. I'll have one egg sandwich and one orange juice.

① How much is it

② Where do you live

③ What is your hobby

④ May I take your order

11 다음 대화가 이루어지는 장소로 가장 알맞은 것은?　　　2014년 2회

> A : May I take your order?
>
> B : Yes, I'd like one chicken sandwich.
>
> A : For here or to go?
>
> B : To go, please.

① 은행　　　　　② 식당

③ 경찰서　　　　④ 세탁소

12 다음 대화가 이루어지는 장소는?　　　2011년 2회

> A : Are you ready to order?
>
> B : Yes, I'd like a hamburger and a coke.
>
> A : Here or to go?

① bank

② hotel

③ grocery shop

④ fast food restaurant

13 A와 B의 관계로 알맞은 것은? 2016년 1회

> A: Are you ready to order?
> B: Yes. Two hamburgers, please.
> A: For here or to go?
> B: To go.

① 의사 – 환자
② 변호사 – 의뢰인
③ 식당 점원 – 고객
④ 버스 기사 – 승객

주목

14 주어진 말에 이어질 대화의 순서로 알맞은 것은?

2015년 1회

> Are you ready to order?

> (A) To go.
> (B) Yes. Two hamburgers, please.
> (C) For here or to go?

① (A) – (B) – (C)
② (B) – (C) – (A)
③ (C) – (B) – (A)
④ (C) – (A) – (B)

15 주어진 말에 이어질 두 사람의 대화를 〈보기〉에서 찾아 순서대로 가장 적절하게 배열한 것은? 2019년 2회

> Welcome to Coco's Restaurant! May I take your order?

보기

> (A) No, thank you. Just water, please.
> (B) I'd like to order a small cheese pizza.
> (C) OK. Do you want a cola with your pizza?

① (B) – (A) – (C)
② (B) – (C) – (A)
③ (C) – (A) – (B)
④ (C) – (B) – (A)

16 다음 대화의 빈칸에 알맞은 것은? 2010년 2회

> A: How would you like your steak?
> B: _____.

① Soup, please
② Salad, please
③ Medium, please
④ Coffee, please

17 대화가 일어나는 장소로 알맞은 것은? 2015년 2회

> A: Can you show me your ticket, please?
> B: Here it is. Can I take pictures in this art museum?
> A: No, you can't. It hurts the paintings.

① 세탁소
② 문구점
③ 경찰서
④ 미술관

18 다음 대화가 이루어지는 장소로 가장 알맞은 것은?

2013년 1회

A: May I see your movie ticket, please?
B: Here you are.
A: Thank you. Please go to Theater 3. Enjoy the movie.

① 영화관
② 수영장
③ 옷 가게
④ 동물 병원

19 다음 대화에서 두 사람의 관계로 가장 알맞은 것은?

2014년 2회

A: May I help you, sir?
B: I'd like to mail this letter and I need five stamps.
A: Okay. Here you are.

① 교통 경찰 – 시민
② 우체국 직원 – 고객
③ 버스 기사 – 승객
④ 도서관 사서 – 학생

20 다음 대화에서 두 사람의 관계로 가장 알맞은 것은?

2013년 2회

A: Good morning. What's the problem?
B: Doctor, my leg hurts a lot.
A: I see. Let me take a look.

① 엄마 – 아들
② 의사 – 환자
③ 버스 기사 – 승객
④ 은행 직원 – 고객

21 다음 대화의 빈칸에 알맞은 것은?

2012년 2회

A: You look sick. What's the problem?
B: I _____ a headache.

① like
② play
③ make
④ have

22 다음 대화에서 두 사람의 관계는?

2010년 2회

A: What's the matter?
B: I have a headache and a cough.
A: Oh, you have a cold. You should get some rest.

① 의사 – 환자
② 경찰 – 시민
③ 배우 – 관객
④ 판매원 – 고객

당신이 살아가는 삶을 사랑하고,
당신이 사랑하는 삶을 살아가라.

− 밥 말리(Bob Marley)

독해

01

중심 내용 파악하기

1 주제 찾기

유형풀이의 Key ⚷

- 글의 전체적인 내용을 담은 주제를 찾는 유형이다.
- 주제는 대개 글의 첫 부분이나 마지막 부분에 제시되는 경우가 많은데, 주제가 글의 첫 부분에 제시되는 글을 두괄식, 주제가 글의 마지막 부분에 제시되는 글을 미괄식이라고 한다.
- 두괄식 글이라면 첫 부분을, 미괄식 글이라면 마지막 부분을 자세히 읽고 파악하여야 한다.
- 제시된 글에서 핵심어와 중심 내용을 담은 문장을 종합하여 주제를 찾는다.
- 글의 전체적인 내용에 비해 지나치게 세부적인 선택지는 제외시키며 답을 고른다.

독해 Training

2019년 1회 기출

Growing vegetables / is good / for your health. ⋯ 주제문
채소를 키우는 것은 / 좋다 / 너의 건강에

It / makes / your mind / calm, / and / it / gives / you / some exercise.
그것은 / 한다 / 너의 마음을 / 진정하도록 / 그리고 / 그것은 / 준다 / 너에게 / 운동을

You / can also eat / the fresh vegetables / after you grow them.
너는 / 또한 먹을 수 있다 / 신선한 채소를 / 네가 그것들을 키운 후에

🅰 Vocabulary

grow (식물을) 재배하다
vegetable 채소
health 건강
calm 침착한, 차분한
exercise 운동
fresh 신선한

Q 글의 주제로 가장 적절한 것은?

① 채소를 키우는 것이 건강에 좋은 이유
② 집을 항상 청결하게 유지해야 하는 이유
③ 나무에 적절한 비료를 주어야 하는 이유
④ 건강관리를 위해 운동을 해야 하는 이유

> **선생님의 풀이** 첫 문장이 주제문인 두괄식 글입니다. be동사 다음에 무언가를 하는 것이 '좋다, 나쁘다, 유용하다, 편리하다' 등의 내용을 긍정 표현이나 부정 표현을 사용해서 쓰면 그 문장이 주제문이 될 확률이 높습니다. 그러나 뒤 문장은 꼭 읽고 답을 골라야 합니다. 첫 문장에 이어서 글쓴이는 채소를 키우면 좋은 이유들을 나열하고 있어요. 따라서 정답은 '채소를 키우는 것이 건강에 좋은 이유'입니다. **정답** ①

☑ 개념 check up   주제문의 시제

- 과거에서 현재까지 이어지며, 미래에도 그럴 것으로 생각되는 일, 상황, 행동, 습관은 모두 현재시제로 나타낸다.
- 불변의 진리는 현재시제로 쓴다.
- 단정적이고 강한 표현으로 나타내는 주제문은 대부분 현재시제이다.

- 주제를 구성하는 중심 소재와 내용을 함축적이거나 상징적으로 표현한 제목을 찾는 유형이다.
- 글의 주제나 요지를 전달하는 주요 문장 또는 부분을 찾고, 자주 반복되거나 비중 있는 핵심어(구)를 파악하여 글의 전체 내용을 포괄적으로 담고 있는 제목을 찾는다.

독해 Training

2018년 2회 기출

There are / many good habits / to make a healthy life. ···→ 주제문
~들이 있다 / 많은 좋은 습관들 / 건강한 삶을 만들기 위한

Getting up early, / having breakfast / every morning, / and / going jogging /
일찍 일어나는 것. / 아침을 먹는 것 / 매일 아침. / 그리고 / 조깅하러 나가는 것은 /

are / good examples.
~이다 / 좋은 예들

If / you / keep / habits / like these,
만약 ~라면 / 네가 / 유지하다 / 습관들 / 이러한 /

you / can be / healthy and happy.
너는 / 될 수 있다 / 건강하고 행복한

🗂 **Vocabulary**

habit 습관
healthy 건강한
life 삶
get up early 일찍 일어나다
breakfast 아침(밥). 아침 식사
go jogging 조깅하러 가다
example 예
keep 유지하다
like ~와 같은

Q 글의 제목으로 가장 적절한 것은?

① 신속한 요리 방법
② 간편한 조깅 복장
③ 적당한 아침 기상 시간
④ 건강을 위한 좋은 습관

선생님의 풀이 첫 문장이 주제문인 두괄식 글입니다. 건강한 삶을 만들기 위한 좋은 습관들이 많다고 하네요. 주제문은 예시를 함께 제시할 때 힘이 실립니다. 대개 주제문 뒤에 예시가 바로 붙어 나오죠. 일찍 일어나는 것, 매일 아침을 먹는 것, 조깅하는 것이 좋은 예로 소개되고 있습니다. 습관들을 이렇게 유지한다면, 건강하고 행복해질 수 있다고 글이 마무리됩니다. 따라서 정답은 '건강을 위한 좋은 습관'입니다. **정답** ④

✓ 개념 check up 제목 찾기

- 주로 주제문에서 시작하여 제목이 될 수 있는 근거를 찾을 수 있다.
- 주제문에 사용된 어휘 중 핵심 어휘를 뽑아서 배열한다.
- 주제와 가장 가깝고 비슷한 의미를 담고 있는 것을 찾는다.

❸ 주장 찾기

유형풀이의 Key 🔑

- 글을 통해 글쓴이가 하고자 하는 말, 즉 주장하는 바를 찾는 유형이다.
- 글의 주제문을 찾은 후 and(그리고), but(그러나), however(하지만), for example(예를 들어), so(그래서), therefore(그러므로) 등의 연결어를 주의 깊게 살펴본다.
- 주장을 나타내는 표현인 must/should(~해야 한다), need to(~할 필요가 있다), it's important ~(~는 중요하다), 명령문(~해라) 등이 들어간 문장을 집중적으로 보며 구체적으로 어떤 주장을 하는지 찾는다.

독해 Training

2018년 2회 기출

Rivers / have / many benefits.
강은 / 가지고 있다 / 많은 혜택을

We / get / fresh water / from them.
우리는 / 얻다 / 신선한 물 / 강으로부터

We / can go to a river / to go fishing / and / we / can even go swimming.
우리는 / 강으로 갈 수 있다 / 낚시를 하러 / 그리고 / 우리는 / 수영도 하러 갈 수 있다

If / we / want / to enjoy / these good things / that / rivers / give / us,
만약 ~라면 / 우리가 / 원하다 / 즐기기를 / 이런 좋은 것들을 / 강이 / 준다 / 우리에게,

we / should keep / them / clean.
우리가 / 보존해야 한다 / 강을 / 깨끗하게

🄰 Vocabulary

river 강
benefit 혜택, 이득
fresh 신선한
go fishing 낚시하러 가다
even ~조차, ~도
go swimming 수영하러 가다
should ~해야 한다
keep 유지하다
clean 깨끗한

Q 글의 주장으로 가장 적절한 것은?

① 안전 수칙을 지키자.
② 신선한 공기를 마시자.
③ 수상 스포츠를 즐기자.
④ 강을 깨끗하게 보존하자.

선생님의 풀이 주장을 나타내는 표현인 should(~해야 한다)가 들어간 문장을 집중적으로 보면 글쓴이가 어떤 주장을 하는지 알 수 있습니다. '만약 우리가 강이 우리에게 주는 좋은 것들을 즐기길 원한다면, 강을 깨끗하게 보존해야 한다.'라고 마지막 문장에 나와 있죠? 따라서 정답은 '강을 깨끗하게 보존하자.'입니다. **정답** ④

☑ 개념 check up 주장 찾기

- 글쓴이의 주장과 생각에 중점을 두고 글의 논리를 이해하는 능력을 키워야 한다.
- 상식적인 주장이 담긴 선택지가 정답이 아닐 때가 많으니 혼동하지 말아야 한다.
- 글에 기초하여 글쓴이가 주장하는 것을 정확하게 선택해야 한다.

4 목적 찾기

독해 Training

2018년 2회 기출

Dear Mr. Kim,
Kim 선생님께,

I / have / something / to tell you.
저는 / 있습니다 / 어떤 것 / 말씀드릴

My friends / always / copy / my homework.
친구들이 / 항상 / 베낍니다 / 제 숙제를

It / makes / me / angry.
그것은 / 만듭니다 / 저를 / 화나게

What should I do?
어떻게 해야 하나요?

🅰 Vocabulary

always 항상
copy 복사하다, 베끼다
homework 숙제
angry 화난

Q 글을 쓴 목적으로 가장 적절한 것은?

① 수리 요청
② 고민 상담
③ 선물 구매
④ 약속 확인

선생님의 풀이 이 글은 편지글입니다. 도입부에서 선생님께 말씀드릴 것이 있다고 하네요. 이어서 친구들이 숙제를 베끼는 것이 자신을 화나게 한다고 합니다. 충고를 구하는 표현인 What should I do?(어떻게 해야 해요?)라는 표현이 마지막 문장에 나와 있죠? 따라서 글을 쓴 목적으로 가장 적절한 것은 고민 상담입니다. 충고를 구할 때 쓰는 다른 표현으로는 What can I do? 혹은 What do you think I should do?가 있습니다. 정답 ②

☑ 개념 check up   목적 찾기

- 글쓴이의 목적이 무엇인지 구체적으로 확인한 다음, 우리말로 정확하게 옮긴 선택지를 고른다.
- 글에 나온 말을 일부분만 활용한 선택지는 제거하고, 전체적인 내용과 흐름을 파악해서 목적을 찾는다.

탄탄 실력 다지기

01 글의 주제로 가장 적절한 것은? 2019년 2회

Raising dogs is good for your health. For example, you can get some exercise when you take a walk with your dogs. When you're with your dogs, they can help you relax.

① 애완견을 키우는 것이 건강에 좋은 이유
② 집을 항상 청결하게 유지해야 하는 이유
③ 나무에 적절한 비료를 주어야 하는 이유
④ 건강관리를 위해 식단을 조절해야 하는 이유

주목
02 다음 글의 주제로 가장 적절한 것은? 2015년 1회

We have four seasons in Korea. Spring begins in March. It is warm. In summer it is hot. It is cool in fall. In winter it is cold and snowy.

① 한국의 공휴일　　　② 한국의 대도시
③ 한국의 사계절　　　④ 한국의 전통문화

03 글의 주제로 알맞은 것은? 2014년 2회

Sports are important for your health and mind. Playing sports can make your body strong. Also, you can learn how to work with other people by playing team sports.

① 음식의 유래　　　② 운동의 중요성
③ 키 크는 음식　　　④ 달리기의 종류

04 다음 글의 주제로 가장 적절한 것은? 2020년 1회

You can improve yourself by reading books. Reading gives you a chance to learn new things. It also helps you to understand others. The more you read, the more you learn. Reading makes you much smarter and happier.

① 배려의 필요성　　　② 교통 법규 준수
③ 독서의 이로운 점　　　④ 시간 활용의 중요성

05 다음 글의 주제로 알맞은 것은? 2012년 1회

Here are some tips for making a good learning environment. First, find a quiet place. Second, make sure you have enough light. Third, have pens or pencils near at hand.

① 좋은 학습 환경 조성 방법
② 조용한 휴식 장소 찾기
③ 안전한 전구 교체 방법
④ 적절한 필기구 보관 방법

06 다음 글의 주제로 가장 적절한 것은? 2017년 2회

Water is very important. But people waste it. Here are some tips to save water. Turn off the water when you brush your teeth. Also, take a quick shower.

① 분리수거하는 방법　　　② 잡초 제거하는 방법
③ 물을 절약하는 방법　　　④ 모기 퇴치하는 방법

07 다음 글의 주제로 가장 적절한 것은?　　2017년 2회

I have two things to do this Saturday. In the morning, I'm going to meet my friends to finish our science project. In the evening, I'm going to watch a movie with my family.

① 이번 토요일에 할 일　② 스포츠와 건강
③ 가고 싶은 여행지　④ 유적지 탐방 계획

08 글의 주제로 가장 적절한 것은?　　2018년 1회

It is important to follow the safety rules when you go swimming. First, stretch before going into the water. Second, always listen to the lifeguards. Finally, only swim in the permitted areas.

① 수영 안전 수칙　② 안전요원 모집
③ 수영 대회 홍보　④ 응급 구조 요령

주목

09 다음 글의 주제로 가장 적절한 것은?　　2020년 2회

If you want to get good grades, it is important to set goals and study every day. It is also a good idea to study together with your friends. This will help you get good grades.

① 좋은 성적을 얻는 방법
② 건강을 잘 관리하는 방법
③ 악기를 잘 연주하는 방법
④ 친구들과 사이좋게 지내는 방법

10 다음 글의 주제로 알맞은 것은?　　2014년 1회

What do you do for your health? You should eat breakfast and exercise regularly. And you should get enough sleep every night.

① 효율적인 공부 방법
② 바람직한 여가 활동
③ 이상적인 친구 관계
④ 건강을 위한 생활 습관

11 다음 글의 주제로 가장 알맞은 것은?　　2016년 2회

What habits are good for our health? We should exercise regularly and get enough sleep. We should also wash our hands often.

① 친구의 중요성
② 올바른 전화 예절
③ 에너지를 아끼는 방법
④ 건강을 위한 생활 습관

12 다음 글의 주제로 가장 적절한 것은?　　2020년 1회

Hi, my name is Sora. I am 14 years old. I love watching movies and playing the guitar. My favorite subject is math. I want to be a teacher. Nice to meet you all.

① 자기소개　② 대회 홍보
③ 악기 판매　④ 영화 예매

13 다음 글의 주제로 가장 적절한 것은?

Dr. Smith was born in 1880 in Germany. He became a doctor in 1913, and went to Africa to take care of many poor African people. He spent most of his life helping them until he died in 1960.

① Dr. Smith의 가족
② Dr. Smith의 일생
③ 아프리카의 문화
④ 아프리카의 경제 발전

14 다음 글의 제목으로 알맞은 것은?

There are four in my family: my mother, my father, my sister, and me. My father is an engineer and my mother is an artist. My sister is a high school student.

① My School   ② My Family
③ My Teacher   ④ My Friend

15 다음 글의 제목으로 가장 알맞은 것은?

Soccer is my favorite sport. It is fun and exciting. I like running and kicking. I play on the Dragon team. I practice every Tuesday and Saturday.

① My Favorite Sport
② My Best Friend
③ Unhappy Weekends
④ World famous Players

16 다음 글의 제목으로 알맞은 것은?

Yesterday was my sister's wedding day. My sister was wearing a white dress. She looked shy but happy. I thought she was beautiful.

① My Job
② My Hobby
③ My Sister's Wedding
④ My Grandfather's Birthday

17 글의 제목으로 가장 알맞은 것은?

My family and I went to Jeju-do last summer. We stayed there for five days. We hiked to the top of Mt. Halla and enjoyed its natural beauty. We had a great time! I want to go there again someday.

① My Family Members
② Tips for Making Plans
③ The Importance of Friends
④ My Family's Summer Trip

주목
18 다음 글의 제목으로 알맞은 것은?

I have a cute dog. Her name is Pipi. She is two years old. She has big eyes and long ears. She looks like a rabbit.

① My Dad   ② My Pet
③ My Dream   ④ My School

19 글의 주장으로 알맞은 것은?　　　　　　2014년 2회

> Forests are very important to us. They give us fresh air. We can take a deep breath of fresh air in the forests. So, we should take care of them.

① 숲을 보호하자.
② 물을 아껴 쓰자.
③ 환기를 자주 시키자.
④ 대중교통을 이용하자.

주목
20 글쓴이가 주장하는 내용으로 가장 알맞은 것은?

2015년 2회

> Here are some easy ways to save energy. Turn off the lights you're not using. Turn off the water while brushing your teeth.Walk short distances instead of driving your car.

① 양치질을 자주 하자.
② 에너지를 절약하자.
③ 교통 법규를 지키자.
④ 자원봉사에 참여하자.

21 다음 글을 쓴 목적으로 가장 알맞은 것은?　　2016년 2회

> Dear Ann,
> I have difficulty speaking in front of people. Whenever I speak in public, I forget everything I want to say. What should I do? I need your advice.
>
> 　　　　　　　　　　　　　　　　　　Jack

① 규칙을 안내하기 위해
② 대회를 홍보하기 위해
③ 친구를 소개하기 위해
④ 조언을 요청하기 위해

주목
22 다음 편지에 나타난 'I'의 고민으로 가장 적절한 것은?

2020년 2회

> Dear Susan,
> I want to be a nurse. When I go to college, I'd like to study nursing and become a nurse. But my parents want me to be an engineer. I don't want to be an engineer when I grow up. What should I do?
>
> 　　　　　　　　　　　　　　　　　　Jane

① 체중 조절에 실패해서
② 시간 관리를 잘 하지 못해서
③ 친구 관계가 원만하지 못해서
④ 장래 희망 직업이 부모의 의견과 달라서

23 다음 글을 쓴 목적으로 가장 알맞은 것은?　2014년 1회

> Dear Mr. Park,
> Hello. I'm a middle school student. I love cooking. I want to be a cook, but my parents want me to be a scientist. What should I do? I need your advice.

① 축제 홍보　　　　　　② 학교 소개
③ 조언 요청　　　　　　④ 요리법 묻기

24 글의 목적으로 알맞은 것은?　　　　　　2014년 2회

> I usually start my homework late at night. But I'm not a night person. So I often feel sleepy and tired. What should I do? I need your advice.

① 가입 요청　　　　　　② 감사 표현
③ 조언 요청　　　　　　④ 파티 초대

25 다음 글을 쓴 목적으로 알맞은 것은?
2012년 2회

Do you want to be her friend? Don't be shy. At first, say hello and be nice to her. Then, tell her that you want to be her friend.

① 거절하기
② 사과하기
③ 감사하기
④ 조언하기

26 다음 글을 쓴 목적으로 적절한 것은?
2010년 1회

To Insu,
Your report was great. You want to be a scientist like your father. That's wonderful. Our country will need many scientists in the future. Try hard to be a good scientist. Our country will need you!

① 조언
② 초대
③ 감사
④ 경고

27 다음 글을 쓴 목적으로 알맞은 것은?
2015년 1회

Dear Dad,
Thank you for the guitar you gave me on my birthday. I will play it for you someday. Thank you.

① 감사
② 초대
③ 조언
④ 권유

주목
28 글을 쓴 목적으로 가장 적절한 것은?
2019년 1회

Do you want to have a special weekend? Then, come to our zoo! We have many animals from around the world. We are open every day from 9 a.m. to 5 p.m. Come and enjoy!

① 동물원 홍보
② 여행 일정 안내
③ 동물 보호 요청
④ 행사 결과 보고

29 글을 쓴 목적으로 가장 적절한 것은?
2019년 2회

Do you want to have a special weekend? Then, come to Hana Art Museum! We have a lot of paintings from around the world. You can also enjoy many exciting art classes. Come and have a great time!

① 미술관 홍보
② 시험 일정 안내
③ 체육대회 결과 발표
④ 그림 보관 방법 설명

30 글의 목적으로 알맞은 것은?
2015년 2회

Dear Kevin
I'm going to have a birthday party. Please come to my house at 6 p.m. on Sunday, July 15. See you then!

Jiwon

① 감사
② 초대
③ 항의
④ 거절

31 글의 목적으로 가장 적절한 것은?
2018년 1회

Do you like cooking? We can make pizza, bread, cookies, and cakes. Why don't you join our cooking class?

① 조리 기구 광고
② 요리 교실 수강 권유
③ 음식 주문 안내
④ 에너지 절약 방법 홍보

32 다음 글을 쓴 목적으로 가장 적절한 것은?　　2020년 1회

> Are you interested in space? Then, join our club, *Big Bang*. We meet every Friday after school and learn about space. Come and study together.

① 전학생 소개　　② 식당 사용 안내
③ 안전 수칙 제시　　④ 동아리 회원 모집

33 다음 글을 쓴 목적으로 가장 적절한 것은?　　2017년 2회

> Why don't you join Fun-Fun English study group? Every Thursday, we meet to study English together. To improve your English, you should call us at 123-9999.

① 과학 실험 동아리 가입 권유
② 방과 후 체육 프로그램 광고
③ 영어 학습 동아리 가입 권유
④ 수학 학습 동아리 가입 광고

34 다음 글의 목적으로 알맞은 것은?　　2011년 1회

> There was a big *earthquake in Japan last March. A lot of people died and lost their family. They don't have enough food and water. Do you want to help them? Making a phone call is the easy way you can help them. Pick up your phone right now!
>
> *earthquake 지진

① 사과　　② 감사
③ 경고　　④ 캠페인

35 다음 글을 쓴 목적으로 가장 알맞은 것은?　　2016년 1회

> I'm looking for my dog. It is two years old. It is small and brown. It has big ears and short legs. If you see a dog like this, please call 1234-5678.

① 동물 병원 홍보　　② 애견 용품 광고
③ 동물 사료 광고　　④ 잃어버린 개 찾기

36 다음 글의 목적으로 알맞은 것은?　　2012년 1회

> The new science class is opening in Room 102 next Monday. We will have classes twice a week. The science teacher is Ms. Lee.

① 비판하기 위해　　② 사과하기 위해
③ 칭찬하기 위해　　④ 안내하기 위해

37 다음 글을 쓴 목적으로 가장 적절한 것은?　　2020년 2회

> I bought a shirt for my dad at your shop yesterday, but he doesn't like the color. Can I exchange it for a black one? Please let me know if it is possible. Thanks.

① 친구를 추천하기 위해
② 숙소를 예약하기 위해
③ 셔츠를 교환하기 위해
④ 파티에 초대하기 위해

02 세부 내용 파악하기

1 내용 일치·불일치

유형풀이의 Key

- 글에 담긴 사실이나 제공된 정보와 선택지의 일치 여부를 정확하게 파악했는지 묻는 유형이다.
- 선택지를 먼저 읽고 선택지와 본문의 내용을 비교하여 내용의 일치 여부를 확인한다.
- 일반적으로 지문의 순서대로 선택지가 나오기 때문에 선택지 ①부터 읽은 다음, 역으로 지문에서 내용을 찾아 일치하는지 불일치하는지 따져 본다.

독해 Training

2019년 1회 기출

Let me introduce / John.
내가 소개해 줄게 / John을

He / is / friendly and funny.
그는 / ~이다 / 친절하고 재미있는

He / likes / playing basketball.
그는 / 좋아한다 / 농구하기를

He / enjoys / listening to music.
그는 / 즐긴다 / 음악 듣기를

He / is good at / cooking.
그는 / 잘한다 / 요리를

📖 Vocabulary

introduce 소개하다
friendly 친절한, 다정한, 친숙한
funny 재미있는
basketball 농구
listen to ~을 듣다
be good at ~에 능숙하다
cook 요리하다, 요리사

Q John에 대한 설명과 일치하지 <u>않는</u> 것은?

① 친근하고 재미있다.
② 농구하기를 좋아한다.
③ 음악 감상을 즐긴다.
④ 요리를 잘 못한다.

선생님의 풀이 글을 읽기 전에 선택지를 미리 훑어보고 문제를 풀어 보세요. 선택지의 내용을 순서대로 지문과 하나씩 비교해 가면서 읽는 것이 가장 좋습니다. ① '친근하고 재미있다.', ② '농구하기를 좋아한다.', ③ '음악 감상을 즐긴다.'는 내용과 일치하지만 John은 요리를 잘한다고 글에 나와 있으므로 ④와 설명은 일치하지 않죠? 따라서 정답은 ④입니다. 정답 ④

I / went / camping / with my family.
나는 / 갔다 / 캠핑하러 / 나의 가족과 함께

My dad / set up / the tent.
나의 아버지가 / 설치했다 / 텐트를

My mom / made / *bibimbap* / for us.
나의 어머니가 / 만들었다 / 비빔밥을 / 우리를 위해

After dinner, / we / sat / around the fire, /
저녁 식사 후에, / 우리는 / 앉았다 / 불 주변에 /

and / I / played / the guitar.
그리고 / 나는 / 연주했다 / 기타를

It / was / a special day / for us.
그날은 / ~이었다 / 특별한 날 / 우리에게

Ⓐ Vocabulary

go camping 캠핑을 가다
set up ~을 세우다[놓다], 설치하다
dinner 저녁 식사
around 주변에, 둘러서
special 특별한

Q 글의 내용과 일치하지 <u>않는</u> 것은?

① 나는 가족과 함께 캠핑을 갔다.
② 아버지가 텐트를 설치했다.
③ 어머니는 비빔밥을 만들었다.
④ 우리는 식사 후에 산책을 했다.

선생님의 풀이 '나'의 하루 일과를 설명한 글입니다. 선택지를 먼저 읽어 봐도 알 수 있듯, 가족들이 한 일들이 무엇인지를 나열하고 있어요. 차분히 글을 읽으며, 일치하는 것은 지워 보세요. ①은 첫 번째 문장에서, ②, ③은 그다음 이어지는 문장들에서 지울 수 있어요. 하지만 ④ '우리는 식사 후에 산책을 했다.'는 글에서 확인할 수 없습니다. 불 주변에 앉아서 내가 기타를 쳤다는 내용만 있지요. 따라서 정답은 ④입니다. 이처럼 보통은 글의 순서와 선택지의 내용 순서가 같기 때문에 한 문장한 문장 읽어 내려가면서 답을 찾으면 됩니다. 정답 ④

☑ 개념 check up 내용 일치·불일치

• 대부분의 글의 내용이 선택지 안에 있으며 선택지의 순서와 동일하게 전개되므로 글을 읽기 전에 선택지를 미리 훑어보면 글이 어떠한 내용으로 전개될지 파악할 수 있다.
• 선택지의 내용만 보고 상식이나 자신의 지식으로 판단하여 답을 선택하지 말아야 한다.

2 실용문

유형풀이의 Key

- 실용문에 제시된 정보와 선택지의 일치 여부를 정확하게 파악했는지 묻는 유형이다.
- 실생활에서 흔히 볼 수 있는 다양한 안내문, 초대장, 광고문 등이 출제된다.
- 일반적으로 지문의 순서대로 선택지가 나오기 때문에 선택지 ①부터 읽은 다음, 역으로 지문에서 내용을 찾아 하나씩 꼼꼼히 확인해 본다.

독해 Training

2019년 2회 기출

Birthday Party
생일 파티

You're invited to / Mary's birthday party!
너는 초대되었다 / Mary의 생일 파티에

Date: March 20
날짜: 3월 20일

Time: 5 p.m.
시간: 오후 5시

Place: Happy Restaurant
장소: Happy Restaurant

Call me / at 008-123-5467 / if / you / can come.
전화해 / 008-123-5467로 / 만약 ~라면 / 네가 / 올 수 있으면

Vocabulary

birthday 생일
invite 초대하다
date 날짜
March 3월
p.m. 오후
place 장소

Q 생일 초대장을 보고 알 수 없는 것은?

① 시간
② 장소
③ 연락처
④ 참석 인원

선생님의 풀이 생일 초대장을 보고 제시된 정보와 선택지의 일치 여부를 정확하게 파악했는지 알아보는 문제입니다. ① 시간은 오후 5시, ② 장소는 Happy Restaurant, ③ 연락처는 008-123-5467인 것을 알 수 있어요. 그러나 ④ 참석 인원은 생일 초대장을 보고 알 수 없습니다. 따라서 정답은 ④ 참석 인원입니다. 실용문의 일치·불일치 문제는 선택지의 내용을 글과 하나씩 순서대로 꼼꼼히 비교해 가면서 읽는 것이 가장 좋습니다. **정답** ④

＋실용문

실용문은 난이도가 쉬운 유형에 속하기 때문에 빠른 시간 안에 해결하여 조금 더 어려운 고난도 유형의 풀이을 위한 시간을 확보해 두는 것이 좋다.

3 도표

유형풀이의 **Key**

- 제시된 도표와 선택지를 대조하여 정확하게 파악했는지 묻는 유형이다.
- 도표의 구체적인 정보에 유의하며 선택지와 꼼꼼히 확인해 본다.

독해 Training

Monday 월요일	Tuesday 화요일	Wednesday 수요일	Thursday 목요일	Friday 금요일
Do the dishes 설거지를 하다	Water / the plant 물을 주다 / 화초에	Clean / the house 청소하다 / 집을	Walk / the dog 산책시키다 / 개를	Take out / the trash 내다버리다 / 쓰레기를

🄰 Vocabulary

do the dishes 설거지를 하다
water 물을 주다
plant 식물
clean 청소하다
walk 산책시키다
take out 내다버리다
trash 쓰레기

Q Minsu가 집안일을 돕기 위해 주간 계획표를 작성했다. 목요일에 할 일은?

① 설거지하기
② 화초 물 주기
③ 집 청소하기
④ 개 산책시키기

선생님의 풀이 Minsu가 집안일을 돕기 위해 만든 주간 계획표를 보고 목요일에 할 일이 무엇인지 찾는 문제입니다. 주간계획표의 구체적인 정보를 꼼꼼히 확인해 보며 문제를 풀어 보세요. 월요일에 할 일은 설거지하기, 화요일에 할 일은 화초에 물 주기, 수요일에 할 일은 집 청소하기, 목요일에 할 일은 개 산책시키기, 금요일에 할 일은 쓰레기를 내다버리기라고 나와 있죠? 따라서 정답은 ④ 개 산책시키기입니다.   정답 ④

탄탄 실력 다지기

정답과 해설 47쪽

주목

01 Jack에 관한 내용으로 일치하지 <u>않는</u> 것은? 2015년 2회

> Jack was very interested in computers. He started making computer programs at the age of thirteen. He spent a lot of time making computer programs. Finally, he built a successful computer company.

① 컴퓨터에 관심이 많았다.
② 13세에 컴퓨터 프로그램을 만들기 시작했다.
③ 컴퓨터 프로그램을 만드는 데 많은 시간을 썼다.
④ 컴퓨터 회사를 만드는 데 실패했다.

02 Jim Abbott에 관한 다음 글의 내용에서 알 수 <u>없는</u> 것은? 2020년 2회

> Jim Abbott was born on September 19, 1967 in America without a right hand, but he really liked baseball. He practiced every day to be a good baseball player. Later, Jim Abbott became a famous baseball player.

① 태어난 해   ② 태어난 나라
③ 졸업한 학교   ④ 좋아한 운동

03 Minsu에 관한 내용과 일치하지 <u>않는</u> 것은? 2018년 1회

> I would like to tell you about my best friend, Minsu. He wears glasses, and he is the tallest in our class. He has one younger sister. He likes looking at the stars in the sky.

① 안경을 쓰고 있다.
② 남동생이 한 명 있다.
③ 별 보기를 좋아한다.
④ 우리 반에서 가장 키가 크다.

04 Jinho의 형에 대한 설명에서 언급되지 <u>않은</u> 것은? 2019년 2회

> My name is Jinho. I am going to tell you about my elder brother. He is kind and has many friends. He often plays with me. I love my brother.

① 친절하다.   ② 친구가 많다.
③ 축구를 잘한다.   ④ Jinho와 자주 논다.

05 Jinho의 어머니에 대한 설명에서 언급되지 <u>않은</u> 것은? 2019년 1회

> My name is Jinho. I am going to tell you about my mom. She is kind and has a beautiful smile. She always makes me delicious food. I love my mom.

① 친절하다.
② 여행을 좋아한다.
③ 아름다운 미소를 가졌다.
④ 맛있는 음식을 만들어 준다.

06 다음 글에서 Mary에 대한 설명으로 언급되지 <u>않은</u> 것은? 2017년 2회

> Hi! My name is Mary. I live in Sydney. I live with my dad, my mom, and my brother. My hobby is playing baseball with my friends after school.

① 사는 곳   ② 가족
③ 취미   ④ 장래 희망

07 자기소개에 대한 다음 글에서 언급되지 <u>않은</u> 것은?

2013년 1회

> Hi, my name is Sumin. I'm 14 years old. I'm from Seoul. I'm a middle school student. I like science and math. I'm glad to see you.

① 나이
② 출신지
③ 가족
④ 좋아하는 과목

08 다음 글의 Nabi에 대한 내용과 일치하지 <u>않는</u> 것은?

2017년 2회

> We have four cats in my family. Among them, Nabi is my favorite cat. She has brown eyes. She likes playing with a ball. She is friendly to me, but not to other people.

① 내가 가장 좋아하는 고양이이다.
② 갈색 눈을 가지고 있다.
③ 공을 가지고 놀기를 좋아한다.
④ 다른 사람들에게 다정하다.

09 다음에서 설명하는 'migrating birds'에 대한 내용과 일치하지 <u>않는</u> 것은?

2018년 2회

> Migrating birds face dangers when they migrate*. Sometimes they are hunted by other animals. The noises and lights of cities can also be dangerous to them. The worst thing is that humans destroy the places they can live.
> *migrate 이주하다

① 이주할 때 위험에 직면한다.
② 때때로 다른 동물들에게 잡히기도 한다.
③ 도시의 소음과 불빛을 좋아한다.
④ 서식지가 인간에 의해 파괴된다.

10 다음에서 설명하는 'This bird'의 내용과 일치하지 <u>않는</u> 것은?

2016년 1회

> This bird is about 140cm tall. It lives in warm areas. Its mouth looks like a big shoe. It eats fish.

① 키가 약 140cm이다.
② 따뜻한 지역에 산다.
③ 입이 큰 신발처럼 생겼다.
④ 작은 열매를 먹는다.

11 다음 글에서 언급된 내용이 <u>아닌</u> 것은?

2020년 2회

> I go to the library every weekend with my family. We read lots of books there. My dad and I like reading novels. My mom and my younger sister like reading comic books.

① 어머니는 도서관에서 근무한다.
② 나는 주말마다 가족과 도서관에 간다.
③ 아버지와 나는 소설 읽기를 좋아한다.
④ 어머니와 여동생은 만화책 읽기를 좋아한다.

주목
12 다음 글의 내용과 일치하지 <u>않는</u> 것은?

2013년 1회

> I visited my grandparents today. They grow rice and vegetables. After lunch, I worked in the field. It was hard work, but I learned a lot about farming.

① 오늘 나는 조부모님 댁을 방문했다.
② 조부모님은 쌀과 채소를 재배하신다.
③ 나는 점심을 먹고 들판에서 일을 했다.
④ 농사일이 나에게는 힘들지 않았다.

주목

13 다음 글에서 'I'가 오늘 한 일이 <u>아닌</u> 것은?　　2012년 2회

> Today was my mother's birthday. In the morning, I cleaned the house. My mother and I went shopping and ate dinner at a restaurant. We had a good time.

① 청소　　　　　　② 쇼핑
③ 외식　　　　　　④ 등산

14 다음 글에서 'I'가 방과 후에 한 일이 <u>아닌</u> 것은?
　　　　　　　　　　　　　　　　　2015년 1회

> I went to the library after school. I read books and did my homework there.

① 책 읽기　　　　　② 숙제하기
③ 영화 보기　　　　④ 도서관 가기

주목

15 다음 글에서 Sam과 Jenny가 오늘 한 일이 <u>아닌</u> 것은?　　　　　　　　　　　　2016년 1회

> Sam and Jenny had fun today. In the morning, they played badminton in the park. At lunch, they ate sandwiches. In the afternoon, they watched a movie.

① 배드민턴 치기　　② 자전거 타기
③ 샌드위치 먹기　　④ 영화 보기

16 다음 이메일을 통해 알 수 <u>없는</u> 것은?　　2015년 1회

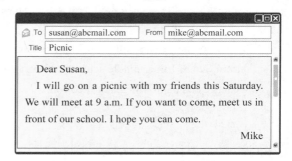

> To susan@abcmail.com　From mike@abcmail.com
> Title Picnic
>
> Dear Susan,
> 　I will go on a picnic with my friends this Saturday. We will meet at 9 a.m. If you want to come, meet us in front of our school. I hope you can come.
> 　　　　　　　　　　　　　　　　Mike

① 소풍 요일　　　　② 소풍 준비물
③ 만나는 장소　　　④ 만나는 시각

17 다음 글의 내용과 일치하는 것은?　　　2010년 2회

> 　　　　　　　　　　　　　August 2nd, 2010
> Dear Jina,
> 　How are you doing? I got your letter yesterday. I was very happy. I met my friend, Minsu, today and talked about you. Please write me soon.
> 　　　　　　　　　　　　　Your friend,
> 　　　　　　　　　　　　　Seji

① 지나와 세지는 자매이다.
② 민수와 세지는 남매이다.
③ 세지가 지나에게 보낸 편지이다.
④ 민수가 지나에게 보낸 편지이다.

주목

18 다음 글에서 지난 주 토요일에 Sumi가 한 일은?
　　　　　　　　　　　　　　　　　2020년 1회

> Last weekend, Sumi went to Jeju-do with her family. On Saturday, she went fishing. On Sunday, she went to the beach and made a sand castle. She had lots of fun.

① 낚시하기　　　　　② 승마 체험
③ 박물관 관람　　　　④ 모래성 쌓기

19 다음 글에서 John이 지난 일요일에 한 일은?

2020년 2회

> John got up early last Sunday. He had breakfast and went out to exercise in the playground. In the afternoon, he read a book about Korean history. In the evening, he did his homework.

① 컴퓨터 게임을 했다.
② 오전에 방 청소를 했다.
③ 저녁에 숙제를 했다.
④ 텔레비전을 시청했다.

20 다음 초대장에서 알 수 <u>없는</u> 것은?

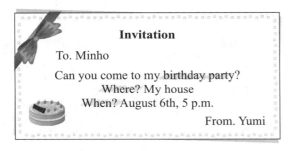

Invitation

To. Minho

Can you come to my birthday party?
Where? My house
When? August 6th, 5 p.m.

From. Yumi

① 파티 장소
② 파티 날짜
③ 참석 인원
④ 초대한 사람

21 다음 글에서 알 수 <u>없는</u> 것은?

2018년 1회

International Jazz Festival
Do you want to enjoy Jazz from around the world?
• Date: August 13th, 2018
• Place: Seoul Grand Park
• Tickets: 8,000 won
Come and have fun!

① 축제가 열리는 날짜
② 축제가 열리는 장소
③ 축제 입장료
④ 축제에서 제공되는 음식

주목
22 전단지 내용에 언급되지 <u>않은</u> 것은?

2019년 1회

Lost Cat

Kidi is two years old. She is a black cat. She has a white ribbon around her neck. Please call 546-4985.

① 나이
② 성별
③ 성격
④ 전화번호

23 다음 광고에서 알 수 <u>없는</u> 것은?

2013년 2회

The Book of the Week

Title: *Abraham Lincoln*
Writer: David Herbert
Price: $12

① 제목
② 저자
③ 가격
④ 출판사

24 'Book Review'에서 알 수 <u>없는</u> 것은?

2018년 1회

Book Review

Title: *I Am Possible*
Writer: Nick Brown
Pages: 350
Best Sentence: Never give up!

① 제목
② 저자
③ 쪽수
④ 가격

25 다음 관찰 일지를 보고 알 수 <u>없는</u> 것은?   2020년 1회

When: May 25th, 14:00~15:00

Where: School playground

What: Ants

Ants live together and each one has a special job.

① 관찰 도구   ② 관찰 일시
③ 관찰 장소   ④ 관찰 대상

26 영화표를 보고 알 수 <u>없는</u> 것은?   2016년 2회

Film Title: *Star Pilot*

Seat Number: G15

Date	Time
July15th, 2016	18:00 ~ 20:00

① 영화 제목   ② 영화표 가격
③ 극장 좌석 번호   ④ 영화 상영 날짜

27 다음 기차표를 보고 알 수 <u>없는</u> 것은?   2015년 2회

K-rail

From   To
Seoul ▶   Busan

Date : 8/15/2015
Time : 11:00 a.m.

① 요금   ② 출발역
③ 도착역   ④ 출발 일시

28 다음 명함을 보고 알 수 <u>없는</u> 것은?   2017년 2회

Name: Jinsu Kim
Job: Tour Guide
Phone Number: 822-123-4567

① 이름   ② 주소
③ 직업   ④ 전화번호

29 다음 메모를 읽고 알 수 <u>없는</u> 것은?   2013년 1회

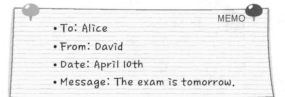

MEMO

• To: Alice
• From: David
• Date: April 10th
• Message: The exam is tomorrow.

① 보낸 사람   ② 보낸 날짜
③ 시험 날짜   ④ 시험 과목

30 메모에서 엄마가 부탁한 일이 <u>아닌</u> 것은?   2015년 1회

Things to do:
• Water the flowers.
• Clean your room.
• Feed the dog.
From Mom

① 꽃 물 주기   ② 방 청소하기
③ 개 먹이 주기   ④ 동생 돌보기

31 다음 애완견 돌보기 목록에 제시되지 <u>않은</u> 것은?

2017년 2회

- Don't give chocolate.
- Walk your dog outside.
- Wash your dog every week.

① 초콜릿 주지 않기
② 산책시키기
③ 장난감으로 놀아 주기
④ 매주 씻기기

32 다음 안내문에서 손을 씻어야 하는 경우로 언급되지 <u>않은</u> 것은?

2020년 1회

You should wash your hands:
- after arriving home
- after coughing
- before eating food

① 집에 도착한 후　　② 기침을 한 후
③ 음식을 먹기 전　　④ 동물을 만지기 전

33 다음 규칙에 제시되지 <u>않은</u> 것은?

2016년 2회

POOL RULES
- No Running
- No Diving
- Wear a Swimming Cap

① 달리기 금지　　② 다이빙 금지
③ 수영모 착용　　④ 음식물 반입 금지

34 다음 규칙에 제시되지 <u>않은</u> 것은?

2015년 2회

Rules
- Talk quietly.
- Don't run.
- Don't bring any food.

① 뛰지 않기　　② 반납일 지키기
③ 조용히 이야기하기　　④ 음식 가져오지 않기

35 안내문에서 박물관 관람 시 지켜야 할 규칙으로 언급되지 <u>않은</u> 것은?

2020년 2회

- Don't run.
- Don't take pictures.
- Don't bring food inside.

① 뛰지 않기
② 사진 촬영하지 않기
③ 서로 대화하지 않기
④ 내부에 음식물 가져오지 않기

36 환경보호를 위한 방법으로 제시되지 <u>않은</u> 것은?

2018년 1회

SAVE THE EARTH
- We have to recycle.
- We have to save water.
- We have to reduce food waste.

① 재활용하기　　② 물 절약하기
③ 대중교통 이용하기　　④ 음식물 쓰레기 줄이기

37 주간 날씨 예보에 나타난 화요일의 날씨는?　2019년 2회

Monday	Tuesday	Wednesday	Thursday	Friday

① rainy　　　　② sunny
③ cloudy　　　　④ snowy

주목

38 다음은 Tom의 운동 계획표이다. Tom이 비 오는 날에 하는 운동은?　2017년 2회

Weather	Rainy	Sunny	Cloudy	Snowy
Sports	bowling	swimming	basketball	skiing

① 볼링　　　　② 수영
③ 농구　　　　④ 스키

39 다음은 Mina의 주간 계획표이다. 수요일에 해야 할 일은?　2020년 1회

Monday	Tuesday	Wednesday	Thursday	Friday
Do my homework	Clean my room	Practice the piano	See the doctor	Meet friends

① 숙제하기　　　　② 방 청소하기
③ 피아노 연습하기　　　　④ 친구 만나기

40 다음 표에서 두 학생이 가장 높은 점수를 받은 공통된 활동은?　2018년 2회

What is your score?

Student \ Activity	Sumi	Minsu
Role–play	2	1
Homework	3	3
Group Work	2	3
Report	1	1

① 숙제　　　　② 보고서
③ 역할극　　　　④ 조별 활동

03 Ⅲ 독해 글의 흐름 파악하기

1 흐름에 무관한 문장 찾기

유형풀이의 Key

- 글의 주제에서 벗어난 문장을 찾는 유형이다.
- 글의 내용이 하나의 주제를 중심으로 일관성 있게 쓰이고 있는지를 알아봐야 한다.
- 글의 첫 문장이나 선택지 번호가 달려 있지 않은 부분은 대부분 주제문이므로 이 문장을 잘 읽고, 이것을 뒷받침하지 않는 문장을 골라 본다.
- 핵심 단어를 포함한 글의 주제 혹은 요지부터 파악한 뒤, 글의 흐름상 어색한 문장을 찾아본다.

독해 Training

I / went to Jeju-do / with my family.
나는 / 제주도에 갔다 / 가족과 함께

① We / went / there / by airplane.
우리는 / 갔다 / 그곳에 / 비행기를 타고

② We / saw / a beautiful beach.
우리는 / 봤다 / 아름다운 해변을

③ My teacher / is / very kind.
나의 선생님은 / ~이다 / 굉장히 친절한

④ I / swam / there.
나는 / 수영했다 / 거기에서

I / want to go there / again / someday.
나는 / 그곳에 가고 싶다 / 다시 / 언젠가

ⓐ Vocabulary

family 가족
there 거기에
by airplane 비행기를 타고
beautiful 아름다운
beach 해변, 바닷가
kind 친절한
again 다시
swim 수영하다(swim – swam – swum)
someday 언젠가

Q 글의 흐름으로 보아 어울리지 <u>않는</u> 문장은?

① We went there by airplane. 우리는 비행기를 타고 그곳에 갔다.

② We saw a beautiful beach. 우리는 아름다운 해변을 봤다.

③ My teacher is very kind. 나의 선생님은 매우 친절하다.

④ I swam there. 나는 거기에서 수영했다.

선생님의 풀이 글의 흐름에 무관한 문장을 찾는 문제입니다. 첫 번째 문장을 보세요. '나는 가족과 함께 제주도에 갔다.'라고 나와 있습니다. ① '우리는 그곳에 비행기를 타고 갔다.', ② '우리는 아름다운 해변을 봤다.', ④ '나는 거기에서 수영을 했다.'는 주제를 적절하게 뒷받침하는 문장이죠? 하지만 ③ '나의 선생님은 굉장히 친절하다.'는 글의 흐름에서 벗어나 주제문을 뒷받침하지 않는 문장입니다. 따라서 정답은 ③입니다. **정답** ③

+ 흐름에 무관한 문장 찾기

- 글의 모든 문장은 주제를 적절하게 뒷받침해야 한다. 즉, 글에는 통일성이 있어야 한다.
- 만약 주제와 무관한 문장이 들어 있다면 통일성이 없는 것이라고 할 수 있다.

03 글의 흐름 파악하기 **189**

2 문장 삽입

유형풀이의 Key

- 주어진 문장이 들어갈 적절한 위치를 고르는 문제 유형이다.
- 시간 순서에 따라 전개되는 글 혹은 논리적인 순서에 따라 기술되는 글에서 자주 출제된다.
- 주어진 문장에서 단서가 될 만한 대명사, 접속사 등에 집중한다.
- 문장의 앞뒤에 어떤 내용이 나와야 할지 예측하며 읽어 본다.
- 주어진 문장을 삽입해 본 다음 문장과 문장 사이의 흐름이 자연스러운지 확인한다.

독해 Training

2019년 1회 기출

But / she / is / sick / these days. [주어진 문장]
그러나 / 그녀는 / ~이다 / 아픈 / 요즘

(①) This / is / my dog, Pinky.
이것(이 개)은 / ~이다 / 나의 개, Pinky

(②) When / I / first / got / her, / she / was / healthy and active.
~ 할 때 / 내가 / 처음 / 키웠다 / 그녀를, / 그녀는 / ~이었다 / 건강하고 활동적인

(③) She / doesn't want / to eat or play. (④)
그녀는 / 원하지 않는다 / 먹거나 놀기를

📖 Vocabulary

sick 아픈
these days 요즘에는
first 처음
healthy 건강한
active 활동적인

Q 글의 흐름으로 보아 주어진 문장이 들어가기에 가장 적절한 곳은?

선생님의 풀이 문장 삽입 문제는 우선 주어진 문장을 세심하게 보는 것이 중요합니다. 주어진 문장의 But과 she에 집중하세요. 이 문장 앞뒤에 어떤 내용이 나와야 할지 예측해 봅시다. But이라는 단서를 통해 앞 문장이 주어진 문장과 반대되는 내용이어야 한다는 것을 알 수 있어요. 주어진 문장이 '그녀(Pinky)가 요즘 아프다.'는 내용이므로 이와 반대되는 내용을 찾으면 '~ she was healthy and active.'예요. 따라서 '내가 처음 그녀를 키웠을 때, 건강하고 활동적이었다.'라는 문장 뒷부분에 주어진 문장을 넣어 보면 좀 더 완성도 높은 글이 되죠? 이렇게 되면 글 전체의 흐름이 일관성 있게 전개되고 문장과 문장 사이의 흐름이 자연스럽기 때문에 정답은 ③입니다. 정답 ③

➕ 문장 삽입

- 빈칸에 들어갈 문장은 결국 빈칸 앞뒤를 연결하는 것이다.
- 전체 맥락보다 빈칸 바로 앞뒤가 중요하다.
- 앞뒤의 연결이 부드러운지가 관건이다.

3 글 뒤에 이어질 내용 찾기

유형풀이의 Key 🔑

• 주어진 글에 이어질 내용을 찾는 문제 유형이다.
• 글의 마지막 부분과 자연스럽게 연결되도록 이어질 내용을 알맞게 짐작할 수 있어야 한다.
• 글의 흐름을 바탕으로 이어질 내용을 상상해 본다.

독해 Training

2019년 1회 기출

Do you want to speak English / well?
영어를 하고 싶나요 / 잘?

Most students / spend a lot of time / studying English,
대부분의 학생들은 / 많은 시간을 보냅니다 / 영어를 공부하는 데

but / still / many students / can't speak English / well.
그러나 / 여전히 / 많은 학생들이 / 영어 말하기를 못합니다 / 잘

Here are some ways / you can speak English / better.
몇 가지 방법이 있습니다 / 영어로 말할 수 있는 / 더 잘

🅰 **Vocabulary**

most 대부분의
student 학생
spend time -ing ~하는 데 시간을 보내다
study 공부하다
way 방법
better 더 잘(good, well의 비교급)

Q 글 바로 뒤에 이어질 내용으로 가장 적절한 것은?

① 친구에게 사과하는 방법
② 과학 시험을 잘 준비하는 방법
③ 학생들이 도서관을 이용하는 방법
④ 영어 말하기를 더 잘할 수 있는 방법

선생님의 풀이 주어진 글에 이어질 내용을 찾는 문제는 '내가 이 글을 쓰고 있다면?'이라고 능동적으로 생각하면서 바로 뒤에 이어질 내용으로 가장 적절한 것을 선택하는 것이 효과적입니다. 글의 마지막 문장을 보면 '영어 말하기를 더 잘할 수 있는 몇 가지 방법이 있다.'라고 나와 있어요. 따라서 이어질 내용은 ④ 영어 말하기를 더 잘할 수 있는 방법입니다. **정답** ④

4 심경·분위기 파악하기

독해 Training

2015년 1회 기출

My family / went camping.
나의 가족은 / 캠핑을 갔다

We / sang / songs / together / and / saw / many stars / in the sky.
우리는 / 불렀다 / 노래를 / 함께 / 그리고 / 보았다 / 많은 별들을 / 하늘에 있는

It was / a wonderful night.
비인칭주어 It
~이었다 / 멋진 밤

I / was / very happy.
나는 / ~이었다 / 정말 행복한

📖 Vocabulary

family 가족
go camping 캠핑을 가다
sing 노래를 부르다(sing – sang – sung)
see 보다(see – saw – seen)
star 별
in the sky 하늘에 있는
wonderful 아주 멋진, 신나는
happy 행복한[기쁜]

Q 글쓴이의 심경으로 가장 알맞은 것은?

① 슬픔
② 외로움
③ 당황함
④ 행복함

선생님의 풀이 글에 나타난 상황을 바탕으로 글쓴이의 심경을 찾는 문제입니다. 세부 내용에 초점을 맞추기보다는 글의 전체적인 흐름을 파악하는 것이 중요해요. 글쓴이의 심경은 그 사람이 처한 상황과 밀접한 관련이 있습니다. 글에 사용된 형용사인 wonderful(아주 멋진)과 happy(행복한)를 통해 글을 쓴 사람이 느끼는 감정을 쉽게 알 수 있어요. 정답은 ④ 행복함입니다. **정답** ④

➕ 심경·분위기 파악하기
글에 나타난 형용사와 부사를 잘 살펴보면, 글을 쓴 사람 또는 등장인물이 느끼는 감정이나 글의 전반적인 분위기를 쉽게 알 수 있다.

탄탄 실력 다지기

01 다음 글의 흐름과 관련이 없는 문장은? 2012년 1회

Today is Parents' Day. ① My brother and I are going to make our parents happy. ② My brother will clean up the rooms. ③ I like playing computer games, too. ④ I will wash the dishes. The house will look very nice and clean.

02 글의 흐름으로 보아 어울리지 않는 문장은? 2015년 2회

Yesterday was Parents' Day. ① My sister and I wanted to make our parents happy. ② My sister cleaned the living room. ③ A new student moved to my class. ④ I washed the dishes. We did our best!

03 글의 흐름으로 보아 어울리지 않는 문장은? 2018년 2회

I'm a member of the 'Movie Maker Club.' ① We make movies with digital cameras or cell phones. ② My favorite food is pizza. ③ You can be an actor, a cameraman, or a director in our club. ④ Every Friday we have a 'Cinema Day.' On that day we watch movies that we made.

04 글의 흐름으로 보아, 주어진 문장이 들어가기에 가장 알맞은 곳은? 2014년 2회

So she saved money for them.

(①) She wanted to help poor people. (②) With that money, she opened schools to teach them. (③) She also opened hospitals to take care of them. (④)

05 글의 흐름으로 보아 주어진 문장이 들어가기에 가장 알맞은 곳은? 2016년 1회

It is delicious.

I am happy at school. (①) First, I like our school food. (②) Second, my homeroom teacher, Mr. Kim, is very kind. (③) He also makes us laugh a lot. (④) Last, I like playing soccer on the playground.

06 다음 글 바로 뒤에 이어질 내용으로 가장 적절한 것은?

2018년 1회

> Tony's Blog 🌿
>
> I was born and grew up in Italy. I am interested in Korean music. I sometimes write about it on my blog. Here are some of my writings about Korean music.

① 한국 음악에 관한 글
② 이탈리아 여행 안내
③ Tony의 출생지 소개
④ 현명한 인터넷 사용법

07 다음 글 뒤에 이어질 내용으로 알맞은 것은?

2011년 2회

> The earth is sick nowadays. Have you ever tried to do something to make nature better? Here are some ideas.

① 클럽 활동 가입 방법
② 환경 보호 실천 방법
③ 인터넷 중독 예방법
④ 전자 제품 사용 설명서

08 다음 글의 바로 뒤에 이어질 내용으로 가장 적절한 것은?

2020년 1회

> Most of us want to help save the earth. We can start this by recycling at home. Here are some simple ways to recycle more effectively at home.

① 대기 오염의 원인
② 산림 보호의 실천 사례
③ 단체 생활 시 질병 예방 수칙
④ 가정에서의 효율적 재활용 방법

09 다음 글 바로 뒤에 이어질 내용으로 가장 알맞은 것은?

2017년 1회

> Do you want to be healthy? Try exercising every day. Walk more. Here is some more useful information for living a healthy life.

① 학교의 위치
② 건전지 교체 시기
③ 라디오 수리 방법
④ 건강한 삶을 위한 정보

10 다음 글 바로 뒤에 이어질 내용으로 가장 적절한 것은?

2017년 2회

> Do you have difficulty in making new friends? Read the following useful tips on how to make new friends.

① 생활 속 안전 수칙
② 효율적인 공부 방법
③ 환경 보호를 위한 유용한 방법
④ 새로운 친구를 사귀는 유용한 방법

주목
11 글 바로 뒤에 이어질 내용으로 가장 적절한 것은?

2019년 2회

> Hello, everyone! We finally got a new computer room. You can use the new computers at any time during school hours. Please keep the following rules when you use this room.

① 음악실 안내
② 컴퓨터 대회 홍보
③ 컴퓨터실 사용 규칙
④ 운동장 개방 시간 안내

12 다음 글 바로 뒤에 이어질 내용으로 가장 적절한 것은?

2020년 2회

> There are a lot of mountains in the world. Many people like to climb to the top of the mountains. However, climbing mountains can be dangerous. When you climb mountains, you need to follow these safety rules.

① 세계의 높은 산
② 등산하기에 좋은 산
③ 산 정상에 오르는 이유
④ 등산할 때 지켜야 할 안전 수칙

주목
13 다음 글에 나타난 'I'의 심경으로 가장 알맞은 것은?

2014년 1회

> I'm from America. I'm not good at Korean, so I can't understand it well. It makes me feel terrible.

① 답답함
② 당당함
③ 만족함
④ 신기함

14 다음 글을 쓴 사람의 심정으로 가장 알맞은 것은?

2011년 2회

> I'm from Canada. I'm so poor at Korean that I can't understand it at all. It makes me feel terrible.

① 답답함
② 신비함
③ 당당함
④ 행복함

15 다음 글에서 'I'의 심정으로 가장 알맞은 것은?

2011년 1회

> I'm from England. I moved to Korea last month. I'm so lonely here because I don't have any friends.

① 화남
② 놀람
③ 행복함
④ 외로움

16 다음 글에서 'I'가 느꼈을 기분은?

2010년 2회

> I had a dream last night. I travelled to the moon. I saw many beautiful stars. It was a wonderful dream.

① sad
② happy
③ angry
④ worried

04

의미 추론하기

1 빈칸(연결사) 추론

유형풀이의 Key

- 글의 흐름을 파악하여 빈칸에 들어갈 적절한 연결어를 찾는 유형이다.
- 선택지에 나와 있는 연결어를 살펴본다.
- 빈칸 앞뒤 문장과 문장 간의 관계를 파악한다.
- 선택지에서 적절한 연결어를 빈칸에 넣어 보고 해석하며 확인한다.

독해 Training

2018년 1회 기출

There are / various festivals / in the world.
~가 있다 / 다양한 축제 / 세계에는

_____, / there is / a mud festival / in Korea.
_____, / ~가 있다 / 머드 축제 / 한국에는

At this festival, / you / can have fun playing / in the mud.
이 축제에서 / 너는 / 재미있게 놀 수 있다 / 진흙에서

In Japan, / there is / a snow festival.
일본에는 / ~가 있다 / 눈 축제

You / can take pictures / of the beautiful art pieces / made of snow.
너는 / 사진을 찍을 수 있다 / 아름다운 예술 작품의 / 눈으로 만들어진

🗓 Vocabulary

there are + 복수명사 ~가 있다
various 여러 가지의, 다양한
festival 축제[기념제]
mud 진흙
there is + 단수명사 ~가 있다
take pictures 사진을 찍다(= take a picture)
piece 작품
made of ~로 만들어진

Q 빈칸에 들어갈 말로 가장 적절한 것은?

① For example 예를 들어

② However 그러나

③ Unfortunately 불행히도

④ On the other hand 반면에

선생님의 풀이 글의 흐름으로 보아 빈칸에 들어갈 적절한 연결어를 찾는 문제입니다. 빈칸의 앞뒤 내용을 세심히 해석해야만 풀 수 있는 문제 유형이기 때문에 시간이 많이 들어요. 대다수의 수험생이 가장 어려워하는 문제이기 때문에 오답률도 높습니다. 먼저 선택지에 나온 각 연결어를 살펴보세요. 그리고 빈칸 앞뒤의 상황을 파악해 봅시다. 빈칸 앞에서 세계에 다양한 축제가 있다고 하고, 빈칸 뒤에서 나라별 축제에 대해 예를 들어 설명하고 있어요. 따라서 정답은 ① For example(예를 들어)입니다. **정답 ①**

☑ 개념 check up 연결어

- **역접**: but(그러나), however(하지만)
- **이유**: because, since(~ 때문에)
- **요약**: in short(간단히 말해, 요약하자면)
- **예시**: for example, for instance(예를 들어)
- **결과**: so(그래서), therefore(그러므로)

2 지칭(지시어) 추론

유형풀이의 Key

- 대명사가 가리키고 있는 것을 찾는 유형이다.
- 대명사는 주로 앞에 나온 명사를 대신하며, 때로는 문장 전체를 대신하기도 한다.
- 대명사가 가리키는 대상을 찾은 후 대명사 자리에 그 명사를 넣고 해석하여 문맥이 자연스러운지 확인한다.

독해 Training 2018년 2회 기출

Salt / has been / in our lives / for a long time.
소금은 / 있었다 / 우리의 삶 속에 / 오랫동안

One example / is / that many people / used / salt / to improve / the taste of food.
　　　　　　　 보어 역할을 하는 that절
한 가지 예는 / ~이다 / 많은 사람들이 / 사용했다 / 소금을 / 향상시키기 위해 / 음식 맛을

Gandhi / also / used / it / to lead / the independence movement* / in India.
간디는 / 또한 / 사용했다 / 그것을 / 이끌기 위해서 / 독립운동을 / 인도에서

So, / it / makes / our food / tasty / and / has / historical meaning.
그래서 / 그것은 / 만든다 / 우리의 음식을 / 맛있게 / 그리고 / 가지고 있다 / 역사적 의미를

* independence movement 독립운동

📖 Vocabulary

salt 소금
for a long time 오랫동안
improve 개선하다, 향상시키다
taste 맛
lead 이끌다
India 인도
tasty 맛있는
historical meaning 역사적 의미

Q 밑줄 친 It(it)이 가리키는 것으로 적절한 것은?

① 소금
② 시간
③ 예시
④ 음식 맛

선생님의 풀이 대명사가 가리키고 있는 것을 찾는 문제입니다. 대명사가 가리키는 대상을 찾아보세요. 소금이죠? 소금을 밑줄 친 it에 대입하여 읽어 봅시다. '간디는 또한 인도에서 독립운동을 이끌기 위해서 소금을 사용했다. 그래서, 소금은 우리의 음식을 맛있게 만들어 주고 역사적 의미를 가지고 있다.' 어때요? 문맥이 자연스럽죠? 따라서 정답은 ① 소금입니다.

정답 ①

✓ 개념 check up 　 지칭 추론 유형에 등장하는 지시대명사

단수	it, this, that
복수	they, these, those

탄탄 실력 다지기

01 글의 흐름으로 보아 빈칸에 들어갈 말로 가장 적절한 것은?

2018년 2회

> People believe that paper is not strong enough to make clothes with. _____ we can make beautiful clothes or shoes with traditional Korean paper, hanji. How is it possible? Hanji is strong because we make it from the tough *bark of the **dak tree.
>
> *bark 껍질 **dak tree 닥나무

① So ② But
③ Then ④ Because

02 글의 흐름으로 보아 빈칸에 들어갈 말로 알맞은 것은?

2015년 2회

> We can do many useful things with *cell phones, like making phone calls or listening to music. _____, if we are not careful when using cell phones in public places, they can cause problems.
>
> * cell phones 휴대 전화

① However ② At first
③ In short ④ For example

03 빈칸에 가장 알맞은 것은?

2014년 2회

> Tourism brings money into a country. And it provides jobs for many people. _____, *tourism isn't always good. It can damage natural areas and local cultures.
>
> *tourism 관광사업

① Therefore ② In short
③ For example ④ However

04 밑줄 친 It(it)이 가리키는 것으로 적절한 것은?

2019년 1회

> It is an important thing for life. We can't see it, but we need it to breathe. Riding bicycles instead of driving cars can keep it clean.

① air ② tree
③ land ④ water

05 다음 글의 밑줄 친 It(it)에 해당하는 것은? 2011년 1회

It is a traditional Korean food. It is a rice cake. We have it on Korean Thanksgiving Day, Chuseok.

① pizza
② kimchi
③ chicken
④ songpyeon

주목

06 다음 중 밑줄 친 It(it)이 가리키는 것으로 적절한 것은? 2020년 1회

It can live with people. It has four legs and a tail. Many people have it as a pet. When it is young, it is called a puppy.

① dog
② lion
③ bird
④ snake

07 다음 글의 밑줄 친 this가 의미하는 것은? 2012년 1회

People like this very much. Many of them want to listen to this all the time. There are various kinds of this: pop, jazz, rock, hiphop, and so on.

① shopping
② music
③ money
④ coffee

08 다음 중 밑줄 친 them이 가리키는 것으로 적절한 것은? 2020년 2회

Jisu makes delicious cookies. She sometimes brings her cookies to class and gives them to us. I ate her cookies yesterday. They were so good!

① books
② cookies
③ classes
④ friends

주목

09 밑줄 친 'It'이 공통으로 가리키는 것은? 2015년 2회

It is the Korean alphabet. It was made by King Sejong. It has 24 letters. It is known as a scientific and beautiful writing system.

① 한글
② 한복
③ 판소리
④ 태권도

IV

어휘

01 단어

A(a)

1	able	형 ~할 수 있는	You must be able to speak English for this job. 너는 이 일을 위해서 영어를 할 수 있어야 한다.
2	about	부 ❶ 약, ~쯤, ~경 ❷ 거의	❶ We waited (for) about an hour. 우리는 한 시간쯤 기다렸다. ❷ I'm just about ready. 나는 거의 준비가 다 되어간다.
		전 ❶ ~에 대한(무엇의 '주제'나 '연관성'을 나타냄) ❷ ~에 관한, ~와 관련된(무엇의 '목적'이나 '측면'을 나타냄)	❶ a book about animals 동물에 관한 책 ❷ Movies are all about making money these days. 요즘엔 영화가 온통 돈벌이하고만 관련되어 있다.
3	above	전 (위치나 지위 면에서) ~보다 위에[위로]	The birds are flying above the ocean. 새들이 바다 위를 날고 있다.
		부 ❶ (위치가) 위에[위로] ❷ (수·나이 등이) ~ 이상으로, ~을 넘어	❶ the room above 윗층의 방 ❷ seventy and above 70(과 그) 이상
4	abroad	부 해외에(서), 해외로	He worked abroad for a year. 그는 일 년 동안 해외에서 근무했다.
5	absent	형 결석한, 결근한	She was absent from school today. 그녀는 오늘 학교에 결석했다.
6	accident	명 (특히 자동차) 사고[재해]	The accident happened at 2 p.m. 그 사고는 오후 2시에 발생했다.
7	across	부 ❶ 건너서, 가로질러 ❷ (~ from) 맞은편에	❶ I can't swim across. 나는 헤엄쳐서 건널 수 없다. ❷ There's a school just across from his house. 그의 집 바로 맞은편에 학교가 있다.
		전 ❶ 가로질러, 가로로 ❷ 건너편에, 맞은편에	❶ They walked across the field. 그들은 들판을 가로질러 걸어갔다. ❷ There's a post office right across the street. 도로 바로 맞은편에 우체국이 있다.
8	act	명 (특정한) 행동[행위/짓]	a brave act 용감한 행동
		동 ❶ 행동하다 ❷ (연극이나 영화에서) 연기하다	❶ You and your brother act in the same way. 너와 너의 형은 똑같이 행동한다. ❷ act Romeo Romeo 역할을 하다

9	active	형 ❶ (특히 신체적으로) 활동적인 ❷ 적극적인	❶ I like doing active sports. 나는 활동적인 운동을 하는 것을 좋아한다. ❷ She takes an active part in school life. 그녀는 학교 생활을 적극적으로 한다.
10	actress	명 여배우	She is a famous Hollywood actress. 그녀는 유명한 할리우드 여배우이다.
11	add	동 ❶ 첨가[추가]하다, 덧붙이다 ❷ (수·양을) 합하다[더하다] ❸ (말을) 덧붙이다	❶ Next add the flour. 그런 다음에 밀가루를 넣어라. ❷ Add 6 to the total. 합계에 6을 더해라. ❸ I want to add one more thing. 나는 한 가지 덧붙일 말이 있다.
12	address	명 주소	His address is wrong. 그의 주소는 잘못됐다.
13	adult	명 성인, 어른	She is now an abult. 그녀는 이제 성인이다.
14	advice	명 조언, 충고	He came to me for advice. 그는 내 충고를 들으러 왔다.
15	advise	동 조언하다, 충고하다, 권고하다	The doctor advised me to stop smoking. 의사는 내게 금연을 권했다.
16	after	전 (시간) 뒤에[후에] 부 (순서) 뒤[후]에, 나중에 접 ~한 뒤[후]에	After an hour he went home. 1시간 뒤에 그는 집으로 갔다. They lived happily ever after. 그후 내내 그들은 행복하게 살았다. You can be a doctor after you graduate from medical school. 너는 의학 대학을 졸업한 뒤에 의사가 될 수 있다.
17	afternoon	명 오후	In the afternoon we went shopping. 오후에 우리는 쇼핑을 갔다.
18	again	부 ❶ 한 번 더, 다시 ❷ (원래의 장소나 상태로) 다시	❶ try again 다시 한번 해 보다 ❷ You'll soon feel well again. 너는 곧 다시 몸이 좋아질 것이다.
19	age	명 ❶ 나이, 연령, 수명 ❷ (역사적으로 특정한) 시대	❶ She was tall for her age. 그녀는 그녀의 나이에 비해 키가 컸다. ❷ the age of the computer 컴퓨터 시대
20	ago	부 (얼마의 시간) 전에	We met for the first time six years ago. 우리는 6년 전에 처음으로 만났다.
21	agree	동 동의하다	I agree with you. 당신의 의견에 동의한다.
22	ahead	부 ❶ (공간·시간상으로) 앞으로, 앞에 ❷ 미리	❶ The road ahead was blocked. 앞쪽의 도로가 막혀 있었다. ❷ This party was planned weeks ahead. 이 파티는 몇 주 전에 미리 계획되었다.
23	air	명 공기, 대기	air pollution 대기 오염
24	airplane	명 비행기	The airplane is in the sky. 비행기가 하늘에 있다.

25	airport	명 공항	How far is it to the airport? 공항까지 거리가 얼마나 되나요?
26	all	한 모든	All seven men are hard workers. 일곱 남자 모두가 성실한 일꾼들이다.
		대 다, 모두	All of them enjoyed the party. 그들 모두가 그 파티를 즐겼다.
		부 완전히, 온통	He was dressed all in white. 그는 온통 하얀색으로 옷을 입고 있었다.
27	almost	부 거의	Dinner's almost ready. 저녁 식사가 거의 준비되었다.
28	alone	형 부 혼자; 다른 사람 없이(명사 앞에는 안 씀)	She lives alone. 그녀는 혼자 산다.
29	already	부 이미, 벌써	I've already eaten. 나는 벌써 먹었다.
30	always	부 ❶ 항상, 언제나 ❷ (앞으로) 언제까지나	❶ He always arrives at 6:30. 그는 항상 6시 30분에 도착한다. ❷ I'll always love you. 나는 (앞으로) 언제까지나 당신을 사랑할 거예요.
31	a.m. / A.M.	약 오전	It starts at 9 a.m. 그것은 오전 9시에 시작한다.
32	and	접 –와/과, –고, 그리고	bread and butter 빵과 버터
33	angry	형 화난, 성난	Please don't be angry with me. 제발 나한테 화내지 마세요.
34	animal	명 동물	What is the biggest animal on the farm? 그 농장에서 가장 큰 동물은 무엇이니? ✚ 동물 관련 단어 bear, cat, dog, dolphin, elephant, fox, horse, mouse, rabbit, sheep, tiger 등
35	another	한 또 하나(의); 더, 또	Would you like another drink? 한 잔을 더 하시겠어요?
		대 다른; 다른 사람[것]	Let's do it another time. 그것은 다른 때에 하자.
36	answer	명 ❶ 대답, 회신, 대응 ❷ 해답, 답 ❸ 해결책	❶ There was no answer. 아무런 응답도 없었다. ❷ Do you know the answer to question 5? 너는 5번 문제의 답을 아니? ❸ There is no easy answer. 쉬운 해결책이란 없다.
		동 대답하다, 대응하다	She answered me with a smile. 그녀는 내게 미소로 대답을 했다.
37	anyway	부 ❶ 게다가 ❷ 그런데, 그건 그렇고	❶ It's too late now, anyway. 게다가 지금은 시간도 너무 늦었어요. ❷ Anyway, where are you going now? 그런데, 너는 지금 어디 가는 중이니?
38	around	부 약, ~쯤	He arrived around seven. 그가 7시쯤 도착했다.
		전 ~ 둘레에[주위에]	There are students around the table. 탁자 주위에는 학생들이 있습니다.

39	arrive	통 (특히 여정 끝에) 도착하다	I'll wait until they arrive. 나는 그들이 도착할 때까지 기다릴 것이다.
40	art	명 ❶ 미술; 예술(행위) ❷ 미술 (과목), 회화 ❸ 예술	❶ I'm interested in modern art. 나는 현대 미술에 관심이 있다. ❷ He's good at art and design. 그는 미술과 디자인에 능하다. ❸ I don't know much about art. 나는 예술에 대해 많이 알지는 못한다.
41	artist	명 화가, 예술가, 아티스트	He will be a great artist someday. 언젠가 그는 위대한 미술가가 될 것이다.
42	as	전 (자격·기능 등이) ~로(서)	You can use that glass as a vase. 너는 저 유리잔을 꽃병으로 쓸 수 있다.
		부 ❶ (as ~ as...) ...만큼 ~한 ❷ ~하는 것과 같이, ~듯이	❶ He is as tall as his father. 그는 그의 아버지만큼 키가 크다. ❷ As always, she said little. 늘 그랬듯이, 그녀는 별로 말이 없었다.
		접 ❶ ~하는 동안에 ❷ ~때문에 ❸ ~다시피[~듯이]	❶ He sat watching her as she got ready. 그녀가 준비를 하는 동안에 그는 앉아서 그녀를 지켜보고 있었다. ❷ I am proud of my son as he is very brave. 나는 나의 아들이 매우 용감하기 때문에 자랑스럽다. ❸ As you know, Tom is leaving soon. 너도 알다시피 Tom은 곧 떠나.
43	ask	통 ❶ 묻다, 물어보다 ❷ 부탁하다[요청하다]	❶ Can I ask a question? 질문을 하나 해도 되나요? ❷ I'd like to ask a favor of you. 저는 당신에게 도움을 요청하고 싶어요.
44	at	전 ❶ (장소) ~에 ❷ (시간) ~에	❶ We arrived late at the airport. 우리는 공항에 늦게 도착했다. ❷ We left at 5 o'clock. 우리는 5시 정각에 떠났다.
45	away	부 ❶ (시간적·공간적으로) 떨어 져[떨어진 곳에] ❷ 다른 데(로)	❶ The town is five miles away. 그 마을은 5마일 떨어져 있다. ❷ Go away! (다른 데로) 가!

B [b]

46	back	명 ❶ 등; (등)허리 ❷ 뒤쪽	❶ I have a terrible pain in my back. 나는 등이 너무 아프다. ❷ There's room for five people in the back. 뒤쪽에 다섯 사람이 있을 수 있는 공간이 있다.
		형 뒤쪽의	a back seat 뒷좌석
		부 ❶ (자기) 뒤로 ❷ (이전의 장소·상태 등으로) 다시, 돌아가[와]서 ❸ 과거로 (거슬러), (예)전에	❶ Sit back and relax. 뒤로 기대어 앉아서 긴장을 풀어라. ❷ She'll be back on Monday. 그녀는 월요일에 돌아올 것이다. ❸ He left back in May. 그는 지난 5월에 떠났다.

47	bad	형 ❶ 안 좋은, 불쾌한, 나쁜 ❷ ~을 잘 못하는, 서투른	❶ I have good news and bad news. 내게 좋은 소식과 나쁜 소식이 있다. ❷ A bad workman finds fault with his tools. [속담] 서투른 일꾼이 연장 탓한다.
48	bag	명 ❶ (천·가죽 등으로 만든) 가방, 백, 포대, 자루 ❷ (특히 가게에서 사용하는) 봉투[봉지]	❶ What kind of bag do you want? 너는 어떤 종류의 가방을 원하니? ❷ Do you need a plastic bag? 너는 비닐 봉지가 필요하니?
49	bake	동 (음식을) 굽다; (음식 등이) 구워지다	I'm baking a birthday cake for my mom. 나는 엄마를 위해 생일 케이크를 굽고 있다.
50	ball	명 공	The ball is in the swimming pool. 그 공은 수영장 안에 있다.
51	balloon	명 풍선	The boy is holding a balloon. 그 소년이 풍선을 들고 있다.
52	bank	명 ❶ 은행 ❷ 둑, 제방	❶ The bank opens at nine o'clock. 은행은 아홉 시 정각에 연다. ❷ The flood broke down the bank. 홍수로 둑이 무너졌다.
53	baseball	명 야구	I'm watching a baseball game on TV. 나는 TV로 야구 경기를 보고 있다.
54	basket	명 바구니	The apples are in a basket. 사과들이 바구니 안에 있다.
55	basketball	명 농구	I play on the basketball team. 나는 그 농구부에서 활동하고 있다.
56	bat	명 ❶ 방망이, 배트 ❷ 박쥐	❶ I have a baseball bat. 나는 야구 방망이를 가지고 있다. ❷ First of all, bats can fly. 우선, 박쥐는 날 수 있다.
57	bath	명 ❶ 욕조 ❷ 목욕	❶ He got out of the bath. 그는 욕조 밖으로 나갔다. ❷ It's time to take a bath. 목욕을 할 시간이다.
58	bathroom	명 ❶ 욕실, 목욕탕 ❷ 화장실(욕조나 샤워 박스가 있을 수도 있음)	❶ The boy is cleaning the bathroom. 그 소년이 욕실을 청소하고 있다. ❷ Where's the bathroom? 화장실은 어디예요? ✚ toilet / bathroom 미국 영어에서는 화장실을 갖춘 공간을 bathroom이라 하고, toilet이라는 말은 절대 쓰지 않는다. 공공장소에 있는 화장실은 restroom, ladies' room, women's room, men's room 등과 같이 표현한다. 영국 영어에서는 화장실이 갖추어진 공간을 보통 toilet이라고 한다.
59	beach	명 해변, 바닷가; 호숫가	The man is walking on the beach. 그 남자가 해변가를 걷고 있다.
60	bear	명 곰 동 참다, 견디다	Two bears are sitting on the rocks. 곰 두 마리가 바위 위에 앉아 있다. I can't bear the cold weather. 나는 추운 날씨를 참을 수가 없다.

61	beautiful	형 ❶ 아름다운 ❷ 멋진, 훌륭한	❶ She is beautiful. 그녀는 아름답다. ❷ It's a beautiful car. 그것은 멋진 차다. ➕ 사람의 멋진 외모를 묘사할 때 쓰는 단어들 attractive, beautiful, good-looking, gorgeous, handsome, lovely, pretty, charming 등
62	beauty	명 ❶ 아름다움, 미 ❷ 미인; 아름다운 것	❶ Tell them about the beauty of our country. 그들에게 우리나라의 아름다움에 관해 이야기해라. ❷ She's a great beauty. 그녀는 대단한 미인이다.
63	because	접 ~ 때문에, ~해서[여서/니까]	I didn't stay outside long because it was too cold. 너무나 추웠기 때문에 나는 밖에 오래 머물지 못했다.
64	become	동 ~(해)지다, ~이 되다	My dream is to become a singer. 나의 꿈은 가수가 되는 것이다.
65	bed	명 침대	People are sleeping in the bed. 사람들이 침대에서 자고 있다.
66	bedroom	명 침실, 방	I have a single bed in my bedroom. 나의 침실에는 1인용 침대가 있다.
67	beef	명 소고기	What do you want, beef or fish? 당신은 소고기와 생선 중 어느 것을 드시겠습니까?
68	before	전 ❶ (시간상으로 ~보다) 전[앞]에 ❷ (순서·일 진행상 ~보다) 앞에[먼저] 접 ~하기 전에 부 진작; 전에; 예전에	❶ Wash your hands before dinner. 저녁 식사 전에 손을 씻도록 해라. ❷ Your name is before mine on the list. 그 명단에서는 너의 이름이 내 이름보다 먼저 나온다. Do it before you forget. 잊어버리기 전에 그것을 해. I think we've met before. 내 생각에 우리가 예전에 만난 적이 있는 것 같다.
69	begin	동 시작하다	When does the baseball game begin? 야구 경기는 언제 시작하나요? ➕ begin / start start가 구어 영어에서 더 흔히 쓰이기는 하지만, begin과 start 사이에는 의미 차이가 많지 않다.
70	behind	전 뒤에	The cat is behind the sofa. 그 고양이가 소파 뒤에 있다.
71	believe	동 (무엇이나 누구의 말이 진실임을) 믿다	I don't believe you! 나는 너를 안 믿어!
72	best	형 최상[최고]의, 제일 좋은 부 가장 명 최고[최상]	My best friend is coming soon. 나의 제일 친한 친구가 곧 올 것이다. Which one do you like best? 너는 어느 것이 가장 좋니? They only buy the best. 그들은 최상품만을 산다.
73	between	전 ❶ (위치가) 사이[중간]에 ❷ (시간이) 사이[중간]에	❶ I sat down between Bora and Dasom. 나는 Bora와 Dasom 사이에 앉았다. ❷ Don't eat between meals. 식사 시간 사이에 먹지 마라.

74	**big**	형 (치수·정도·양 등이) 큰	Look at the big cat. 저 커다란 고양이를 봐라.
75	**birthday**	명 생일	Happy birthday! 생일 축하해요!
76	**blind**	형 눈이 먼, 시각장애인	Doctors think he will go blind. 의사들은 그가 눈이 멀게 될 거라고 생각한다.
		명 [pl.] (the ~) 시각장애인	guide dogs for the blind 시각장애인의 안내견
77	**block**	명 ❶ (단단한) 사각형 덩어리 ❷ (도로로 나뉘는) 구역, 블록	❶ a block of ice 네모난 얼음 덩어리 ❷ Go straight one block and turn right. 한 블록을 직진하고 우회전을 하세요.
		동 막다, 차단하다	The curtain blocked out the light. 커튼이 햇빛을 막아 주었다.
78	**blow**	동 불다	It was blowing hard. 바람이 몹시 불고 있었다.
79	**board**	명 (판자같이 생긴) ~판[~대]	a blackboard 칠판
		동 승선[승차/탑승]하다	My uncle is boarding the plane. 나의 삼촌이 비행기에 탑승을 하고 있다.
80	**boat**	명 배	Three people are in the boat. 보트 안에는 세 명이 있다.
81	**body**	명 ❶ 몸, 신체 ❷ (건물·자동차 등의) 본체, 중심부	❶ A sound mind in a sound body. [속담] 건강한 신체에 건강한 정신이 깃든다. ➕ 신체 부위 eyebrow, eye, nose, lip, tongue, ear, head, shoulder, knee, foot, hand, finger 등 ❷ the main body of the text 그 텍스트의 본문
82	**book**	명 책	There's a book on the desk. 책상 위에 책 한 권이 있다.
		동 예약하다	I'd like to book a table for six for 9 o'clock tonight. 오늘 밤 9시 정각에 여섯 명이 앉을 자리를 예약하고 싶습니다.
83	**boring**	형 재미없는, 지루한	This movie is boring. 이 영화는 지루하다.
84	**borrow**	동 빌리다	Can I borrow your dictionary? 너의 사전을 빌릴 수 있을까? ➕ borrow / lend borrow는 '빌리다'라는 뜻이고 lend는 '빌려주다'라는 뜻이다. A: Can I borrow a pen from you? 펜 하나를 빌릴 수 있을까? B: Here, I'll lend you my pen. 자, 나의 펜을 빌려줄게.
85	**both**	한 대 둘 다(의)	Both of us are kind. 우리 둘 다 친절하다.
86	**bottle**	명 병	This bottle is filled with water. 이 병은 물로 가득 차 있다.
87	**brave**	형 용감한	Be brave! 용기를 내!

88	bread	명 빵	Man cannot live by bread alone. [속담] 사람은 빵만으로는 살 수 없다.
89	break	통 ❶ 깨어지다, 부서지다; 깨다, 부수다 ❷ 고장 나다; 고장 내다 ❸ (식사 등을 위해) 쉬다[휴식 하다]	❶ My little sister broke a window yesterday. 나의 여동생이 어제 창문을 깨뜨렸다. ❷ My watch has broken. 나의 시계가 고장 났다. ❸ Let's break for lunch. 점심을 먹고 쉬었다 합시다.
		명 휴식 (시간)	Let's take a coffee break now. 이제 커피를 마시는 휴식 시간을 가집시다.
90	breakfast	명 아침(밥), 아침 식사	I don't eat much breakfast. 나는 아침을 많이 먹지는 않는다.
91	bridge	명 다리	Is that bridge safe? 저 다리는 안전하니?
92	bright	형 ❶ (빛이) 밝은, 눈부신, 빛나는 ❷ 발랄한, 생기 있는 ❸ 똑똑한	❶ He doesn't like bright colors. 그는 밝은 색을 좋아하지 않는다. ❷ She gave me a bright smile. 그녀가 나에게 환한 미소를 지어 보였다. ❸ He's bright and kind. 그는 똑똑하고 친절하다.
93	bring	통 가져오다, 데려오다	I'll bring my father in next time. 다음번에 제가 아버지를 모시고 올게요.
94	brush	명 붓; 솔; 비	a hair brush 머리빗
95	build	통 ❶ (건물을) 짓다, 건설[건축] 하다 ❷ 만들어 내다, 창조[개발]하다	❶ I'll build a nice house. 나는 멋진 집을 지을 것이다. ❷ We want to build a better life. 우리는 보다 나은 삶을 꾸리고 싶어 한다.
96	busy	형 ❶ 바쁜 ❷ 통화 중인	❶ I'm busy now. 나는 지금 바쁘다. ❷ The line is busy. 전화가 통화 중이야.
97	buy	통 사다[사 주다], 구입하다	I'm planning to buy a new bag. 나는 새 가방을 살 계획이다.
98	by	전 ❶ ~ 옆[가]에 ❷ ~로(방법·수단을 나타냄) ❸ (늦어도) ~까지는[쯤에는]	❶ The vase is by the window. 꽃병은 창가에 있다. ❷ It takes about 10 minutes by bus. 버스를 타고 약 10분이 걸린다. ❸ Can you finish the work by six o'clock? 당신은 그 일을 여섯 시 정각까지 끝낼 수 있겠어요?

99	calendar	명 달력	He is looking at the calendar. 그는 달력을 보고 있다.
100	call	동 ❶ 이름을 지어주다, ~라고 부르다[칭하다] ❷ (큰 소리로) 부르다[외치다/ 말하다] ❸ 전화하다	❶ You call it love. 당신은 그것을 사랑이라고 부르죠. ❷ "See you later." he called. "나중에 보자."라고 그가 외쳤다. ❸ I'll call again later. 내가 나중에 다시 전화를 할게.
		명 전화 (통화)	Give me a call. 저에게 전화를 주세요.
101	calm	형 침착한, 차분한	His voice was calm. 그의 목소리는 차분했다.
		동 진정시키다	Calm yourself. 진정해라.
		명 평온; 진정	the calm of a summer evening 여름날 저녁의 평온함
102	cancel	동 취소하다	I'd like to cancel my reservation. 저는 제 예약을 취소하고 싶습니다.
103	careful	형 조심하는, 주의 깊은	Be careful! 조심해!
104	carry	동 ❶ (이동 중에) 들고[데리고] 있다; 나르다 ❷ 휴대하다, 가지고 다니다	❶ He is going to carry the box. 그는 그 상자를 운반할 것이다. ❷ Police in many countries carry guns. 많은 국가들에서 경찰들이 총을 휴대한다.
105	case	명 ❶ (특정한 상황의) 경우 ❷ 용기, 통, 상자	❶ You should be prepared in case you lose your passport. 너는 너의 여권을 잃어버렸을 경우를 대비해야 한다. ❷ a pencil case 필통
106	catch	동 ❶ 잡다[받다] ❷ (버스·기차 등을 시간 맞 춰) 타다 ❸ (병에) 걸리다	❶ How many fish did you catch? 너는 물고기를 얼마나 잡았니? ❷ I'm going to catch a bus. 나는 버스를 탈 예정이다. ❸ I catch a cold every winter. 나는 매년 겨울 감기에 걸린다.
107	chance	명 ❶ 가능성 ❷ 기회	❶ There's a chance that he will live. 그가 살아날 가능성이 있다. ❷ This is your big chance. 이것은 당신에게 큰 기회이다.
108	change	동 ❶ 변하다[바뀌다]; 변하게 하 다[바꾸다] ❷ 바꾸다	❶ The lights changed from green to red. 신호등이 초록 불에서 빨간 불로 바뀌었다. ❷ I change my car every two years. 나는 2년마다 나의 차를 바꾼다.
109	cheap	형 (값이) 싼, 돈이 적게 드는	Apples are very cheap in this season. 요즘 철에는 사과가 아주 싸다.
110	check	동 살피다[점검하다], 알아보다 [확인하다]	I'll go and check. 내가 가서 확인해 볼 것이다.

		명 ❶ 확인, 점검	❶ a health check
		❷ 계산서	건강 검진
			❷ Can I have the check, please?
			계산서를 가져다 주시겠어요?
			✚ 영국 영어에서는 보통 bill을 쓴다.

| 111 | child | 명 아이, 어린이 | A fine child becomes a fine man [속담] |
| | | | 될성부른 나무는 떡잎부터 알아본다. |

| 112 | choice | 명 선택(하는 행동) | I guess you have no choice. |
| | | | 당신한테는 선택의 여지가 없습니다. |

| 113 | choose | 동 (선)택[(선)정]하다, 고르다 | You choose. |
| | | | 네가 선택해라. |

| 114 | circle | 명 원형, 동그라미, 원 | Draw a circle. |
| | | | 원을 하나 그려라. |

| 115 | city | 명 도시 | I miss the city. |
| | | | 나는 그 도시가 그립다. |

116	class	명 ❶ 학급[반] (학생들)	❶ They were in the same class at school.
		❷ 수업	그들은 학교 다닐 때 같은 반이었다.
			❷ I was late for a class.
			나는 수업 시간에 지각을 했다.

| 117 | classroom | 명 교실 | Don't make a noise in the classroom. |
| | | | 교실에서 떠들지 마라. |

118	clean	형 깨끗한	Keep your room clean.
			당신의 방을 깨끗하게 하세요.
		동 (깨끗이) 닦다, 청소하다	I will clean the floor.
			나는 마루를 청소할 것이다.

119	clear	형 ❶ 알아듣기[보기] 쉬운, 분명한	❶ Is that clear? 알겠니?
		❷ 확실한	❷ My memory is not clear on that point.
		❸ 맑은, 투명한	그 점에 대해서는 저의 기억이 확실하지가 않습니다.
			❸ The water was so clear.
			물이 정말 맑았다.

| 120 | clock | 명 (벽에 걸거나 실내에 두는) 시계 | The clock is fast. |
| | | | 그 시계는 시간이 빠르다. |

121	close	동 (문·커튼 등을) 닫다[치다], (눈을) 감다; (문 등이) 닫히다	What time do you close today?
			당신은 오늘 몇 시에 문을 닫죠?
		형 ❶ (시간적·공간적으로) 가까운	❶ Those two buildings are close together.
		❷ 친(밀)한	저 두 건물은 서로 가까이에 있다.
			❷ She is a very close friend.
			그녀는 아주 친한 친구이다.

| 122 | cloth | 명 옷감, 직물, 천 | a cloth bag |
| | | | 천 가방 |

| 123 | clothes | 명 옷, 의복 | Buy some new clothes. |
| | | | 새 옷을 좀 사라. |

| 124 | cloud | 명 구름 | There are no clouds in the sky. |
| | | | 하늘에 구름 한 점이 없다. |

125	cold	형 ❶ 추운, 차가운	❶ Isn't it cold today?
		❷ 찬	오늘 춥지 않니?
			❷ a cold drink
			찬 음료

126	color	몡 색(깔), 빛깔	What's your favorite color? 네가 가장 좋아하는 색은 뭐니? ➕ 색깔 관련 단어 red, orange, yellow, green, blue, navy blue, violet, white, black, gray, gold, silver 등
127	come	통 오다	Come here! 이리 와라!
128	comfortable	휑 편(안)한, 쾌적한	Are you comfortable? 편안하세요(불편하신 데는 없으세요)?
129	company	몡 (흔히 명칭에 쓰여) 회사	My father worked for 20 years at the company. 나의 아버지께서는 그 회사에서 20년 동안 근무하셨다.
130	congratulate	통 축하하다	I congratulate you on your victory. 저는 당신의 승리를 축하합니다.
131	continue	통 (쉬지 않고) 계속되다[계속하다]	Please continue. 계속해 주세요.
132	cook	통 요리하다, (밥을) 짓다	My husband cooked me lunch. 나의 남편은 나에게 점심을 지어 주었다.
		몡 요리사	Sam is a very good cook. Sam은 아주 훌륭한 요리사이다(요리를 아주 잘한다).
133	cool	휑 ❶ 시원한, 서늘한 ❷ 멋진	❶ The drink is cool. 그 음료수는 시원하다. ❷ He is so gentle and cool. 그는 정말 신사답고 멋있다.
134	corner	몡 (건물·사물의) 모서리, 모퉁이	Turn right at the next corner. 다음 모퉁이에서 오른쪽으로 도세요.
135	correct	휑 맞는, 정확한	Your answer is correct. 너의 답이 옳아.
136	cost	몡 값, 비용	There is no cost. 비용은 없다.
		통 (값·비용이) ~이다[들다]	Tickets cost five dollars each. 표는 한 장에 5달러이다.
137	count	통 수를 세다	Don't count your chickens before they are hatched. [속담] 김칫국부터 마시지 마라.
138	country	몡 ❶ 국가, 나라 ❷ 시골, 전원	❶ Russia is the largest country in the world. 러시아는 세계에서 가장 큰 나라이다. ❷ My grandfather likes living in the country. 나의 할아버지는 시골에서 사시는 것을 좋아하신다.
139	cousin	몡 사촌	He's my cousin. 그는 나의 사촌이다.
140	cover	통 씌우다[가리다], 덮다	Snow covered the playground. 눈이 운동장을 덮고 있었다.
		몡 ❶ 덮개, 커버 ❷ (책이나 잡지의) 표지	❶ a cushion cover 쿠션 커버 ❷ Don't judge a book by its cover. [속담] 겉모습으로 판단하지 마라.(표지로 책을 판단하지 마라.)
141	create	통 창조[창작/창출]하다	I'll create more jobs. 저는 더 많은 일자리를 만들 것입니다.

142	cry	통 ❶ 울다 ❷ 외치다	❶ Don't cry. 울지 마라. ❷ He ran to the window and cried for help. 그는 창문으로 달려가서 도와 달라고 외쳤다.
143	culture	명 문화	popular culture 대중 문화
144	cut	통 베다, 자르다, 절개하다	Cut the pie in half. 파이를 반으로 잘라라.

D(d)

145	dance	명 춤[무용]	a dance class 무용반
		통 춤을 추다	Shall we dance? 우리 춤을 출까?
146	danger	명 위험	Driving too fast puts people in danger. 과속은 사람들을 위험하게 한다.
147	dangerous	형 위험한	It's dangerous to drink and drive. 술을 마시고 운전하는 것은 위험하다.
148	dark	형 ❶ 어두운, 캄캄한 ❷ 짙은, 어두운	❶ a dark room 캄캄한 방 ❷ dark green 짙은 녹색
149	date	명 ❶ (특정한) 날짜 ❷ (남녀 간의) 데이트	❶ What's the date today? 오늘 며칠이지? ❷ I had a date with Coco yesterday. 나는 어제 Coco와 데이트 했어.
150	day	명 (24시간 동안의) 하루, 날; 요일	What day is it today? 오늘은 무슨 요일인가요?
151	dear	형 ❶ (~가) 사랑하는, (~에게) 소중한 ❷ (편지 첫 부분에 수신자의 이름이나 직책 앞에 써서) ~에게[께]	❶ You are so dear to my heart. 너는 나에게 너무나 소중한 존재이다. ❷ Dear Kate Kate에게
		감 이런[저런/맙소사/어머나](놀 람·충격·짜증·걱정 등을 나 타냄)	Oh dear! 아이구 맙소사!
152	death	명 죽는 것, 죽음, 사망	a sudden death 갑작스런 죽음
153	deep	형 깊은	deep snow 깊이 쌓인 눈
154	delicious	형 맛있는, 냄새가 좋은[구수한]	It's delicious. 그것은 맛있다.
155	die	통 죽다, 사망하다	I hope he will not die. 나는 그가 죽지 않기를 바란다.
156	different	형 다른, 차이가 나는	Ice, snow, and steam are different forms of water. 얼음, 눈, 그리고 수증기는 모두 물의 다른 형태이다.
157	difficult	형 어려운, 힘든	It is difficult to learn English. 영어를 배우는 것은 어렵다.

158	dinner	몡 (하루 중에 먹는 가장 주된) 식사[밥]; 정식; 저녁 식사	Christmas dinner 크리스마스 저녁 식사
159	dirty	혱 더러운, 지저분한	I really hate the dirty air. 나는 더러운 공기를 정말 싫어한다.
160	dish	몡 ❶ 접시 ❷ 요리	❶ a glass dish 유리 접시 ❷ How do I eat this dish? 이 요리는 어떻게 먹는 거니?
161	do	됭 (어떤 동작이나 행위를) 하다	What can I do for you? 제가 무엇을 도와줄까요?
162	doctor / Dr.	몡 ❶ 의사 ❷ 박사	❶ My uncle is a famous doctor. 나의 삼촌은 유명한 의사이다. ❷ a Doctor of Law 법학 박사
163	door	몡 문	Open the door, please. 문을 열어 주세요.
164	down	쀠 (더 낮은 장소나 위치에[로]의) 아래로; 아래에	He jumped down off the chair. 그는 의자에서 (아래로) 뛰어내렸다.
		젼 아래로	Tears ran down his face. 눈물이 그의 얼굴을 타고 흘렀다.
165	draw	됭 그리다	I'll draw a picture after I clean my room. 나는 나의 방을 치운 다음에 그림을 그릴 것이다.
166	dream	몡 ❶ (자면서 꾸는) 꿈 ❷ (희망을 담은) 꿈	❶ Goodnight. Sweet dreams. 잘 자렴. 좋은 꿈 꿔. ❷ My dream is to become a dentist. 나의 꿈은 치과 의사가 되는 것이다.
		됭 ❶ (자면서) 꿈을 꾸다 ❷ (바라는 일을) 꿈꾸다[상상하다]	❶ I dream of her from time to time. 나는 가끔씩 그녀의 꿈을 꾼다. ❷ He dreams of running his own business. 그는 자신의 사업체를 경영하는 것을 꿈꾸고 있다.
167	drink	몡 음료, 마실 것, 음료[마실 것] 한 잔[모금]	Can I have a drink? 음료를 한 잔 마실 수 있을까요?
		됭 (음료를) 마시다	My mother doesn't drink coffee. 나의 어머니는 커피를 안 마신다.
168	drive	됭 (차량을) 몰다, 운전하다	Can you drive? 너는 운전을 할 줄 아니?
		몡 드라이브, 자동차 여행[주행]	Let's go for a drive. 드라이브 하러 가요.
169	drop	됭 떨어지다[떨어뜨리다]	Be careful not to drop that cup. 그 컵을 떨어뜨리지 않도록 조심해라.
		몡 방울	drops of rain 빗방울
170	dry	혱 마른, 건조한	Is his shirt dry yet? 그의 셔츠가 벌써 말랐니?
		됭 마르다; 말리다[닦다]	Dry your wet hair first. 너의 젖은 머리를 먼저 말려라.

171	each	한 대 각각[각자](의)	How often do you exercise each week? 너는 매주 얼마나 자주 운동을 하니?
172	early	형 초(창)기의, 이른, 조기의, 빠 른, 이른	The early bird catches the worm. [속담] 일찍 일어나는 새가 벌레를 잡는다.
		부 일찍, 조기에	I arrived early the next day. 나는 그 다음날에 일찍 도착했다.
173	earth	명 지구; 세상	the planet Earth 지구라는 행성
174	east	명 동쪽[동]	Which way is east? 어느 쪽이 동쪽이니?
175	easy	형 쉬운, 수월한, 용이한	That is easy. 저것은 간단하다.
176	eat	동 먹다	Let's eat. 먹자.
177	elementary	형 초보의, 초급의	At that time, I was an elementary school student. 그 당시에, 나는 초등학생이었다.
178	empty	형 비어 있는, 빈	an empty box 빈 상자
179	end	명 끝[말]	the end of the book 그 책의 말미
		동 끝나다; 끝내다, 끝을 맺다	How does the story end? 그 이야기는 어떻게 끝나니?
180	enjoy	동 즐기다	I enjoy playing tennis. 나는 테니스 치는 것을 즐긴다.
181	enough	한 (복수 명사나 불가산 명사 앞 에 쓰여) 필요한 만큼의[충분 한]	Is there enough room for me? 제가 들어갈 만한 충분한 공간이 있나요?
		대 필요한 만큼 되는 수[양]	Have you had enough? 너는 배부르게 먹었니?
		부 ~에 필요한 정도로, ~할 만 큼 (충분히)	They didn't leave early enough. 그들은 충분히 일찍 떠나지 않았다.
182	enter	동 ❶ 들어가다[오다] ❷ (이름·숫자·내용 등을) 적 어 넣다[입력하다]	❶ Do not enter. 들어가지 마시오. ❷ Please enter your secret code number. 비밀번호를 입력해 주십시오.
183	evening	명 저녁, 밤, 야간(오후 6시경부터 취침할 때까지의 시간)	What do you usually do in the evening? 당신은 저녁(밤)에는 보통 무엇을 하세요?
184	every	한 ❶ (단수 명사와 함께 쓰여) 모 든[매/하나하나 다] ❷ (빈도를 나타내어) 매 ~ [~마다/꼴]	❶ He knows every student in the school. 그는 교내의 모든 학생을 안다. ❷ The buses go every 20 minutes. 그 버스는 20분마다 다닌다.
185	examination / exam	명 시험	Are you ready for the exam? 너는 시험 준비를 다 했니?
186	example	명 예[사례/보기]	Can you give me an example of what you mean? 당신이 의미하는 것의 예를 하나 들어 주시겠어요?

187	excellent	형 훌륭한, 탁월한	She is an excellent student. 그녀는 훌륭한 학생이다.
188	exciting	형 신나는, 흥미진진한	It's a very exciting dance game. 그것은 아주 신나는 댄스 게임이다.
189	exercise	명 ❶ 운동 ❷ 연습 문제	❶ Swimming is a good exercise. 수영은 좋은 운동이다. ❷ grammar exercises 문법 연습 문제
190	expect	통 예상[기대]하다	We can expect a cold day tomorrow. 내일은 날씨가 춥겠어요.
191	expensive	형 비싼, 돈이 많이 드는	The food is expensive. 그 음식은 비싸다.
192	experience	명 경험[경력]	We all learn by experience. 우리는 모두 경험을 통해서 배운다.
		명 경험하다, 느끼다	experience pain 고통을 경험하다
193	express	통 나타내다, 표(현)하다	It is very difficult to express my feelings. 나의 감정을 표현하기가 매우 힘들어.
		형 급행의; 신속한	an express bus 급행 버스
		명 급행열차	The express started from London on time. 그 급행열차는 정시에 런던에서 출발했다.
194	extra	형 추가의	Breakfast is provided at no extra charge. 아침 식사는 추가 요금 없이 제공된다.
		명 엑스트라, 단역 배우	He started his acting career as an extra. 그는 단역 배우로 연기 생활을 시작했다.

F(f)

195	face	명 얼굴	a pretty face 예쁜 얼굴
		통 직면하다[닥쳐오다]	Now we face the hardest question. 지금 우리는 가장 어려운 질문에 직면해 있다.
196	fact	명 사실	Right or not, it is a fact. 옳건 옳지 않건 간에 그것은 사실이다.
197	fail	통 ❶ 실패하다, ~하지 못하다 ❷ (시험에) 떨어지다[낙제하다]; 불합격[낙제]시키다	❶ You might fail if you were lazy. 네가 게으르면 실패할지도 모른다. ❷ She failed her driving test. 그녀는 운전면허 시험에 떨어졌다.
198	failure	명 실패	The failure was a good experience to me. 그 실패는 나에게 좋은 경험이 되었다.
199	fair	형 ❶ 공정한, 공평한 ❷ 타당한, 온당한	❶ It's not fair! 그것은 공평하지 못해요! ❷ a fair price 타당한 가격
200	fall	통 떨어지다, 빠지다, 내리다	The monkey fell off the tree. 그 원숭이는 나무에서 떨어졌다.
		명 ❶ 넘어짐, 떨어짐 ❷ 가을	❶ He had a bad fall and broke his arm. 그는 심하게 넘어져서 팔이 부러졌다.

❷ Korea is very beautiful in the fall.
한국은 가을에 매우 아름답다.

201	family	명 가족, 가정, 가구	How many people are there in your family? 너의 식구는 몇 명이니?
202	famous	형 유명한	His wife is famous as a singer. 그의 아내는 가수로 유명하다.
203	fan	명 ❶ 팬 ❷ 선풍기, 환풍기, 팬	❶ movie fans 영화 팬들 ❷ The boy is looking for a fan. 그 소년이 선풍기를 찾고 있다.
204	far	부 ❶ 멀리 ❷ 훨씬; 아주, 대단히	❶ The bank is not far from here. 그 은행은 여기에서 멀지 않다. ❷ That's a far better idea. 저것이 훨씬 더 좋은 생각이다.
205	farm	명 농장, 농원	At that time, she lived on a farm. 그 당시, 그녀는 농장에서 살았다.
206	fast	형 빠른	a fast car 빠른 차
		부 빨리, 빠르게	Don't drive so fast! 그렇게 빨리 차를 운전하지 마!
207	fat	형 (사람이나 동물의 몸이) 뚱뚱한, 살찐, 비만인	My little brother is so fat. 나의 남동생은 매우 뚱뚱하다.
		명 지방, 기름	foods which are low in fat 지방이 적은 식품
208	fault	명 잘못, 책임	I know it was my fault. 저는 그것이 제 잘못이었다는 걸 알아요.
209	favorite	형 마음에 드는, 매우 좋아하는, 총애하는	My favorite singer is Park Hyoshin. 내가 가장 좋아하는 가수는 Park Hyoshin이다.
210	feel	동 (특정한 감정·기분이[을]) 들다[느끼다]	Can you feel my heart beat? 너는 나의 심장 박동을 느낄 수 있니?
211	female	형 ❶ 여성[여자]인 ❷ 암컷의	❶ a female student 여학생 ❷ a female cat 암고양이
		명 ❶ 여성 ❷ 암컷	❶ He doesn't even know I'm a female. 그는 심지어 내가 여성이라는 것을 알지 못한다. ❷ How can you tell it's a female? 당신은 그것이 어떻게 암컷인 줄 알죠?
212	festival	명 축제[기념제]	a tomato festival 토마토 축제
213	fever	명 (의학적 이상 징후로서의) 열	She has a high fever. 그녀는 열이 높아요(고열이 나요).
214	fight	동 싸우다	Don't fight with your friends. 친구들과 싸우지 마라.
		명 싸움[투쟁]	a street fight 길거리 싸움
215	fill	동 (가득) 채우다[메우다]; 채워지다[메워지다]	Fill in the blank. 빈칸을 채워라.

216	**find**	통 찾다[발견하다]	I can't find my red pen. 나는 나의 빨간 펜을 못 찾겠다.
217	**fine**	형 ❶ (주로 명사 앞에 씀) 질 높은, 좋은 ❷ 사람이 건강한 ❸ 괜찮은, 만족할 만한	❶ fine clothes 질 좋은 옷 ❷ "How are you?" "Fine, thanks." "어떻게 지내세요?" "덕분에 잘 지내요." ❸ "No, thanks. I'm fine." "아니요, 고마워요. 저는 됐어요."
		명 벌금	a parking fine 주차 위반 벌금
218	**finish**	통 끝내다[마치다/마무리 짓다]	The play finished at 6:30. 그 연극은 6시 30분에 끝났다.
		명 (어떤 일의) 마지막 부분[끝]	The story was a lie from start to finish. 그 이야기는 처음부터 끝까지 거짓말이었다.
219	**fire**	명 불, 화재	We're lucky there wasn't a fire. 불이 안 난 게 우리에게는 천만다행이다.
		통 ❶ 사격[발사/발포]하다 ❷ 해고하다	❶ They fired the gun into the air. 그들이 허공에 대고 총을 발사했다. ❷ He got fired from his first job. 그는 첫 직장에서 해고를 당했다.
220	**fish**	명 (물)고기[생선], 어류	Which do you prefer, meat or fish? 당신은 육류와 생선류 중 어느 것을 더 좋아하세요?
		통 낚시하다	Let's go fishing this weekend. 이번 주말에 낚시하러 가자.
221	**fit**	통 맞다	That jacket fits well. 저 재킷이 잘 맞는다.
		형 ❶ 건강한[탄탄한] ❷ 적합한, 알맞은, 어울리는	❶ He looked fit. 그는 건강해 보였다. ❷ It was a meal fit for a king. 그것은 왕에게 어울릴 만한 식사였다.
222	**fix**	통 ❶ (움직이지 않게) 고정시키다[박다] ❷ (날짜·시간·양 등을) 정하다 ❸ 준비[주선]하다 ❹ 수리하다, 바로잡다	❶ He fixed the shelf to the wall. 그는 선반을 벽에 고정시켰다. ❷ Their prices are fixed until the end of the year. 그것들의 가격은 연말까지 고정되어 있다. ❸ I'll fix a meeting. 제가 회의(모임)를 주선할게요. ❹ We must fix up our house. 우리는 집을 수리해야만 한다.
223	**flag**	명 (국가·단체의 상징인) 기, 깃발	The national flag of Korea is called the Taegeukgi. 한국의 국기는 태극기라고 불린다.
224	**floor**	명 ❶ 바닥 ❷ (건물의) 층	❶ She dropped her pencil on the floor. 그녀는 바닥에 그녀의 연필을 떨어뜨렸다. ❷ My office is on the top floor. 나의 사무실은 꼭대기 층에 있다.
225	**flower**	명 꽃	This flower shop is too expensive. 이 꽃가게는 너무 비싸다.

226	fly	통 ❶ (새·곤충이) 날다 ❷ (비행기·우주선을) 타다[타고 가다]	❶ I believe I can fly. 나는 내가 날 수 있다고 믿는다. ❷ I'm flying to London tomorrow. 나는 내일 비행기로 런던에 갈 것이다.
		명 파리	There is a fly in the web. 거미줄에 파리 한 마리가 있다.
227	food	명 식량, 음식, 식품; 먹이	I like the food in this house. 나는 이 집의 음식이 마음에 든다.
228	fool	명 바보	Don't be such a fool! 그렇게 바보같이 굴지 마라!
229	foolish	형 어리석은	a foolish dream 어리석은 꿈
230	for	전 ❶ (~가 갖게 하기) 위한, ~의, ~에 둘 ❷ (~을 돕기) 위해 ❸ (목적·기능을 나타내어) ~을 위해[~하러] ❹ ~ 동안	❶ This is a book for children. 이것은 아동용 도서이다. ❷ What can I do for you? 무엇을 도와드릴까요? ❸ Let's go for a walk. 산책을 하러 가자. ❹ I'm going away for a few days. 제가 며칠 동안 자리(집)를 비울 거예요.
231	forever	부 영원히	I'll love you forever! 나는 영원히 너를 사랑할 거야!
232	forget	통 잊다	Don't forget me. 나를 잊지 마라.
233	free	형 ❶ 자유로운, 자기 하고 싶은 대로 하는 ❷ 한가한 ❸ 무료의	❶ I don't have free time anymore. 나에게 더 이상 자유 시간은 없다. ❷ What do you like to do in your free time? 당신은 한가한 시간에는 어떤 일을 즐겨 하세요? ❸ This is a free parking lot. 이곳은 무료 주차장이다.
234	freedom	명 자유	I love my freedom. 나는 나의 자유를 사랑한다.
235	fresh	형 ❶ 신선한, 갓 딴[만든] ❷ 상쾌한, 산뜻한	❶ Is this egg fresh? 이 달걀은 신선하니? ❷ Let's go and get some fresh air. 나가서 상쾌한 공기를 조금 쐬자.
236	friend	명 친구	He's an old friend. 그는 오랜 친구이다.
237	friendship	명 우정; 친선	Your friendship is very important to me. 너와의 우정은 나에게 아주 중요하다.
238	from	전 ❶ ~에서[부터] ❷ ~에게서 [온/받은] ❸ (출처·기원) ~ 출신의[에서 나온]	❶ We're open from 10 to 6 every day. 저희는 매일 10시부터 6시까지 문을 엽니다. ❷ a letter from my boyfriend 나의 남자 친구에게서 온 편지 ❸ I'm from Korea. 나는 한국 출신이다.
239	front	명 (사물의) 앞면[앞부분]	The book has a picture of Greece on the front. 그 책은 앞 표지에 그리스 사진이 있다.
		형 앞쪽의[에]	front teeth 앞니

240	fruit	몡 과일	What's your favorite fruit?

네가 가장 좋아하는 과일은 뭐니?

➕ 과일 관련 단어

apple, blueberry, cherry, grape, lemon, melon, peach, pear, strawberry, watermelon 등

241	full	혱 ❶ (~이) 가득한, 빈 공간이 없는 ❷ 배부르게 먹은	❶ The parking lot is full. 그 주차장은 만차이다. ❷ I'm full up. (영국식) 나는 배가 부르다.
242	fun	몡 재미[즐거움](를 주는 것)	Have fun! 재미있게 보내라!
		혱 재미있는, 즐거운	This party looks fun. 이 파티는 재미있는 것 같다.
243	funny	혱 우스운, 웃기는	a funny story 우스운 이야기
244	future	몡 미래	I need to plan for the future. 나는 미래를 위한 계획을 세울 필요가 있다.

G(g)

245	garden	몡 뜰, 정원	a rose garden 장미 정원
246	gate	몡 문, 정문, 대문	He forgot to lock the gate. 그는 대문을 잠그는 것을 잊었다.
247	gather	통 모이다[모으다]	They were all gathered around the TV. 그들은 모두 TV 주위에 모였다.
248	generous	혱 ❶ 후한[너그러운] ❷ (사람을 대하는 데 있어서) 관대한[아량이 있는]	❶ a generous gift 후한 선물 ❷ a generous mind 아량이 있는 마음씨
249	gentle	혱 온화한, 순한; 조용한, 조심스러운	a gentle voice 온화한 목소리
250	gentleman	몡 신사, 양반	Ladies and gentleman! 신사 숙녀 여러분!
251	get	통 ❶ 받다 ❷ 얻다, 구하다, 마련하다 ❸ (장소·위치에) 도착하다[이르다]	❶ What did you get for your birthday? 너는 너의 생일 때 무엇을 받았니? ❷ Did you get a present for your father? 아버지에게 드릴 선물은 마련했나요? ❸ We got to New York at 6 o'clock. 우리는 6시 정각에 뉴욕에 도착했다.
252	gift	몡 선물; 기증품	The bag was a gift from my mother. 그 가방은 나의 어머니께서 주신 선물이었다.
253	give	통 ❶ 주다 ❷ (전화를) 하다[걸다]	❶ Did you give the waiter a tip? 당신은 그 웨이터에게 팁을 줬나요? ❷ Give me a call. 저에게 전화를 해 주세요.
254	glad	혱 (사람이) 기쁜[반가운]	I'm glad to meet you. 나는 너를 만나서 반갑다.

255	glass	몡 ❶ 유리 ❷ (유리)잔	❶ a glass bottle 유리 병 ❷ a wine glass 와인 잔
256	go	통 가다	I go to school by bus. 나는 버스를 타고 학교에 간다.
257	goal	몡 ❶ 골, 득점 ❷ 목표	❶ a penalty goal 페널티 골 ❷ My goal is to be a doctor. 나의 목표는 의사가 되는 것이다.
258	good	혱 ❶ 좋은[잘 된/괜찮은] ❷ 즐거운, 기쁜, 다행스러운	❶ good food 좋은 음식 ❷ It's good to see you again. 너를 다시 만나게 되어 기쁘다.
259	grass	몡 풀; 잔디	Don't walk on the grass. 잔디밭을 밟지 마라.
260	great	혱 대단한[엄청난]	The concert had been a great success. 그 콘서트는 대단한 성공작이었다.
261	group	몡 (한 곳에 모인·서로 관련이 있 는) 무리[집단/그룹]	a group activity 집단 활동
262	grow	통 ❶ 자라다[크다] ❷ 자라다[재배하다]	❶ I'd like to grow up to be a singer. 나는 커서 가수가 되고 싶다. ❷ We grow a lot of tomatoes in their greenhouse. 우리는 그들의 온실에서 토마토를 많이 재배한다.
263	guess	통 추측[짐작]하다, (추측으로) 알 아맞히다[알아내다] 몡 추측, 짐작	Can you guess her age? 너는 그녀의 나이를 추측해 볼 수 있겠니? Have a guess! 추측을 해 봐!
264	guest	몡 손님, 하객, 내빈	The people are waiting for the guest. 그 사람들이 손님을 기다리고 있는 중이다.

H(h)

265	habit	몡 ❶ 버릇 ❷ 습관	❶ good/bad habits 좋은/나쁜 버릇들 ❷ Biting nails is a bad habit. 손톱을 물어 뜯는 것은 나쁜 습관이다.
266	hair	몡 머리(털); 털	curly hair 곱슬곱슬한 머리
267	half	몡 반, 절반 한 대 반[절반](의) 뷔 절반 정도로, 절반쯤	three and a half kilos 3킬로 반 half an hour 30분 The glass was half full. 그 유리잔은 절반쯤 차 있었다.
268	handsome	혱 멋진, 잘생긴	He's the most handsome man I've ever met. 그는 내가 만나 본 가장 멋진 남자이다.
269	happen	통 (특히 계획하지 않은 일이) 있 다[발생하다/벌어지다]	I don't know how this happened. 나는 어떻게 이 일이 벌어졌는지 모르겠다.

270	happy	형 행복한[기쁜]	This story has a happy ending. 이 이야기는 행복하게 끝난다.
271	hard	형 ❶ 단단한, 굳은, 딱딱한 ❷ 어려운[힘든] ❸ 열심히 하는	❶ a hard mattress 딱딱한 매트리스 ❷ a hard question 어려운 문제 ❸ He is a very hard worker. 그는 일을 아주 열심히 한다.
272	hate	동 ❶ (무엇을) 몹시 싫어하다[질 색하다] ❷ (사람을) 미워[증오]하다	❶ I hate Monday mornings. 나는 월요일 아침이 너무 싫다. ❷ The two boys hated each other. 그 두 남자 아이들은 서로 미워했다.
273	have	동 ❶ 가지다, 있다, 소유하다 ❷ 먹다	❶ I have a dream. 나는 꿈이 있다. ❷ I have an egg for breakfast. 나는 아침으로 계란을 하나 먹는다.
274	health	명 (몸·마음의) 건강	Health is the most important thing. 건강이 가장 중요하다.
275	hear	동 (들려오는 소리를) 듣다, (귀에) 들리다	Did you hear him go out? 너는 그가 나가는 소리를 들었니?
276	heart	명 ❶ 심장, 가슴 ❷ (감정, 특히 사랑과 관련된 것으로 여겨지는) 마음[가 슴]	❶ heart attack 심장 마비 ❷ He has a kind heart. 그는 마음씨가 친절하다.
277	heavy	형 ❶ 무거운, 육중한 ❷ (양·정도 등이 보통보다) 많은[심한]	❶ Many young people today are too heavy. 오늘날 많은 젊은이들은 체중이 너무 많이 나간다. ❷ heavy snow 큰 눈(폭설)
278	help	동 돕다, 거들다	Help me! 저를 도와주세요!
		명 도움	Thank you for your help. 당신의 도움에 감사드립니다.
279	here	부 여기에[에서/로], 이리	Come here as soon as possible. 가급적 빨리 여기로 와 주세요.
280	hide	동 ❶ (남이 보거나 찾지 못하게) 감추다[숨기다] ❷ 숨다	❶ He was trying to hide his secret. 그는 그의 비밀을 숨기려 하고 있었다. ❷ Quick, hide! 빨리, 숨어!
281	high	형 높은	shoes with high heels 굽이 높은 신발
		명 최고 (수준/수치)	You hit a high in sales last month. 당신은 지난달 판매에서 최고 기록을 세웠군요.
		부 높이, 높은 곳에	I can't jump any higher. 나는 조금 더 높이 뛰어오를 수 없다.
282	hill	명 언덕, (나지막한) 산	My mother likes walking in the hills. 나의 어머니께서는 나지막한 산들을 걸어 다니는 것을 좋아하신다.
283	hit	동 때리다[치다]	My parents never used to hit me. 우리 부모님은 결코 나를 때리는 법이 없으셨다.

		명 ❶ 치기, 강타, 타격 ❷ 인기 작품, 히트 곡, 히트 음반	❶ Give it a good hit. 한번 잘 쳐 봐. ❷ Yiruma played all his old hits. Yiruma는 예전의 히트 곡들을 모두 연주했다.
284	hobby	명 취미	My hobby is reading a book. 나의 취미는 독서이다.
285	hold	동 ❶ (손·팔 등으로) 잡고[쥐고/들고/안고/받치고] 있다[가다/다니다] ❷ (전화를 끊지 않고) 기다리다	❶ We were holding hands. 우리는 손을 잡고 있었다. ❷ Hold the line, please. (전화를) 끊지 말고 기다리세요.
286	holiday	명 ❶ 휴가; 방학 ❷ 공휴일, 휴일	❶ a family holiday 가족 휴가 ❷ a national holiday 국경일 ✚ holiday / vacation 직장의 휴가나 학교의 방학 또는 집을 떠나 여행을 하거나 휴식을 취하며 보내는 시간을 가리킬 때 영국식 영어에서는 holiday(s)를, 미국식 영어에서는 vacation을 주로 쓴다.
287	home	명 집[가정]	I'll call you from home later. 내가 나중에 집에 가서 전화할게.
		형 집의, 가정의	home life 가정 생활
		부 집에[으로]	It's time to go home. 이제 집에 가야 할 시간이다.
288	homework	명 (학생이 하는) 숙제[과제]	It's time to do my homework. 나의 숙제를 할 시간이다.
289	honest	형 정직한, 솔직한	an honest answer 솔직한 대답
290	hope	동 바라다, 희망[기대]하다	I hope you're okay. 나는 네가 무사하기를 바란다.
		명 희망, 기대	The future is not without hope. 미래에 희망이 없는 것은 아니다.
291	hospital	명 병원	I'm going to the hospital to visit my grandmother. 나는 나의 할머니를 병문안하려고 병원에 갈 것이다.
292	hot	형 ❶ (날씨·기온·온도가) 더운[뜨거운] ❷ 매운, 얼얼한	❶ It's hot today. 오늘은 날씨가 덥다. ❷ hot spicy food 양념을 많이 넣은 매운 음식
293	hour	명 시간	I waited for an hour. 나는 1시간 동안 기다렸다.
294	house	명 집, 주택, 가옥	She went into the house. 그녀는 그 집으로 들어갔다.
295	how	부 ❶ 어떻게, 어떠하여, 어떠하게 ❷ 얼마나[몇](형용사·부사 앞에 쓰여 양·정도·나이 등을 물을 때 씀)	❶ How was your trip? 너의 여행은 어땠니? ❷ How old are you? 너는 몇 살이니?

296	human	혱 인간[사람]의	the human brain
			사람의 뇌
		몡 인간	Dogs can hear much better than humans.
			개는 인간보다 훨씬 더 잘 듣는다(청력이 뛰어나다).
297	hungry	혱 배고픈	I'm really hungry.
			나는 정말 배가 고프다.
298	hurry	됭 서두르다, 급히 하다	You'll have to hurry if you want to catch that train.
			당신은 저 기차를 타려면 서둘러야만 할 거예요.
		몡 서두름, 급함	There's no hurry.
			급할 것이 없다.
299	hurt	됭 ❶ 다치게[아프게] 하다	❶ Did you hurt yourself?
		❷ 아프다	너는 다쳤었니?
			❷ My feet hurt.
			나는 발이 아프다.
300	husband	몡 남편	My husband wants to meet you.
			저의 남편이 당신을 만나고 싶어 합니다.

I(i)

301	idea	몡 발상[생각/방안/계획]	An excellent idea!
			참으로 좋은 생각입니다!
302	if	쩝 (가정적 조건을 나타내어) (만약) ~라면	If I were a bird, I would fly to you.
			내가 만약 새라면 너에게 날아갈 텐데.
303	ill	혱 아픈, 병이 든; 몸[기분]이 안 좋은	He was taken ill suddenly.
			그는 갑자기 병이 났다.
304	important	혱 중요한	An education is the most important thing in the world.
			교육이 세상에서 가장 중요한 것이다.
305	impossible	혱 불가능한	an impossible dream
			불가능한 꿈
306	in	쩐 ❶ (지역·공간 내의) ~에[에서]	❶ The kids were playing in the street.
			그 아이들이 거리에서 놀고 있었다.
		❷ (무엇의 안에 들어가거나 에워싸여) ~에[에서/안에]	❷ The toy is in the box.
			그 장난감이 상자 안에 있다.
		❸ ('특정 기간 동안에'라는 뜻으로) ~에	❸ in spring
			봄에
307	inside	쩐 ~의 안[속/내부]에[으로]	Go inside the house.
			집 안으로 들어가라.
		붑 안[속/내부]에[으로]	We had to move inside when it started to rain.
			비가 오기 시작해서 우리는 안으로 이동해야 했다.
		몡 안(쪽), 안쪽 면, 속, 내부	The inside of the box was red.
			그 상자 안쪽은 빨간색이었다.
		혱 안(쪽)[속/내부]의	an inside pocket
			안쪽 호주머니
308	instead	붑 대신에	My little brother was ill so I went instead.
			나의 남동생이 아파서 내가 대신 갔다.
309	interest	몡 관심, 흥미, 호기심	I watched with interest.
			나는 관심(호기심)을 갖고 지켜보았다.

310	interesting	혱 (특별하거나 신나거나 특이해서) 재미있는, 흥미로운	Baseball is a very interesting sport. 야구는 매우 재미있는 스포츠이다.
311	into	젠 ~ 안[속]으로[에]	Come into the house. 집 안으로 들어오렴.
312	introduce	통 소개하다	Let me introduce myself to you. 여러분에게 제 소개를 하겠습니다.
313	invite	통 초대[초청]하다	I want to invite you to my home. 나는 너를 나의 집에 초대하고 싶다.

J(j)

314	job	뎡 (정기적으로 보수를 받고 하는) 일, 직장, 일자리	What's your job? 너의 직업은 무엇이니?
315	join	통 ❶ 가입[입회/입사/가담]하다 ❷ 함께 하다[합류하다]	❶ He joined the company two weeks ago. 그는 2주 전에 그 회사에 입사했다. ❷ Will you join us for lunch? 우리랑 점심을 함께 할래?
316	joke	뎡 농담	I didn't get the joke. 나는 그 농담을 알아듣지 못했다.
		통 농담하다, 재미있는 이야기를 하다	He was laughing and joking with the children. 그는 아이들과 웃으며 재미있는 이야기를 하고 있었다.
317	jump	통 뛰다, 점프하다	He jumped down from the chair. 그는 의자에서 뛰어내려 왔다.
		뎡 뜀질[점프]; 급격한 변화[이동]; 벌떡[급히] 움직임	a ski jump champion 스키 점프 챔피언
318	just	뷔 ❶ ('정확히'라는 뜻의) 딱[꼭] ❷ 막, 방금	❶ It's just on five. (지금 시간이) 딱 5시이다. ❷ I just saw her a moment ago. 나는 바로 조금 전에 그녀를 봤다.

K(k)

319	keep	통 ❶ (특정한 상태·위치를) 유지하다[유지하게 하다], (특정한 상태·위치에) 계속 있게 하다 ❷ ~을 계속하다[반복하다] ❸ 비밀을 지키다, ~을 (~에게) 비밀로 하다 ❹ 약속을 지키다, 약속[예약]대로 ~에 가다 ❺ 일기, 장부, 기록 등을 쓰다[적다]	❶ I'm sorry to keep you waiting. 기다리게 해서 미안합니다. ❷ Keep smiling! 계속 웃어라! ❸ Can you keep a secret? 너는 비밀을 지킬 수 있니? ❹ I'll keep my promise as I said before. 나는 전에 말한 대로 약속을 지킬 것이다. ❺ He kept a diary for over ten years. 그는 10년 넘게 일기를 썼다.
320	key	뎡 ❶ 열쇠, 키 ❷ (이해·성취의) 비결[열쇠/실마리]	❶ the car keys 자동차 열쇠 ❷ The key to success is hard work. 성공의 비결은 열심히 일하는 것이다.
		혱 (주로 명사 앞에 씀) 가장 중요한, 핵심적인, 필수적인	the key point 요점

321	kick	동 (발로) 차다	Kick this ball as hard as you can. 가능한 세게 이 공을 차라.
		명 차기, 킥, 발길질	the first kick of the game 그 경기의 맨 처음 킥
322	kid	명 (비격식) 아이; 청소년	Do you have any kids? 당신은 아이(자녀)가 있나요?
		동 농담하다	I was only kidding. 나는 농담했을 뿐이었다.
323	kind	명 종류, 유형	What kind of bag do you want? 너는 어떤 종류의 가방을 원하니?
		형 친절한, 다정한	My homeroom teacher is very kind. 나의 담임 선생님은 굉장히 친절하시다.
324	kitchen	명 부엌, 주방	She's in the kitchen. 그녀는 부엌에 있다.
325	knife	명 칼	a bread knife 빵 칼
326	know	동 알다, 알고 있다	I don't know. 나는 모른다.

L(l)

327	lady	명 여자분, 여성	Look at the lady in the picture. 사진에 있는 여성을 보세요.
328	lake	명 호수	The lake is so beautiful. 그 호수는 아주 아름답다.
329	land	명 육지, 뭍, 땅[지역/지대]	Frogs can live both on land and in water. 개구리는 땅 위와 물 속 모두에서 살 수 있다.
		동 내려앉다, 착륙하다	The plane landed safely. 그 비행기는 안전하게 착륙했다.
330	large	형 (규모가) 큰; (양이) 많은	a large family 대가족
331	last	한 ❶ (비슷한 여러 개 중에서) 마지막의 ❷ 가장 최근의, 바로 앞의, 지난	❶ It's the last house on the left. 그 집은 왼쪽에서 마지막 집이다. ❷ last year 작년
		부 ❶ 맨 끝[뒤]에, 마지막에 ❷ 가장 최근에, 마지막으로	❶ He came last in the race. 그는 그 경주에서 맨 끝에 들어왔다. ❷ When did you see her last? 너가 그녀를 가장 최근에 본 게 언제였니?
		명 ❶ (어떤 장소에 오거나 발생한 순서상으로) 마지막[최후의] 사람[물건] ❷ 마지막 남은 것	❶ They were the last to arrive. 그들은 마지막으로 도착한 사람들이었다. ❷ These are the last of our apples. 이것이 우리 사과들 중에서 마지막 남은 것들이다.
		동 계속되다	How long does the play last? 그 연극은 얼마 동안 계속되나요?
332	late	형 늦은	in late summer 늦은 여름

		凰 (예정·보통 때보다) 늦게	She got up late. 그녀는 늦게 일어났다.
333	laugh	통 (소리 내어) 웃다	He always makes me laugh. 그는 항상 나를 웃게 만든다.
334	lazy	형 게으른	My little sister is very lazy. 나의 여동생은 매우 게으르다.
335	leaf	명 (나뭇)잎	The Canadian flag has a maple leaf on it. 캐나다 국기에는 단풍잎이 하나가 있다.
336	learn	통 배우다, 학습하다	No one is too old to learn. [속담] 배움에는 나이가 없다.
337	left	형 왼쪽의, 좌측의	I write with my left hand. 나는 왼손으로 글씨를 쓴다.
		명 ~의 왼쪽[좌측]	He was sitting on my left. 그는 나의 왼쪽에 앉아 있었다.
338	lesson	명 ❶ 수업[교습/교육] (시간) ❷ 과, 가르침(의 내용)	❶ What did we do last lesson? 우리가 지난번 수업 시간에 무엇을 했죠? ❷ The course book is divided into 20 lessons. 그 교과서는 20개의 과로 나눠져 있다.
339	letter	명 ❶ 편지 ❷ 글자, 문자	❶ I have a letter to mail to London. 나는 런던으로 부칠 편지가 하나 있다. ❷ 'B' is the second letter of the alphabet. B는 알파벳의 두 번째 글자이다.
340	library	명 도서관	The library is on your right. 그 도서관은 너의 오른쪽에 있다.
341	life	명 살아 있음, 삶, 생(명)	life and death 삶과 죽음(생과 사)
342	light	명 ❶ (해·전등 등의) 빛, 광선, 햇살 ❷ 발광체, (특히 전깃)불, (전) 등 형 ❶ (날이) 밝은; (빛이) 밝은[환 한] ❷ (색깔이) 연한 ❸ 가벼운	❶ bright light 밝은 빛 ❷ Keep going. The lights are green. 계속 가라. 신호등은 초록색이야. ❶ It gets light. 날이 밝는다. ❷ I was thinking of light blue. 나는 연한 파란색을 생각하고 있었다. ❸ She was as light as a feather. 그녀는 깃털처럼 가벼웠다.
343	like	통 (~을) 좋아하다[마음에 들어 하다/즐기다] 전 ❶ ~와 비슷한 ❷ ~와 (똑)같이[마찬가지로], ~처럼	I like him. 나는 그가 좋다. ❶ She's wearing a dress like mine. 그녀는 나의 것과 비슷한 드레스(원피스)를 입고 있다. ❷ You do it like this. 너는 그것을 이렇게 해라.
344	line	명 선[줄]	Be careful not to cross the line. 선을 넘어가지 않도록 조심해라. The children all stood in a line. 그 아이들은 모두 한 줄로 섰다.
345	listen	통 (귀 기울여) 듣다, 귀 기울이다	Please listen carefully. 주의 깊게 들어 주세요.

346	little	형 ❶ (크기 · 규모가) 작은, 소규모의	❶ a little house
		❷ 어린	작은 집
			❷ my little brother/sister
			나의 남동생/여동생
		한 대 (불가산 명사와 함께 쓰여) 거의 없는[아닌]	I have little hope.
			나는 희망이 거의 없다.
		부 그다지[별로] (~하지 않다)	She goes out very little.
			그녀는 외출을 그다지 하지 않는다.
347	live	통 살다[거주하다/지내다]	Where do you live?
			당신은 어디에 사세요?
		형 [laɪv] 살아 있는	live animals
			살아 있는 동물들
348	long	형 ❶ (길이 · 거리가) 긴	❶ She had long hair.
		❷ 오랜	그녀는 머리가 길었다.
			❷ Nurses have to work long hours.
			간호사들은 장시간 근무를 해야 한다.
		부 오래	Have you been here long?
			당신은 여기 오래 계셨어요?
349	look	통 보다, 바래[쳐다]보다	Look at me.
			나를 보렴.
350	lose	통 잃어버리다, 분실하다	If you are not careful, you may lose it.
			네가 부주의하다면, 너는 그것을 잃을지도 모른다.
351	loud	형 (소리가) 큰, 시끄러운	That music is too loud.
			저 음악은 소리가 너무 크다.
352	love	명 사랑	We're in love.
			우리는 사랑에 빠졌다.
		통 ❶ 사랑하다	❶ I love you.
		❷ 대단히 좋아하다[즐기다]	나는 너를 사랑해.
			❷ I really love summer evenings.
			나는 여름날 저녁이 정말 좋다.
353	low	형 (높이 · 위치 등이) 낮은	a low building
			낮은 건물
354	luck	명 좋은 운, 행운	Good luck with your new school!
			당신의 새 학교 생활에 행운을 빌어요!
355	lucky	형 운이 좋은, 행운의	You are lucky.
			너는 운이 좋다.
356	lunch	명 점심	What shall we have for lunch?
			우리는 점심으로 무엇을 먹을까요?

M(m)

357	make	통 만들다[제작/제조하다]	Wine is made from grapes.
			포도주는 포도로 만들어진다.
358	man	명 ❶ (성인) 남자	❶ a good-looking young man
		❷ ~사람	잘생긴 젊은 남자(청년)
			❷ a businessman
			사업가

359	many	혱 많은[여러]	There are many people in the pool. 수영장에는 사람들이 많다.
		떼 다수	Many of us think so. 우리 중 다수가 그렇게 생각한다.
360	map	몡 지도; 약도	He is looking at a map. 그가 지도를 보고 있다.
361	market	몡 시장[장]	Friday is market day. 금요일이 장날이다.
362	marry	동 (~와) 결혼하다	They married young. 그들은 어린 나이에 결혼을 했다.
363	mathematics / math / maths	몡 수학	a maths teacher 수학 교사(선생님)
364	matter	몡 문제[일/사안]	What's the matter? 무슨 일이니?
		동 중요하다; 문제 되다	It didn't matter that the weather was bad. 날씨가 나쁜 것은 문제가 되지 않았다.
365	maybe	분 어쩌면, 아마	Maybe she'll come. 어쩌면 그녀가 올지도 모른다.
366	meal	몡 식사[끼니]	Enjoy your meal. 식사를 즐겁게 하세요(밥 맛있게 드세요).
367	mean	동 ~라는 뜻[의미]이다, ~을 뜻 하다[의미하다]	What do you mean? 무슨 뜻이니?
		혱 못된, 심술궂은	Don't be so mean to your little sister! 너의 여동생에게 그렇게 못되게 굴지 마라!
368	meat	몡 (식용하는 짐승·조류의) 고기	horse meat 말 고기
369	meet	동 만나다	Let's meet next Sunday. 다음 주 일요일에 만나자.
370	middle	몡 중앙, (한)가운데, 중간	She was standing in the middle of the room. 그녀는 그 방 한가운데에 서 있었다.
		혱 (한)가운데[중앙/중간]의	My father was very successful in his middle forties. 나의 아버지는 40대 중반에 크게 성공하셨다.
371	mind	몡 마음, 정신	I changed my mind because I don't like the color. 나는 그 색깔이 마음에 안 들어서 마음이 바뀌었어요.
		동 언짢아하다, 상관하다, 개의하다	I don't mind the cold. 저는 추운 것은 상관없어요.
372	minute	몡 ❶ (시간 단위의) 분 ❷ 잠깐	❶ It's about five minutes from here. 여기서 약 5분이 걸린다. ❷ Hang on a minute. 잠깐만 기다려라.
373	mirror	몡 거울	He is looking in the mirror. 그는 거울을 들여다보고 있다.
374	mistake	몡 실수, 잘못	We all make mistakes. 우리는 누구나 실수를 한다.
375	mix	동 섞이다, 혼합[배합]되다; 섞다, 혼합[배합]하다	Oil does not mix with water. 기름은 물과 섞이지 않는다.

376	money	명 돈	He lost all his money.
			그는 그의 모든 재산(돈)을 다 잃었다.
377	month	명 달, 월	We're moving house next month.
			우리는 다음 달에 이사를 한다.
378	moon	명 달	There's no moon tonight.
			오늘 밤에는 달이 없다.
379	morning	명 아침, 오전	See you tomorrow morning.
			내일 아침에 보자.
380	mountain	명 산	He is on top of a mountain.
			그가 산 정상에 있다.
381	move	동 ❶ (몸 등을) 움직이다; 움직이게 하다, 옮기다	❶ Don't move.
			움직이지 마라.
		❷ 바뀌다, 달라지다; 바꾸다	❷ Let's move the meeting to Monday.
			회의를 월요일로 바꿉시다.
		❸ 옮기다[이사하다]	❸ We moved house yesterday.
			우리는 어제 이사를 했다.
382	movie	명 영화	The boy is watching a movie.
			그 소년이 영화를 보고 있다.
383	much	한 대 많은	much money
			많은 돈
		부 매우, 너무, 정말, 많이	Thank you very much.
			정말 고마워요.
384	museum	명 박물관; 미술관	a science museum
			과학 박물관
385	music	명 음악	classical music
			고전 음악
386	musician	명 음악가[연주자/작곡가], 뮤지션	a jazz musician
			재즈 음악가

N(n)

387	name	명 이름, 성명, 성함	What's your name?
			너의 이름은 뭐니?
388	near	형 가까운	Her house is very near.
			그녀의 집은 아주 가깝다.
		부 가까이	Visitors came from near and far.
			방문객들이 가깝고 먼 데서 찾아왔다.
		전 ~에서 가까이	She sat near the fire.
			그녀는 불 가까이에 앉았다.
389	need	동 (~을) 필요로 하다; (필수적이거나 아주 중요하므로) ~해야 하다	Do you need any help?
			당신은 도움이 필요하세요?
		명 필요(성)	There's no need to cry.
			울 필요는 없다.
390	nervous	형 불안해[초조해/두려워]하는, 신경이 과민한, 걱정을 많이 하는, 겁을 잘 먹는	Don't be nervous. Just be yourself.
			긴장하지 마. 너답게 행동해.
391	never	부 결코[절대/한 번도] ~ 않다	You never help me.
			너는 결코 나를 도와주는 법이 없다.

392	new	형 새, 새로운	Happy New Year! 새해 복 많이 받으세요!
393	next	형 다음[뒤/옆]의	Who's next? 다음 분(손님)은 누구세요?
		부 그 다음[뒤]에, 그리고는	What happened next? 그 뒤엔 어떻게 됐니?
394	nice	형 ❶ (기분) 좋은, 즐거운, 멋진 ❷ (사람이) 좋은[친절한/다정 한]	❶ Nice to meet you! 당신을 만나서 반가워요! ❷ He's a really nice guy. 그는 정말 좋은 사람이다.
395	noise	명 (듣기 싫은/시끄러운) 소리, 소 음	Don't make a noise in the classroom. 교실에서는 떠들지 마라.
396	noon	명 정오, 낮 12시, 한낮	I'm leaving on the noon train. 나는 낮 12시 기차를 타고 떠난다.
397	north	명 북쪽[북]	Which way is north? 어느 쪽이 북쪽이니?
398	nothing	대 아무것도[단 하나도] (~아니 다/없다)	There was nothing in my bag. 나의 가방에는 아무것도 없었다.
399	now	부 지금, 이제	Where are you living now? 너는 지금은 어디에 사니?
400	number	명 ❶ 수, 숫자, 수사 ❷ 번호	❶ Write the number in the square. 숫자를 정사각형 안에 쓰세요. ❷ What's your phone number? 너의 전화 번호가 어떻게 되니?
401	nurse	명 간호사	a male nurse 남자 간호사

O(o)

402	o'clock	부 ~시(1에서 12까지의 숫자 뒤 에 써서 정확한 시간을 나타냄)	The bank opens at nine o'clock. 그 은행은 아홉 시 정각에 연다.
403	ocean	명 대양, 바다	There is a lot of water in the ocean. 바다에는 물이 많다.
404	of	전 ~의	a friend of mine 나의 친구 중 한 명
405	office	명 근무처, 사무소, 사옥, 사무실 [집무실/연구실]	Come into my office. 나의 사무실로 들어오렴.
406	often	부 자주	I often go there. 나는 자주 거기에 간다.
407	oil	명 석유[기름]	Put some oil in the car. 차에 기름을 조금 넣어 주세요.
408	old	형 ❶ 나이가[태어난 지가/만들어 진 지가] ~인 ❷ 늙은, 나이 많은 ❸ 낡은, 오래된	❶ How old are you? 너는 몇 살이니? ❷ The old man is playing the piano. 한 노인이 피아노를 연주하고 있다. ❸ old habits 오래된 버릇들

409	on	전 ❶ ~ (위)에[로] ❷ (교통수단을 나타내어) ~ 으로[~을 타고] ❸ (요일·날짜·때를 나타내 어) ~에	❶ There is a book on the desk. 책상 위에 책 한 권이 있다. ❷ I came on my bike. 나는 자전거를 타고 왔다. ❸ She came on Sunday. 그녀는 일요일에 왔다.
		부 ❶ 계속하여 ❷ (접촉·부착·피복) ~에 접 하여	❶ She worked on without a break. 그녀는 쉬지 않고 계속 일을 했다. ❷ Put your coat on. 외투를 입어라.
410	once	부 ❶ 한 번 ❷ (과거) 언젠가[한동안]	❶ They eat out once a week. 그들은 일주일에 한 번 외식을 한다. ❷ She once lived in Japan. 그녀는 한동안 일본에서 살았다.
411	only	형 유일한, 오직[겨우] ~만의	I'm an only child. 나는 외동이다.
		부 오직[단지], ~만	Only ten people turned up. 오직 열 명의 사람들만이 모습을 드러냈다.
412	open	형 ❶ 열려 있는 ❷ 펼쳐진	❶ A butterfly flew in the open window. 나비 한 마리가 열린 창문으로 날아 들어왔다. ❷ The flowers are all open now. 이제 꽃들이 모두 만개해 있다.
		동 ❶ 열다 ❷ 펼치다[펴다]	❶ Open the door, please. 문을 열어 주세요. ❷ Open your book at page 10. 너의 책 10쪽을 펴라.
413	opinion	명 의견[견해/생각]	I want to know his opinion. 나는 그의 의견을 알고 싶다.
414	or	접 (그것이) 아니면, 또는, 혹은	Are you coming or not? 너 올 거니, 오지 않을 거니?
415	other	형 대 ❶ (그 밖의) 다른; 다른 사 람[것] ❷ (나머지) 다른	❶ Are there any other questions? 무슨 다른 질문이 있니? ❷ I'll wear my other shoes. 나는 나의 다른 신발을 신어야겠다.
416	out	부 전 ❶ 밖으로 ❷ 사람이 집에 있지 않은, 자리에 없는, 외출 중인	❶ I got out of bed. 나는 침대에서 나왔다. ❷ I called Terry but he was out. 나는 Terry에게 전화를 했지만 그는 집(자리)에 없었다.
		형 밖의, 멀리 떨어진	an out island 외딴섬
417	outside	명 겉(면), 바깥쪽	The outside of the house needs painting. 집의 외벽에 페인트 칠을 해야만 한다.
		형 겉면의, 외부의, 옥외의	an outside toilet 옥외 화장실
		전 ~ 겉에, 밖[바깥]에, 밖으로	You can park your car outside our house. 당신은 우리 집 바깥에 주차를 하시면 돼요.
		부 바깥[겉]에, 밖에, 밖에서	Please wait outside. 밖에서 기다리세요.

418	over	퇴 ❶ 너머[건너]	❶ I stopped and crossed over.
		❷ 끝이 난	나는 가던 길을 멈추고 건너편으로 건너갔다.
			❷ The meeting was over.
			그 모임이 끝이 났다.
		전 ❶ ~ 위에[위로]	❶ She jumped over the stream.
		❷ (한쪽에서) 저편으로, 가로 질러	그녀는 시냇물 위를 뛰어 넘었다.
		❸ (시간·양·비용 등이) ~이 넘는, ~ 이상의	❷ a bridge over the river
			그 강을 가로지르는 다리
			❸ He's over thirty.
			그는 나이가 서른이 넘었다.

P(p)

419	page	명 페이지, 쪽, 면	next page
			다음 페이지
420	paint	명 페인트	Wet paint!
			(마르지 않은) 페인트 주의!
		동 ❶ 페인트를 칠하다	❶ I am planning to paint the house.
		❷ (그림 물감으로) 그리다[쓰다]	나는 집에 페인트 칠을 할 계획이다.
			❷ My father paints well.
			아버지는 그림을 잘 그리신다.
421	pair	명 한 쌍[켤레]	a pair of shoes
			신발 한 켤레
422	pants	명 바지	ski pants
			스키복 바지
423	paper	명 ❶ 종이	❶ a piece of paper
		❷ 신문	종이 한 장
			❷ Sunday paper
			일요 신문
424	parent	명 (주로 복수로) 부모[어버이] (단수형은 아버지나 어머니 한 사람을 가리킴)	She's still living with her parents.
			그녀는 아직 그녀의 부모님과 함께 산다.
425	park	명 공원	They went for a walk in the park.
			그들은 공원으로 산책을 갔다.
		동 주차하다	You can't park here.
			당신은 여기에 주차하면 안 됩니다.
426	pass	동 ❶ 지나가다; 통과하다	❶ Pass the park on the right.
		❷ 건네주다, (무엇을 쉽게 손닿는 곳으로) 주다	오른쪽에 있는 공원을 지나가라.
		❸ (시험에) 합격[통과]하다	❷ Pass the salt, please.
			소금을 건네주세요.
			❸ I will pass the exam.
			나는 그 시험에 합격할 것이다.
		명 ❶ (시험) 합격[통과]	❶ He got a pass in French test.
		❷ 출입증, 통행증, 탑승권	그는 프랑스어 시험에 합격(통과)했다.
			❷ a boarding pass
			항공기 탑승권
427	past	형 지나간, 이전의	in past years
			지나간 세월에

		명 과거	the recent past 가까운 과거
		전 ❶ (시간이) ~을 지나서 ❷ (장소·위치를) 지나간 곳에	❶ ten past two 2시 10분 ❷ They live in the house just past the church. 그들은 교회를 바로 지나서 있는 집에 산다.
		부 ❶ (한 쪽에서 다른 쪽으로) 지나서 ❷ (시간이) 지나서[흘러]	❶ I called out to him as he ran past. 나는 그가 뛰어서 지나갈 때 큰 소리로 그를 불렀다. ❷ A week went past and nothing had changed. 일주일이 지났는데 바뀐 것은 아무것도 없었다.
428	pay	동 지불하다[내다/주다]	How much did you pay for your bag? 너는 가방을 얼마나 주고 샀니?
		명 급료, 보수	holiday pay 휴가 중 급여
429	peace	명 ❶ 평화 ❷ 평온(함), 평화로움	❶ war and peace 전쟁과 평화 ❷ He lay back and enjoyed the peace of the summer evening. 그는 누워서 여름날 저녁의 평온함을 즐겼다.
430	people	명 ('사람'의 복수 의미로) 사람들	Many people do not like cold weather. 많은 사람들은 추운 날씨를 좋아하지 않는다.
431	pepper	명 후추	Please pass me the pepper. 그 후추를 나에게 건네주세요.
		동 후추를 치다[뿌리다]	Salt and pepper the potatoes. 감자에 소금과 후추를 뿌려라.
432	person	명 (개개의) 사람, 개인	She is a very friendly person. 그녀는 매우 친절한 사람이다.
433	pet	명 반려동물	Do you have any pets? 당신은 반려동물이 있으신가요?
434	pick	동 ❶ 고르다, 선택하다, 뽑다 ❷ (꽃을) 꺾다; (과일 등을) 따다	❶ He picked the date for the party. 그는 파티 날짜를 골랐다. ❷ Pick grapes. 포도를 따.
		명 고르기, 선택	Take your pick. 골라 봐라(선택해라).
435	picnic	명 소풍, 피크닉	Let's go for a picnic. 우리 소풍을 가자.
436	picture	명 ❶ 그림 ❷ 사진	❶ Look at the girl in the picture. 그림 속의 소녀를 보아라. ❷ Would you please take a picture? 사진을 찍어 주실래요?
437	piece	명 (자르거나 나눠 놓은 것의) 한 부분[조각]	a piece of cake 케이크 한 조각
438	place	명 장소[곳]	a meeting place 회의 장소
439	plan	명 계획[방안/방침]	My plan is simple. 나의 계획은 단순하다.

		통 계획을 세우다, 계획하다	I plan to leave tomorrow. 나는 내일 떠날 계획이다.
440	plant	명 ❶ 식물, 초목 ❷ 공장	❶ All plants need water. 모든 식물은 물을 필요로 한다. ❷ Japanese car plants 일본 자동차 공장
		통 (나무·씨앗 등을) 심다	He is planting a tree. 그는 나무를 심고 있다.
441	plate	명 ❶ 접시, 그릇 ❷ (하나의 접시에 담겨 나오 는 정찬용) 요리	❶ dinner plates 정찬용 접시(그릇) ❷ Try the seafood plate. 해산물 요리를 먹어 봐요.
442	play	통 ❶ 놀다, (게임·놀이 등을) 하 다 ❷ (~와 특정 경기를[에서]) 하다[뛰다]; (~와) 경기[시 합]를 하다 ❸ (악기·음악을) 연주하다 ❹ (연극·영화 등에서) 연기하 다[배역을 맡다]	❶ Let's play a different game. 우리 다른 놀이(게임)를 하자. ❷ Can you play chess? 체스를 할 줄 아니? ❸ He can play the violin. 그는 바이올린을 켤 수 있다. ❹ He played really like a fool. 그는 정말 바보처럼 연기를 했다.
		명 ❶ 놀이 ❷ 희곡; 연극, (라디오·TV) 극 ❸ 경기 진행; 플레이(운동 경 기에서 선수들이 펼쳐 보이 는 내용·기량)	❶ a play area 놀이 지역 ❷ a play by Shakespeare 세익스피어 희곡 ❸ Rain stopped play. 비가 와서 경기 진행이 중단되었다.
443	please	부 (남에게 정중하게 무엇을 부탁 하거나 하라고 할 때 덧붙이는 말) 제발, 부디	Please be quiet. 조용히 해 주세요.
		통 (남을) 기쁘게 하다, 기분[비 위]을 맞추다	I did it to please my parents. 나는 나의 부모님을 기쁘게 해 드리려고 그렇게 했다.
444	p.m. / P.M.	약 오후	The appointment is at 2 p.m. 그 약속(예약)은 오후 2시이다.
445	pocket	명 (호)주머니, 포켓	pocket money 용돈
446	point	명 요점[(가장) 중요한 말/것]	Do you see my point? 내 말의 요점을 알겠니?
		통 가리키다	He pointed in my direction. 그는 내가 있는 쪽을 가리켰다.
447	police	명 경찰	a police car 경찰차
448	polite	형 예의 바른, 공손한, 정중한	My little sister is polite. 나의 여동생은 예의 바르다.
449	poor	형 ❶ 가난한, 빈곤한 ❷ 불쌍한	❶ He was very poor. 그는 매우 가난했다. ❷ I feel sorry for that poor child. 나는 저 불쌍한 아이가 안쓰럽다.

450	popular	형 인기가 있는	The movie is popular all over the world. 그 영화는 전 세계적으로 인기가 있다.
451	potato	명 감자	fried potatoes 튀긴 감자
452	practice	명 연습, 실습	conversation practice 회화 실습
		동 연습[실습]을 하다	I practice the piano. 나는 피아노를 연습한다.
453	prepare	동 ❶ 준비하다[시키다] ❷ (음식을) 준비[마련]하다	❶ I must prepare for the exam. 나는 시험 준비를 해야 한다. ❷ She was preparing lunch in the kitchen. 그녀는 부엌에서 점심 준비를 하고 있었다.
454	present	형 ❶ 현재의, 현 ~ ❷ 있는, 참석[출석]한	❶ in the present situation 현재 상황에서 ❷ There were 50 people present at the meeting. 그 회의에는 50명의 사람들이 참석했다.
		명 ❶ 선물 ❷ 현재, 지금	❶ What can I get her for a birthday present? 나는 그녀에게 생일 선물로 무엇을 줘야 할까요? ❷ I'm sorry he's out at present. 죄송하지만 그는 지금 안 계시는데요.
		동 보여 주다[나타내다/묘사하다]	You need to present yourself better. 당신 자신을 더 나은 모습으로 보여 줄 필요가 있다.
455	president	명 ❶ 대통령 ❷ 회장	❶ the President of the United States 미국 대통령 ❷ the bank president 은행장
456	pretty	형 매력적인, 예쁜, 귀여운	a pretty woman 매력적인(귀여운) 여인
		부 ❶ 어느 정도, 꽤 ❷ 아주, 매우	❶ The game was pretty good. 그 경기는 꽤 괜찮았다. ❷ That performance was pretty impressive. 그 공연은 매우 인상적이었다.
457	price	명 값, 가격; 물가	What's the price of the room a day? 그 방의 하루 숙박료는 얼마니?
458	prince	명 왕자	Once upon a time there lived a very handsome prince. 옛날에 아주 잘생긴 왕자님이 살고 있었다.
459	princess	명 공주	Once upon a time there was a beautiful princess. 옛날에 아름다운 공주가 살고 있었다.
460	problem	명 문제	What's the problem? 무엇이 문제조?
461	pull	동 끌다, 당기다, 끌어[잡아]당기다	Don't pull so hard. 너무 세게 잡아당기지 마라.
462	push	동 밀다	Push hard when I tell you to. 내가 밀라고 하면 힘껏 밀어라.
463	put	동 놓다[두다/넣다/얹다]	I put a book on my desk. 나는 나의 책상 위에 책 한 권을 놓았다.

464	queen	명 여왕	Queen Victoria 빅토리아 여왕
465	question	명 질문, 의문; 문제	Question 5 was very difficult. 5번 문제는 매우 어려웠다.
466	quick	형 (재)빠른[신속한]	Her quick thinking saved his life. 그녀의 재빠른 생각이 그의 목숨을 구했다.
		부 (재)빨리, 신속히	Come as quick as you can! 최대한 빨리 와라!
467	quiet	형 조용한	Be quiet! 조용히 해라!
468	quite	부 ❶ 꽤, 상당히 ❷ 아주, 정말	❶ She plays quite well. 그녀는 (운동을) 꽤 잘한다. ❷ I can see it quite clearly. 난 그것을 아주 분명히 볼(알) 수 있다.

469	radio	명 라디오 (방송·프로)	A lot of people listen to the radio in the morning. 많은 사람들이 아침에 라디오를 듣는다.
470	rain	명 비, 빗물	Don't go out in the rain. 비 오는데 나가지 마라.
		동 비가 오다	It will rain in the evening. 저녁에는 비가 올 것이다.
471	rainbow	명 무지개	There is a rainbow in the sky. 하늘에 무지개가 있다.
472	rainy	형 비가 많이 오는, 비가 오는	the rainy season 비가 많이 오는 계절(장마철)
473	read	동 읽다[판독하다]	My son likes to read a book. 나의 아들은 책 읽기를 좋아한다.
474	ready	형 준비가 (다) 된	Are you ready? 준비가 다 됐니?
475	real	형 진짜의, 현실적인, 실제의, 실재하는	Her real name was Coco Chanel. 그녀의 진짜 이름은 Coco Chanel이었다.
476	really	부 실제로, 진짜로, 정말로	She really likes you. 그녀는 너를 진짜로 좋아한다.
477	reason	명 이유, 까닭, 사유	I'd like to know the reason why you're so late. 나는 네가 왜 그렇게 늦었는지 그 이유를 알고 싶다.
478	receive	동 받다, 받아들이다	He received a letter this morning. 그는 오늘 아침에 편지를 한 통 받았다.
479	reduce	동 줄이다[축소하다]; 낮추다[할인/인하하다]	Reduce speed now. (도로 표지판) 지금 속도를 줄이시오.
480	relax	동 ❶ 휴식을 취하다[느긋이 쉬다] ❷ 안심[진정]하다	❶ Just relax and enjoy the movie. 그냥 느긋하게 영화를 즐겨라. ❷ Relax! Everything will be OK. 진정해! 모든 것이 잘될 거야.
481	remember	동 기억하다[나다]	Try to remember. 기억하려고 노력해 보렴.

482	repeat	통 반복[되풀이]하다	Could you repeat it?
			한 번 더 말씀해 주시겠어요?

483	rest	명 ❶ (어떤 것의) 나머지 ❷ 휴식, 수면	❶ Here's the rest of your change.
			여기 당신의 나머지 잔돈이 있습니다.
			❷ Try to get some rest.
			좀 쉬도록 해라.
		통 (몸의 피로한 부분을 편하게) 쉬다, 휴식을 취하다, 자다	The doctor told me to rest.
			의사는 나에게 휴식을 취하라고 말했다.

484	restroom	명 (공공장소의) 화장실	Where is the restroom?
			화장실이 어디인가요?

485	result	명 결과	the football results
			축구 시합 결과

486	rice	명 쌀; 벼; 밥	brown rice
			현미

487	rich	형 ❶ 부유한, 돈 많은, 부자인 ❷ ~이 풍부한[풍성한]	❶ He is young, smart, and rich, too.
			그는 젊고 영리하고 부자이기도 하다.
			❷ Oranges are rich in vitamin C.
			오렌지는 비타민 C가 풍부하다.

488	ride	통 타다[몰다]	My uncle likes to ride a bike.
			나의 삼촌은 자전거 타는 것을 좋아하신다.
		명 타고 달리기[가기]	a bike ride
			자전거 타기

489	right	형 ❶ 옳은, 올바른, 맞는, 정확한 ❷ 오른쪽의, 우측의	❶ Yes, that's right.
			그래, 그것이 맞아.
			❷ Always use your right hand.
			항상 너의 오른 손을 사용해라.

490	ring	명 반지	a gold ring
			금반지
		통 전화하다, 전화를 걸다	I'll ring you up later.
			내가 나중에 너에게 전화할게.

491	river	명 강	the Han River
			한강

492	road	명 도로[길]	a main road
			주요 도로

493	rock	명 ❶ 바위 ❷ 록 (음악)	❶ There is a snake under the rock.
			바위 밑에 뱀이 있다.
			❷ a rock band
			록 밴드
		통 흔들리다; 흔들다	She rocked the baby gently in her arms.
			그녀는 아기를 그녀의 팔에 안고서 살살 흔들어 주었다.

494	role	명 역할	He played an important role in the meeting.
			그는 그 모임에서 중요한 역할을 했다.

495	roof	명 지붕	My son is on the roof.
			나의 아들은 지붕 위에 있다.

496	round	형 둥근, 동그란, 원형의	a round plate
			둥근 접시

		뷔 둥글게, 빙빙, 빙글빙글	Everybody joins hands and dances round. 모든 사람들이 함께 손을 잡고 둥글게 춤을 춘다.
		젠 ~을 돌아	The earth moves round the sun. 지구는 태양 주위를 돈다.
497	rude	쯩 무례한, 예의 없는, 버릇없는	It's rude to speak when you're eating. 먹으면서 말을 하는 것은 예의가 없는 짓이다.
498	run	동 ❶ 달리다[뛰다] ❷ 운영[경영/관리]하다 ❸ (액체를) 흘리다[흐르게 하다]	❶ I can run fast. 나는 빨리 달릴 수 있다. ❷ My father runs a small hotel. 나의 아버지는 작은 호텔을 운영하신다. ❸ Your nose is running. 너의 코에서 콧물이 흘러.
		명 달리기, 뛰기; 달리는 시간[거리]	I go for a run every morning. 나는 아침마다 달리기를 하러 간다.

499	sad	쯩 슬픈	a sad story 슬픈 이야기
500	safe	쯩 안전한	The street is not safe for children to play in. 그 거리는 아이들이 놀기에 안전하지 않다.
501	salt	명 소금	Pass the salt, please. 소금을 건네주세요.
		동 소금을 넣다[치다]	Have you salted the fish? 생선에 소금 뿌렸니?
		쯩 소금이 든, 소금 맛이 나는, 소금에 절인	salt water 소금물
502	same	쯩 (똑)같은, 동일한	We have lived in the same house for thirty years. 우리는 30년 동안 같은 집에서 살고 있다.
		대 (~와) 똑같은[동일한] 것	Just do the same as me. 나와 똑같이 해라.
		뷔 똑같이	He gave me ten dollars, same as usual. 그는 늘 그랬듯이 나에게 10달러를 주었다.
503	save	동 ❶ 구하다 ❷ (돈을) 모으다, 저축하다 ❸ 절약하다, (낭비하지 않고) 아끼다	❶ She saved a little boy from falling into the water. 그녀는 한 어린 소년이 물에 빠지는 것을 구했다. ❷ You should save a little each week. 너는 매주 조금씩 돈을 모아야 한다. ❸ We should try to save water. 우리는 물을 아끼도록 노력해야 한다.
504	say	동 말하다, ~라고 (말)하다	I have something to say. 나는 할 말이 있다.
505	school	명 학교	My little brother and I went to the same school. 나의 남동생과 나는 같은 학교에 다녔다.
506	science	명 과학	I like science fiction films. 나는 공상 과학 영화를 좋아한다.
507	scientist	명 과학자	Jang Yeongsil is a famous scientist. Jang Yeongsil은 유명한 과학자이다.

508	scissors	몡 가위	a pair of scissors 가위 하나
509	sea	몡 바다	a hotel room with sea view 바다가 보이는 호텔의 객실
510	season	몡 계절	Spring is my favorite season. 봄은 내가 가장 좋아하는 계절이다.
		통 (양념을) 넣다[치다], 양념[간] 하다	Season the lamb with garlic. 양고기에 마늘로 양념을 해라.
511	seat	몡 (앉을 수 있는) 자리, 좌석	a window seat 창가 자리
		통 앉히다; 앉다	Please be seated. 앉으십시오.
512	secret	혱 비밀의	secret information 비밀 정보
		몡 비밀, 기밀	Can you keep a secret? 너는 비밀을 지킬 수 있니?
513	see	통 ❶ 보다 ❷ 알다, 이해하다	❶ In the evening they went to see a movie. 저녁에 그들은 영화를 보러 갔다. ❷ Oh, I see. 아, 알겠다.
514	sell	통 팔다	Do you sell stamps? 당신은 우표를 파세요?
515	send	통 보내다	Would you send me a card? 카드를 하나 나에게 보내 줄래요?
516	serious	혱 ❶ 심각한 ❷ 진지한 (생각을 요하는)	❶ a serious problem 심각한 문제 ❷ a serious newspaper 진지한 신문
517	set	통 ❶ 놓다 ❷ 맞추다	❶ He set a cup down on the table. 그가 컵을 탁자 위에 내려놓았다. ❷ Set the alarm for 6 o'clock. 자명종을 6시 정각에 맞추어라.
		몡 세트	a set of six chairs 의자 여섯 개 세트
518	ship	몡 (큰) 배, 선박, 함선	My uncle is the captain of the ship. 나의 삼촌은 그 배의 선장이시다.
		통 (배나 다른 운송 수단으로) 실 어 나르다, 수송[운송]하다	The company ships its goods all over the world. 그 회사는 자사 상품을 전 세계로 실어 나른다.
519	shop	몡 가게, 상점	There's a little gift shop around the corner. 그 모퉁이에 작은 선물 가게가 있다.
		통 (가게에서 물건을) 사다, 쇼핑 하다	She likes to shop at the local market. 그녀는 지역(현지) 시장에서 물건 사는 것을 좋아한다.

520	short	형 ❶ 짧은 ❷ 키가 작은 ❸ 부족한, ~이 없는	❶ a short skirt 짧은 치마 ❷ He was short. 그는 키가 작았다. ❸ I'm afraid I'm a little short this month. 이번 달에는 내가 돈이 조금 부족한 것 같다.
521	show	동 ❶ 보여 주다 ❷ 알려[가르쳐] 주다	❶ Would you show me your ticket, please? 저에게 당신의 표를 보여 주시겠어요? ❷ Can you show me the way to the post office? 저에게 우체국에 가는 길을 알려주실래요?
		명 ❶ 쇼, (특히 춤과 노래가 포함 되는) 공연물 ❷ (텔레비전·라디오의) 프로 [프로그램]	❶ He's the star of the show. 그는 그 쇼의 주인공이다. ❷ a quiz show 퀴즈 프로
522	shy	형 수줍음[부끄럼]을 많이 타는, 수줍어[부끄러워]하는	Don't be shy. 부끄러워하지 마라.
523	sick	형 아픈, 병든	a sick child 아픈 아이
524	side	명 쪽[측]	the left side of the brain 두뇌의 좌측
525	similar	형 비슷한, 유사한, 닮은	The brothers look very similar. 그 형제들은 생김새가 아주 비슷하다(닮았다).
526	simple	형 간단한	The problem and the answer are very simple. 그 문제와 해답은 매우 간단하다.
527	sing	동 노래하다	I like to sing. 나는 노래 부르는 것을 좋아한다.
528	sit	동 앉다; 앉아 있다	May I sit here? 제가 여기 앉아도 될까요?
529	sky	명 하늘	Look at the sky. 하늘을 보렴.
530	sleep	동 (잠을) 자다	I slept at my friend's house last night. 나는 어젯밤에 나의 친구의 집에서 잤다.
		명 잠	I need to get some sleep. 나는 잠을 조금 자야겠다.
531	slow	형 느린, 더딘, 천천히 움직이는	a slow driver 느리게 달리는(차를 천천히 모는) 운전자
		동 천천히 가다; 속도[활동]를 줄 이다[둔화시키다]	You must slow down or you'll make yourself ill. 당신은 조금 쉬엄쉬엄 해야 하지 안 그랬다가는 병이 날 거예요.
532	small	형 작은[적은], 소규모의	a small house 작은 집
533	smart	형 똑똑한, 영리한	He is a very smart boy. 그는 매우 영리한 소년이다.
534	smell	동 냄새[향]가 나다	It smells good. 그것은 향이 좋다.
		명 냄새, 향	a fresh smell 상쾌한 냄새

535	smile	통 웃다, 미소를 짓다	He smiled at her and she smiled back.
			그가 그녀를 보고 웃자 그녀도 웃어 주었다.
		명 (소리 없는) 웃음, 미소	She had a big smile on her face.
			그녀는 얼굴에 함박웃음을 짓고 있었다.
536	snow	명 눈	The mountain is covered with snow.
			그 산은 눈으로 덮여 있다.
		통 눈이 오다[내리다]	It will snow tonight.
			오늘 밤에 눈이 올 것이다.
537	snowy	형 눈에 덮인, 눈이 많이 내리는	I love winter and snowy days.
			나는 겨울과 눈 오는 날을 사랑한다.
538	so	부 ❶ 그렇게 (대단히), (~할 정도로) 너무	❶ Don't look so angry.
			그렇게 화가 난 표정은 짓지 말아요.
		❷ 정말(로), 너무나, 대단히	❷ I'm so glad to see you again.
			나는 너를 다시 보게 돼서 정말 기쁘다.
		접 ('이유'를 나타내어) 그래서[~해서]	My English class ends at six, so I'll be a little late.
			나의 영어 수업이 6시에 끝나서, 나는 약간 늦을 것이다.
539	soccer	명 축구	Did you watch the soccer game on TV last night?
			어젯밤에 너는 TV에서 축구 경기를 봤니?
540	soft	형 부드러운, 푹신한	It's a soft bed.
			그것은 부드러운 침대이다.
541	solve	통 풀다[해결하다]	What should I do to solve this problem?
			제가 이 문제를 해결하려면 무엇을 해야만 하죠?
542	sometimes	부 때때로, 가끔	She sometimes writes to me.
			그녀는 때때로 나에게 편지를 쓴다.
543	soon	부 ❶ 곧, 머지않아, 이내	❶ See you soon!
			곧 또 보자!
		❷ 빨리	❷ How soon can you get here?
			너는 여기에 얼마나 빨리 올 수 있니?
544	sorry	형 ❶ 안된, 안쓰러운, 애석한	❶ I'm sorry that your son lost his job.
			당신의 아들이 실직을 했다니 정말 안됐군요.
		❷ 유감스러운, 남부끄러운, 미안한	❷ If you say you're sorry, we'll forgive you.
			당신이 미안하다고 말하면, 우리는 당신을 용서하겠어요.
		감 ❶ (사과의 말로) 미안해요[죄송해요]	❶ Sorry I'm late!
			늦어서 미안해!
		❷ (남의 말을 분명히 듣지 못했을 때 하는 말로) 뭐라고요[뭐라고 하셨나요]?	❷ Sorry?
			뭐라고 그러셨죠?
545	sound	명 소리	a high sound
			높은 소리
		통 (말을 듣거나 글을 읽어보니) ~인 것 같다[~처럼 들리다]	It sounds easy to understand.
			그것은 이해하기 쉽게 들린다.
546	south	명 남쪽[남]	Which way is south?
			어느 쪽이 남쪽이니?
		형 남쪽[남부]에 있는, 남쪽으로 향하는	He lives on the south coast.
			그는 남부 해안 지역에 산다.
		부 남쪽으로	This room faces south.
			이 방은 남향이다.

547	space	명 공간[자리]	a parking space 주차 공간
548	speak	동 이야기하다, 말을 주고받다	Can I speak to Nancy? Nancy와 말할(통화할) 수 있을까요?
549	special	형 특수한[특별한]	He's a very special friend. 그는 매우 특별한 친구이다.
550	speech	명 연설, 담화	What did you think of the speech? 그 연설에 대해 너는 어떻게 생각했니?
551	speed	명 속도	at high speed 높은 속도로
552	spell	동 (어떤 단어의) 철자를 말하다 [쓰다]	Tell me how to spell that word, please. 그 단어를 어떻게 쓰는지 말해 주세요.
553	spend	동 ❶ (돈을) 쓰다[들이다] ❷ (시간을) 보내다[들이다]	❶ I spent 20 dollars on this game. 나는 이 게임에 20달러를 썼다. ❷ He spends too much time watching TV. 그는 TV를 보는 데에 너무 많은 시간을 보낸다.
554	spring	명 ❶ 봄 ❷ 용수철, 스프링 동 휙 움직이다. (갑자기) 뛰어오 르다	❶ spring flowers 봄꽃 ❷ bed springs 침대 스프링 He sprang out of bed. 그는 침대에서 휙 빠져나왔다.
555	square	형 (기하) 정사각형 모양의 명 ❶ 정사각형 ❷ 광장 동 네모지게[사각형으로/직각으 로] 만들다	a square room 정사각형 모양의 방 ❶ Write the number in the square. 그 숫자를 정사각형 안에 쓰렴. ❷ There are many students in the square. 그 광장에는 많은 학생들이 있다. It was like trying to square a circle. 그것은 원을 네모로 만들려는 것과 같았다.
556	stage	명 ❶ 단계[시기] ❷ 무대 동 (연극·공연 등을) 개최하다[무 대에 올리다]	❶ The product is at the design stage. 그 상품은 디자인 단계에 있다. ❷ People are dancing on the stage. 사람들이 무대에서 춤을 추고 있다. to stage an event 행사를 개최하다
557	stair	명 계단	The boy is walking down the stairs. 그 소년이 계단을 걸어 내려오고 있다.
558	stand	동 ❶ 서다, 서 있다 ❷ 참다, 견디다	❶ He is standing next to a building. 그가 건물 옆에 서 있다. ❷ I can't stand any more. 나는 더 이상은 못 참겠다.
559	star	명 ❶ 별 ❷ 스타(가수·배우·운동선수 등)	❶ Look at those stars in the sky. 하늘에 뜬 저 별들을 보세요. ❷ Kim Soohyun is a very popular movie star. Kim Soohyun은 아주 인기 있는 영화배우이다.
560	start	동 시작하다	It started to rain. 비가 내리기 시작했다.

		명 시작[출발/처음]	I want to make an early start in the morning. 나는 아침에 일찍 출발하고 싶다.
561	station	명 ❶ (기차)역 ❷ 지역 본부, 사업소	❶ a train station 기차역 ❷ a gas station 주유소
562	stay	통 머무르다, 남다	I'll stay at my friend's home. 나는 나의 친구 집에 머물 것이다.
		명 머무름, 방문	I enjoyed my stay in London. 나는 런던에서 머무는 것이(런던에 갔을 때) 정말 즐거웠다.
563	step	명 ❶ 걸음 ❷ 단계	❶ a baby's first steps 아기의 첫 걸음마 ❷ I'll explain it to you step by step. 제가 그것을 차근차근 설명해 드리겠습니다.
		통 움직이다[서다/디디다]	They stepped carefully over the broken glass. 그들은 깨진 유리 위로 조심스럽게 발을 디뎠다.
564	still	부 아직	Mom, I'm still hungry! 엄마, 나는 아직도 배가 고파요!
		형 가만히 있는, 고요한, 정지한	still water 고요한 물
565	stomach	명 복부, 배, 속	stomach pains 위통(복통)
566	stone	명 돌, 석조	a stone floor 돌(석조) 바닥
567	stop	통 멈추다, 서다, 정지하다; 멈추게 하다	Stop crying, please. 울지 마라.
		명 ❶ 멈춤, 중단; (잠시) 머묾 ❷ 정류장, 정거장	❶ The trip included an overnight stop in New York. 그 여행에는 뉴욕에서 하룻밤 머무는 것이 포함되어 있었다. ❷ I am looking for a bus stop. 나는 버스 정류장을 찾고 있다.
568	store	명 ❶ 백화점 ❷ (크고 작은) 가게[상점]	❶ a department store 백화점 ❷ a health food store 건강 식품점
		통 저장[보관]하다	animals storing up food for the winter 겨울을 나기 위해 먹을 것을 저장하는 동물들
569	story	명 이야기	Tell me the story. 그 이야기를 나에게 해 줘.
570	straight	부 똑바로, 곧장	Go straight and turn right at the corner. 쭉 가서 저 모퉁이에서 오른쪽으로 돌아라.
		형 곧은, 똑바른	long straight hair 긴 직모
571	strange	형 ❶ 이상한 ❷ 낯선	❶ That's strange. 저것은 이상하군요. ❷ a strange city 낯선 도시
572	street	명 거리, 도로, ~가	A lot of people are on the street. 그 거리에는 많은 사람들이 있다.

573	strong	형 튼튼한, 강한, 힘센	He is strong for his age. 그는 나이에 비해 힘이 세다.
574	student	명 학생	She was a high school student. 그녀는 고등학교 학생이었다.
575	study	명 ❶ 공부[연구], 학습, 학문 ❷ 연구	❶ It is important to develop good study skills. 훌륭한 공부 학습법을 개발하는 것이 중요하다. ❷ to make a study 연구를 하다
		동 공부하다, 배우다	I will study hard before school. 나는 학교 가기 전에 열심히 공부를 할 것이다.
576	subway	명 지하철	a subway station 지하철역 ✚ underground / subway 한 도시의 지하철 체계를 보통, 영국식 영어에서는 underground(흔히 the Underground), 미국식 영어에서는 subway라고 한다.
577	sugar	명 설탕	Do you take sugar? 설탕 넣으세요?
578	summer	명 여름	late summer 늦여름
579	sun	명 해, 태양	The sun was shining. 태양이 빛나고 있었다.
580	sunny	형 화창한, 햇살이 (눈부시게) 내리쬐는	a sunny day 화창한 날
581	sure	형 확신하는, 확실히 아는	Are you sure about that? 그것이 확실한 거니?
582	surprise	명 뜻밖의[놀라운] 일[소식]	What a nice surprise! 정말 뜻밖에 기쁜 소식이군요!
		동 놀라게 하다	It's always surprised me how popular she is. 그녀가 대단히 인기가 있다는 것이 나를 항상 놀라게 한다.
583	surprising	형 놀라운, 놀랄	Today I heard some surprising news from her. 오늘 나는 그녀로부터 놀라운 소식을 들었다.
584	sweet	형 ❶ 달콤한, 단 ❷ (소리가) 듣기 좋은	❶ sweet food 단 음식 ❷ a sweet voice 듣기 좋은 목소리
		명 단 것, 사탕 및 초콜릿류	a sweet shop 과자 가게
585	swim	동 수영하다, 헤엄치다	We can't swim 우리는 수영을 못 한다.

T(t)

586	table	명 식탁, 테이블, 탁자, (밥)상	Can you set the table while I finish cooking pasta? 내가 파스타 요리를 마칠 동안 식탁을 차려 줄 수 있니?

587	take	통 ❶ 데리고 가다[데려다주다]	❶ I'll take you by car.
		❷ 먹다; 마시다; (약을) 먹다 [복용하다]	내가 너를 차로 데려다줄게.
		❸ (사진을) 찍다	❷ Did you take your medicine?
		❹ (시간이) 걸리다	너는 약을 먹었니?
		❺ (학교에서 특정 과목을) 듣다	❸ Let's take a photo!
			사진을 찍자!
			❹ It takes about 20 minutes by bus.
			버스를 타고 20분 정도가 걸린다.
			❺ He is taking an art class.
			그는 미술 수업을 듣고 있다.
588	talk	통 말하다, 이야기하다, 수다를 떨다	Do you have time to talk with me?
			너는 나와 이야기할 시간이 있니?
		명 이야기, 대화, 논의	I had a long talk with my boss.
			나는 사장님과 장시간 이야기를 나누었다.
589	tall	형 키가 큰, 높은	He is tall and thin.
			그는 키가 크고 말랐다.
590	teach	통 (학생들을) 가르치다, 교사를 하다	She teaches them English.
			그녀는 그들에게 영어를 가르친다.
591	tell	통 (말·글로) 알리다[전하다], 말하다	Tell me where you live.
			당신이 어디에 사는지 말을 해 주세요.
592	textbook	명 교과서	I forgot to bring my textbook.
			나는 교과서를 가져오는 것을 잊어버렸다.
593	than	전 접 ~보다(비교의 대상이 되는 것을 나타냄)	I'm older than him.
			나는 그보다 나이가 더 많다.
594	theater	명 극장	a movie theater
			영화관
595	then	부 ❶ 그때(과거·미래의 특정한 때를 가리킴)	❶ He was very young then.
		❷ 그다음에, 그러고는, 그러더니	그때는 그가 매우 어렸다.
		❸ 그럼(대화·진술 등의 시작이나 끝을 나타낼 때)	❷ And then, I ate ice cream.
			그다음에, 나는 아이스크림을 먹었다.
			❸ OK. Bye, then.
			좋아요. 그럼 잘 가요.
596	there	부 ❶ there is[are, was, were] (어떤 것이 존재·발생함을 나타낼 때 씀)	❶ There is a book on the desk.
		❷ 거기에[에서], 그곳에[에서]	책상 위에 책이 한 권 있다.
		❸ (사람의 관심을 끌 때) 저기[거기]	❷ I hope you get there in time.
			나는 네가 거기에 시간 내에 도착하기를 바란다.
			❸ Hello, there!
			저기, 안녕하세요!
597	thin	형 ❶ 얇은, 가는	❶ a thin blouse
		❷ 마른, 여윈	얇은 블라우스
			❷ Jang Yoonju is tall and thin.
			Jang Yoonju는 키가 크고 말랐다.
598	think	통 (~라고) 생각하다, (생각에) ~일 것 같다; (~라고) 믿다	What do you think?
			너는 어떻게 생각하니?
599	thirsty	형 목이 마른, 갈증이 나는	I was thirsty and hungry.
			나는 목이 말랐고 배가 고팠다.

600	throw	통 ❶ 던지다 ❷ (파티를) 열다	❶ The children are throwing the rocks. 그 아이들은 돌을 던지고 있다. ❷ He likes to throw a party. 그는 파티를 여는 것을 좋아한다.
601	ticket	명 표, 입장권, 승차권, 티켓	a plane ticket 비행기 표(탑승권)
602	tie	통 묶다	I tie back my hair when I'm cooking. 나는 요리를 할 때 머리를 뒤로 묶는다.
		명 ❶ 넥타이 ❷ (강한) 유대[관계]	❶ a striped silk tie 줄무늬 실크 넥타이 ❷ family ties 가족 간의 유대 관계
603	tired	형 ❶ 피로한, 피곤한, 지친 ❷ (사람이 ~에) 싫증 난[지긋 지긋한]	❶ She looks tired. 그녀는 피곤해 보인다. ❷ I'm tired of this job. 나는 이 일에 질렸다.
604	today	명 ❶ 오늘 ❷ 오늘날, 요즘음, 현재	❶ Today is my birthday. 오늘은 나의 생일이다. ❷ today's young people 오늘날의 젊은이들
		부 ❶ 오늘 ❷ 오늘날에, 요즘음, 현재	❶ I've got a piano lesson later today. 나는 오늘 이따가 피아노 수업이 있다. ❷ Young people today face a very difficult future at work. 요즘 젊은이들은 직장에서 아주 힘든 미래와 직면하고 있다.
605	together	부 함께, 같이	They grew up together. 그들은 함께 컸다.
606	toilet	명 화장실	I need to go to the toilet. 나는 화장실에 가야겠다.
607	tomorrow	명 내일	Tomorrow is Sunday. 내일은 일요일이다.
		부 내일	See you tomorrow. 내일 보자.
608	tonight	명 오늘 밤	Tonight will be cloudy. 오늘 밤은 날씨가 흐릴 것이다.
		부 오늘 밤에	It's cold tonight. 오늘 밤에는 날씨가 춥다.
609	too	부 ❶ 너무 (~한) ❷ (보통 절의 끝에 위치하여) ~도[또한]	❶ The dress was too tight for me. 그 드레스는 나한테 너무 딱 붙었다. ❷ Can I come too? 나도 가도 되겠니?
610	top	명 맨 위 (부분), 꼭대기, 정상	Write your name at the top. 맨 위에 당신의 이름을 쓰세요.
		형 맨 위의, 꼭대기의, 최고의	He lives on the top floor. 그는 맨 위층에 산다.
611	touch	통 ❶ (손 등으로) 만지다[건드리 다], (손 등을) 대다 ❷ 마음을 움직이다, 감동시키 다	❶ Don't touch it! 그것을 만지지 마라! ❷ His story touched us all deeply. 그의 이야기는 우리 모두에게 깊은 감동을 주었다.

		명 ❶ 촉각	❶ the sense of touch
		❷ 만지기, 건드리기, 손길	촉각
			❷ The windows slide down at the touch of a button.
			버튼만 누르면 창문들이 스르르 내려간다.
612	town	명 (도시(city)보다 작은) (소)도시, 읍, 시내	There is an old house in a town.
			어느 한 마을에 낡은 집이 있다.
613	toy	명 장난감	The children were playing happily with their toys.
			그 아이들은 그들의 장난감을 가지고 행복하게 놀고 있었다.
		형 모형의	a toy car
			모형 자동차
614	traffic	명 (특정 시간에 도로상의) 차량들, 교통(량)	traffic police
			교통 경찰
615	travel	동 (특히 장거리를) 여행하다[다니다/가다]	They like to travel by train.
			그들은 기차를 타고 여행하는 것을 좋아한다.
		명 여행, 출장, 이동	a travel bag
			여행 가방
616	tree	명 나무	There is an apple tree near my house.
			집 주변에 사과 나무 한 그루가 있다.
617	triangle	명 ❶ 삼각형	❶ a right triangle
		❷ (악기) 트라이앵글	직각 삼각형
			❷ Is this his triangle?
			이것은 그의 트라이앵글이니?
618	trip	명 (특히 짧고, 관광이나 어떤 특정한 목적을 위한) 여행	a day trip
			일일(당일) 여행
619	true	형 사실인, 참인, 맞는, 진짜의, 정확한	Believe it or not, it is true.
			믿거나 말거나, 그것은 사실이다.
620	try	동 ❶ 노력하다, 애를 쓰다, (애를 써서) 하려고[이루려고] 하다	❶ You should try to eat more fruit.
			너는 과일을 더 많이 먹도록 노력해야만 한다.
		❷ (좋은지·알맞은지 등을 보려고) 써 보거나 해 보다	❷ You should try eating more fruit.
			너는 과일을 더 많이 먹는 것을 시도해 봐야 한다.
		명 시도	I'll give it a try.
			나는 한번 그것을 시도를 해 보겠다.
621	turn	동 ❶ 돌다; 돌리다	❶ Turn left at the next corner.
		❷ (~한 상태로) 변하다, ~되다[해지다]; (~한 상태로) 변하게[~되게] 만들다	다음번 모퉁이에서 왼쪽으로 도세요.
			❷ The leaves were turning brown.
			그 나뭇잎들이 누렇게 변하고 있었다.
		명 (무엇을 할) 차례, 순번	It's my turn to cook today.
			오늘은 내가 요리를 할 차례이다.

U(u)

622	ugly	형 못생긴, 추한, 보기 싫은	an ugly face
			못생긴 얼굴
623	umbrella	명 우산, 양산, 파라솔	I left my umbrella at home.
			나는 우산을 집에 두고 왔다.
624	under	전 ~ 아래에	The bench is under the tree.
			그 벤치는 나무 아래에 있다.

625	understand	통 이해하다, 알아듣다, 알다	Do you understand me? 나의 말을 이해하겠니?
626	uniform	명 제복, 군복, 교복, 유니폼	I think everyone should wear a school uniform. 나는 모두가 교복을 입어야만 한다고 생각한다.
627	until	전 접 ~(때)까지	Let's wait until the rain stops. 비가 그칠 때까지 기다리자.
628	up	부 위로[에]	She jumped up from her chair. 그녀는 의자에서 벌떡 일어섰다.
		전 ~ 위로[위쪽으로]; ~ 위에[위쪽에]	He is climbing up the big rock. 그는 커다란 바위 위로 올라가고 있다.
629	use	통 쓰다, 사용[이용]하다	You can use my pen. 너는 나의 펜을 써도 된다.
		명 사용, 이용	The software is designed for use in schools. 그 소프트웨어는 학교에서 사용하도록 만들어진 것이다.
630	useful	형 유용한, 도움이 되는, 쓸모 있는	Computers are useful for doing many things. 컴퓨터는 많은 일을 하는 데에 쓸모가 있다.

V(v)

631	vacation	명 방학; (법정의) 휴정	the long vacation 긴 방학
632	vegetable	명 채소, 야채	green vegetables 푸른색 채소
633	very	부 매우, 아주, 정말	very small 아주 작은
634	visit	통 (사람·장소를) 방문하다[찾아가다]	I will visit Gyeongju for sure. 나는 경주를 꼭 방문할 것이다.
		명 방문	It's my first visit to China. 이번이 나의 첫 중국 방문이다.
635	voice	명 목소리, 음성	Keep your voice down. 목소리를 낮춰라(말을 조용히 해라).

W(w)

636	wait	통 기다리다	Wait for me! 나를 기다려!
637	wake	통 (잠에서) 깨다[일어나다]; 깨우다	Wake up! 일어나라!
638	walk	통 걷다, 걸어가다	Is it too far to walk? 걷기에는 너무 머니?
		명 (취미·운동으로 하는) 걷기, 산책	Why don't we go for a walk together? 우리 산책하러 같이 나가는 것이 어때?
639	wall	명 ❶ 담 ❷ 벽	❶ The cat is jumping off the wall. 그 고양이가 담에서 뛰어내리고 있다. ❷ The people are putting pictures on the wall. 그 사람들이 벽에 그림을 걸고 있다.
640	want	통 원하다, 바라다, ~하고 싶어 하다	I want to go home. 나는 집에 가고 싶다.

641	warm	혱 따뜻한, 따스한, 훈훈한	The weather in Busan is very warm. 부산의 날씨는 매우 따뜻하다.
		통 (더) 따뜻하게 하다, 데우다; (더) 따뜻해지다, 데워지다	I'll warm up some milk. 내가 우유를 조금 데울 것이다.
642	wash	통 씻다	Wash your hands before eating. 식사 전에 손을 씻어라.
		명 (물과 비누로) 씻기; 세탁, 빨래	These towels are ready for a wash. 이 수건들은 씻을(빨) 준비가 되었다.
643	waste	통 (돈·시간 등을 필요 이상으로) 낭비하다	Don't waste your money. 돈을 낭비하지 말아라.
		명 낭비[허비](하는 행위)	What a waste of paper! 무슨 종이 낭비인가!
644	watch	통 ❶ (시간과 관심을 기울이며) 보다, 지켜보다, 주시하다 ❷ 조심하다	❶ How often do you watch TV? 너는 TV를 얼마나 자주 보니? ❷ Watch out! 조심해라!
		명 시계	He bought a watch. 그는 시계를 샀다.
645	water	명 물	Can I get a bottle of water? 물 한 병 주실 수 있나요?
		통 물을 주다	The girl is watering the flowers. 그 소녀가 꽃에 물을 주고 있다.
646	way	명 ❶ 방법, 방식, 식, 투, 태도 ❷ 길	❶ This is the best way to solve the problem. 이것이 그 문제를 해결하는 최선의 방법이다. ❷ Can you tell me the way to the post office? 너는 나에게 우체국에 가는 길을 가르쳐 줄 수 있니?
647	weak	혱 약한, 힘이 없는	We should help weak people. 우리는 약한 사람들을 도와야만 한다.
648	wear	통 (옷·모자·장갑·신발·장신구 등을) 입고[쓰고/끼고/신고/착 용하고] 있다	He was wearing a new coat. 그는 새 외투를 입고 있었다.
649	weather	명 날씨, 기상, 일기	What's the weather like today? 오늘의 날씨는 어때요?
650	week	명 주, 일주일	I have three English classes a week. 나는 영어 수업이 일주일에 세 번 있다.
651	weekend	명 주말(토요일과 일요일)	Have a good weekend! 주말 잘 보내세요!
652	weight	명 무게, 체중	He is trying to lose weight. 그는 체중을 줄이려고(살을 빼려고) 노력하는 중이다.
653	welcome	통 (다정하게) 맞이하다, 환영하다	It is a pleasure to welcome you to our home. 당신을 저희 집에 모시게 되어 기뻐요.
		혱 ❶ 반가운 ❷ 환영받는	❶ Your letter was very welcome. 너의 편지는 정말 반가웠다. ❷ Children are always welcome at the hotel. 호텔에서는 어린이들을 언제나 환영합니다.
		명 환영	Thank you for your warm welcome. 따뜻하게 환영해 주셔서 고맙습니다.

		困 (~에 오신 것을) 환영합니다, 어서 오세요	Welcome to the show! 저희 쇼에 찾아 주신 것을 환영합니다!
654	west	명 서쪽[서]	Which way is west? 어느 쪽이 서쪽이니?
		형 서쪽의, 서쪽으로 향하는	West Africa 서아프리카
655	wet	형 젖은	wet grass 젖은 잔디
656	wide	형 넓은, 너른	a wide river 넓은 강
		부 완전히, 있는 대로 다, 활짝	Open your mouth wide. 너의 입을 크게 벌려라.
657	wife	명 아내, 처, 부인	the doctor's wife 의사의 아내
658	win	동 ❶ 이기다 ❷ (경기 등에서 이겨 무엇을) 따다[타다/차지[쟁취]하다]	❶ We didn't win. 우리는 이기지를 못했다. ❷ Kim Yuna won a gold medal. Kim Yuna는 금메달을 땄다.
659	window	명 창문	Shall I open the window? 제가 창문을 열까요?
660	winter	명 겨울	a winter coat 겨울 외투
661	wish	동 원하다, 바라다	I wish to speak to the manager. 나는 매니저와 이야기 하고 싶다.
		명 바람, 의도, 소망, 소원	I'm sure that you will get your wish. 나는 틀림없이 당신이 원하는 것을 얻을 수 있을 거라고 확신합니다.
662	with	전 ❶ ~와 함께 ❷ ~로, ~을 써서[이용하여]	❶ He lives with his mother. 그는 그의 어머니와 함께 산다. ❷ Cut it with a knife. 칼로 그것을 잘라라.
663	without	전 ~ 없이[~을 가지지/경험하지/보이지 않고]	No man can live without food. 먹을 것이 없다면 아무도 살지 못한다.
		부 ~ 없이, ~ 없는	Do you want a room with a bath or one without? 당신은 욕조가 있는 방을 원하세요 아니면 없는 방을 원하세요?
664	woman	명 (성인) 여자, 여성, 여인	a 27-year-old woman 27세의 여성
665	wonderful	형 아주 멋진, 신나는, 훌륭한	I had a wonderful time last night. 나는 지난 밤에 아주 멋진 시간을 보냈다.
666	word	명 단어, 낱말; 말; (노래의) 가사	Do not write more than 100 words. 100단어를 넘겨 쓰지 않도록 해라.
667	work	동 일하다, 작업[근무]하다	I work twenty hours a week. 나는 일주일에 20시간을 일한다.
		명 일, 직장, 직업	He's still looking for work. 그는 아직도 직장(일자리)을 구하고 있다.
668	world	명 세계	a map of the world 세계 지도

669	worry	통 걱정하다	Don't worry. 걱정하지 마라.
		명 걱정거리, 걱정(되는 일)	family worries 집안의 걱정거리
670	write	통 쓰다, 편지를 쓰다	Write your name at the top of the paper, please. 종이 맨 윗부분에 당신의 이름을 써 주세요.
671	wrong	형 틀린, 잘못된	I think you must have the wrong number. 제 생각에 당신이 전화를 잘못 거신 것 같네요.
		부 잘못, 틀리게	My name is spelt wrong. 나의 이름 철자가 잘못(틀리게) 쓰였다.
		명 나쁜 행동[짓]	right and wrong 옳고 그름

Y(y)

672	year	명 ❶ (1년 열두 달로 이뤄진) 해 [년/연] ❷ 나이, 연령; ~살[세]	❶ January is the first month of the year. 1월은 한 해의 첫 번째 달이다. ❷ I am 20 years old. 나는 20살이다.
673	yesterday	명 어제	Yesterday was Monday. 어제는 월요일이었다.
		부 어제	We arrived yesterday. 우리는 어제 도착했다.
674	young	형 어린, 젊은	They look young. 그들은 어려 보인다.
		명 (the~) 젊은이들	It's a book for the young. 그것은 젊은 사람들을 위한 책이다.

Z(z)

675	zoo	명 동물원	I went to the zoo yesterday. 나는 어제 동물원에 갔다.

01 다음 단어들을 모두 포괄할 수 있는 것은? 2014년 1회

head	shoulder	foot	leg

① body ② food
③ flower ④ country

02 두 단어의 관계가 나머지 셋과 <u>다른</u> 것은? 2014년 1회

① low – high
② big – large
③ slow – fast
④ easy – difficult

03 다음 단어들을 모두 포괄할 수 있는 것은? 2014년 2회

red	blue	black	yellow

① job ② color
③ sport ④ animal

04 두 단어의 관계가 나머지 셋과 <u>다른</u> 것은? 2014년 2회

① clean – dirty
② old – young
③ tall – short
④ wise – smart

05 다음 단어들을 모두 포괄할 수 있는 것은? 2013년 1회

cook	doctor	pilot	singer

① job ② place
③ food ④ country

06 두 단어의 관계가 나머지 셋과 <u>다른</u> 것은? 2013년 1회

① buy – sell
② start – finish
③ speak – talk
④ ask – answer

07 다음 단어들을 모두 포괄할 수 있는 것은? 2013년 2회

angry	excited	glad	happy	sad

① color ② hobby
③ animal ④ feeling

08 두 단어의 관계가 나머지 셋과 <u>다른</u> 것은?   2013년 2회

① big – large
② high – low
③ old – young
④ strong – weak

11 다음 단어들을 모두 포괄할 수 있는 것은?   2012년 2회

cat   dog   pig   monkey

① fruit
② sports
③ animal
④ weather

12 두 단어의 관계가 나머지 셋과 <u>다른</u> 것은?   2012년 2회

① young – old
② rich – poor
③ long – short
④ strong – heavy

09 주어진 그림들을 모두 포괄할 수 있는 것은?   2012년 1회

① fruit
② flower
③ sports
④ job

13 다음을 모두 포함할 수 있는 단어로 가장 적절한 것은?

2019년 1회

golf   badminton   swimming   football

① food
② music
③ sports
④ flowers

10 두 단어의 관계가 나머지 셋과 <u>다른</u> 것은?   2012년 1회

① glad – happy
② big – small
③ long – short
④ heavy – light

14 두 단어의 의미 관계가 나머지 셋과 <u>다른</u> 것은?

2019년 1회

① hot – cold
② far – near
③ slow – fast
④ all – every

15 다음 단어들을 모두 포괄할 수 있는 것은? 　2016년 2회

pants　skirts　blouses　T-shirts

① sports　　　　② family
③ clothes　　　④ countries

16 두 단어의 관계가 나머지 셋과 <u>다른</u> 것은? 　2017년 1회

① tiger – lion
② fruit – apple
③ color – yellow
④ job – teacher

17 다음 단어들을 모두 포괄할 수 있는 것은? 　2016년 1회

father　mother　son　daughter

① hobby　　　　② family
③ flower　　　　④ season

18 두 단어의 관계가 나머지 셋과 <u>다른</u> 것은? 　2016년 1회

① fruit – apple
② color – red
③ animal – cat
④ mountain – sea

19 다음을 모두 포함할 수 있는 단어로 가장 적절한 것은? 　2018년 2회

red　yellow　blue　green

① color　　　　② shape
③ hobby　　　　④ country

20 두 단어의 의미 관계가 나머지 셋과 <u>다른</u> 것은? 　2018년 2회

① win – lose
② pull – push
③ answer – reply
④ arrive – leave

21 다음 단어들을 모두 포함할 수 있는 것은? 2015년 1회

farmer	teacher	artist	doctor

① job
② food
③ color
④ month

22 두 단어의 의미 관계가 나머지 셋과 <u>다른</u> 것은?

2015년 2회

① buy – sell
② push – pull
③ start – begin
④ open – close

23 다음을 모두 포함할 수 있는 단어로 가장 적절한 것은?

2018년 1회

bear	cow	elephant	fox

① color
② fruit
③ animal
④ country

24 두 단어의 의미 관계가 나머지 셋과 <u>다른</u> 것은?

2018년 1회

① wet – dry
② noisy – quiet
③ true – false
④ smart – clever

25 다음을 모두 포함할 수 있는 단어로 가장 적절한 것은?

2017년 2회

bread	hamburger	salad	soup

① food
② flower
③ season
④ country

26 두 단어의 관계가 나머지 셋과 <u>다른</u> 것은? 2017년 2회

① body – hand
② color – blue
③ animal – pig
④ winter – summer

02

숙어

A (a)

1	**a lot of**	많은 ~	He has a lot of science books. 그는 많은 과학 책을 가지고 있다.
2	**again and again**	반복해서	They love to sing a song again and again. 그들은 노래를 반복해서 부르는 것을 좋아한다.
3	**agree with**	~와[에] 동의하다	They agree with your opinion. 그들은 당신의 의견에 동의한다.
4	**all at once**	갑자기	All at once the sky became dark and it started to rain. 갑자기 하늘이 어두워졌고 비가 내리기 시작했다.
5	**all the time**	언제나, 항상	Your teacher cannot help you all the time. 너의 선생님이 너를 항상 도와줄 수는 없다.
6	**along with**	~와 더불어	Do you get along well with foreign people? 당신은 외국인들과 더불어 잘 지내십니까?
7	**anything but**	~은 아닌	He is anything but an engineer. 그는 기술자가 아니다.
8	**as a matter of fact** (= actually, in fact)	실은, 실제로는	As a matter of fact, Beijing is one of the biggest cities in the world. 실제로, 베이징은 세계에서 제일 큰 도시들 중의 하나이다.
9	**as soon as**	~하자마자	We went out as soon as it stopped raining. 우리는 비가 그치자마자 밖으로 나갔다.
10	**ask for**	~을 요구하다	He asked for a cup of coffee. 그는 한 잔의 커피를 요청했다.
11	**at once** (= immediately, right now)	즉시	I have to go at once. 나는 즉시 가야만 한다.
12	**at that moment**	그때, 그 순간	At that very moment, the phone rang. 바로 그 순간, 전화벨이 울렸다.
13	**at that time**	그 당시에는	They were happy at that time. 그들은 그 당시에는 행복했다.
14	**at the age of**	~살의 나이에	My mother started playing the violin at the age of 6. 나의 어머니는 6살의 나이에 바이올린 연주를 시작하셨다.
15	**at times**	가끔, 때때로	I met him at times. 나는 가끔 그를 만났다.

16	be able to (= can)	~할 수 있다	Are you able to run faster? 너는 더 빨리 달릴 수 있니?
17	be about to (= be on the point of -ing)	막 ~하려고 하다	The milk is about to be on the turn. 우유가 막 변하려고 한다.
18	be afraid of	~을 두려워하다	Many people are afraid of snakes. 많은 사람들이 뱀을 무서워한다.
19	be based on	~에 기초를 두다	The movie is based on a true story. 그 영화는 실화에 기초를 두고 있다.
20	be busy with	~로 붐비다	The street was busy with many cars. 그 거리는 많은 차들로 붐볐다.
21	be careful of	~을 조심하다	Be careful of those steps. 그 계단을 조심해라.
22	be certain that	~을 확신하다	We are certain that they will arrive soon. 우리는 그들이 곧 도착할 거라고 확신한다.
23	be covered with	~으로 덮여 있다	The mountain is covered with snow. 그 산은 눈으로 덮여 있다.
24	be different from	~와 다르다	English is different from French. 영어는 불어와 다르다.
25	be famous for	~로 유명하다	Jeju-do is famous for rocks, wind, and women. 제주도는 돌, 바람, 그리고 여자로 유명하다.
26	be full of (= be filled with)	~으로 가득 차다	The basket is full of beautiful flowers. 바구니는 아름다운 꽃으로 가득 차 있다.
27	be going to	~하고자 한다	I am going to write a letter to my friends. 나는 내 친구들에게 편지를 쓰고자 한다.
28	be good at	~을 잘하다	He is good at dancing and acting. 그는 춤추는 것과 연기를 잘한다.
29	be good to	~에게 친절히 대하다	Be good to your neighborhood. 당신의 이웃에게 친절히 대하십시오.
30	be in touch with	~와 연락하고 지내다	Are you still in touch with your old friends? 너는 여전히 옛 친구들과 연락하고 지내니?
31	be interested in	~에 관심이[흥미가] 있다	He is interested in taking pictures. 그는 사진을 찍는 것에 관심이 있다.
32	be made from	~으로 만들어지다	Cake is made from flour, milk, and eggs. 케이크는 밀가루, 우유, 달걀로 만들어진다.
33	be made of	~으로 만들어지다	This chair was made of wood. 이 의자는 나무로 만들어졌다.
34	be over (= end)	끝나다	School was over at seven o'clock. 학교는 일곱 시 정각에 끝났다.
35	be similar to	~과 비슷하다	His picture is similar to my winning works. 그의 그림은 나의 수상 작품과 비슷하다.
36	be supposed to	~하기로 되어 있다, ~해야만 한다	We are supposed to go shopping. 우리는 쇼핑을 하기로 되어 있다.
37	be thankful to	~에게 감사하다	They were thankful to people for the new office. 그들은 새 사무실에 대해 사람들에게 감사했다.

38	bring about	~을 초래하다	The accident brought about a great change.
			그 사고는 대단한 변화를 초래했다.
39	by the way	말이 나온 김에, 그런데	By the way, who is the child over there?
			그런데, 저쪽의 어린이는 누구니?

C (c)

40	call off (= cancel)	취소하다	They called off the meeting.
			그들은 그 모임을 취소했다.
41	carry out	~을 수행하다	You and I have to carry out a plan.
			당신과 나는 계획을 수행해야만 한다.
42	catch one's eyes	~의 눈길을 끌다	A cute puppy caught my eyes.
			귀여운 강아지가 나의 눈길을 끌었다.
43	catch up with	~을 따라잡다	I ran fast to catch up with him.
			나는 그를 따라잡기 위해서 잽싸게 달려갔다.
44	climb up and down	오르내리다	Monkeys climb up and down the trees.
			원숭이들이 나무를 오르내린다.
45	come across (= happen to meet, meet by chance)	~을 우연히 마주치다	I came across my homeroom teacher in a shopping mall.
			나는 쇼핑몰에서 나의 담임 선생님을 우연히 마주쳤다.
46	come into one's mind	~에게 생각이 나다	An old memory came into his mind.
			그는 옛 추억이 생각났다.
47	come true (= be realized)	실현되다	Your dream will come true next year in May!
			당신의 꿈은 내년 5월에 이뤄질 거예요!
48	come up to	~에게 다가오다	A young student came up to me.
			한 어린 학생이 나에게로 다가왔다.
49	compare A with B	A와 B를 비교하다	I hate comparing myself with my friends.
			나는 나를 내 친구들과 비교하는 것을 싫어한다.

D (d)

50	depend on (= rely on)	~에 의지하다	All living things depend on the sun.
			모든 살아 있는 생명체는 태양에 의지한다.
51	do one's best	최선을 다하다	Whatever she does, she does her best.
			그녀는 무엇을 하든지, 최선을 다한다.
52	don't have to (= need not)	~할 필요가 없다	You don't have to wait if I am late.
			내가 만약 늦는다면 너는 기다릴 필요가 없다.

E (e)

| 53 | every other week | 격주로 | I visit my parents every other week. |
| | | | 나는 격주로 나의 부모님을 방문한다. |

F (f)

54	figure out	~을 이해하다	I can't figure out what he is trying to say.
			나는 그가 무엇을 말하려고 하는지를 이해할 수가 없다.
55	find out (= discover)	알다, 알게 되다	He found out that she was a singer.
			그는 그녀가 가수라는 것을 알게 되었다.
56	for certain	틀림없이	We will be here for certain on Friday.
			우리는 틀림없이 금요일에 이곳에 있을 것이다.

57	for example (= for instance)	예를 들면	For example, think about riding a horse on a mountain. 예를 들면, 산에서 말을 타는 것을 생각해 보세요.
58	for free (= for nothing)	공짜로, 무료로	Nothing is for free. 세상에 공짜는 없다.
59	for short	줄여서, 생략하여	Thomas is called 'Tom' for short. Thomas는 줄여서 'Tom'이라고 불린다.

60	get along with	~와 사이좋게 지내다	Try to get along with your classmates. 너의 학급 친구들과 사이좋게 지내려고 노력해라.
61	get away from	~에서 떠나다	They all got away from there. 그들은 모두 그곳으로부터 떠났다.
62	get in touch with	~와 접촉하다	We tried to get in touch with aliens. 우리는 외계인들과 접촉하기 위해서 노력을 했다.
63	get ready for	~할 준비를 하다	My students get ready for the travel. 나의 학생들은 여행을 위한 준비를 한다.
64	get rid of (= abandon)	~을 제거하다	This solution will get rid of your trouble. 이 해결책은 너의 문제를 제거해 줄 것이다.
65	get ~ wrong	~을 오해하다	Don't get me wrong. 나를 오해하지 마라.
66	get over (= overcome)	~을 극복하다	You'll get over the trauma. 너는 그 정신적 충격을 극복하게 될 거야.
67	get used to	~에 익숙해지다	He soon got used to school life. 그는 곧 학교 생활에 익숙해졌다.
68	get well	낫다, 회복되다	I hope you will get well soon. 네가 곧 낫길 바랄게.
69	give ~ a hand (= help)	~을 돕다	Can you give me a hand with this? 이것 좀 도와줄래요?
70	give up	포기하다	Don't give up your dream. 너의 꿈을 포기하지 마라.
71	go by	지나가다	Things will get better as time goes by. 시간이 지나가면서 형편은 나아질 것이다.
72	go on with (= continue)	~을 계속하다	I went on with my work. 나는 나의 일을 계속했다.
73	go over something	~을 점검[검토]하다, 거듭 살피다	Let's go over these books again. 이 책들을 다시 검토해보자.
74	go straight to	~로 곧바로 가다	This flight goes straight to New York. 이 비행기는 뉴욕으로 곧바로 간다.

75	have a break (= rest for a while)	잠깐 쉬다	Let's have a coffee break. 커피를 마시면서 잠깐 쉬자.
76	have a hard time -ing	~하는 데 어려움을 겪다	They have a hard time finding food. 그들은 음식을 찾는 데에 어려움을 겪는다.
77	have a nice time	좋은 시간을 보내다	Did you have a nice time? 너는 즐거운 시간을 보냈니?

78	have an eye for	～에 안목이 있다	She has an eye for fashion.
			그녀는 패션에 안목이 있다.
79	have no idea (= don't know)	모르다	I have no idea what this word means.
			나는 이 단어가 무슨 의미인지 도무지 모르겠다.
80	hear about	～에 대하여 듣다	Have you heard about Africa?
			당신은 아프리카에 대하여 들은 적이 있습니까?

I (i)

81	in addition (= besides)	게다가	I don't want to see the movie. In addition, I don't have any money.
			나는 그 영화를 보고 싶지 않다. 게다가 나는 돈이 전혀 없다.
82	in case of	～의 경우에는	In case of rain, you should be in.
			비가 오는 경우에는. 너는 집 안에 있어야만 한다.
83	in front of	～의 앞에	There is a public square in front of the village.
			마을 앞에 광장이 있다.
84	in one's honor	～을 기리기 위해	In her honor, we built this library.
			그녀를 기리기 위해. 우리는 이 도서관을 지었다.
85	in order to	～하기 위하여	I studied very hard in order to pass the exam.
			나는 그 시험에 합격하기 위하여 매우 열심히 공부했다.
86	in spite of (= despite)	～에도 불구하고	In spite of the rain, the game was not called off.
			우천에도 불구하고, 그 경기는 취소되지 않았다.
87	in the end (= after all, finally)	결국, 마침내	Hard work will pay off in the end.
			열심히 한 일은 결국 보답이 있을 것이다.
88	in the world	도대체	Why in the world are you so angry?
			도대체 너는 왜 그렇게 화가 났니?
89	insist on	～을 고집하다, 주장하다	She still insisted on her suggestion.
			그녀는 여전히 그녀의 제안을 고집했다.
90	instead of (= in place of)	～ 대신에	I drank green tea instead of orange juice.
			나는 오렌지 주스 대신에 녹차를 마셨다.

K (k)

91	keep in mind (= remember)	명심하다	Please keep in mind what I said.
			내가 말했던 것을 명심하렴.
92	keep off	～을 멀리하다, 쫓아내다	How can we keep off the flies?
			어떻게 하면 우리가 파리를 쫓을 수 있을까?
93	keep one's eyes on	～에서 눈을 떼지 않다	Keep your eyes on the ball.
			공에서 너의 눈을 떼지 마라.

L (l)

94	live in	～에 살다	They don't live in the castle.
			그들은 그 성에 살지 않는다.
95	look after	～을 보살피다[돌보다]	I need someone to look after my cat.
			나는 나의 고양이를 돌봐줄 누군가가 필요하다.
96	look for	～을 찾다	I'm looking for a gas station.
			나는 주유소를 찾고 있다.
97	look forward to -ing (= expect)	기대하다	I look forward to meeting you again.
			나는 너를 다시 만나기를 기대한다.

98	look into	~을 들여다보다	They looked into the bookstore.
			그들이 서점 안을 들여다보았다.
99	look out over	~을 내려다보다	She looked out over the sea.
			그녀는 바다를 내려다보았다.
100	look up	찾아보다	Look up the new words in the dictionary.
			새로운 단어들을 사전에서 찾아봐라.
101	look up to	~를 존경하다	I really look up to my history teacher.
			나는 정말로 나의 역사 선생님을 존경한다.
102	lose weight (↔ gain weight)	살을 빼다	To lose weight, you need to exercise.
			살을 빼기 위해서는, 너는 운동을 할 필요가 있다.

M (m)

103	make a living (= do for a living)	생계를 유지하다	It is a difficult way to make a living.
			그것으로 생계를 유지하기는 어렵다.
104	make a wish	소원을 빌다	Looking at the full moon, she made a wish.
			보름달을 보면서, 그녀는 소원을 빌었다.
105	make it	해내다, 성공하다	Finally, he made it.
			마침내, 그가 해냈다.
106	make up one's mind (= decide)	결심하다, 결정하다	It is well to make up my mind about it.
			그것에 대해 내가 결심한 것은 좋은 일이다.
107	many kinds of	많은 종류의	There are many kinds of flowers in the garden.
			정원에는 많은 종류의 꽃들이 있다.

N (n)

108	not ~ any longer	더 이상 ~ 아니다	They cannot stay here any longer.
			그들은 더 이상 여기에 머무를 수가 없다.
109	not ~ at all	전혀 ~하지 않다	I don't like vegetables at all.
			나는 채소를 전혀 좋아하지 않는다.
110	not A but B	A가 아니고 B	He is not a writer but a scientist.
			그는 작가가 아니라 과학자이다.
111	not only A but also B	A뿐만 아니라 B도	I need not only a notebook but also a pen.
			나는 노트뿐만 아니라 펜도 필요하다.

O (o)

112	of no value	가치가 없는	Gold is of no value to anyone.
			금은 누군가에게는 가치가 없다.
113	on one's own	혼자서	She did the work on her own.
			그녀는 그 일을 혼자서 했다.
114	on sale	할인 중인	Shoes are on sale today.
			오늘 신발이 할인 중입니다.
115	on the other side of	~의 건너편에	He saw the taxi on the other side of the street.
			그는 거리 건너편에 있는 택시를 보았다.
116	once in a while (= from time to time, now and then, sometimes)	가끔, 때로는	He goes to the mountain once in a while.
			그는 가끔 산에 간다.
117	one after another	~을 하나씩 차례로	She read one letter after another carefully.
			그녀는 한 글자씩 차례로 주의 깊게 읽었다.

118	pass away	사망하다, 죽다	His grandfather passed away last year. 그의 할아버지가 작년에 돌아가셨다.
119	pass by	통과하다	Pass by here on the right. 우측으로 통행을 하십시오.
120	pay attention to	~에 주의를 기울이다	Please pay attention to the speech. 그 연설에 주의를 기울여 주세요.
121	play an important role in	~에서 중요한 역할을 하다	The media plays an important role in our lives. 매체는 우리의 삶에서 중요한 역할을 한다.
122	plenty of	많은 ~	There are plenty of things in this marketplace. 이 시장에는 많은 물건들이 있다.
123	pull down	~을 끌어내리다	Do not pull down the cover. 그 덮개를 끌어내리지 마라.
124	put off (= postpone)	~을 연기하다	I'm afraid we have to put off our appointment. 아무래도 우리의 약속을 연기해야만 할 것 같다.
125	put on (= wear)	입다	Put on your coat. 외투를 입어라.

126	run around	뛰면서 돌아다니다, 뛰어다니다	Kids love to run around. 아이들은 뛰어다니는 것을 정말 좋아한다.
127	run into	~와 충돌하다, ~와 우연히 만나다	He ran into the king one day. 그는 어느 날 왕을 우연히 만났다.
128	run out of	다 떨어지다, ~을 다 써 버리다	The taxi ran out of gas. 그 택시는 휘발유가 다 떨어졌다.

129	set ~ free	~을 놓아주다	She opened the cage and set the bird free. 그녀는 새장을 열어서 새를 놓아주었다.
130	set up	~을 설립하다	Setting up this company was a bit of a gamble. 이 회사를 설립하는 것은 어느 정도는 도박이었다.
131	show up (= appear)	나타나다	He didn't show up after all. 그는 결국 나타나지 않았다.
132	shut down	폐쇄하다	They decided to shut down the area for a week. 그들은 일주일 동안 그 지역을 폐쇄하기로 결정했다.
133	side by side	옆으로 나란히	The children are walking side by side. 그 아이들은 나란히 걷고 있다.
134	sign up for	~을 신청하다	I will sign up for the swimming class. 나는 수영 강좌를 신청할 것이다.
135	sold out	품절의, 다 팔린	All tickets for the concert were sold out. 그 콘서트의 모든 표들이 다 팔렸다.
136	speak up	크게 말하다	Why don't you speak up? 좀 더 크게 말씀해 주시겠어요?
137	stand by	~의 옆에 있다	I will stand by you. 나는 너의 옆에 있을 거야.

138	take a look	(한번) 보다	Do you mind if I take a look? 제가 한번 봐도 될까요?
139	take a walk	산책을 하다	I take a walk with my dad every morning. 나는 매일 아침에 아빠와 산책을 한다.
140	take care of (= look after)	~을 돌보다	He usually takes care of his little brother on Sundays. 그는 보통 일요일에는 그의 남동생을 돌본다.
141	take off	벗다	Would you please take off your hat inside? 실내에서는 당신의 모자를 벗어 주시겠어요?
142	take part in (= participate in)	~에 참여하다[참가하다]	The country took part in the Olympics for the first time. 그 나라는 처음으로 올림픽에 참가했다.
143	thank for	~에 대해 감사하다	Thank for the nice present. 좋은 선물 감사합니다.
144	throw a party	파티를 열다	My mom threw a birthday party for me. 나의 엄마는 나를 위해 생일 파티를 열어 주셨다.
145	turn off	~을 끄다	You should turn off your cell phone in class. 수업 중에는 휴대 전화를 꺼야 한다.
146	turn in	~을 제출하다	You must turn in your report when you leave the school. 너는 학교를 떠날 때 너의 과제물을 제출해야 한다.
147	turn out	~로 밝혀지다[드러나다]	It will turn out that I am right. 내가 옳다는 것이 밝혀질 것이다.

148	wait for	~을 기다리다	Wait for a green light. 녹색 불을 기다려라.
149	what's worse	더 나쁜 것은, 설상가상으로	I lost the way and what's worse, I lost my bag. 나는 길을 잃었고 더 나쁜 것은, 나는 가방도 잃어버렸다.
150	worry about	~에 대하여 걱정하다	Don't worry about your grade. 당신의 성적에 대해서는 걱정하지 마세요.
151	would like to	~하고 싶다	I would like to go to Europe. 나는 유럽에 가고 싶다.
152	would rather	(차라리) ~하겠다[하고 싶다]	I would rather stay home than go out. 나는 외출하기보다는 집에 있고 싶다.
153	write down	~을 쓰다[적어놓다]	Write down your telephone number. 당신의 전화번호를 적으세요.

탄탄 실력 다지기

정답과 해설 **59**쪽

주목

01 대화의 빈칸에 들어갈 말로 가장 적절한 것을 고르시오.

2018년 2회

> **A**: What are you _____ at?
> **B**: I can play tennis very well.
> **A**: I envy you.

① sad   ② good
③ angry   ④ interested

02 다음 빈칸에 공통으로 알맞은 것은?

2014년 2회

> • Don't be afraid _____ the dog.
> • The sky is full _____ stars.

① at   ② of
③ in   ④ by

03 다음 빈칸에 공통으로 들어갈 말로 가장 적절한 것을 고르시오.

2018년 2회

> • We should be ready _____ final exams.
> • Korea is famous _____ *kimchi* and K-pop.

① to   ② of
③ for   ④ from

04 다음 빈칸에 공통으로 알맞은 것은?

2013년 1회

> • What are you looking _____?
> • Korea is famous _____ *taekwondo.
>
> *taekwondo 태권도

① at   ② to
③ for   ④ from

05 빈칸에 공통으로 들어갈 말로 가장 적절한 것은?

2018년 1회

> • I need to get _____ the bus at the next stop.
> • When you enter the room, take _____ your shoes.

① at   ② off
③ from   ④ with

06 다음 빈칸에 공통으로 들어갈 말로 가장 적절한 것을 고르시오.

2018년 2회

> **A**: What will you do this afternoon?
> **B**: I will _____ a piano lesson.
> **A**: Will you? I will _____ a rest.

① take   ② come
③ play   ④ raise

03 속담

1 There is no rest for a family[mother] with many children.
가지 많은 나무에 바람 잘 날이 없다.

2 sweet talk
감언이설

3 It is not good to listen to flattery.
감언이설에 넘어가지 말라.
*flattery 아부, 아첨

4 A rags to riches story.
개천에서 용 났다. (부자가 된 누더기 이야기)

5 cut off the head and tail (of it)
거두절미

6 A sound mind in a sound body.
건강한 신체에 건강한 정신이 깃든다.

7 Don't judge a book by its cover.
겉만 보고 판단하지 마라.

8 To teach a fish how to swim.
공자 앞에서 문자 쓴다.

9 Every cloud has a silver lining.
괴로움 뒤에는 기쁨이 있다.
*silver 은 lining 줄무늬

10 You don't know what you've got until you've lost it.
구관이 명관 (잃기 전에는 가지고 있던 게 뭔지 모른다.)

11 A rolling stone gathers no moss.
구르는 돌에는 이끼가 끼지 않는다.
*gather 모으다 moss 이끼

12 pie in the sky
그림의 떡

13 Let sleeping dogs lie.
긁어 부스럼을 만들지 말라.

14 A loaf of bread is better than the song of many birds.
금강산도 식후경

15 icing on the cake
금상첨화

16 More haste, less speed.
급할수록 돌아가라.
*haste 서두름

17 Don't count the chickens before they are hatched.
김칫국부터 마시지 말라.
*count 세다 hatch (알을) 까다

18 An evil deed will be discovered.
꼬리가 길면 밟힌다.

*evil 사악한   deed 행동   discover 발견하다

19 Cannot see the wood for the trees.
나무만 보고 숲은 보지 못한다.

20 Many drops make a shower.
작은 물방울이 소낙비를 이룬다.

21 The grass is greener on the other side of the fence.
남의 떡이 커 보인다.

*fence 울타리

22 Walls have ears.
낮말은 새가 듣고 밤말은 쥐가 듣는다.

23 No pains, no gains.
노력이 있어야 얻는 것이 있다.

*pain 고통   gain 이익

24 It's a piece of cake.
누워서 떡 먹기

25 Cut off your nose to spite your face.
코를 자르면 너의 얼굴이 다친다(누워서 침 뱉기).

*spite ~을 괴롭히다

26 a thorn in your side
눈엣가시

*thorn 가시

27 Out of sight, out of mind.
눈에서 멀어지면 마음에서도 멀어진다.

28 Every flow has its ebb.
달도 차면 기운다.

*ebb 썰물

29 Do unto others as you would have them do unto you.
대접받고 싶으면 남에게 대접해라.

*unto ~에게

30 a rat in a trap.
독 안에 든 쥐

31 Money makes the mare to go.
돈이 있으면 귀신도 부릴 수 있다(돈은 고집 센 암탕나귀도 가게 만든다).

*mare 암탕나귀

32 Who holds the purse rules the house.
돈 주머니 쥔 자가 가정을 지배한다.

*purse 지갑   rule 지배하다

33 Look before you leap.
돌다리도 두들겨 보고 건너라.

*leap 도약하다

34 Casting pearls before swine.
돼지 목에 진주

*cast 드리우다   pearl 진주   swine 돼지

35 Genius displays itself even in childhood.
될성부른 나무는 떡잎부터 알아본다.

*genius 천재   display 드러내다   childhood 어린 시절

36 Knock at the door and it will be opened.
두드려라 그러면 열릴 것이다.

37 The pot calls the kettle black.
똥 묻은 개가 겨 묻은 개 나무란다.

*pot 냄비   kettle 주전자

38 Where there is a will, there is a way.
뜻이 있는 곳에 길이 있다.

*will 의지

39 Fortune knocks three times at everyone's door.
모든 사람에게 일생에 세 번은 기회가 찾아온다.

*fortune 행운

40 **Ignorance is bliss.**
모르는 게 약이다.   *ignorance 무식   bliss 행복

41 **No news is good news.**
무소식이 희소식이다.

42 **A door must either be shut or open.**
문은 반드시 닫히거나 열린다.

43 **A drowning man will catch at a straw.**
물에 빠진 사람은 지푸라기라도 잡는다.   *drowning 빠진   straw 지푸라기

44 **One rotten apple spoils the barrel.**
미꾸라지 한 마리가 온 웅덩이를 흐린다(썩은 사과 하나가 한 통의 사과를 망친다).   *rotten 썩은   spoil 망치다   barrel (대형) 통

45 **Trust is the mother of deceit.**
믿는 도끼에 발등 찍힌다.   *trust 믿음   deceit 속임수

46 **He that will steal a pin will steal an ox.**
바늘 도둑이 소도둑 된다.   *steal 훔치다   pin 핀   ox 소

47 **Ill news flies.**
나쁜 소문은 빨리 퍼진다.

48 **You get angry at others for your own mistakes.**
방귀 뀐 놈이 성낸다.   *mistake 실수

49 **Seeing is believing.**
백문이 불여일견

50 **Two heads are better than one.**
백지장도 맞들면 낫다.

51 **Can't get blood from a turnip.**
벼룩의 간을 빼먹는다(순무에서 피를 얻을 수는 없다).   *turnip 순무

52 **Like father, like son.**
부전자전

53 **It never rains but it pours.**
재앙은 혼자 찾아오지는 않는다(비가 내렸다 하면 억수로 퍼붓는다).   *pour 마구 쏟아지다

54 **After the storm comes the calm.**
비 온 뒤에 땅이 더 굳어진다.   *storm 폭풍우   calm 평온

55 **Shrouds have no pockets.**
빈손으로 왔다가 빈손으로 간다(수의에는 주머니가 없다).   *shroud 수의

56 **Empty vessels make the most sound.**
빈 수레가 요란하다.   *empty 빈   vessel 배

57 **A man is known by the company he keeps.**
사귀는 친구를 보면 그 사람됨을 알 수 있다.   *company 단체, 함께 있음

58 **Turning green with envy.**
사촌이 땅을 사면 배가 아프다(부러워서 얼굴빛이 새파랗게 돼버리다).   *envy 질투

59 **The sparrow near a school sings the primer.**
서당 개 삼 년에 풍월을 한다(학교 근처 참새가 입문서를 노래한다).   *sparrow 참새   primer 입문서

60 **Haste makes waste.**
서두르면 일을 그르친다.   *haste 서두름   waste 낭비, 쓰레기

61 **Marry in haste, repent at leisure.**
서두른 결혼은 후회하기 마련이다.

*repent 뉘우치다

62 **A bad workman finds fault with his tools.**
서투른 일꾼이 연장 탓만 한다.

*workman 일꾼   fault 잘못

63 **A little knowledge is dangerous.**
선무당이 사람 잡는다.

*knowledge 지식   dangerous 위험한

64 **Do good and don't look back.**
선을 행하고 대가를 바라지 마라.

65 **What is learned in the cradle is carried to the tomb.**
세 살 적 버릇이 여든까지 간다.

*cradle 요람   tomb 무덤

66 **Knock at a deaf man's door.**
소 귀에 경 읽기

*deaf 청각 장애가 있는

67 **Mend the barn after the horse is stolen.**
소 잃고 외양간 고친다.

*mend 고치다   barn 외양간, 헛간

68 **It takes two to tango.**
손뼉도 마주쳐야 소리가 난다.

*tango 탱고를 추다

69 **Don't bite off more than you can chew.**
송충이는 솔잎을 먹어야 한다.

*bite off 물어 뜯다   chew 씹다

70 **Strike while the iron is hot.**
쇠뿔도 단김에 빼라.

*strike 때리다   iron 철

71 **Time and tide wait for no man.**
시간은 사람을 기다리지 않는다.

72 **Well begun is half done.**
시작이 반이다.

*half 반

73 **Hunger is best sauce.**
배고픔이 반찬이다.

*hunger 배고픔

74 **Failure is but a stepping stone to success.**
실패는 성공의 어머니

*failure 실패   stepping stone 징검다리   success 성공

75 **Love me, love my dog.**
아내가 예쁘면 처갓집 말뚝 보고도 절한다.

76 **There's no smoke without fire.**
아니 땐 굴뚝에 연기 나랴.

77 **Better late than never**
아무것도 하지 않느니 늦게라도 하는 게 낫다.

78 **Father's virtue is the best heritage for his child.**
아버지의 덕행은 최상의 유산이다.

*virtue 덕목   heritage 유사

79 **Life is full of ups and downs.**
양지가 음지 되고 음지가 양지 된다.

80 **A friend in need is a friend indeed.**
어려울 때의 친구가 진정한 친구다.

*in need 어려움에 처한   indeed 정말로

81 **It is within a stone's throw.**
엎어지면 코 닿을 데

*throw 투구

82 **Adding insult to injury.**
엎친 데 덮친 격이다.
*insult 모욕   injury 상처

83 **Practice makes perfect.**
연습하면 완벽해진다.
*practice 연습   perfect 완벽함

84 **Claw me and I'll claw thee.**
가는 말이 고와야 오는 말이 곱다(네가 할퀴면 나도 할퀼 테다).
*claw 할퀴다   thee 너를

85 **Never put off till tomorrow what you can do today.**
오늘 할 일을 내일로 미루지 말라.
*put off 미루다   till ~까지

86 **Fine clothes make the man.**
옷이 날개다.

87 **Greed has no limits.**
욕심은 끝이 없다.
*greed 욕심   limit 한계

88 **Starts off with a bang and ends with a whimper.**
용두사미(함성으로 시작해서 신음으로 끝난다.)
*bang 쾅 하는 소리   whimper 낑낑거림

89 **None but the brave deserves the fair.**
용자만이 미인을 얻을 수 있다.
*brave 용사들   deserve ~할 만하다   fair 미인

90 **A fool may talk, but a wise man speaks.**
우매한 자는 지껄이지만 현명한 자는 이야기한다.

91 **biting the bullet**
울며 겨자 먹기
*bite 물다   bullet 총알

92 **If you laugh, blessings will come your way.**
웃으면 복이 온다.
*blessing 축복

93 **Even Homer sometimes nods.**
원숭이도 나무에서 떨어질 때가 있다[호머도 (자기 실수에) 고개를 끄덕일 때가 있다].

94 **Birds of a feather flock together.**
유유상종
*feather 깃털   flock 모이다

95 **It's no use crying over spilt milk.**
이미 엎질러진 물이다.
*spilt 엎질러진

96 **Happiness and misery are not fated but self-sought.**
인생은 개척하는 것이다.
*happiness 행복   misery 고통   fate 운명

97 **Every minute seems like a thousand.**
일각이 여삼추

98 **Kill two birds with one stone.**
일석이조

99 **The early bird catches the worm.**
일찍 일어나는 새가 벌레를 잡는다.

100 **Like a needle in a bottle of hay.**
잔디밭에서 바늘 찾기

101 **One man sows and another man reaps.**
재주는 곰이 넘고 돈은 되놈[주인]이 받는다(한 사람이 씨 뿌리고 다른 사람이 거둔다).   *sow 씨를 뿌리다   reap 거두다, 수확하다

102 **Go it while you are young.**
젊을 때 해 봐라.

103 **Beauty is in the eye of the beholder.**
제 눈에 안경이다.
*beauty 아름다움　beholder 보는 사람

104 **A leopard can't change his spots.**
제 버릇 개 못 준다(표범은 그의 점들을 바꿀 수 없다).
*leopard 표범

105 **One swallow does not make a summer.**
제비 한 마리가 왔다고 여름이 온 것은 아니다.
*swallow 제비

106 **Enter ye in at the strait gate.**
좁은 문으로 들어가라.
*strait 좁은

107 **Go home and kick the dog.**
종로에서 뺨 맞고 한강 가서 눈 흘긴다.

108 **A good medicine tastes bitter.**
좋은 약은 입에 쓰다.
*medicine 약　taste ～한 맛이 나다　bitter 쓴

109 **A buddy from my old stomping grounds.**
죽마고우(내가 발 구르던 옛 땅에서 온 친구)
*buddy 친구　stomp 발을 구르다

110 **Dead men tell no tales.**
죽은 사람은 말이 없다.

111 **Finders keepers, loser weepers.**
줍는 사람이 임자다.
*weeper 우는 사람

112 **Every dog has his day.**
쥐구멍에도 볕 들 날이 있다.

113 **Even a worm will turn.**
지렁이도 밟으면 꿈틀한다.

114 **There is no place like home.**
집만 한 곳이 없다.

115 **Every Jack has his Gill.**
짚신도 짝이 있다.

116 **A journey of a thousand miles begins with a single step.**
천 리 길도 한 걸음부터
*journey 여행

117 **A picture is worth a thousand words.**
천 마디의 말보다 한 번 보는 게 더 낫다.

118 **Match made in heaven.**
천생연분

119 **Genius must be born, and never can be taught.**
천재는 타고나는 것이지, 가르쳐서 되는 것이 아니다.

120 **Slow and steady wins the game.**
천천히 그리고 꾸준히 하면 이긴다.

121 **Rome was not built in a day.**
첫술에 배부르랴.

122 **If at first you don't succeed, try, try again.**
칠전팔기

123 **As one sows, so shall he reap.**
콩 심은 데 콩 나고 팥 심은 데 팥 난다.

124 **You've cried wolf too many times.**
콩으로 메주를 쑨다 하여도 곧이듣지 않는다.

125 A big fish must swim in deep waters.
큰 물고기는 큰 물에서 놀아야 한다.

126 Everyone has a skeleton in the closet.
털어서 먼지 안 나는 사람 없다.
*skeleton 해골 closet 옷장

127 Little drops of water make the mighty ocean.
티끌 모아 태산이다.
*mighty 강력한

128 Men are blind in their own causes.
팔은 안으로 굽는다(사람들은 제 일에는 눈이 먼다).
*blind 눈이 먼

129 You could sell him the Brooklyn Bridge.
팥으로 메주를 쑨대도 곧이듣는다(너는 그에게 브루클린 다리도 팔 수 있을 것이다).

130 Blood is thicker than water.
피는 물보다 진하다.
*blood 피 thicker 더 진한

131 Heaven helps those who help themselves.
하늘은 스스로 돕는 자를 돕는다.

132 Fools rush in where angels fear to tread.
하룻강아지 범 무서운 줄 모른다(천사가 가기 두려워하는 곳에 바보가 달려든다).
*fear 두려워하다

133 In one ear and out the other.
한 귀로 듣고 한 귀로 흘린다.

134 Easier said than done.
행동보다 말이 쉽다.

135 Thrown away like an old shoe.
헌신짝 버리듯 한다.

136 Nothing ventured, nothing gained.
호랑이 굴에 들어가야 호랑이를 잡는다.
*venture (위험을 무릅쓰고) 가다

137 Better be the head of a dog than the tail of a lion.
용의 꼬리보다 닭의 머리가 낫다.

138 Talk of the devil and you'll hear the flutter of his wings.
호랑이도 제 말하면 온다(악마에 대해 말하면, 그가 날개 파닥이는 소리를 듣게 될 것이다).

139 A stitch in time saves nine.
호미로 막을 것을 가래로 막지 마라(제때의 한 땀이 아홉 땀을 던다).

140 Troubles[Misfortunes] never come single[singly].
불행은 항상 겹쳐 온다.
*trouble 문제 misfortune 불행

01 다음 밑줄 친 부분과 관계 깊은 우리말 속담은?
2014년 2회

> A : There's a proverb, "Two heads are better than one."
>
> B : What does that mean?
>
> A : It means that working together makes things easier.

① 백지장도 맞들면 낫다.
② 소 잃고 외양간 고친다.
③ 쥐구멍에도 볕 들 날 있다.
④ 낫 놓고 기역 자도 모른다.

02 다음 대화 내용과 관련 있는 속담은?
2010년 2회

> A : Do you know a proverb, "There's no smoke without fire."?
>
> B : No. What does that mean?
>
> A : It means that everything has a reason or cause.

① 아니 땐 굴뚝에 연기 나랴.
② 반짝인다고 모두 금은 아니다.
③ 윗물이 맑아야 아랫물이 맑다.
④ 말 한 마디에 천 냥 빚도 갚는다.

03 다음 대화 내용과 관련 있는 속담은?
2009년 1회

> A : An English proverb say, "Look before you leap."
>
> B : What does that mean?
>
> A : It means that we should think about possible dangers before we act.

① 백지장도 맞들면 낫다.
② 세 살 버릇 여든까지 간다.
③ 돌다리도 두드려 보고 건너라.
④ 구슬이 서 말이라도 꿰어야 보배다.

04 다음 대화 내용과 가장 어울리는 속담은?
2011년 2회

> A : Look, our new *P.E. teacher! How short she is! She can't run fast, can she?
>
> B : Yes, she can. She won the gold medal in the Seoul Marathon.
>
> *P.E. teacher 체육교사

① No pain, no gain.
② Knowledge is power.
③ Learn to walk before you run.
④ Don't judge a book by its cover.

모바일 OMR
채점 & 성적 분석

QR 코드를 활용하여, 쉽고 빠른
응시 – 채점 – 성적 분석을 해 보세요!

STEP 1 QR 코드 스캔

STEP 2 모바일 OMR 작성

STEP 3 채점 결과 & 성적 분석 확인

해당 서비스는 2025. 08. 31까지만 이용하실 수 있습니다.

▶ QR 코드는 어떻게 스캔하나요?

① 네이버앱 ⇨ 그린닷 ⇨ 렌즈
② 카카오톡 ⇨ 더보기 ⇨ 코드 스캔(우측 상단 ⠿ 모양)
③ 스마트폰 내장 카메라 사용(촬영 버튼을 누르지 않고 카메라
  화면에 QR 코드를 비추면 URL이 자동으로 뜬답니다.)

최종
실력점검

실전 모의고사 **2** 회

⏱ 제한시간: 40분

정답과 해설 62쪽

01 다음을 모두 포함할 수 있는 단어로 가장 적절한 것은?

mother	father	daughter	son

① family
② flower
③ hobby
④ weather

[02~03] 두 단어의 의미 관계가 나머지 셋과 다른 것은?

02 ① body − head
② fruit − strawberry
③ mountain − river
④ season − spring

03 ① ask − answer
② love − hate
③ speak − talk
④ win − lose

[04~05] 빈칸에 공통으로 들어갈 말로 가장 적절한 것은?

04
• Are you ready _____ the test?
• You have to wait _____ me.

① at
② for
③ over
④ under

05
• It's raining! Put _____ your raincoat.
• Turn _____ the light.

① by
② in
③ on
④ up

[06~08] 대화의 빈칸에 들어갈 말로 가장 적절한 것은?

06
A: _____ do you like the story?
B: Because it is very interesting.

① Who
② When
③ Where
④ Why

07

A: How _____ water do you need?

B: I need two glasses of water.

① long   ② much

③ often   ④ tall

08

A: _____ you thirsty?

B: Yes, I am.

① Am   ② Are

③ Is   ④ Does

09 B의 응답으로 가장 적절한 것은?

A: Do they like beef?

B: _____. They like chicken.

① No, they aren't

② No, they can't

③ No, they don't

④ No, they haven't

10 그림을 설명한 문장으로 적절하지 <u>않은</u> 것은?

① Sam is reading a book.

② Yumi is listening to music.

③ William is drawing a picture.

④ Ben is playing tennis.

11 빈칸에 들어갈 말로 가장 적절한 것은?

She _____ to go home before dark.

① can   ② may

③ has   ④ will

12 그림으로 보아 빈칸에 들어갈 말로 가장 적절한 것은?

There are two cups _____ the table.

① between   ② in

③ on   ④ under

13 다음과 같이 문장을 바꿔 쓸 때 빈칸에 들어갈 말로 가장 적절한 것은?

> Dongwon wrote the letter.
> → The letter _____ by Dongwon.

① write
② writes
③ writing
④ was written

14 다음은 영탁이의 주간 계획표이다. 금요일에 하는 활동은?

Monday	Tuesday	Wednesday	Thursday	Friday
play soccer	do the dishes	play the violin	swim	water the flowers

① 축구하기
② 바이올린 연주하기
③ 수영하기
④ 꽃에 물 주기

15 주간 날씨 예보에 나타난 수요일의 날씨는?

Monday	Tuesday	Wednesday	Thursday	Friday

① cloudy
② rainy
③ snowy
④ sunny

[16~18] 대화의 빈칸에 들어갈 말로 가장 적절한 것은?

16
> A: Hi, my name is Yeongung. What's your name?
> B: I am Hojung. _____, Yeongung.
> A: Nice to meet you, too.

① Calm down
② Cheer up
③ Good luck
④ Nice to meet you

17
> A: _____?
> B: I am fourteen years old.

① How are you today
② How old are you
③ How tall are you
④ How's the weather

18

A : What does your father look like?

B : _____.

① He is a singer

② He is looking at a map

③ He is looking for his cap

④ He is tall and handsome

19 대화의 주제로 가장 적절한 것은?

A : What's your favorite subject?

B : English is my favorite subject.

① 좋아하는 과목

② 좋아하는 과일

③ 좋아하는 영화

④ 좋아하는 음악

20 대화에서 밑줄 친 말의 의도로 가장 적절한 것은?

A : How was your history test?

B : It was really hard for me. I got a bad grade in history.

A : <u>Don't worry. You'll do better next time.</u>

① 감사   ② 격려

③ 동의   ④ 사과

21 두 사람이 오늘 저녁에 할 일로 가장 적절한 것은?

A : Let's play table tennis together this evening.

B : Sounds great! What time do you want to meet?

A : How about at 8 o'clock?

B : OK.

① 물건 사기

② 식사하기

③ 전화하기

④ 탁구 치기

22 다음 글의 주제로 가장 적절한 것은?

Raising pets is good for your health. For example, you can get some exercise and see beautiful views when you take a walk with your pets. Also, your pets can help you feel comfortable and relaxed.

① 반려동물을 기르는 것이 건강에 좋은 이유

② 반려동물을 기를 때 책임감을 가져야 하는 이유

③ 반려동물에게 먹이를 줘야 하는 이유

④ 반려동물에게 훈련을 시켜야 하는 이유

23 Minho의 형에 대한 설명에서 언급되지 <u>않은</u> 것은?

> My name is Minho. I'm going to tell you about my elder brother. He is very kind and has many friends. He often plays with me. I love my brother very much.

① 친절하다.
② 친구가 많다.
③ 수학을 잘한다.
④ Minho와 자주 논다.

24 명함을 보고 알 수 <u>없는</u> 것은?

Name: Nam Seungmin
Job: vet
Phone Number: 010-1234-5678

① 이름   ② 직업
③ 주소   ④ 전화번호

25 다음 글에서 'I'의 심정으로 가장 적절한 것은?

> I went camping last Sunday. My father set up the tent in the campground. My mother made *bulgogi* for us. After dinner, we sat around the fire, and I played the harmonica. It was such a special day for us.

① angry   ② happy
③ sad   ④ nervous

🕐 제한시간: 40분　　　　　　　　　　　　　　　　　　정답과 해설 **65쪽**

---

01 다음 단어들을 모두 포함할 수 있는 것은?

cook	doctor	singer	teacher

① animal　　　　　② color
③ food　　　　　　④ job

02 다음 두 단어의 의미 관계가 나머지 셋과 <u>다른</u> 것은?

① big − small
② glad − happy
③ heavy − light
④ old − young

03 다음 밑줄 친 단어의 의미가 나머지 셋과 <u>다른</u> 것은?

① How <u>kind</u> she is!
② It is very <u>kind</u> of you.
③ He is gentle and <u>kind</u>.
④ What <u>kind</u> of movie do you like?

04 다음 단어 중 복수형은?

① woman　　　　② tooth
③ mouse　　　　④ children

05 다음 빈칸에 공통으로 알맞은 것은?

- I was born _____ 1984.
- I am interested _____ music.

① at　　　　　　② by
③ in　　　　　　④ on

06 다음 주어진 문장을 〈보기〉와 같이 고쳐 쓸 때 빈칸에 알맞은 것은?

> 보기
>
> I like summer.
> → I don't like summer.

> My mother likes winter.
> → My mother _____ like winter.

① am not   ② isn't
③ don't   ④ doesn't

07 다음 빈칸에 알맞은 것은?

> I will go fishing _____.

① last night
② tomorrow
③ three weeks ago
④ yesterday

08 다음 빈칸에 알맞은 것은?

> A : What do you want to buy for your little sister?
> B : I want to buy a skirt for _____.

① me   ② her
③ him   ④ you

09 다음 두 사람의 나이 관계를 한 문장으로 나타내고자 한다. 빈칸에 알맞은 것은?

> • John is 17 years old.
> • Jenny, his sister, is 11 years old.
> → Jenny is John's _____ sister.

① bigger   ② older
③ shorter   ④ younger

10 다음 대화의 빈칸에 알맞은 것은?

> A : _____ did you stay at the hotel?
> B : For two days.

① How far
② How long
③ How many
④ How often

11 다음 빈칸에 알맞은 것은?

A : What's the _____ like in London?

B : It's rainy and windy.

① forecaster　　　② season

③ time　　　④ weather

12 다음 대화의 빈칸에 알맞지 않은 것은?

A : Hello. May I speak to Tom?

B : _____.

① Speaking.

② Of course. Hold on a second, please.

③ I'm sorry. He is not here.

④ Can I speak to Tom?

13 다음 대화의 주제로 알맞은 것은?

A : What do you want to be in the future?

B : I want to be a singer. How about you?

A : I want to be a vet.

① 장래 희망　　　② 취미 활동

③ 학교 생활　　　④ 환경 보호

14 다음 중 대화가 자연스럽지 않은 것은?

① A : Can you swim?

　 B : Yes, I can.

② A : What is your favorite animal?

　 B : Yes, I like it.

③ A : How do you go to the school?

　 B : By bus.

④ A : Thank you for the present.

　 B : You're welcome.

15 다음 대화의 밑줄 친 말의 의도로 알맞은 것은?

A : I won the first prize in the dancing contest.

B : Great! Congratulations!

① 권유하기　　　② 동의하기

③ 제안하기　　　④ 축하하기

16 다음 대화에서 밑줄 친 부분이 의미하는 것은?

A : It's very hot here. Do you mind if I open the window?

B : Of course not. Go ahead.

A : Thank you.

① 창문을 열면 안 됩니다.

② 앞으로 가세요.

③ 괜찮으니 창문을 열어도 됩니다.

④ 미리 가 계세요.

17 다음 말에 이어질 대화의 내용을 순서에 맞게 배열한 것은?

> Let's see a movie tonight.
> (A) How about 8 o'clock?
> (B) OK. What time shall we make it?
> (C) Sounds good. See you then.

① (A)−(B)−(C)
② (A)−(C)−(B)
③ (B)−(A)−(C)
④ (C)−(A)−(B)

18 다음 대화가 이루어지는 장소는?

> A : May I see your passport, please?
> B : Sure. Here it is.
> A : Is this your first trip to Canada?
> B : Yes, it is.

① 공항   ② 병원
③ 은행   ④ 학교

19 다음 대화의 빈칸에 가장 알맞은 것은?

> A : How would you like your steak?
> B : _____.

① Coffee, please
② Salad, please
③ Soup, please
④ Well done, please

20 다음 글의 제목으로 알맞은 것은?

> There are four in my family: my father, my mother, my little brother, and me. My father is an actor, and my mother is a singer. My little brother is a middle school student.

① My Family   ② My Friend
③ My School   ④ My Teacher

21 다음 글을 쓴 목적으로 가장 알맞은 것은?

> Dear Mr. Kim,
> Hello. I'm a student. I love to cook. I want to be a cook, but my parents want me to be a doctor. What should I do? I need your advice.

① 병원 홍보   ② 식당 안내
③ 자기 소개   ④ 조언 요청

22 다음에서 'I'가 오늘 한 일이 <u>아닌</u> 것은?

> Today was my father's birthday. In the morning, I cleaned the house. My father and I went shopping and ate *dim sum* at a Chinese restaurant. We had a good time.

① 청소   ② 쇼핑
③ 외식   ④ 등산

23 다음 초대장에서 알 수 <u>없는</u> 것은?

> **Invitation**
>
> To James
> Can you come to my birthday party?
> • Where: My house
> • When: June 2nd, 6 p.m.
>
>   From Jessica

① 파티 날짜   ② 파티 장소
③ 참석 인원   ④ 초대한 사람

24 다음은 무엇을 위한 조언인가?

> • Do exercise every day.
> • Don't have too many sweets like ice cream or soda.
> • Wash your hands before meals.

① 건강 지키기   ② 성적 올리기
③ 음식 만들기   ④ 환경 지키기

25 다음 글에 나타난 'I'의 심경으로 가장 알맞은 것은?

> I'm from America. I moved to Korea last month. I'm not good at Korean, so I can't understand it well. It makes me feel terrible.

① 답답함   ② 당당함
③ 만족함   ④ 행복함

끝이 좋아야 시작이 빛난다.

– 마리아노 리베라(Mariano Rivera)

2025 중졸 검정고시 기본서 영어

발 행 일	2024년 7월 26일 초판
편 저 자	유란
펴 낸 이	양형남
개 발	정상욱, 김민서, 김성미
펴 낸 곳	(주)에듀윌
등록번호	제25100-2002-000052호
주 소	08378 서울특별시 구로구 디지털로34길 55
	코오롱싸이언스밸리 2차 3층

www.eduwill.net
대표전화 1600-6700

여러분의 작은 소리
에듀윌은 크게 듣겠습니다.

본 교재에 대한 여러분의 목소리를 들려주세요.
공부하시면서 어려웠던 점, 궁금한 점,
칭찬하고 싶은 점, 개선할 점, 어떤 것이라도 좋습니다.

에듀윌은 여러분께서 나누어 주신 의견을
통해 끊임없이 발전하고 있습니다.

에듀윌 도서몰 book.eduwill.net
· 부가학습자료 및 정오표: 에듀윌 도서몰 → 도서자료실
· 교재 문의: 에듀윌 도서몰 → 문의하기 → 교재(내용, 출간) / 주문 및 배송

중졸 · 고졸 검정고시 답안지

답안지 (1)

문번	답란			
1	①	②	③	④
2	①	②	③	④
3	①	②	③	④
4	①	②	③	④
5	①	②	③	④
6	①	②	③	④
7	①	②	③	④
8	①	②	③	④
9	①	②	③	④
10	①	②	③	④

문번	답란			
11	①	②	③	④
12	①	②	③	④
13	①	②	③	④
14	①	②	③	④
15	①	②	③	④
16	①	②	③	④
17	①	②	③	④
18	①	②	③	④
19	①	②	③	④
20	①	②	③	④

문번	답란			
21	①	②	③	④
22	①	②	③	④
23	①	②	③	④
24	①	②	③	④
25	①	②	③	④

※ 수학 과목은 20문항임.

응시자 유의사항

1. 답안지는 지정된 필기도구(컴퓨터용 수성사인펜)만을 사용하여 아래 예시와 같이 표기해야 합니다.
   ("예시" ① 정답일 경우 : ● ② ③ ④)
2. 수험번호 (1)란에는 아라비아 숫자를 쓰고, (2)란은 해당 숫자란에 까맣게 표기(●)해야 합니다.
3. 응시회차, 학력구분 및 교시란에는 반드시 까맣게 표기(●)해야 하고, 과목명란에는 해당 응시과목명("예시" 국어)을 기재해야 합니다.
4. 답안지를 긁거나 구기면 안 되며 수정하거나 두 개 이상 표기한 문항은 무효처리됩니다.

학력구분

학력구분	
중졸	○
고졸	○

과목명

교시	표기란	과목명
1	○	
2	○	
3	○	
4	○	
5	○	
6	○	
7	○	

※ 중졸 검정고시는 6과목임.

성명 (한글) / 수험번호

성명(한글)						

수험번호

(1)

(2)

⓪	⓪	⓪	⓪	⓪	⓪
①	①	①	①	①	①
②	②	②	②	②	②
③	③	③	③	③	③
④	④	④	④	④	④
⑤	⑤	⑤	⑤	⑤	⑤
⑥	⑥	⑥	⑥	⑥	⑥
⑦	⑦	⑦	⑦	⑦	⑦
⑧	⑧	⑧	⑧	⑧	⑧
⑨	⑨	⑨	⑨	⑨	⑨

※ 응시자는 표기하지 마시오.

결시자표기란
○

감독관확인란

※ 응시회차, 학력, 교시 확인 후 감독관 날인.

중졸·고졸 검정고시 답안지

중졸·고졸 검정고시 답안지

문번	답 란
21	① ② ③ ④
22	① ② ③ ④
23	① ② ③ ④
24	① ② ③ ④
25	① ② ③ ④

문번	답 란
11	① ② ③ ④
12	① ② ③ ④
13	① ② ③ ④
14	① ② ③ ④
15	① ② ③ ④
16	① ② ③ ④
17	① ② ③ ④
18	① ② ③ ④
19	① ② ③ ④
20	① ② ③ ④

문번	답 란
1	① ② ③ ④
2	① ② ③ ④
3	① ② ③ ④
4	① ② ③ ④
5	① ② ③ ④
6	① ② ③ ④
7	① ② ③ ④
8	① ② ③ ④
9	① ② ③ ④
10	① ② ③ ④

※ 수학 과목은 20문항임.

학 력 구 분	
중졸	○
고졸	○

교시	표기란	과목명
1	○	
2	○	
3	○	
4	○	
5	○	
6	○	
7	○	

※ 중졸 검정고시는 6과목임.

성명 (한 글)	

수험번호						
(1)						
(2)	⓪ ① ② ③ ④ ⑤ ⑥ ⑦ ⑧ ⑨	⓪ ① ② ③ ④ ⑤ ⑥ ⑦ ⑧ ⑨	⓪ ① ② ③ ④ ⑤ ⑥ ⑦ ⑧ ⑨	⓪ ① ② ③ ④ ⑤ ⑥ ⑦ ⑧ ⑨	⓪ ① ② ③ ④ ⑤ ⑥ ⑦ ⑧ ⑨	⓪ ① ② ③ ④ ⑤ ⑥ ⑦ ⑧ ⑨

※ 응시자는 표기하지 마시오.

결시자표기란
○

감독관확인란

※ 응시회차, 학력, 교시 확인 후 감독관 날인.

중졸 · 고졸 검정고시 답안지

학력 구분

학력 구분	
중졸	○
고졸	○

교시 · 과목명

교시	표기란	과목명
1	○	
2	○	
3	○	
4	○	
5	○	
6	○	
7	○	

※ 중졸 검정고시는 6과목임.

성명 (한 글)

수 험 번 호	(1)	(2)				
	⓪①②③④⑤⑥⑦⑧⑨	⓪①②③④⑤⑥⑦⑧⑨	⓪①②③④⑤⑥⑦⑧⑨	⓪①②③④⑤⑥⑦⑧⑨	⓪①②③④⑤⑥⑦⑧⑨	⓪①②③④⑤⑥⑦⑧⑨

※ 응시자는 표기하지 마시오.

결시자표기란 ○

감독관확인란

※ 응시회차, 학력, 교시 확인 후 감독관란 날인

답란

문번	답 란
1	① ② ③ ④
2	① ② ③ ④
3	① ② ③ ④
4	① ② ③ ④
5	① ② ③ ④
6	① ② ③ ④
7	① ② ③ ④
8	① ② ③ ④
9	① ② ③ ④
10	① ② ③ ④

문번	답 란
11	① ② ③ ④
12	① ② ③ ④
13	① ② ③ ④
14	① ② ③ ④
15	① ② ③ ④
16	① ② ③ ④
17	① ② ③ ④
18	① ② ③ ④
19	① ② ③ ④
20	① ② ③ ④

문번	답 란
21	① ② ③ ④
22	① ② ③ ④
23	① ② ③ ④
24	① ② ③ ④
25	① ② ③ ④

※ 수학 과목은 20문항임.

응시자 유의사항

1. 답안지는 지정된 필기도구(컴퓨터용 수성사인펜)만을 사용하여 아래 예시와 같이 표기해야 합니다.
   ("예시" ① 정답일 경우 : ● ② ③ ④)
2. 수험번호 (1)란에는 아라비아 숫자를 쓰고, (2)란은 해당 숫자란에 까맣게 표기(●)해야 합니다.
3. 응시회차, 학력구분 및 교시란에는 반드시 까맣게 표기(●)해야 하고, 과목명란에는 해당 응시과목명("예시" 국어)을 기재해야 합니다.
4. 답안지를 긋거나 구기면 안 되며 수정하거나 두개 이상 표기한 문항은 무효처리됩니다.

이제 국비무료 교육도
에듀윌

수강생을 반겨주는 에듀윌의 환한 복도 (구로)

언제나 전문 학습 매니저와 상담이 가능한 안내데스크 (부평)

고품질 영상 및 음향 장비를 갖춘 최고의 강의실 (구로)

재충전을 위한 카페 분위기의 아늑한 휴게실 (부평)

다용도로 활용이 가능한 휴게실 (성남)

전기/소방/건축/쇼핑몰/회계/컴활 자격증 취득
국민내일배움카드제

에듀윌 국비교육원 대표전화

서울 구로	02)6482-0600	구로디지털단지역 2번 출구
경기 성남	031)604-0600	모란역 5번 출구
인천 부평	032)262-0600	부평역 5번 출구
인천 부평2관	032)263-2900	부평역 5번 출구

국비교육원
바로가기

2025 최신판

에듀윌
중졸 검정고시
기본서 영어

정답과 해설

eduwill

2025 최신판

에듀윌
중졸 검정고시
기본서 영어

2025 최신판

에듀윌
중졸 검정고시
기본서 영어

정답과 해설

탄탄 실력 다지기

I 문법

01 문장의 기본

27쪽

01	④	02	④	03	①	04	①	05	②
06	②	07	③	08	①	09	①	10	①
11	④	12	①	13	③	14	④	15	③
16	②	17	③	18	②	19	①	20	③
21	③	22	②						

01 ④

의문사가 있는 의문문에 대한 문제이다. B가 시간에 대한 답을 하고 있으므로 '언제'라는 뜻을 가진 의문사 when이 알맞다.

| 어휘 | art museum 미술관 usually 보통

| 해석 |

A: 언제 미술관이 문을 여나요?

B: 보통 오전 10시에 문을 열어요.

02 ④

B가 '서울에 산다'라고 사는 장소를 답하고 있으므로 장소를 물을 때 사용하는 의문사 where이 알맞다.

| 해석 |

A: 너는 어디에 사니?

B: 나는 서울에 살아.

03 ①

B가 Because를 사용하여 대답하고 있으므로, A는 '왜'라는 의미를 가진 이유를 묻는 의문사 why로 질문하는 것이 적당하다.

| 어휘 | late 늦은, 늦게 get up 일어나다

| 해석 |

A: 너는 왜 그렇게 늦었니?

B: 왜냐하면 내가 늦게 일어났기 때문이야.

04 ①

B가 '여기서 약 5km 정도예요(It's about 5km from here).'라고 대답하고 있으므로, A가 '얼마나 먼'이라는 의미로 거리를 물을 때 쓰는 표현인 How far을 사용해야 하므로 빈칸에는 ① far이 적절하다.

| 어휘 | post office 우체국 from here 여기에서부터 about 약, 대략

| 해석 |

A: 여기서 우체국까지 얼마나 멀어요?

B: 여기서 약 5km 정도예요.

05 ②

B가 '기차를 타고 한 시간 걸려요.'라고 답하고 있으므로, A가 '거기에 가는 데 얼마나 걸리죠?'라고 묻는 것이 알맞다. A는 '얼마나 오래'라는 시간을 물을 때 쓰는 표현인 How long을 사용해야 하므로 빈칸에는 ② long이 적절하다.

| 어휘 | take (시간이) 걸리다 by train 기차를 타고

| 해석 |

A: 거기에 가는 데 얼마나 오래 걸리죠?

B: 기차로 한 시간 걸려요.

06 ②

B가 '2주 동안이요.'라고 답하고 있으므로 A는 '얼마나 오래'라는 기간을 물을 때 쓰는 표현인 How long이 들어가야 한다.

| 어휘 | stay 머무르다 for+숫자 ~동안

| 해석 |

A: 당신은 호텔에서 얼마나 오랫동안 머무르셨나요?

B: 2주 동안이요.

| 선택지 |

① 얼마나 멀리(거리, 범위)

② 얼마나 오래(기간)

③ 얼마나 많이(정도, 가격)

④ 얼마나 자주(횟수, 빈도)

07 ③

B가 '일주일에 세 번.'이라고 빈도를 답하고 있으므로 A는 '얼마나 자주'라는 의미를 가진 How often으로 시작하는 의문문으로 묻는 것이 적당하다. 따라서 빈칸에는 ③ often이 적절하다.

| 어휘 | exercise 운동하다   three thimes 세 번
a week 일주일에
| 해석 |
A: 너는 얼마나 자주 운동하니?
B: 일주일에 세 번.

08   ①

B의 첫 번째 대답은 '일주일에 한 번'이라는 빈도를 말하고 있고, 두 번째 대답은 '버스를 타고'라는 수단을 말하고 있다. How often ~?은 '얼마나 자주(빈도를 물을 때)'의 의미이고, 의문사 how는 '어떻게'라는 의미이므로 대화의 빈칸에 공통으로 들어갈 말로 적절한 것은 How이다.

| 해석 |
A: 수영하러 얼마나 자주 가세요?
B: 일주일에 한 번이요.
A: 어떻게 수영장에 가세요?
B: 버스를 타고요.

09   ①

B의 첫 번째 대답이 '한 달에 한 번'이라고 빈도를 말하고 있으므로 A의 첫 번째 질문은 '얼마나 자주'를 의미하는 How often ~?을 사용한 의문문이 되어야 한다. 또한 B의 두 번째 대답은 수단의 의미로 By bus(버스를 타고요).라고 대답했으므로 두 번째 빈칸에는 '어떻게'라는 뜻의 How가 와야 한다. 따라서 빈칸에 공통으로 들어갈 말은 ① How이다.

| 어휘 | go to the movies 영화를 보러 가다   once 한 번
usually 주로, 보통
| 해석 |
A: 얼마나 자주 영화 보러 가나요?
B: 한 달에 한 번이요.
A: 주로 거기에 어떻게 가나요?
B: 버스를 타고요.

10   ①

B가 '한 달에 한 번'이라고 빈도를 말하고 있으므로, A는 '얼마나 자주'인지 빈도를 물어보는 How often으로 질문해야 한다. 따라서 빈칸에는 ① How가 알맞다.

| 어휘 | visit 방문하다   grandparents 조부모님
| 해석 |
A: 얼마나 자주 조부모님 댁에 방문하나요?
B: 한 달에 한 번이요.

11   ④

Nina의 두 번째 질문은 '얼마나 자주 요리하는지'라는 빈도를 묻는 질문이므로 '일주일에 두 번'이라고 응답하는 ④ Twice a week이 빈칸에 가장 적절하다.

| 어휘 | free time 자유 시간   cook 요리하다   twice 두 번
| 해석 |
Nina: Jack, 자유 시간에 뭐 해요?
Jack: 요리해요.
Nina: 얼마나 자주 요리해요?
Jack: 일주일에 두 번이요.
| 선택지 |
① 피자요
② 집에서요
③ 엄마와 함께요
④ 일주일에 두 번이요

12   ①

마지막 문장인 B의 대답에서 '다섯 개요.'라고 수량을 말하고 있으므로 빈칸에는 '많은'이라는 의미이면서 셀 수 있는 명사와 함께 쓰는 many가 들어가야 한다.

| 어휘 | May I ~? ~할까요?   how many 얼마나 많이, 몇 개
| 해석 |
A: 제가 당신을 도와드릴까요?
B: 사과를 조금 사고 싶은데요.
A: 얼마나 많이 원하세요?
B: 다섯 개요.

13   ③

A가 마지막 문장에서 '네 개요.'라고 답했으므로 B의 말은 '얼마나 많이 원하시나요?'가 되어야 한다. '얼마나 많이'의 의미는 How many로 표현한다. How much도 '얼마나 많이'라는 의미이지만, many 다음에는 셀 수 있는 명사의 복수형이 오고, much 다음에는 셀 수 없는 명사가 온다. 셀 수 없는 명사는 늘 단수형이다.

| 해석 |
A: 오렌지 몇 개를 사고 싶어요.
B: 얼마나 많이 원하시나요?
A: 네 개요.
| 선택지 |
① 먼
② 키가 큰, 높은
③ 많은
④ 긴

14 ④

B가 '이틀'이라고 기간을 대답하고 있으므로 A 질문의 빈칸에는 '얼마나 많은 (날들)'의 의미를 만드는 many가 알맞다.

| 어휘 | from now 지금으로부터   test 시험

| 해석 |

A: 너가 시험을 보는 날이 오늘부터 며칠이나 남았니?

B: 이틀.

15 ③

B가 '20명이 있어.'라고 인원수를 답하고 있으므로 A는 '너의 동호회에 얼마나 많은 구성원들이 있니?'라고 묻는 것이 자연스럽다. 따라서 A는 '얼마나 많은'의 의미를 만드는 how many를 사용해야 하므로 빈칸에는 ③ many가 적절하다.

| 어휘 | member 구성원   club 동호회   there are/is ∼이 있다

| 해석 |

A: 너의 동호회에 얼마나 많은 구성원들이 있니?

B: 20명이 있어.

16 ②

How many와 How much는 '얼마나 많은'의 의미를 가진다. How many 뒤에는 셀 수 있는 명사의 복수형이 오며, How much 뒤에는 셀 수 없는 명사가 온다.

| 어휘 | spend (돈ㆍ시간 등을) 사용하다

| 해석 |

Minsu: 너는 얼마나 많은 책을 읽니?

Juwon: 일주일에 두 권을 읽어.

Minsu: 너는 얼마나 많은 돈을 쓰니?

Juwon: 나는 대략 한 달에 5만 원을 써.

17 ③

B가 '25달러예요.'라고 답을 하고 있으므로, A의 질문은 가격이 얼마인지 물을 때 쓰는 How much로 시작해야 한다. 따라서 빈칸에는 ③ much가 알맞다.

| 해석 |

A: 이 모자는 얼마입니까?

B: 25달러예요.

18 ②

부가의문문에 대한 문제이다. 부가의문문은 서술문 끝에 단축

형 의문문을 붙여서 동의를 구하거나 자신이 알고 있는 내용을 확인하고자 하는 표현이다. 주의점은 다음과 같다.

• 주 문장이 긍정이면 부정으로, 부정이면 긍정으로 쓴다.

• 시제는 앞 문장과 일치해야 한다.

• 어순은 「동사＋주어」인데, 주어는 항상 대명사를 쓴다.

• be동사, 조동사는 그대로 쓰고, 일반동사는 do/does/did를 쓴다.

따라서 빈칸에 들어갈 말은 are의 부정형인 aren't이다.

| 해석 |

A: 그들은 멋진 배우들입니다. 그렇지 않아요?

B: 맞아요.

19 ①

be동사가 쓰인 긍정문의 부가의문문의 형태는 「주어＋be동사 긍정문∼, be동사 부정형＋주어?」이므로 대화의 빈칸에 들어갈 말은 isn't it?이 가장 적절하다. 부가의문문이 부정문일 때 반드시 축약형을 사용한다.

| 어휘 | cold 추운   turn on 켜다   heater 히터, 난방기

| 해석 |

A: 추워요, 그렇지 않아요?

B: 맞아요, 히터를 켭시다.

20 ③

주어진 문장은 동사원형으로 시작하는 명령문이다. 주어진 명령문의 내용처럼 일어나서 양손을 탁자 위에 올려놓은 그림은 ③이다.

| 어휘 | stand up 일어서다   put (특정한 장소ㆍ위치에) 놓다 on ∼ (위)에[로]

| 해석 | 일어나세요. 양손을 탁자 위에 올려놓으세요.

21 ③

자전거의 통행금지를 알리는 표지이므로 표지판이 의미하는 것을 나타낸 문장은 ③이다.

| 어휘 | swim 수영하다   smoke (담배를) 피우다 ride a bike 자전거를 타다 take a picture 사진을 찍다(= take pictures)

| 선택지 |

① 수영하지 마세요.

② 담배 피우지 마세요.

③ 자전거 타지 마세요.

④ 사진 찍지 마세요.

22 ②

주어진 문장은 느낌표(!)로 끝나는 감탄문이다. 감탄문은 What 이나 How로 시작하는데, 빈칸 다음에 부정관사 a가 있으므로 What을 사용해야 한다. What 감탄문은 「What+a(n)+형용사 +명사+주어+동사!」의 형태로 쓴다.

| 해석 | 참으로 아름다운 날이구나!

02 시제									45쪽
01	③	02	③	03	③	04	②	05	②
06	③	07	①	08	③	09	①	10	③
11	②	12	②	13	②	14	④	15	③
16	④	17	②	18	②	19	③	20	①
21	④	22	②	23	③	24	①	25	②
26	②	27	③	28	②	29	④	30	①
31	④	32	①	33	④	34	③	35	④

01 ③

'~이 있다'라는 의미의 「There+be동사 ~」 구문이 사용된 문장 이다. 뒤에 나온 명사 five books가 복수형이므로 빈칸에 들어 갈 말로 가장 적절한 것은 are이다.

| 해석 | 탁자 위에는 책 5권이 있다.

02 ③

'~이 있다'라는 의미의 「There+be동사 ~」 구문이 사용된 문장 이다. 뒤에 나온 명사 three lions가 복수형이므로 빈칸에 들어 갈 말로 가장 적절한 것은 are이다.

| 해석 | 동물원에는 세 마리의 사자가 있다.

03 ③

be동사 현재형 are는 주어가 복수일 때 쓰므로 빈칸에 들어갈 말로 가장 적절한 것은 They이다.

| 어휘 | really 정말   delicious 맛있는

| 해석 | 그것들은 정말 맛있습니다.

| 오답의 이유 |

①, ②, ④ 3인칭 단수 대명사이므로 동사로 단수형 is를 써야 한 다.

04 ②

be동사 현재시제 의문문은 「be동사+주어~?」의 형태로, be동 사를 맨 앞으로 보내고 문장 마지막에 물음표를 붙인다. 긍정의 대답은 「Yes, 주어+be동사.」로, 부정의 대답은 「No, 주어+be 동사+not.」으로 한다. 부정의 대답의 경우 「be동사+not」은 주 로 축약형을 쓴다.

| 해석 |

A: David는 집에 있니?

B: 아니, 그렇지 않아. 그는 학교에 있어.

05 ②

Is this ~?로 물으면 Yes, it is. 또는 No, it isn't.로 답할 수 있으 므로 빈칸에는 ② is가 알맞다.

| 해석 |

A: 이것은 당신의 가방입니까?

B: 네, 그래요.

06 ③

B가 '아뇨, 그렇지 않아요(No, I am not).'라며 be동사 현재형의 의문문에 대한 부정의 대답을 하고 있으므로 대화의 빈칸에 들 어갈 말로 가장 적절한 것은 ③ Are이다.

| 어휘 | tired 피곤한

| 해석 |

A: 피곤한가요?

B: 아뇨, 그렇지 않아요.

07 ①

have는 '가지다, 있다'의 뜻 외에도, 뒤에 식사나 먹을 것이 목 적어로 나오면 '먹다, 마시다'의 뜻이 될 수 있다. 두 문장의 주 어가 모두 3인칭 단수이므로 빈칸에 공통으로 들어갈 말로 가장 적절한 것은 ① has이다.

| 어휘 | have 가지다, 있다, 먹다, 마시다

breakfast 아침 식사   a.m. 오전   town 마을

beautiful 아름다운   park 공원

| 해석 |

• 나의 아빠는 오전 6시에 아침 식사를 한다.

• 나의 마을에는 아름다운 공원들이 많이 있다.

08 ③

일반동사 앞에 나올 수 있는 조동사는 do/don't, does/doesn't가 있다. 주어가 I/You/We/They일 때는 「do/don't + 동사원형」이 올 수 있고, 주어가 He/She/It일 때는 「does/doesn't + 동사원형」이 올 수 있다. 주어가 I이므로, 정답은 ③ don't이다.

| 어휘 | tomato 토마토

| 해석 | 나는 토마토를 좋아하지 않는다.

09 ①

A가 일반동사 현재시제 의문문(do)으로 묻고 있고, B가 긍정의 답변을 하고 있으므로, 빈칸에는 do가 들어가야 한다.

| 어휘 | how to ~하는 방법

| 해석 |
A: 너는 운전하는 방법을 아니?
B: 응, 나는 알아.

10 ③

A가 you를 이용해서 물었으므로 답변의 주체는 '나'이고, 일반동사 현재시제 의문문으로 묻고 있으므로 Yes, I do.로 답해야 한다.

| 어휘 | exercise 운동하다

| 해석 |
A: 너는 매일 운동하니?
B: 응, 나는 그래.

11 ②

A가 you를 이용해서 물었으므로 답변의 주체는 '나'이고, 빈칸 뒤의 문장이 긍정의 의미이므로 빈칸에도 긍정적인 대답이 들어가야 한다. 따라서 정답은 Yes, I do.가 된다.

| 어휘 | science 과학   favorite 가장 좋아하는   subject 과목

| 해석 |
A: 너는 과학을 좋아하니?
B: 응, 나는 그래. 그것은 내가 가장 좋아하는 과목이야.

12 ②

일반동사 do 의문문에는 「Yes, 주어 + do.」나 「No, 주어 + don't.」로 답한다.

| 해석 | 너는 운동하는 것을 좋아하니?

13 ②

B가 do를 이용해 답을 했으므로 A도 do로 질문을 해야 한다. 또한 주어가 I/You/We/They일 때 일반동사의 의문문은 「Do + 주어 + 동사원형 ~?」이므로 대화의 빈칸에 들어갈 말로 가장 적절한 것은 ② Do이다.

| 해석 |
A: 피자를 좋아하니?
B: 응, 그래.

14 ④

B가 does를 이용해 답을 했으므로 A도 does로 질문을 해야 한다. 또한 주어가 3인칭 단수(He/She/It)일 때 일반동사 현재시제 의문문은 「Does + 주어 + 동사원형 ~?」의 형태이므로 빈칸에 가장 적절한 것은 ④ Does이다.

| 어휘 | play 연주하다   violin 바이올린

| 해석 |
A: 그는 바이올린을 연주하니?
B: 아니, 그렇지 않아.

15 ③

일반동사 현재시제(3인칭 단수 주어) 의문문은 「Does + 주어 + 동사원형 ~?」이고 대답은 「Yes, 주어 + does.」나 「No, 주어 + doesn't.」로 한다.

| 어휘 | like 좋아하다   ice cream 아이스크림

| 해석 |
A: 그녀는 아이스크림을 좋아하니?
B: 응, 그래.

16 ④

주어가 3인칭 단수 He일 때 be동사의 과거형은 was를 쓰므로 빈칸에 들어갈 말로 가장 적절한 것은 ④이다.

| 어휘 | sick 아픈   yesterday 어제

| 해석 | 그는 어제 매우 아팠다.

17 ②

제시된 문장에 yesterday(어제)가 있으므로 과거시제를 나타내는 동사가 들어가야 한다.

| 해석 | 그들은 어제 낚시를 갔다.

| 오답의 이유 |
① 현재형이다.
③ 미래형이다.
④ 현재진행형이다.

18 ②

제시된 문장에 last month(지난달)가 있으므로 과거시제를 나타내는 동사가 들어가야 한다.
| 해석 | 나는 지난달에 병원에서 일을 했다.
| 오답의 이유 |
① 현재형이다.
③ 미래형이다.
④ 현재진행형이다.

19 ③

과거형 went가 있으므로 빈칸에는 과거 시점을 나타내는 단어가 들어가야 한다. 따라서 '내일'을 뜻하는 tomorrow는 알맞지 않다.
| 해석 | 나는 _____ 남산에 갔다.
| 선택지 |
① 지난 일요일에
② 이틀 전에
③ 내일
④ 어제

20 ①

과거형 went가 있으므로 빈칸에는 과거 시점을 나타내는 단어가 들어가야 한다. 따라서 '내일'을 뜻하는 tomorrow는 알맞지 않다.
| 어휘 | go comping 캠핑을 가다
| 해석 | 우리 가족은 _____ 캠핑을 갔다.
| 선택지 |
① 내일
② 어제
③ 지난 토요일에
④ 3일 전에

21 ④

과거시제 의문문으로 묻고 있고, 부정 답변을 하고 있으므로 빈칸에 알맞은 것은 ④ didn't이다.

| 해석 |
A: 너는 '아바타'라는 영화를 봤니?
B: 아니, 안 봤어.

22 ②

B가 did를 이용해 답을 했으므로 A도 did로 질문을 해야 한다. 「Did+주어+동사원형 ~?」은 '~했니?'의 뜻으로, 일반동사 과거시제 의문문이다. 일반동사 과거시제 의문문은 주어에 상관없이 문장 앞에 Did를 쓴다. 긍정이면 「Yes, 주어+did.」로, 부정이면 「No, 주어+didn't.」로 답한다.
| 어휘 | finish 마치다, 끝내다   last night 어젯밤
| 해석 |
A: 너는 어젯밤에 숙제를 끝마쳤니?
B: 응. 그랬어.

23 ③

A가 '지난 주말에 어디에 갔었니?'라고 과거의 일을 묻고 있으므로 빈칸에 가장 적절한 동사는 go의 과거형인 ③ went이다.
| 어휘 | weekend 주말(토요일과 일요일)   zoo 동물원
family 가족
| 해석 |
A: 지난 주말에 어디에 갔었니?
B: 가족과 함께 동물원에 갔어.
| 오답의 이유 |
① 현재형이다.
② 3인칭 단수 현재형이다.
④ 미래형이다.

24 ①

어제의 일을 묻고 있으므로 빈칸에 들어갈 말로 가장 적절한 것은 eat의 과거형인 ① ate이다.
| 어휘 | dinner 저녁 식사   yesterday 어제
| 해석 |
A: 어제 저녁으로 무엇을 먹었니?
B: 비빔밥을 먹었어.
| 오답의 이유 |
② 3인칭 단수 현재형이다.
③ 진행형이다.
④ 현재완료형이다.

25 ②

B가 '그녀는 책을 읽고 있어.'라고 현재진행형으로 응답했으므로 A의 질문으로 가장 적절한 것은 ② What is she doing(그녀는 무엇을 하고 있니)이다.

| 어휘 | read 읽다   book 책
| 해석 |
A: 그녀는 무엇을 하고 있니?
B: 그녀는 책을 읽고 있어.
| 선택지 |
① 너는 점심 먹었니
② 그녀는 무엇을 하고 있니
③ 너는 어떻게 지내니
④ 그녀는 언제 일어나니

26 ②

그림 속 Mary가 꽃에 물을 주고 있으므로, '물을 주다'라는 의미인 water가 활용된 ②가 정답이다.

| 어휘 | cut 자르다   water 물을 주다   draw 그리다
pick up 줍다. 꺾다
| 선택지 |
① Mary는 꽃을 자르고 있다.
② Mary는 꽃에 물을 주고 있다.
③ Mary는 꽃을 그리고 있다.
④ Mary는 꽃을 줍고 있다.

27 ①

그림 속 Sora는 의자에 앉아 있으므로 ① Sora is sitting on a chair.가 답으로 알맞다.

| 어휘 | wash the dishes 설거지를 하다   pool 수영장
| 선택지 |
① Sora는 의자에 앉아 있다.
② Sora는 설거지를 하고 있다.
③ Sora는 공을 가지고 놀고 있다.
④ Sora는 수영장에서 수영을 하고 있다.

28 ②

그림 속 Tom은 세차를 하고 있으므로 '세차를 하다'의 의미인 wash a car를 현재진행형으로 쓴 ②가 적절하다.

| 어휘 | play baseball 야구를 하다   listen to ~을 듣다

| 선택지 |
① Tom은 TV를 보고 있다.
② Tom은 세차를 하고 있다.
③ Tom은 야구를 하고 있다.
④ Tom은 음악을 듣고 있다.

29 ④

그림 속의 소녀는 그림을 그리고 있으므로 상황을 적절하게 표현한 것은 ④ She is painting a picture.이다.

| 어휘 | read 읽다   football 축구
take a shower 샤워를 하다   paint 그리다   picture 그림
| 선택지 |
① 그녀는 책을 읽고 있다.
② 그녀는 축구를 하고 있다.
③ 그녀는 샤워를 하고 있다.
④ 그녀는 그림을 그리고 있다.

30 ①

그림 속 Jenny는 개와 공원에서 산책하고 있다. 빈칸에 들어갈 말로 가장 적절한 것은 '걷다. 산책하다'의 뜻을 가진 walk의 진행형인 walking이다.

| 어휘 | walk 걷다. 산책하다   park 공원
| 해석 | Jenny는 개와 공원에서 산책하고 있다.

31 ④

Minho는 Jane 옆에 앉아있기 때문에 그림을 설명한 문장으로 가장 적절한 것은 ④이다.

| 어휘 | walk around 돌아다니다
talk on the phone 통화하다   next to ~ 바로 옆에
| 선택지 |
① Boram은 책을 읽고 있다.
② Tom은 돌아다니고 있다.
③ Jane은 전화로 이야기를 하고 있다.
④ Minho는 Jane 옆에 앉아 있다.

32 ①

미래형 조동사 will이 있으므로 빈칸에는 미래 시점을 나타내는 ① tomorrow가 들어가야 한다.

| 해석 | 나는 내일 낚시를 하러 갈 것이다.

| 선택지 |

① 내일　② 어제　③ 지난밤에　④ 이틀 전에

33　④

A의 질문에 사용된 be going to는 will로 바꿀 수 있고, B의 답에 있는 next month는 '다음 달'이라는 의미로 미래 시점을 나타내므로 빈칸에 가장 적절한 것은 미래시제인 ④ will visit이다.

| 어휘 | be going to ~할 것이다　visit 방문하다
grandparents 조부모　next month 다음 달
| 해석 |
A: 조부모님을 방문할 거니?
B: 응, 다음 달에 방문할 거야.
| 오답의 이유 |
① 3인칭 단수 현재형이다.
② 과거형이다.
③ 진행형을 만들 때 쓰는 현재분사이다.

34　③

첫 번째 문장은 서울에 20년 '동안' 살고 있다는 의미가 알맞으므로 '~ 동안'이라는 뜻의 전치사 for가 들어가야 한다. 두 번째 문장은 '~을 위한'이라는 뜻의 전치사 for가 들어가야 한다.
| 해석 |
• Joe는 서울에서 20년 동안 살고 있다.
• 이 장미는 당신을 위한 것이에요.
| 선택지 |
① ~에
② ~ 안에, 내부에
③ ~을 위해서, ~을 위한
④ ~ 동안

35　④

B의 대답을 보면 현재완료시제로 답을 하고 있다. 따라서 질문도 현재완료시제로 해야 한다. 「have been to + 장소」는 '~에 가 본 적이 있다'라는 의미이다.

| 어휘 | would like to + 동사원형 ~을 하고 싶다
someday 언젠가
| 해석 |
A: 파리에 가 본 적이 있니?
B: 아니, 가 본 적이 없어. 거기에 언젠가 가 보고 싶어.

03 조동사　54쪽

01	②	02	②	03	①	04	①	05	②
06	②	07	①	08	②	09	③	10	③
11	①	12	③	13	③	14	②	15	①
16	②								

01　②

표에서 Jinsu는 ride a bike(자전거를 타다)에 X 표시가 되어 있으므로 표를 바르게 설명한 것은 ②이다.

| 어휘 | draw cartoons 만화를 그리다
ride a bike 자전거를 타다　play 연주하다　piano 피아노
| 선택지 |
① Jinsu는 스케이트를 탈 수 있다.
② Jinsu는 자전거를 탈 수 없다.
③ Nara는 피아노를 칠 수 있다.
④ Nara는 만화를 그릴 수 없다.

02　②

조동사 뒤에는 항상 동사원형이 오기 때문에 ①, ③, ④는 빈칸에 적절하다. ② easy(쉬운)는 형용사로 빈칸에 들어갈 수 없다.

| 해석 | 나는 빠르게 _____ 할 수 있다.
| 선택지 |
① 달리다
② 쉬운
③ 요리하다
④ 걷다

03　①

be able to는 '~할 수 있다'의 뜻으로 능력의 조동사 can과 바꾸어 쓸 수 있다. 따라서 빈칸에 들어갈 말로 가장 적절한 것은 조동사 ① can이다.

| 어휘 | cello 첼로
| 해석 | 나는 피아노를 칠 수 있다.

04　①

A는 조동사 Can을 사용하여 자신을 도울 수 있는지 가능 여부를 묻고 있다. 이에 대한 긍정의 답은 「Yes, 주어 + can.」, 부정의 답은 「No, 주어 + can't.」이므로 선택지 중 빈칸에 들어갈 말로 가장 적절한 것은 Yes, I can이다.

| 어휘 | clean 청소하다
| 해석 |
A: 나는 내 방을 청소해야 해. 도와주겠니?
B: 응, 도와줄 수 있어.

05 ②

Can으로 시작하는 의문문에 대한 문제이다. 조동사를 주어 앞에 두고 그 다음에 동사원형을 쓴 「Can+주어+동사원형 ~?」으로 표현하며, '~할 수 있니?'라는 의미이다. 긍정의 답은 「Yes, 주어+can.」으로, 부정의 답은 「No, 주어+can't.」로 답한다.

| 어휘 | make 만들다   paper rose 종이 장미
paper bird 종이 새   only 단지
| 해석 |
A: 너는 종이 장미를 만들 수 있니?
B: 아니, 나는 만들 수 없어. 나는 오직 종이 새만 만들 수 있어.

06 ②

B가 can을 사용해서 '응, 할 수 있어.'라고 응답했으므로 A의 빈칸에도 능력, 가능을 물어보는 조동사 ② Can이 들어가는 것이 가장 적절하다.

| 어휘 | speak (특정 언어를) 할 줄 알다
Chinese 중국어
| 해석 |
A: 너는 중국어를 할 수 있니?
B: 응, 할 수 있어.

07 ①

can과 같은 조동사가 있는 문장의 의문문은 「조동사+주어+동사원형 ~?」의 형태이므로, 동사원형 ① speak이 빈칸에 들어갈 말로 가장 적절하다.

| 해석 |
A: 그는 영어를 아주 잘 말할 수 있니?
B: 응, 그는 잘 말할 수 있어.
| 오답의 이유 |
② 3인칭 단수 현재형이다.
③ 과거형이다.
④ 과거분사 형태이다.

08 ③

'~해야 한다'의 뜻의 have to는 의무의 조동사 must와 바꾸어

쓸 수 있다. 따라서 빈칸에 들어갈 말로 가장 적절한 것은 조동사 ③ must이다.

| 어휘 | leave 떠나다   now 지금
| 해석 | 우리는 지금 떠나야 한다.

09 ③

조동사 must에는 의무와 강한 추측의 의미가 있다. A가 '그가 비싼 차를 가지고 있다'고 말하고 있으므로 B의 반응은 '그는 부자가 틀림없어.'라고 하는 것이 가장 자연스럽다. 따라서 밑줄 친 must의 의미로 가장 적절한 것은 추측이다.

| 어휘 | expensive 비싼   rich 부자인
| 해석 |
A: 봐, 그는 아주 비싼 차가 있어.
B: 그는 부자가 틀림없어.

10 ③

①, ②, ④는 의무의 must, ③은 강한 추측의 must이므로 밑줄 친 must의 뜻이 나머지와 다른 하나는 ③이다.

| 어휘 | tired 피곤한   library 도서관
| 선택지 |
① 나는 지금 가야만 한다.
② 너는 반드시 네 방을 청소해야 한다.
③ 그녀는 피곤함에 틀림없다.
④ 우리는 도서관에서는 조용히 해야 한다.

11 ①

should는 '~해야 한다'의 의미로, 도덕적 의무나 충고를 나타내는 조동사이다. 조동사는 주어의 수나 인칭에 따라 변하지 않으며, 조동사 뒤에는 반드시 동사원형을 쓰므로 빈칸에 들어갈 말로 가장 적절한 것은 동사원형 ① come이다.

| 어휘 | come back by+시각 ~까지 돌아오다
| 해석 | 그녀는 6시까지 돌아와야 한다.
| 오답의 이유 |
② 3인칭 단수 현재형이다.
③ 과거형이다.
④ 현재분사 형태이다.

12 ③

A가 말한 '자전거를 타면 안 된다(You shouldn't ride a bike).'라는 내용과 관련 있는 표지판은 ③이다.

| 어휘 | sir 선생님(이름을 모르는 남자에 대한 경칭)
ride a bike 자전거를 타다   sorry 미안한, 유감인
| 해석 |
A: 실례합니다. 선생님. 여기서 자전거를 타면 안 됩니다.
B: 죄송합니다. 몰랐습니다.

13 ③

'팔이 아프다'는 A에게 '오늘 병원에 가 보는 게 좋겠다'고 B가 충고나 조언을 하는 것이 자연스럽기 때문에 '~하는 것이 좋다'라는 뜻의 had better가 들어가야 한다. You'd는 You had의 줄임말이므로, 대화의 빈칸에 들어갈 말로 가장 적절한 것은 ③ better이다.

| 어휘 | arm 팔   hurt 아프다, 다치다   exercise 운동하다
too much 너무 많이   see a doctor 병원에 가다
| 해석 |
A: 팔이 아파. 너무 많이 운동을 한 것 같아.
B: 오늘 병원에 가 보는 게 <u>좋겠어.</u>

14 ②

'~하는 게 좋다'의 뜻을 가진 조동사 had better 뒤에는 동사원형이 오므로 going을 go로 고쳐야 한다.

| 어휘 | take a rest 휴식을 취하다
| 해석 | 너는 집에 가서 쉬는 게 더 좋겠어.

15 ①

'~하는 게 좋다'라는 충고나 조언을 할 때 쓸 수 있는 말은 had better이다.

| 어휘 | stop -ing ~을 멈추다   smoke 담배를 피우다
| 해석 | 그는 담배를 끊는 게 <u>좋을 것이다.</u>

16 ②

had better는 바로 뒤에 not을 붙여서 부정문으로 만든다. '머리 색깔을 바꾸지 않는 것이 더 좋다'라는 뜻을 만들기 위해서는 you had better not change를 써야 한다. 따라서 빈칸 세 번째로 오는 단어는 not이다.

| 어휘 | change 바꾸다   hair color 머리카락 색

04 명사, 관사, 대명사									64쪽
01	③	02	②	03	①	04	④	05	④
06	③	07	①	08	②	09	②	10	③
11	③	12	④	13	②	14	②	15	①

01 ③

「자음＋y」로 끝나는 명사를 복수형으로 만들 때는 y를 i로 바꾸고 -es를 붙이므로 candy의 복수형은 candies이다.

| 오답의 이유 |
① 대부분의 명사에는 -s를 붙여서 복수형을 만들므로 pen의 복수형은 pens이다.
② -s, -ss, -x, -ch, -sh, -o로 끝나는 명사의 복수형은 -es를 붙인다.
④ child의 복수형은 children으로, 불규칙 변화의 경우 명사마다 형태가 다르므로 유의해야 한다.

02 ②

-s, -ss, -x, -ch, -sh, -o로 끝나는 명사를 복수형으로 만들 때는 -es를 붙이므로 box의 복수형은 boxes이다.

| 오답의 이유 |
① 대부분의 명사에는 -s를 붙여서 복수형을 만들므로 door의 복수형은 doors이다.
③ 「자음＋y」로 끝나는 명사의 복수형은 y를 i로 바꾸고 -es를 붙인다.
④ tooth의 복수형은 teeth로, 불규칙 변화의 경우 명사마다 형태가 다르므로 유의해야 한다.

03 ①

cat의 복수형은 cats이다.

| 오답의 이유 |
② -s, -ss, -x, -ch, -sh, -o로 끝나는 명사의 복수형은 -es를 붙인다.
③ 「자음＋y」로 끝나는 명사의 복수형은 y를 i로 바꾸고 -es를 붙인다.
④ man의 복수형은 men으로, 불규칙 변화의 경우 명사마다 형태가 다르므로 유의해야 한다.

04 ④

mouse의 복수형은 불규칙 변화로 mice이다.

| 오답의 이유 |

① brother의 복수형은 brothers이다.

② -s, -ss, -x, -ch, -sh, -o로 끝나는 명사의 복수형은 -es를 붙여 만들므로 dish의 복수형은 dishes이다.

③ 「자음＋y」로 끝나는 명사의 복수형은 y를 i로 바꾸고 -es를 붙여 만들므로 city의 복수형은 cities이다.

05 ④

명사의 복수형이 알맞은 것을 찾아야 한다. tooth(이)의 복수형은 teeth, child(아이)의 복수형은 children이므로 빈칸에 들어갈 말을 순서대로 짝지은 것은 teeth - children이다.

| 어휘 | clean 깨끗하게 하다 important 중요한
parents 부모님 take care of ∼을 돌보다

| 해석 |

• 너의 이를 닦는 것은 중요하다.

• 부모님은 그들의 아이들을 돌보아야 한다.

06 ③

주절의 My mother(나의 어머니)를 받아야 하므로 빈칸에는 '여자'를 나타내는 3인칭 단수 형태의 대명사 she가 들어가야 한다.

| 해석 | 나의 어머니는 그녀가 외출을 할 때 모자를 쓰신다.

07 ①

앞 문장의 주어인 Mr. Kim을 받아야 하므로 빈칸에 들어갈 말은 남자를 의미하면서 3인칭 단수 주격 대명사인 He가 알맞다.

| 어휘 | teacher 선생님 music 음악 과목

| 해석 | 김 선생님은 나의 선생님이시다. 그분은 음악을 가르치신다.

08 ②

A가 B의 남자 형제(brother)의 나이를 묻고 있으므로 빈칸에는 남자를 의미하면서 3인칭 단수 주격 대명사인 He가 들어가야 한다.

| 어휘 | fourth 네 번째 grade 학년

| 해석 |

A: 너의 남자 형제는 몇 살이니?

B: 그는 11살이야. 그는 4학년이야.

09 ②

빈칸에는 명사 name을 수식하면서 my boyfriend(He)를 받을

수 있는 3인칭 단수 소유격 His가 알맞다.

| 어휘 | about ∼에 대하여 smart 똑똑한 kind 친절한

| 해석 | 내 남자 친구를 소개할게. 그는 21살이야. 그는 매우 똑똑해. 그의 이름은 Jinsu야. 그는 나에게 매우 친절해. 그래서 나는 그를 매우 좋아해.

10 ③

빈칸 다음에는 명사(subject)가 있어서 빈칸에는 소유격 인칭대명사가 들어가야 하는데 A가 B의 남자 형제에 대해 묻고 있으므로 his가 가장 적절하다.

| 어휘 | favorite 가장 좋아하는 subject 과목

| 해석 |

A: 남자 형제가 있어?

B: 응, 있어.

A: 그의 가장 좋아하는 과목이 뭐니?

B: 그는 수학을 좋아해.

11 ③

첫 번째 빈칸은 명사를 수식해 주는 자리이므로 소유격 Her(그녀의)이 들어가는 것이 적절하다. 두 번째 빈칸은 주격 보어 자리이므로, 소유대명사 hers(그녀의 것)가 들어가는 것이 적절하다.

| 해석 |

• 그녀의 드레스는 멋지다.

• 이 모자는 그녀의 것이다.

12 ④

①, ②, ③은 모두 '그의'의 뜻으로 쓰인 소유격이고, ④의 his는 '그의 것'이라는 뜻으로 쓰인 소유대명사이다.

| 어휘 | voice 목소리

| 선택지 |

① 그는 그의 숙제를 하고 있다.

② 그의 부모님은 정말 친절하시다.

③ 나는 그의 목소리가 좋다.

④ 저 가방은 그의 것이다.

13 ②

빈칸은 전치사 for의 목적어 자리로 sister를 받으면서 목적격이 되는 대명사 her가 들어가야 한다.

| 어휘 | buy 사다 doll 인형

| 해석 |
A: 너는 너의 여동생을 위해서 무엇을 사길 원하니?
B: 나는 그녀를 위해서 인형을 사길 원해.

14 ②

he의 재귀대명사는 himself이므로 잘못 연결된 것은 ②이다.

15 ①

강조 용법으로 사용된 재귀대명사는 없어도 문장이 완전하므로 생략해도 된다. ①의 문장에서 재귀대명사 myself는 목적어로 사용되었으므로 생략할 수 없다.

| 어휘 | introduce 소개하다 kite 연
| 선택지 |
① 나는 나 자신을 반 친구들에게 소개했다.
② 그 자신이 직접 그것을 했다.
③ 우리 스스로가 직접 그 연을 만들었다.
④ 그들은 직접 그 방을 청소했다.

05 형용사, 부사, 비교				75쪽
01 ②	02 ④	03 ②	04 ②	05 ②
06 ③	07 ④	08 ①	09 ①	10 ③
11 ④	12 ③	13 ④	14 ③	15 ②

01 ②

3음절 이상의 단어 또는 -ful, -less, -ous, -ive, -ing로 끝나는 단어의 비교급은 뒤에 -er을 붙이는 대신 앞에 more를 쓴다. 비교급 앞에 more를 붙이는 형태는 ② popular이다.

| 어휘 | than ~보다 popular 인기 있는
| 해석 | Sam은 Yumi보다 더 인기가 많다.
| 오답의 이유 |
① old(나이 든, 오래된)의 비교급은 older이다.
③ tall(키가 큰, 높은)의 비교급은 taller이다.
④ young(어린, 젊은)의 비교급은 younger이다.

02 ④

비교급과 최상급의 의미를 구분하여 빈칸에 들어갈 알맞은 말을 고르는 문제이다. 오렌지가 1,000원이고 사과가 500원이므

로 오렌지가 사과보다 더 비싸다는 의미가 되어야 한다. 따라서 빈칸에 들어갈 말로 more expensive가 적절하다.

| 해석 | 오렌지는 사과보다 더 비싸다.
| 선택지 |
① 더 싼   ② 가장 싼   ③ 비싼   ④ 더 비싼

03 ②

복숭아는 500원이고 사과는 1,000원이므로 빈칸에 들어갈 말은 cheap의 비교급으로서 '더 싼'이라는 의미인 ② cheaper가 적절하다.

| 어휘 | price 가격 each 각각의, 개개의
| 해석 |

과일	가격(개당)
복숭아	500원
사과	1,000원

복숭아가 사과보다 더 싸다.
| 선택지 |
① 싼   ② 더 싼   ③ 비싼   ④ 더 비싼

04 ②

커피의 가격은 3달러이고 차는 5달러이므로 '커피는 차보다 더 싸다.'라는 의미가 되어야 한다. 따라서 빈칸에 들어갈 말로 가장 적절한 것은 cheap의 비교급인 ② cheaper이다.

| 어휘 | drink 음료
| 해석 |

음료	가격
커피	3달러
차	5달러

커피는 차보다 더 싸다.
| 선택지 |
① 싼   ② 더 싼   ③ 비싼   ④ 더 비싼

05 ②

그림 속 Tony는 Mike보다 더 빨리 달리고 있다. 따라서 빈칸에 들어갈 말로 가장 적절한 것은 부사 fast(빠르게)의 비교급 faster이다.

| 어휘 | run 달리다[뛰다]
| 해석 | Tony는 Mike보다 더 빨리 달리고 있다.

06 ③

Tom은 3년 전에 컴퓨터를 샀고, Susan은 지난주 금요일에 컴퓨터를 샀으므로 빈칸에 들어갈 말로 가장 적절한 것은 'Tom은 Susan보다 더 일찍 컴퓨터를 샀다.'라는 내용이 되도록 하는 earlier(더 일찍)이다.

| 어휘 | look ~하게 보이다
buy 사다(buy – bought – bought)   mine 나의 것
| 해석 |
Tom: 네 컴퓨터가 멋져 보여. 새 것이니?
Susan: 응, 지난주 금요일에 샀어.
Tom: 나는 새 컴퓨터를 사고 싶어. 나는 3년 전에 샀어.
Tom은 Susan보다 더 일찍 컴퓨터를 샀다.
| 선택지 |
① 더 높은   ② 더 큰   ③ 더 일찍   ④ 더 싼

07 ④

Mina는 오전 8시에 등교하고 Jim은 오전 8시 30분에 등교하므로 빈칸에는 ④ earlier이 가장 적절하다.

| 어휘 | a.m. 오전   really 정말
| 해석 |
Mina: 나는 학교에 오전 8시에 등교해.
Jim: 정말? 나는 오전 8시 30분에 등교해.
Mina는 Jim보다 더 일찍 학교에 온다.
| 선택지 |
① 나이가 더 많은
② 더 높은
③ 더 큰
④ 더 일찍

08 ①

제시된 표에서 Tom은 8시에 일어난다고 하였고, 문장의 해석상 Tom보다 일찍 일어난 사람을 찾아야 하므로 빈칸에는 ① Jake가 알맞다.

| 어휘 | get up 일어나다   later 더 늦게(late의 비교급)
| 해석 | Tom은 Jake보다 더 늦게 일어났다.

09 ①

A는 대개 아침 7시에 일어나고 B는 대개 아침 6시에 일어난다고 하였으므로 B가 A에게 나보다 늦게 일어난다고 하는 것이 자연스럽기 때문에 빈칸에 들어갈 말로 가장 적절한 것은 later(더 늦게)이다.

| 어휘 | usually 보통, 대개
| 해석 |
A: 나는 대개 아침 7시에 일어나.
B: 나보다 더 늦게 일어나네. 나는 대개 아침 6시에 일어나.
| 선택지 |
① 더 늦게, 더 늦은
② 더 큰
③ 더 빠르게, 더 빠른
④ 더 큰

10 ③

Beth는 13살이고, John은 15살이므로 Beth가 John보다 어리다고 한 ③이 정답이다.

| 어휘 | age 나이
| 선택지 |
① Meg는 모두 중에서 가장 어리다.
② John은 Meg보다 더 나이가 많다.
③ Beth는 John보다 더 어리다.
④ Amy는 모두 중에서 가장 나이가 많다.
| 오답의 이유 |
① Meg는 16살로 나이가 가장 많다.
② John은 15살이고, Meg는 16살이므로 John이 더 어리다.
④ Amy는 10살로 나이가 가장 어리다.

11 ④

비교급과 최상급에 대한 문제이다. Tommy가 180cm로 네 명 중 가장 크므로 tall의 최상급이 쓰인 ④가 일치하는 내용이다.

| 어휘 | height 키
| 선택지 |
① Jane은 Mina보다 키가 크다.
② Mina는 Susan보다 키가 크다.
③ Susan은 Tommy만큼 키가 크다.
④ Tommy는 키가 가장 크다.

| 오답의 이유 |

① Jane은 Mina와 키가 같다.

② Mina는 Susan보다 키가 작다.

③ Susan은 Tommy보다 키가 작다.

12 ③

에베레스트가 가장 높은 산이라고 하였으므로 high(높은)의 최상급인 highest가 들어가야 한다.

| 오답의 이유 |

① '높은'이라는 의미로, 원급이다.

② '더 높은'이라는 의미로, 비교급이다.

④ high는 2음절 이하의 단어이므로 비교급을 만들 때 뒤에 -er을 붙여 higher로 표현한다.

13 ④

그림에서 토끼는 셋 중에 가장 작은 동물이다. 따라서 빈칸에 들어갈 말로 가장 적절한 것은 small(작은)의 최상급 smallest이다.

| 어휘 | rabbit 토끼   animal 동물

| 해석 | 토끼는 셋 중에 가장 작은 동물이다.

| 선택지 |

① 가장 큰   ② 가장 긴   ③ 키가 큰   ④ 가장 작은

14 ③

Hanil 중학교 학생들이 가장 좋아하는 운동을 나타낸 그래프를 보면 52%인 축구가 가장 인기 있는(popular) 운동임을 알 수 있다.

| 어휘 | middle school 중학교   favorite 가장 좋아하는 sports 운동

| 해석 |

Hanil 중학교 학생들이 가장 좋아하는 운동

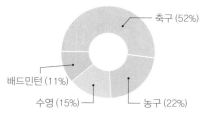

- 축구 (52%)
- 배드민턴 (11%)
- 수영 (15%)
- 농구 (22%)

축구는 Hanil 중학교 학생들 사이에서 가장 인기 있는 운동이다.

| 선택지 |

① 매운   ② 구름 낀   ③ 인기 있는   ④ 맛있는

15 ②

그래프는 Daehan 중학교 학생들이 좋아하는 음식의 통계를 나타낸 것이다. 주어진 문장을 해석하면 빈칸에는 학생들이 가장 좋아하는 음식이 들어가야 한다. 따라서 빈칸에 들어갈 말로 가장 적절한 것은 50%의 결과가 나온 Chicken이다.

| 어휘 | popular 인기 있는   food 음식

| 해석 |

Daehan 중학교 학생들이 가장 좋아하는 음식

- 스파게티 (10%)
- 빵(15%)
- 치킨 (50%)
- 피자 (25%)

치킨은 Daehan 중학교 학생들에게 가장 인기 있는 음식이다.

06 접속사, 전치사									84쪽
01	④	02	③	03	①	04	①	05	④
06	②	07	①	08	①	09	①	10	②

01 ④

'~할 때'라는 표현을 쓸 때는 접속사 when을 사용한다. when 뒤에는 「주어＋동사」의 절이 온다. 이 문장은 When I came home, I was hungry.와 같은 표현이다.

| 어휘 | hungry 배고픈

| 선택지 |

① ~한 후에

② ~하기 전에

③ ~할 때까지

④ ~할 때

02 ③

unless는 '~하지 않는다면'이라는 뜻으로, if ~ not과 같은 의미이다.

| 어휘 | hard 열심히   won't ~하지 않을 것이다 (＝ will not) healthy 건강한

| 해석 | 네가 운동을 열심히 하지 않는다면, 너는 건강해지지 않을 것이다.

| 선택지 |

① ~하면서, ~와 같이

② 그래서

③ ~하지 않는다면

④ 왜냐하면

03 ①

첫 번째 문장은 '~에 관심이 있다'는 의미의 숙어 be interested in이 쓰인 문장으로, 빈칸에는 in이 들어가야 한다. 두 번째 문장은 '내 방에 컴퓨터가 있다.'는 의미가 되어야 하므로 '~에'라는 뜻의 장소 전치사 in이 필요하다. 따라서 공통으로 들어갈 말은 ① in이다.

| 어휘 | math 수학   there is + 단수 명사 ~이 있다

| 해석 |

• 나는 수학에 관심이 있다.

• 내 방에 컴퓨터가 있다.

04 ①

그림에서 책은 탁자 위에 있으므로 빈칸에 들어갈 말로 '~(위)에'를 의미하는 전치사 ① on이 가장 적절하다.

| 어휘 | there are + 복수 명사 ~이 있다   table 탁자

| 해석 | 탁자 위에 책 세 권이 있다.

| 선택지 |

① ~ (위)에

② ~로[에], ~ 쪽으로

③ ~ 아래에

④ ~ 뒤에

05 ④

그림에서 고양이가 탁자 아래에 있으므로 '~아래에'를 의미하는 전치사 ④ under가 빈칸에 들어갈 말로 가장 적절하다.

| 해석 | 고양이가 탁자 아래에 있다.

| 선택지 |

① ~ 사이에   ② ~ 안에   ③ ~ 위에   ④ ~ 아래에

06 ②

그림에서 새는 새장 안에 있으므로 '~안에'를 의미하는 전치사 ② in이 빈칸에 들어갈 말로 가장 적절하다.

| 어휘 | bird 새   cage 새장

| 해석 | 새가 새장 안에 있다.

| 선택지 |

① ~ 뒤에   ② ~ 안에   ③ ~ 위에   ④ ~ 아래에

07 ①

그림에서 소년은 나무 뒤에 있으므로 '~뒤에'를 의미하는 전치사 ① behind가 빈칸에 들어갈 말로 가장 적절하다.

| 어휘 | tree 나무

| 해석 | 소년이 나무 뒤에 있다.

| 선택지 |

① ~ 뒤에   ② ~ 안에   ③ ~ 위에   ④ ~ 아래에

08 ①

그림에서 은행은 서점과 식당 사이에 있으므로 '~사이에'를 의미하는 전치사 ① between이 빈칸에 들어갈 말로 가장 적절하다. between A and B는 'A와 B 사이에'라는 의미이다.

| 어휘 | bank 은행   bookstore 서점   restaurant 식당

| 해석 | 은행은 서점과 식당 사이에 있다.

| 선택지 |

① ~ 사이에   ② ~ 안에   ③ ~ 위에   ④ ~ 아래에

09 ①

시간 전치사 at은 정확한 시점이나 시각, 비교적 짧은 시점의 명사 앞에 사용한다.

| 어휘 | post office 우체국   noon 정오

| 해석 |

우체국

월요일부터 금요일까지

오전 9시 정각에 개점

오후 5시 정각에 폐점

토요일에는 정오에 폐점

10 ②

첫 번째 문장의 1998과 같은 연도 앞에는 시간 전치사 in을 쓴다. 두 번째 문장은 '~에 관심이 있다'라는 의미의 숙어 be interested in이 쓰인 문장이다. 따라서 빈칸에 공통으로 들어갈 말은 ② in이다.

| 어휘 | be born 태어나다   animal 동물

| 해석 |

• 나는 1998년에 태어났다.

• 나는 동물에 관심이 있다.

01	④	02	③	03	②	04	④	05	①
06	②	07	③	08	④	09	②	10	③
11	④	12	①	13	②	14	④		

01 ④

want는 to부정사를 목적어로 취하는 동사로, 빈칸에 들어갈 말로 적절한 것은 ④ to이다. to부정사가 문장 안에서 주어, 목적어, 보어 역할을 하는 경우를 부정사의 명사적 용법이라고 한다. to부정사가 목적어 역할로 쓰일 때는 '~하기를, ~하는 것을'로 해석한다. to부정사를 목적어 취하는 동사에는 want, wish, hope, decide, agree, plan, promise, expect 등이 있다.

| 해석 | 나는 새 컴퓨터를 사고 싶다.

02 ③

decide는 to부정사를 목적어로 취하는 동사로, 빈칸에 들어갈 말은 to가 적절하다.

| 어휘 | decide 결정하다   stay 머무르다
| 해석 | 나는 집에 있기로 결심했다.

03 ②

to부정사가 목적어 역할을 하여 '~하기를'의 의미로 쓰인 것이다. to부정사는 to 뒤에 동사원형이 오므로 빈칸에 들어갈 말은 be가 적절하다.

| 해석 | 나는 의사가 되기를 바란다.

04 ④

plan은 to부정사를 목적어로 취하는 대표적인 동사로, 빈칸에 들어갈 말은 to부정사인 to visit가 적절하다.

| 해석 | 나는 이번 겨울에 캐나다를 방문할 것을 계획했다.
| 오답의 이유 |
① 동사원형이다.
② 3인칭 단수 현재형이다.
③ 과거형 또는 과거분사형이다.

05 ①

형용사처럼 to부정사가 앞의 명사나 대명사를 수식하는 경우를

부정사의 형용사적 용법이라고 한다. 빈칸은 명사 뒤에서 명사를 꾸며주는 자리이므로, '~할, ~하는'의 의미를 만드는 「명사＋to부정사」의 형태가 들어가야 한다. 따라서 정답은 to study이다.

| 해석 | 나는 공부할 책을 가지고 있다.
| 오답의 이유 |
② 3인칭 단수 현재형이다.
③ 과거형 또는 과거분사형이다.
④ 동사원형이다.

06 ②

'시간'을 뜻하는 명사 time을 수식하는 to부정사의 형용사적 용법을 사용하여 만들면 된다. '작별 인사를 하다(say goodbye)'를 to부정사를 활용하여 영작하면 It's time to say goodbye.이다.

07 ③

〈보기〉는 to부정사의 형용사적 용법이 사용된 문장이다. 밑줄 친 부분과 쓰임이 같은 것은 ③이다.

| 해석 | 너는 마실 것을 원하니?
| 선택지 |
① 영어를 말하는 것은 쉽지 않다.
② 내 꿈은 영화를 만드는 것이다.
③ 그녀는 해야 할 숙제가 많다.
④ 나는 치과의사가 되고 싶다.
| 오답의 이유 |
① to부정사의 명사적 용법으로, 이 문장에서 to부정사는 주어 역할을 한다.
② to부정사의 명사적 용법으로, 이 문장에서 to부정사는 보어 역할을 한다.
④ to부정사의 명사적 용법으로, 이 문장에서 to부정사는 동사 want의 목적어 역할을 한다.

08 ④

〈보기〉는 명사 bills를 꾸미는 to부정사(to pay)의 형용사적 용법이 사용된 문장이다. 〈보기〉의 밑줄 친 부분과 쓰임이 같은 것은 명사 friends를 수식하는 형용사로서 to부정사(to help)를 사용한 He has a lot of friends to help him.이다.

| 어휘 | lots of 많은(= a lot of)
| 해석 | 그는 지불해야 하는 청구서가 많다.

① 그녀는 나를 보기 위해 여기에 왔다.
② 그는 그 소식을 들어서 놀랐다.
③ 너를 도와주다니 그녀는 친절한 사람임에 틀림없다.
④ 그는 그를 도와줄 친구가 많이 있다.

| 오답의 이유 |
① to부정사의 부사적 용법으로, '~하기 위해서'라는 목적을 나타낸다.
② to부정사의 부사적 용법으로, '~해서'라는 감정의 원인을 나타낸다.
③ to부정사의 부사적 용법으로, '~하다니'라는 판단의 근거를 나타낸다.

09 ②

①, ③, ④는 명사를 수식하는 to부정사의 형용사적 용법이 사용된 문장이고, ②는 to부정사의 부사적 용법이 사용된 문장으로, to understand가 형용사 difficult(어려운)을 수식하고 있다. 이때 to부정사는 '~하기에'로 해석한다.

| 어휘 | understand 이해하다   place 장소   visit 방문하다
go to bed 잠을 자다

| 선택지 |
① 나는 먹을 것이 필요하다.
② 이 책은 이해하기에 어렵다.
③ 한국에는 방문할 곳이 많이 있다.
④ 자러 갈 시간이다.

10 ③

something을 수식하는 말로 to부정사가 형용사적 용법으로 쓰인 문장이다.

| 해석 | 너에게 먹을 것을 좀 줄까?

11 ④

두 문장 모두 동사(studied, went)가 이미 나와 있으므로 빈칸 뒤의 pass와 study는 to 부정사 형태가 되어야 한다. to부정사가 문장 안에서 부사의 역할을 할 때는 여러 가지 의미를 나타낼 수 있는데, 그 중에 '~하기 위하여, ~하려고'라고 해석될 때는 어떤 일을 하는 목적을 나타낸다. 따라서 빈칸에 들어갈 말은 to가 적절하다.

| 어휘 | hard 열심히   pass 통과하다. 지나가다   art 예술, 미술
| 해석 |
• 나는 시험에 통과하기 위해 열심히 공부했다.
• 나는 예술을 공부하기 위해서 파리에 갔다.

12 ①

enjoy(즐기다)는 동명사를 목적어로 취하는 동사로, 빈칸에 들어갈 말로 가장 적절한 것은 ① drawing이다.
| 어휘 | cartoon 만화   draw 그리다
| 해석 | 나는 만화를 그리는 것을 즐긴다.

13 ②

give up(포기하다)은 동명사만을 목적어로 취하는 동사이므로, 빈칸에 들어갈 말은 meeting이 적절하다. 그 밖에 동명사만을 목적어로 갖는 동사에는 mind, enjoy, finish 등이 있다.
| 해석 | 나는 그를 만나는 것을 포기했다.

14 ④

finish(마치다)는 동명사만을 목적어로 취하는 동사이므로, 빈칸에는 washing이 적절하다.
| 해석 | 나는 설거지하기를 마쳤다.

08 분사									102쪽
01	②	02	④	03	④	04	③	05	③
06	④								

01 ②

문장의 빈칸은 뒤에 나온 명사를 수식하는 자리로, sleep(자다)의 주체는 puppy(강아지)이므로 현재분사 sleeping이 올 수 있다. 현재분사는 「동사원형＋-ing」의 형태로 쓰며, 형용사처럼 명사를 수식할 수 있다. 이때 현재분사는 능동·진행의 의미를 나타내며, 현재분사가 단독으로 명사를 수식할 때는 명사의 앞에 위치하지만, 현재분사 뒤에 뒤따르는 어구가 있을 때는 명사 뒤에 위치한다. 현재분사가 명사의 뒤에서 수식하는 경우, 명사와 현재분사 사이에 「주격 관계대명사＋be동사」가 생략되어 있다고 볼 수 있다.

| 어휘 | puppy 강아지   cute 귀여운
| 해석 | 잠자고 있는 강아지는 정말 귀엽다.

02 ④

문장의 빈칸은 앞에 나온 명사를 수식하는 자리로, 목적어(a red cap)가 나왔고, wear(입다)의 주체가 소녀(the girl)이므로 능동·진행의 의미를 나타내는 현재분사 wearing이 올 수 있다.

| 어휘 | wear (모자, 옷 등을) 입다, 쓰다
| 해석 | 빨간색 모자를 <u>쓰고 있는</u> 소녀가 나의 언니(누나/여동생)이다.

03 ④

문장의 빈칸은 앞에 나온 명사를 수식하는 자리로, 소년(the boy)이 wait(기다리다)의 주체이므로, 능동·진행의 의미를 나타내는 현재분사 waiting이 올 수 있다.

| 어휘 | bus stop 버스 정류장
| 해석 | 버스 정류장에서 <u>기다리고 있는</u> 소년이 나의 형(오빠/남동생)이다.

04 ③

문장의 빈칸은 뒤에 나온 명사를 수식하는 자리이다. 잎들(leaves)은 '떨어지는' 것이므로 수동·완료의 의미를 나타내는 과거분사인 fallen이 올 수 있다. 과거분사는 문장에서 형용사처럼 쓰여 명사를 수식하거나 보어의 역할을 하며 수동·완료의 의미를 나타낸다. 과거분사가 단독으로 명사를 수식할 때는 명사 앞에 위치하지만, 목적어, 보어, 부사(구) 등이 뒤따르는 경우에는 명사의 뒤에서 명사를 수식한다.

| 어휘 | collect 모으다　leaf 잎(복수형은 leaves)
fall 가을(= autumn)
| 해석 | 나는 가을에 <u>떨어진</u> 잎들을 모은다.

05 ③

문장의 빈칸은 앞에 나온 명사를 수식하는 자리로, 사진(picture)은 사람에 의해 '찍히는' 것이므로, 수동·완료의 의미를 나타내는 과거분사 taken이 올 수 있다.

| 해석 | 이것은 Sam이 <u>찍은</u> 사진이다.

06 ④

문장의 빈칸은 앞에 나온 명사를 수식하는 자리로, 카드(card)는 사람에 의해 '쓰이는' 것이므로, 수동·완료의 의미를 나타내는 과거분사 written이 올 수 있다.

| 해석 | 이것은 Ben이 <u>쓴</u> 카드이다.

09 관계사									107쪽
01	①	02	④	03	①	04	④	05	①
06	④	07	①	08	④	09	②	10	④
11	③	12	④	13	①	14	②		

01 ①

빈칸에는 바로 앞에 있는 단어인 the boy, 즉 사람 명사를 수식하는 주격 관계대명사가 들어가야 하는데 주어진 선택지 중에서는 ① who가 알맞다.

| 어휘 | stage 무대
| 해석 | 너는 무대에서 노래하고 <u>있는</u> 저 소년을 아니?

02 ④

두 문장을 한 문장으로 연결할 때 선행사가 동물인 a dog이고 빈칸에는 주격 관계대명사가 들어가야 하는데 주어진 선택지 중에서는 ④ which가 알맞다.

| 어휘 | there is + 단수 명사 ~이 있다
| 해석 |
· 개 한 마리가 있다.
· 그 개가 물을 마시고 있다.
→ 물을 마시고 <u>있는</u> 개 한 마리가 있다.

03 ①

두 문장을 한 문장으로 연결할 때 선행사가 사람인 the girl이고 빈칸에는 주격 관계대명사가 들어가야 하는데 주어진 선택지 중에서는 ① who가 가장 알맞다.

| 어휘 | party 파티　yesterday 어제
| 해석 |
· 그 소녀를 알고 있니?
· 그녀는 어제 파티에 왔어.
→ 어제 파티에 <u>왔던</u> 그 소녀를 알고 있니?

04 ④

선행사가 동물인 my cat이고 빈칸에는 주격 관계대명사가 들어가야 하는데 주어진 선택지 중에서는 ④ which가 가장 알맞다.

| 어휘 | here is + 단수 명사 ~이 있다
| 해석 | 여기 정말 귀여운 나의 고양이가 있다.

05 ①

빈칸 바로 뒤에 동사가 있고, 뒤가 불완전하므로 빈칸은 주격 관계대명사 자리이다. 선행사가 사람일 때 주격 관계대명사는 who 또는 that이다. 주어진 문장의 선행사가 사람(a friend)이므로 빈칸에 들어갈 말로 가장 적절한 것은 who이다.

| 어휘 | meet 만나다 another 또 다른 하나

| 해석 | 나는 다른 도시로 이사 간 친구를 만났다.

06 ④

빈칸 바로 뒤에 동사가 있고, 뒤가 불완전하므로 빈칸은 주격 관계대명사 자리이다. 선행사가 사물일 때 주격 관계대명사는 which 또는 that이다. 주어진 문장의 선행사가 사물(the book)이므로 선택지 중 빈칸에 들어갈 말로 가장 적절한 것은 which이다.

| 어휘 | fun 재미있는

| 해석 | 이것은 매우 재미있는 책이다.

07 ①

주어진 두 문장은 관계대명사로 연결할 수 있다. 빈칸이 있는 문장에서, 선행사가 a boy로 사람이며, 빈칸 뒤에 동사가 있으므로 빈칸은 주격 관계대명사가 들어가야 하는데 주어진 선택지 중에서는 who가 들어가는 것이 가장 적절하다.

| 어휘 | play 연주하다. 놀다

| 해석 |
• 나는 한 소년을 안다.
• 그는 피아노를 잘 친다.
→ 나는 피아노를 잘 치는 한 소년을 안다.

08 ④

주어진 두 문장은 관계대명사로 연결할 수 있다. 선행사가 a bag으로 사물이며, 빈칸 뒤에 동사가 있으므로 빈칸은 주격 관계대명사 which 혹은 that이 들어가는 것이 적절하다.

| 해석 |
• 나는 가방 하나를 원한다.
• 그것은 주머니가 많다.
→ 나는 주머니가 많은 가방을 원한다.

09 ②

목적격 관계대명사는 선행사가 사람인 경우 who(m)를 사용하

고, 선행사가 사물이나 동물인 경우 which를 사용하며, that은 사람이나 사물인 경우에 모두 쓸 수 있다. 빈칸에는 목적격 관계대명사가 들어가야 하므로 알맞지 않은 것은 ② whose이다.

| 어휘 | painter 화가
the most 가장 많이(many, much의 최상급)

| 해석 |
• picasso는 화가이다.
• 나는 그를 가장 좋아한다.
→ picasso는 내가 가장 좋아하는 화가이다.

10 ④

선행사가 사물인 the dress이고 빈칸을 포함한 뒤 문장에 목적어가 없으므로 목적격 관계대명사 which 혹은 that이 필요하다. 따라서 빈칸에 들어갈 말로 적절한 것은 ④ which이다.

| 어휘 | wear (옷·모자 등을) 입다. 쓰다

| 해석 |
• 그 드레스가 매우 예쁘다.
• Alice가 그것을 입고 있다.
→ Alice가 입고 있는 드레스는 매우 예쁘다.

11 ③

선행사가 사람인 the man이고 빈칸을 포함한 뒤 문장에 목적어가 없으므로 목적격 관계대명사가 필요하다. 따라서 빈칸에 들어갈 말로 알맞지 않은 것은 사물 혹은 동물이 선행사일 때 쓰는 ③ which이다.

| 해석 | 이 남성을 나는 파티에서 만났다.

12 ④

선행사가 사물인 the car이고 빈칸에는 목적격 관계대명사가 필요하다. 따라서 빈칸에 들어갈 말로 적절한 것은 which, that이다.

| 해석 | 이것은 내가 어제 산 차이다.

13 ①

관계부사는 접속사와 부사의 역할을 동시에 하는데, 선행사가 시간을 나타내는 말이면 관계부사는 when을 쓰므로 빈칸에 들어갈 말로 가장 적절한 것은 ① when이다.

| 어휘 | remember 기억하다 for the first time 처음으로

| 해석 | 나는 내가 그를 처음 만났던 날을 기억한다.

14 ②

관계부사는 접속사와 부사의 역할을 동시에 하는데, 선행사가 장소를 나타내는 말이면 관계부사는 where을 쓰므로 빈칸에 들어갈 말로 가장 적절한 것은 ② where이다.

| 어휘 | building 건물
| 해석 | 이것은 나의 엄마가 근무하시는 건물이다.

10 수동태									112쪽
01	③	02	③	03	②	04	④	05	④
06	①	07	②						

01 ③

목적어인 you가 주어로 왔고, 주어 She가 목적격(her)으로 by 뒤에 왔으므로, 빈칸에는 수동태가 들어가야 한다. 능동태의 동사는 수동태 문장에서는 「be동사＋과거분사(p.p.)」로 바뀌어 be loved가 되고, be동사의 인칭과 수는 수동태의 주어 You에 일치시켜야 하므로 빈칸에 들어갈 말로 가장 적절한 것은 ③ are loved이다.

| 해석 |
그녀는 너를 사랑한다.
→ 너는 그녀에게 사랑받는다.

02 ③

목적어 the room이 주어로 오고, 주어 He가 목적격(him)으로 by 뒤에 왔으므로, 빈칸에는 수동태가 들어가야 한다. 능동태의 동사는 수동태에서 「be동사＋과거분사(p.p.)」로 바뀌어 be cleaned가 된다. be동사의 인칭과 수는 수동태의 주어 the room에 일치시키고 시제는 능동태의 시제인 현재에 일치시켜야 하므로 빈칸에 들어갈 말로 가장 적절한 것은 ③ is cleaned이다.

| 해석 |
그가 그 방을 청소한다.
→ 그 방은 그에 의해 청소된다.

03 ②

행위의 대상이 주어로 쓰인 것으로 보아 수동태가 되어야 하므로, 「be동사＋과거분사(p.p.)」가 알맞다. 따라서 때문에 빈칸에 알맞은 것은 ② is spoken이다.

| 해석 | 캐나다에서는 영어가 쓰인다.

04 ④

목적어 this picture가 주어로 오고, 주어 She가 목적격(her)으로 by 뒤에 왔으므로, 빈칸에는 수동태가 들어가야 한다. 능동태의 동사는 수동태에서 「be동사＋과거분사(p.p.)」로 바뀌어 be painted가 된다. be동사의 인칭과 수는 수동태의 주어 this picture에 일치시키고 시제는 능동태의 시제인 과거에 일치시켜야 하므로 빈칸에 들어갈 말로 가장 적절한 것은 ④ was painted이다.

| 해석 |
그녀가 이 그림을 그렸다.
→ 이 그림은 그녀에 의해 그려졌다.

05 ④

be동사는 수동태 주어의 인칭 및 수에 따라 바꾸고, 시제는 능동태의 시제에 일치시켜야 하므로, 빈칸에 알맞은 것은 ④ was broken이다.

| 어휘 | break 깨다
| 해석 |
내가 그 창문을 깼다.
→ 그 창문은 나에 의해 깨어졌다.

06 ①

수동태의 미래시제는 「will＋be＋과거분사(p.p.)」로 나타내므로 will이 들어갈 위치로 알맞은 곳은 ①이다.

| 해석 | 그 피아노는 나의 아들에 의해 연주될 것이다.

07 ②

수동태의 부정문은 「be동사＋not＋과거분사(p.p.)」의 형태로, be동사 뒤에 not을 쓰기 때문에 not이 들어갈 위치로 알맞은 곳은 ②이다.

| 해석 | 그 케이크는 나의 아빠에 의해 만들어지지 않았다.

11 가정법									115쪽
01	③	02	③	03	②	04	①	05	④
06	④								

01 ③

제시된 문장은 「If＋주어＋과거동사 ~, 주어＋would ~」의 형태로 쓰인 가정법 과거 문장이다. 가정법 과거는 현재와는 반대의 사실을 나타낼 때 쓴다. 가정법 과거에서 be동사는 인칭·수에 상관 없이 were이다. 따라서 제시된 문장의 뜻은 ③ '내가 너라면 짧은 치마를 입지 않을 거야.'이다.

| 어휘 | such a 그와 같은   short 짧은   skirt 치마

02   ③

제시된 문장은 「If+주어+과거동사 ~, 주어+could ~」의 형태로 쓰인 가정법 과거 문장이다. 가정법 과거는 현재의 사실과 반대되는 상황을 가정하여 '만약 ~라면 …할 텐데'라는 의미를 나타내므로 ③ '내가 만약 새라면 그녀에게 날아갈 수 있을 텐데.'가 정답이다.

| 어휘 | fly 날다

03   ②

제시된 문장은 「If+주어+과거동사 ~, 주어+could ~」의 형태로 쓰인 가정법 과거 문장이다. 따라서 해당 문장의 뜻은 ② '내가 충분한 돈이 있다면 저 차를 살 수 있을 텐데.'이다.

| 어휘 | enough 충분한

04   ①

가정법 과거는 현재 사실과 반대되는 사실이나 실현 가능성이 희박한 일을 가정할 때 쓰며 「If+주어+과거동사 ~, 주어+조동사의 과거형(would/could/should/might)+동사원형」으로 나타내기 때문에 빈칸에 알맞은 것은 ① had이다.

| 어휘 | wing 날개
| 해석 | 나에게 날개가 있다면, 학교까지 날아갈 수 있을 텐데.

05   ④

가정법 과거는 현재 사실과 반대되는 사실이나 실현 가능성이 희박한 일을 가정할 때 쓰며 「If+주어+과거동사 ~, 주어+조동사의 과거형(would/could/should/might)+동사원형」으로 나타낸다. 가정법 과거에서 If절의 동사가 be동사일 때 주어의 인칭과 수에 관계없이 were를 쓰는 것이 원칙이므로 빈칸에 알맞은 것은 ④ were이다.

| 어휘 | weather 날씨   go on a picnic 소풍을 가다
| 해석 | 날씨가 좋다면 우리는 소풍을 갈 텐데.

06   ④

가정법 과거는 현재 사실과 반대되는 사실이나 실현 가능성이 희박한 일을 가정할 때 쓰며 「If+주어+과거동사 ~, 주어+조동사의 과거형(would/could/should/might)+동사원형」으로 나타내므로 빈칸에 알맞은 것은 ④ would meet이다.

| 해석 | 만약 그녀가 여기 있다면 나는 그녀를 만났을 텐데.

Ⅱ 생활영어

01	①	02	④	03	③	04	③	05	②
06	②	07	①						

01　①

How are you doing?은 안부를 묻는 말로 '어떻게 지내?'라는 의미이다. A의 안부 인사에 대한 B의 응답으로 가장 적절한 것은 Great이다.

| 해석 |
A: 어떻게 지내?
B: 잘 지내.

| 선택지 |
① 잘 지내　　② 나도 그래　　③ 세 시간　　④ 천만에

02　④

제시된 문장에 대한 응답으로 알맞지 않은 것을 고르는 문제이다. A가 헤어질 때 하는 인사인 See you later(나중에 보자).라고 했으므로 빈칸에 적절하지 않은 말은 ④이다. Nice to meet you(너를 만나서 반가워).는 처음 만났을 때 하는 인사다.

| 어휘 | It's time to+동사원형 ~할 시간이다
| 해석 |
A: 지금 갈 시간이야. 나중에 보자.
B: _____.

| 선택지 |
① 잘 가
② 좋은 하루 보내
③ 다음에 보자
④ 만나서 반가워

03　③

처음 만나는 상황에서 하는 말로 적절하지 않은 것을 고르는 문제이다. A와 B는 처음 만난 사이이기 때문에 Happy to see you again(다시 만나서 기뻐요).이라고 말하는 것은 어색하다.

| 해석 |
A: 안녕하세요, 나는 Susan Smith예요. ① 나는 여러분의 영어 선생님입니다.
B: ② 만나서 반갑습니다.
A: ③ 다시 만나서 기뻐요. 당신은 어디서 오셨나요?
B: ④ 나는 한국에서 왔어요.

04　③

대화의 내용을 파악하여 빈칸에 들어갈 알맞은 문장을 고르는 문제이다. A와 B는 처음 만난 사이로, 자기소개를 하며 반갑다고 인사하는 상황이다. B가 먼저 Nice to meet you(만나서 반가워)라고 말하고 있으므로, A도 그에 대한 대답으로 Nice to meet you, too(나도 만나서 반가워).라고 하는 것이 적절하다.

| 해석 |
A: 안녕, 나의 이름은 Mimi야. 너의 이름은 무엇이니?
B: 나는 Insu야. 너를 만나서 반갑구나, Mimi.
A: 나도 만나서 반가워.

| 선택지 |
① 기분이 우울해
② 그런 말을 듣게 되어 유감이야
③ 너를 만나서 반가워
④ 너를 보게 되어 매우 유감이야

05　②

Minho가 Yuna에게 친구 Sally를 소개하고 있는 상황이므로 대화의 빈칸에 들어갈 말로 알맞은 것은 Yuna가 Sally에게 만나서 반갑다고 하는 ② Nice to meet you이다.

| 해석 |
Minho: 안녕, Yuna. 이쪽은 내 친구 Sally야.
Yuna: 만나서 반가워.
Sally: 나도 만나서 반가워.

| 선택지 |
① 나는 Minho야
② 만나서 반가워
③ 좋아, 고마워
④ 유감이야

06　②

주어진 문장에 대한 응답으로 적절하지 않은 것을 고르는 문제이다. A가 고맙다고 말했기 때문에 그에 대한 응답으로 Yes, please(네, 부탁해요)는 적절하지 않다.

| 해석 |
A: 도와줘서 정말 고마워요.
B: _____.

| 선택지 |
① 별말씀을요
② 네, 부탁해요
③ 도움이 되어 저도 기뻐요
④ 천만에요

07 ①

대화에서 밑줄 친 문장이 의미하는 것을 고르는 문제이다. A가 춤 경연대회에서 상을 탔다고 하고 있고, B는 그에 대해 축하한다고 응답하고 있다. Congratulations!는 '축하해(요)!'라는 의미이다.

| 어휘 | win the prize 상을 타다   contest 대회
| 선택지 |
A: 나 춤 경연대회에서 1등 했어.
B: 대단하네! 축하해!

02 감정									125쪽
01	②	02	②	03	②	04	①	05	③
06	①	07	②	08	③	09	②	10	②
11	③	12	②	13	②	14	②	15	③
16	②	17	④	18	②	19	①	20	③
21	④	22	②						

01 ②

B가 '오늘 날씨가 너무 좋아서 기분이 좋아.'라고 응답하므로 A의 질문으로 가장 적절한 것은 '기분이 어때?'라는 의미의 ② How are you feeling이다.

| 어휘 | feeling 기분   because ~이기 때문에   weather 날씨
| 해석 |
A: 기분이 어때?
B: 오늘 날씨가 너무 좋아서 기분이 좋아.
| 선택지 |
① 아버지는 좀 어떠시니
② 기분이 어때
③ 남자 형제는 어디에 있니
④ 가장 좋아하는 영화는 무엇이니

02 ②

대화에 나타난 당사자의 기분을 파악하는 문제이다. A는 시험에 통과하지 못하여 angry(화난)라는 표현을 사용하고 있다. 따라서 A의 기분으로 적절한 것은 ②이다.

| 어휘 | pass 통과하다   hard 열심히   well 잘

| 해석 |
A: 나는 시험에 통과를 하지 못했어. 나는 화가 많이 나.
B: 참 안됐구나.
A: 나는 공부를 굉장히 열심히 했는데, 시험을 잘 못 봤어.

03 ②

대화의 앞뒤 문맥을 파악하여 빈칸에 알맞은 문장을 고르는 문제이다. B가 웅변 대회에서 1등을 했다고 기쁜 소식을 전하고 있으므로, A의 반응으로 적절한 것은 ②이다.

| 어휘 | look ~처럼 보이다   excited 신이 난
win 이기다, 우승하다   the first prize 일등상
speech contest 말하기 대회
| 해석 |
A: Subin, 너 매우 신나 보인다.
B: 응, 나 웅변대회에서 1등 했어.
A: 정말? 그 말을 들으니 기쁘구나.
| 선택지 |
① 그것은 안됐구나
② 그 말을 들으니 기쁘구나
③ 그것에 대해 걱정하지 마
④ 그 말을 들으니 유감이구나

04 ①

대화에 나타난 당사자의 기분을 파악하는 문제이다. A가 B에게 행복해 보인다고(You look happy.) 하고 B가 대회에서 1등을 했다고 했으므로, B의 심정으로 적절한 것은 ①이다.

| 어휘 | happen 일어나다, 발생하다
| 해석 |
A: 너 행복해 보여. 무슨 일이 있었니?
B: 나는 대회에서 1등을 했어.

05 ③

대화에 나타난 당사자의 기분을 파악하는 문제이다. B는 성적을 잘 받지 못해서 upset(속상한, 화난)이라는 표현을 사용하고 있다. 따라서 B의 기분으로 적절한 것은 ③이다.

| 어휘 | a little 약간   grade 점수, 등급
| 해석 |
A: 무슨 일 있니? 너 슬퍼 보여.
B: 음, 나는 조금 속상해. 좋은 성적을 받지 못했어.

06 ①

B는 남자 형제가 B의 새 카메라를 고장 내고 미안하다고 말하지 않아 참을 수 없다고 말하고 있으므로 B의 심정으로 가장 적절한 것은 ① angry(화난, 성난)이다.

| 어휘 | upset 속상한, 마음이 상한   break 고장 내다
stand 참다, 견디다

| 해석 |
A: 무슨 일이야? 기분이 안 좋아 보여.
B: 남자 형제가 내 새 카메라를 고장 내고 미안하다고 말하지 않았어. 참을 수가 없어.

| 선택지 |
① 화난, 성난
② 행복한
③ 무서워하는, 겁먹은
④ 희망에 찬, 기대하는

07 ②

제시된 질문에 상응하는 알맞은 응답을 고르는 문제이다. A가 B에게 기분이 안 좋아 보인다고 말하고 있으므로 기분이 안 좋은 이유가 될 수 있는 ②가 적절하다.

| 어휘 | problem 문제   lose 잃어버리다(lose – lost – lost)
present 선물

| 해석 |
A: 너는 기분이 안 좋아 보여. 무슨 문제 있니?
B: 나는 나의 새 자전거를 잃어버렸어.

| 선택지 |
① 나는 1등을 했어
② 나는 내 새 자전거를 잃어버렸어
③ 나는 영어 시험을 통과했어
④ 나는 매우 좋은 생일 선물을 받았어

08 ③

대화 내용을 파악하여 B가 숙제를 끝내지 못한 이유를 고르는 문제이다. B의 대답에서 because(왜냐하면) 뒤의 문장이 숙제를 끝내지 못한 이유가 되므로 ③ '컴퓨터가 작동되지 않아서'가 정답이다.

| 어휘 | look ~처럼 보이다   down 우울한   finish 끝내다
homework 숙제   work 작동하다   last night 어젯밤

| 해석 |
A: 너 우울해 보여. 뭐가 문제야?
B: 어젯밤에 나의 컴퓨터가 작동하지 않아서 숙제를 끝내지 못했거든.

09 ②

무슨 일 있냐는 A의 물음에 I'm really worried about the math test tomorrow(나는 내일 수학 시험이 정말 걱정된다).라고 B가 응답했으므로 대화에서 B가 걱정하는 이유로 가장 적절한 것은 ②이다.

| 어휘 | something 무언가, 어떤 것   wrong 잘못된
worry about ~에 대해 걱정하다   math test 수학 시험

| 해석 |
A: 무슨 일 있어?
B: 나는 내일 수학 시험이 정말 걱정돼.
A: 걱정 마. 너는 잘할 거야.

10 ②

영어 시험이 어려웠고, 잘 못 본 것 같다는 B의 말에 A는 Don't worry. You'll do better next time(걱정하지 마. 다음에 더 잘할 수 있을 거야).라고 말하고 있다. 따라서 밑줄 친 말의 의도로 가장 적절한 것은 ② 격려하기이다.

| 어휘 | hard 어려운   do better 더 잘 하다

| 해석 |
A: 영어 시험 어땠니?
B: 정말 어려웠어. 잘 못 본 거 같아.
A: 걱정하지 마. 다음에 더 잘할 수 있을 거야.

11 ③

주어진 문장은 '밖에서 놀자.'라고 제안하는 말이다. 이에 대한 적절한 반응은 '밖에서 놀 수 없다'는 의미인 (B) Sorry, I can't. ~이며, 다음으로 감기에 걸렸다는 말에 대한 유감 표현과 병원에 가보는 게 어떤지 조언을 하는 (C)가 오는 것이 자연스럽다. 마지막으로, 그렇게 하겠다고 감사 인사를 하는 (A)가 와야 한다. 따라서 순서대로 가장 적절하게 배열한 것은 (B) – (C) – (A)이다.

| 어휘 | have a cold 감기에 걸려 있다
see a doctor 병원에 가다(진찰을 받다)

| 해석 |
밖에서 놀자.
(B) 미안하지만, 그럴 수가 없어. 나는 감기에 걸려 있어.
(C) 그것 참 안됐네. 병원에 가는 게(진찰을 받는 게) 어때?
(A) 그럴게. 고마워.

12 ②

A가 왜 그렇게 슬퍼 보이냐고 묻자 B는 다리가 부러져서(broke

my leg) 축구 경기에 참여하지 못했다고 대답하고 있다. 따라서 대화에서 B가 경기에 참여하지 못한 이유는 ② 다리가 부러져서이다.

| 어휘 | be able to ~할 수 있다
break one's leg 다리가 부러지다
| 해석 |
A: 왜 그렇게 슬퍼 보이니?
B: 다리가 부러져서 축구 경기에 참여하지 못했어.
A: 안타깝네.

13 ③

That's surprising.은 '그것 참 놀랍구나.'라는 의미이다. 따라서 대화에서 밑줄 친 말의 의도로 가장 적절한 것은 ③ 놀람 표현하기이다.
| 해석 |
A: Minho는 6마리의 개가 있어.
B: 와우! 그것 참 놀랍구나.

14 ②

A가 영어 말하기 대회에서 상을 탔다고 하자 B가 I'm proud of you(네가 자랑스러워).라고 하고 있다. 따라서 밑줄 친 문장의 의도는 ②이다.
| 어휘 | be proud of ~를 자랑스러워하는
| 해석 |
A: 나는 영어 말하기 대회에서 상을 받았어.
B: 대단하구나. 나는 네가 자랑스러워.

15 ③

'나는 영어 시험에 합격했어.'라는 A의 말에 '잘했어.'라고 응답하는 것이 가장 자연스럽다. 따라서 대화의 빈칸에 들어갈 말로 가장 적절한 것은 Good for you이다.
| 어휘 | pass 통과하다   test 시험
| 해석 |
A: 나는 영어 시험에 합격했어.
B: 잘했어.

16 ②

어떤 색깔을 좋아하냐고 물어보는 A의 질문에 B는 노란색을 좋아한다고 답하며 A에게도 물어보자 A는 녹색을 좋아한다고 응

답하고 있다. 따라서 대화의 내용으로 가장 적절한 것은 좋아하는 색깔이다.
| 어휘 | color 색(깔)   yellow 노란색
How about you? 너는 어때? (=What about you?)
green 녹색
| 해석 |
A: 어떤 색깔을 좋아해?
B: 노란색을 좋아해. 너는?
A: 녹색을 좋아해.

17 ④

④에서 A가 좋아하는 동물이 무엇이냐고 물었는데 B가 '나는 그것을 좋아해.'라고 대답하는 것은 어색하다.
| 어휘 | favorite 가장 좋아하는   animal 동물
| 선택지 |
① A: 너는 수영을 할 수 있니?
   B: 응, 나는 할 수 있어.
② A: 우리 축구하자.
   B: 그것은 좋은 생각이야.
③ A: 정말로 고마워.
   B: 내가 더 고맙지.
④ A: 네가 가장 좋아하는 동물은 무엇이니?
   B: 응, 나는 그것을 좋아해.

18 ②

대화의 질문에 알맞은 답변을 고르는 문제이다. A가 좋아하는 음식이 무엇이냐고 묻고 있으므로 B의 대답에서 빈칸에 들어갈 말로 적절한 것은 ② pizza(피자)이다.
| 해석 |
A: 네가 가장 좋아하는 음식은 무엇이니?
B: 나는 피자를 좋아해.
| 선택지 |
① 녹색   ② 피자   ③ 축구   ④ 영어

19 ①

A가 김밥보다 햄버거가 더 좋으냐고 묻자 B는 김밥이 더 좋다고 이야기하고 A 역시 김밥이 가장 좋아하는 음식이라고 말하고 있으므로 대화의 주제로 가장 적절한 것은 ① 좋아하는 음식이다.
| 어휘 | more than ~보다 더

| 해석 |

A: 김밥보다 햄버거가 더 좋아?

B: 아니, 김밥이 더 좋은 것 같아.

A: 나도. 김밥이 내가 가장 좋아하는 음식이야.

20 ③

B가 Michael Jackson을 가장 좋아한다고 대답했으므로, A의 질문은 '가장 좋아하는' 가수가 누군지 묻는 말이어야 자연스럽다. 따라서 빈칸에 들어갈 말로 적절한 것은 ③이다.

| 어휘 | singer 가수   best 가장   especially 특히
powerful 힘찬

| 해석 |

A: 네가 가장 좋아하는 가수는 누구니?

B: 나는 Michael Jackson을 가장 좋아해. 나는 그의 힘찬 춤을 특히 좋아해. 너는 어떠니, Mira?

A: 내가 가장 좋아하는 가수는 Hyo-ri야.

| 선택지 |

① 우스운, 재미있는

② 유명한

③ 가장 좋아하는, 선호하는

④ 친절한, 우호적인

21 ④

제시된 응답에 대한 적절한 질문을 고르는 문제이다. B가 가장 좋아하는 운동은 축구라고 말하고 있으므로, A의 질문으로 적절한 것은 가장 좋아하는 운동을 묻는 말이어야 한다. 따라서 빈칸에 들어갈 말로 알맞은 것은 ④이다.

| 해석 |

A: 네가 가장 좋아하는 운동은 무엇이니?

B: 내가 가장 좋아하는 운동은 축구야.

| 선택지 |

① 너는 누구를 좋아하니

② 너는 왜 축구를 좋아하니

③ 너는 언제 축구를 하니

④ 네가 가장 좋아하는 운동은 무엇이니

22 ②

A가 가장 좋아하는 운동을 묻자 B는 수영과 테니스라고 응답했고 A도 역시 수영과 테니스를 좋아한다고 말하고 있으므로 대화의 주제로 가장 적절한 것은 ② 좋아하는 운동이다.

| 어휘 | swimming 수영   tennis 테니스

| 해석 |

A: 가장 좋아하는 운동이 뭐야?

B: 내가 가장 좋아하는 운동은 수영과 테니스야.

A: 정말? 나도 그것들을 좋아해.

03 화술   133쪽

01	①	02	②	03	③	04	④	05	③
06	②	07	②	08	③	09	③	10	④
11	①	12	③	13	①	14	②	15	③
16	②	17	①	18	③	19	①	20	③
21	④	22	①	23	②	24	②	25	③
26	④	27	④						

01 ①

agree with는 '~에 동의하다'라는 의미로, 밑줄 친 말의 의도로 적절한 것은 ① 동의하기이다.

| 어휘 | school uniform 교복   idea 생각, 발상
everyone 모든 사람   look ~처럼 보이다   the same 같은

| 해석 |

A: 교복 입는 것에 대해서 어떻게 생각해?

B: 모두가 똑같아 보이기 때문에 좋은 생각이라고 생각하지 않아.

A: 너의 의견에 동의해.

02 ②

대화의 빈칸에 들어갈 말로 적절한 것을 고르는 문제이다. 빈칸 뒤 B의 말이 '그것(아침 식사)은 하루 동안의 에너지를 준다.'라는 A의 언급에 대해 긍정적인 내용이므로 상대방의 의견에 동의하는 표현이 들어가야 한다. 따라서 ② I think so, too(나도 그렇게 생각해).가 가장 적절하다.

| 어휘 | breakfast 아침 식사   important 중요한
be good at + 동사원형 ~을 잘 하다

| 해석 |

A: 아침 식사를 먹는 것은 중요하다고 생각해.

B: 나도 그렇게 생각해. 하루 동안의 에너지를 줘.

| 선택지 |

① 아니, 난 아니야

② 나도 그렇게 생각해

③ 그건 불가능해

④ 나는 그림을 잘 그려

03 ③

대화의 빈칸에 들어갈 말로 적절하지 않은 것을 고르는 문제이다. A가 이 음식점이 훌륭한 음식을 제공한다고 말했고, B도 음식이 정말 좋다고 했으므로 빈칸에 들어갈 말은 동의를 나타내는 표현이어야 한다. 따라서 빈칸에 알맞지 않은 것은 ③이다.

| 어휘 | serve 제공하다

| 해석 |
A: 나는 이 음식점이 훌륭한 음식을 제공한다고 생각해.
B: _____. 음식이 정말 좋아.

| 선택지 |
① 나도 그렇게 생각해
② 맞아
③ 미안하지만, 그렇게 할 수가 없어
④ 너의 말에 나도 동의해

04 ④

A가 '숙제하는 것이 나에게 좋다고 생각해.'라고 말하고, B는 '그것은 내가 더 열심히 공부하는 데 도움을 줘.'라고 긍정의 대답을 하고 있다. ①, ②, ③은 상대방의 말이나 의견에 동의할 때 할 수 있는 말로서 A의 말에 대한 응답으로 적절하지만, ④는 '미안하지만, 안 되겠어.'라는 뜻으로 거절을 나타내므로 빈칸에 들어갈 말로 적절하지 않다.

| 어휘 | homework 숙제   harder 더 열심히

| 해석 |
A: 나는 숙제하는 것이 나에게 좋다고 생각해.
B: 나도 그렇게 생각해. 그것은 내가 더 열심히 공부하는 데 도움을 줘.

| 선택지 |
① 나도 그렇게 생각해
② 네 말이 맞아
③ 네 말에 동의해
④ 미안하지만, 안 되겠어

05 ③

제시된 응답과 자연스럽게 연결되는 질문을 고르는 문제이다. B가 Because(왜냐하면)를 사용하여 이유를 답하고 있기 때문에 A의 질문은 의문사 why(왜)가 쓰인 ③이 적절하다.

| 어휘 | favorite 가장 좋아하는

| 해석 |
A: 너는 왜 그 가수를 좋아하니?
B: 왜냐하면 그녀는 노래를 매우 잘하기 때문이야.

| 선택지 |
① 너의 취미는 무엇이니
② 너는 언제 노래를 부르니
③ 너는 왜 그 가수를 좋아하니
④ 네가 가장 좋아하는 가수는 누구니

06 ②

주어진 대답에 상응하는 질문으로 옳은 것을 고르는 문제이다. B가 겨울을 가장 좋아하는 계절이라고 답한 후 Because(왜냐하면)를 사용하여 겨울을 좋아하는 이유를 말하고 있으므로, 빈칸에 적절한 말은 이유를 묻는 ② why이다.

| 어휘 | season 계절   ski 스키를 타다

| 해석 |
A: 너는 어떤 계절을 가장 좋아하니?
B: 나는 겨울을 가장 좋아해.
A: 왜?
B: 왜냐하면 겨울에는 스키를 탈 수 있기 때문이야.

07 ②

왜 하와이에 가냐는 말에 이어질 두 사람의 대화를 〈보기〉에서 찾아 순서대로 가장 적절하게 배열한 것을 찾는 문제이다. 하와이에 휴가로 간다는 (B)가 먼저 오고 며칠을 가는지 묻는 (A)가 이어진 후, 그에 대해 일주일 동안 간다고 답하는 (C)가 와야 한다. 따라서 ② (B)-(A)-(C)가 가장 적절하다.

| 어휘 | stay 머무르다   there 거기에, 거기서   vacation 휴가

| 해석 |
왜 하와이에 가니?
(B) 거기 휴가로 가.
(A) 잘됐네. 얼마나 머무를 거야?
(C) 일주일.

08 ③

주어진 대답에 어울리지 않는 질문을 고르는 문제이다. B가 '그거 좋구나.'라고 대답했으므로, A의 질문은 제안하는 내용이어야 자연스럽다. 따라서 언제 영어 공부를 하냐고 묻는 ③은 적절하지 않다.

| 어휘 | go out 나가다   go fishing 낚시하러 가다

| 해석 |
A: _____?
B: 그거 좋구나.

| 선택지 |
① 우리 점심을 먹으러 나갈까

② 축구를 하는 것이 어때
③ 너는 언제 영어 공부를 하니
④ 우리 같이 낚시하러 가는 것이 어때

09 ③

Let's meet at 6.는 '6시에 만나자.'의 의미이므로 대화에서 밑줄 친 말의 의도로 가장 적절한 것은 ③ 제안하기이다.

| 어휘 | library 도서관   then 그때
| 해석 |
A: 도서관에 같이 갈래?
B: 그래. 몇 시에 만날까?
A: 6시에 만나자.
B: 좋아! 그때 보자.

10 ④

이번 주 일요일에 같이 영화를 보러 가자고 제안하는 A에게 B가 '응. 가자.'라고 응답하고 있으므로 이번 주 일요일에 두 사람이 함께 할 활동으로 가장 적절한 것은 ④ 영화 보러 가기이다.
| 해석 |
A: 이번 주 일요일에 같이 영화 보러 갈래?
B: 응. 가자.
A: 좋아. 오후 2시에 만나는 거 어때?

11 ①

「Why don't we + 동사원형 ~?」은 '~하는 것이 어때?'라는 의미로 상대방에게 무언가를 제안할 때 사용하는 표현이다. 따라서 대화에서 밑줄 친 말의 의도로 가장 적절한 것은 ① 제안하기이다.

| 어휘 | win 이기다. 우승하다   singing contest 노래 자랑 대회
have a party 파티를 열다
| 해석 |
A: 소식 들었니? Jiho가 노래 대회에서 우승했어.
B: 대단해!
A: 그를 위한 파티를 여는 것은 어때?
B: 좋은 생각이야.

12 ③

A가 금요일에 외식하자고 제안을 하고(Why don't we ~?), B가 좋은 생각이라고 답하고 있다. 따라서 두 사람이 이번 주 금요일에 할 일로 가장 적절한 것은 ③ 외식하기이다.

| 어휘 | eat out 외식하다   steak 스테이크
| 해석 |
A: 이번 주 금요일에 외식하는 게 어때?
B: 그거 좋은 생각이야. 뭐 먹을래?
A: 스테이크 어때?
B: 정말 좋아.

13 ①

제시된 상황에서 당사자가 할 수 있는 말로 적절하지 않은 것을 고르는 문제이다. 민수가 수학 숙제를 하기 위해 도움을 원하고 있는 상황이므로, ① Help yourself(마음껏 드세요).는 적절하지 않다.

| 어휘 | be not good at ~을 잘하지 못하다 (= be poor at)
have to ~해야 한다   finish 끝내다   math 수학
by + 시간 ~까지   ask for help 도움을 요청하다
mind -ing ~을 꺼리다   give a hand 도와주다
| 해석 | Minsu는 수학을 잘 못한다. 그는 내일까지 수학 숙제를 끝내야만 한다. 그래서 그는 도움을 요청하기를 원한다.
| 선택지 |
① 마음껏 먹어.
② 나를 도와줄래?
③ 나를 도와줄래?
④ 나를 도와줄래?

14 ②

제시된 상황에서 할 수 있는 말을 고르는 문제이다. 민수는 해야 할 일이 많아 도움을 원하고 있는 상황이므로, 빈칸에는 도움을 요청하는 말인 ② Can you give me a hand(저를 도와주시겠어요)?가 적절하다.

| 어휘 | lots of 많은(= a lot of)   go to school 학교에 가다
by + 교통 수단 ~을 타고
| 해석 | Minsu는 해야 할 일이 많다. 그래서 그는 도움을 요청하길 원한다.
| 선택지 |
① 여기서 내가 일을 해도 괜찮을까?
② 나를 도와줄래?
③ 이 케이크를 맘껏 먹어.
④ 나는 지하철을 타고 학교에 가.

15 ③

대화의 세부 내용을 파악하는 문제이다. 엄마가 설거지를 하고 있다(washing the dishes)고 말했으므로 수지에게 설거지를 부탁

하고 있다는 것을 알 수 있다.

| 어휘 | busy 바쁜   do one's homework ~의 숙제를 하다

| 해석 |

엄마: 나는 지금 설거지를 하고 있단다. 나를 도와줄 수 있겠니, 수지야?

수지: 죄송해요, 저는 바빠요. 저는 지금 저의 숙제를 하고 있어요.

16 ②

대화에서 밑줄 친 문장이 의도하는 것을 고르는 문제이다. No problem.은 '문제없다'는 뜻으로 요청에 대한 승낙의 의미를 나타낸다.

| 해석 |

A: 내가 숙제하는 것을 도와줄 수 있니?

B: 그럼 물론이지. 그것은 무엇인데?

17 ①

대화 내용을 파악하여 대화 이후에 A가 할 일을 고르는 문제이다. B는 교실을 청소하고 있다(cleaning the classroom)고 하며, A에게 도움을 구하고 있으므로 대화 직후 A가 할 일은 ① 교실 청소 돕기이다.

| 어휘 | clean 청소하다   classroom 교실   a lot of 많은

| 해석 |

A: 너 뭐 하고 있는 중이니?

B: 우리는 교실을 청소하고 있는데 일이 너무 많아. 우리를 도와줄 수 있니?

A: 물론, 그럴게.

18 ③

대화 내용을 파악하여 대화 이후에 A가 할 일을 고르는 문제이다. A가 대화의 마지막에서 I'll wash the dishes now(지금 설거지를 할게요.)라고 했으므로 A가 B를 위해 할 일은 ③ 설거지하기이다.

| 어휘 | anything 무엇이든   I'll ~ 나는 ~을 할 것이다(= I will)

| 해석 |

A: 엄마, 제가 도와드릴 게 있나요?

B: 설거지를 도와줄 수 있니?

A: 당연하죠. 지금 설거지를 할게요.

19 ①

비가 오고 있는데 우산을 가져오지 않았다며 우산을 빌릴 수 있냐고 하는 A의 말에 B는 '물론, 내 우산을 빌려줄게.'라고 응답

하므로 대화 직후 B가 A를 위해서 할 일로 가장 적절한 것은 ① 우산 빌려주기이다.

| 어휘 | bring 가져오다   umbrella 우산   lend 빌려주다
yours 너의 것

| 해석 |

A: 오, 비가 오고 있어. 나 우산을 가져오지 않았어. 네 것을 빌릴 수 있니?

B: 물론이지. 내 우산을 빌려줄게.

20 ③

May I ~?는 '~해도 될까?'라는 의미로 상대방의 허락을 구할 때 사용하는 표현이고 Sure. Go ahead.는 '물론이지. 그렇게 해.'라는 의미이므로 대화에서 밑줄 친 말의 의도로 가장 적절한 것은 ③ 승낙하기이다.

| 어휘 | use 사용하다   pencil 연필

| 해석 |

A: 네 연필을 써도 되니?

B: 물론이지. 그렇게 해.

21 ④

대화에서 밑줄 친 문장이 의도하는 것을 고르는 문제이다. I'm sorry, I can't.는 '미안하지만, 나는 못 하겠어.'라는 뜻으로, 제안에 대한 거절의 의미를 나타낸다.

| 어휘 | join 참여하다

| 해석 |

A: 우리랑 같이 할 수 있겠니?

B: 미안하지만, 나는 못 하겠어. 나는 바쁘거든.

22 ①

대화에서 밑줄 친 문장이 의도하는 것을 고르는 문제이다. Do you mind if ~를 써서 허락을 구할 때 수락하는 대답으로는 부정문을 쓴다. 따라서 Of course not.은 ① 승낙의 의미를 나타낸다.

| 해석 |

A: 제가 컴퓨터 써도 될까요?

B: 물론이죠. 쓰세요.

23 ②

대화에서 밑줄 친 문장이 의도하는 것을 고르는 문제이다. Do you mind if ~?를 써서 상대방이 허락을 구할 때, 수락하는 대

답으로는 No, Not at all, Of course not.과 같이 부정문을 쓴다. 따라서 밑줄 친 부분의 의도는 ②이다.

| 어휘 | hot 더운   mind ~을 꺼리다   open 열다

| 해석 |

A: 여기 너무나 덥네요. 제가 창문을 열어도 될까요?

B: 그럼요. 하고 싶은 대로 하세요.

A: 정말 고맙습니다.

24 ②

대화에서 밑줄 친 문장이 의도하는 것을 고르는 문제이다. 심한 두통이 있다는 A에게 B가 병원에 가봐야 할 것 같다고 말하고 있으므로 대화에서 밑줄 친 말의 의도로 가장 적절한 것은 ② 조언하기이다.

| 어휘 | terrible 심각한, 끔찍한   headache 두통
see a doctor 병원에 가다

| 해석 |

A: 나는 심한 두통이 있어.

B: 내 생각에 병원에 가 봐야 할 것 같아.

25 ③

대화에서 밑줄 친 문장이 의도하는 것을 고르는 문제이다. 밑줄 친 말에서 see a doctor는 '병원에 가다(의사를 보다)'라는 뜻이며, Why don't you ~(~하는 게 어때?)를 써서 조언의 의미를 나타내고 있다.

| 어휘 | matter 일   have a cold 감기에 걸려 있다
bad 심한, 나쁜

| 해석 |

A: 무슨 일 있니?

B: 나는 심한 감기에 걸렸어.

A: 병원에 가는 게 어때?

26 ④

대화에서 밑줄 친 문장이 의도하는 것을 고르는 문제이다. Why don't you ~?는 '~하는 게 어때?'라는 뜻이다.

| 어휘 | grade 성적

| 해석 |

A: 무슨 문제 있니? 기분이 매우 안 좋아 보이는구나.

B: 영어 성적이 좋지가 않아.

A: 조금 더 열심히 공부하는 게 어때?

27 ④

대화의 앞뒤 문맥을 파악하여 빈칸에 들어갈 알맞은 응답을 고르는 문제이다. B가 밤새 공부하여 피곤하다고 하였으므로, 빈칸에 들어갈 말로 적절한 것은 잠을 자라고 조언하는 ④이다.

| 어휘 | all night long 밤새도록   tired 피곤한
keep a diary 일기를 쓰다   take a rest 쉬다   right now 당장

| 해석 |

A: 무슨 일 있니?

B: 밤새 공부했어. 나는 너무 피곤해.

A: 지금 바로 자는 게 좋을 거야.

| 선택지 |

① 너는 일기를 써야만 해

② 너는 운동을 더 해야만 해

③ 너는 쉬면 안 돼

④ 지금 바로 자는 게 좋을 거야

<table>
<tr><td colspan="11">04 사교</td><td>140쪽</td></tr>
<tr><td>01</td><td>④</td><td>02</td><td>④</td><td>03</td><td>③</td><td>04</td><td>①</td><td>05</td><td>③</td></tr>
<tr><td>06</td><td>④</td><td>07</td><td>③</td><td>08</td><td>②</td><td>09</td><td>①</td><td></td><td></td></tr>
</table>

01 ④

제시된 응답에 대한 적절한 질문을 고르는 문제이다. B가 How about at 5 o'clock(5시 정각은 어때)?이라고 하는 것으로 보아 A는 What time do you want to meet(몇 시에 만나는 게 좋겠어)?라고 하는 것이 가장 적절하다.

| 어휘 | o'clock 정각   store 가게

| 해석 |

A: 몇 시에 만나는 게 좋겠어?

B: 5시 정각은 어때?

| 선택지 |

① 어디 가니?

② 누가 그 가게를 열어?

③ 이 책은 얼마니?

④ 몇 시에 만나는 게 좋겠어?

02　④

A가 오늘 저녁에 함께 배드민턴을 치자고 말하고, B는 몇 시에 만나고 싶은지 물어 보며 시간 약속을 잡고 있다. 따라서 두 사람이 오늘 저녁에 할 일로 가장 적절한 것은 ④ 배드민턴 치기이다.

| 어휘 | play badminton 배드민턴을 치다
this evening 오늘 저녁

| 해석 |
A: 오늘 저녁에 함께 배드민턴을 치자.
B: 좋아! 몇 시에 만나고 싶니?
A: 7시 정각은 어때?
B: 좋아.

03　③

대화 내용을 파악하여 알맞은 상황을 찾는 문제이다. A가 콘서트를 가자고 하여서 서로 만날 시간을 정하고 있으므로 대화의 상황은 ③ 약속 정하기이다.

| 어휘 | concert 공연, 콘서트
| 해석 |
A: 우리 내일 콘서트 가자.
B: 아주 좋지. 우리 몇 시에 만날까?
A: 7시가 어때?
B: 좋아. 그때 보자.

04　①

대화의 앞뒤 문맥을 파악하여 빈칸에 들어갈 알맞은 의문사를 고르는 문제이다. 콘서트에 가기 위해 약속을 정하고 있는 대화로, A가 How about at four(4시가 어떨까)?로 시간을 제안하고 있으므로 빈칸에 들어갈 말로 가장 적절한 것은 '언제'를 의미하는 의문사 ① When이다.

| 해석 |
A: 우리 내일 콘서트 가자.
B: 좋아. 우리 언제 만날까?
A: 4시가 어떨까?
B: 좋아. 그때 보자.

| 오답의 이유 |
② 장소를 묻는 의문사이다.
③ 사람을 묻는 의문사이다.
④ 방법을 묻는 의문사이다.

05　③

제시된 문장에 이어질 대화의 내용을 순서에 맞게 바르게 나열한 것을 고르는 문제이다. 주어진 문장에서는 영화를 보자고 제안하고 있다. 이후의 (A), (B), (C) 문장은 약속을 정하는 내용이다. 따라서 (B) 몇 시에 만날지를 물었을 때, (A) 6시 정각이 어떠냐고 되묻고, 마지막으로 (C) '그때 보자.'라고 답하는 것이 자연스럽다.

| 어휘 | o'clock 정각
| 해석 |
오늘 밤에 영화 보자.
(B) 좋은 생각이야. 우리 몇 시에 만날까?
(A) 6시 정각 어때?
(C) 좋아. 그때 보자.

06　④

A의 질문에 대하여 B는 '도서관에서 만나자.'라고 답하고 있다. A와 B는 약속 장소를 정하고 있기 때문에 빈칸에 들어갈 말로 가장 적절한 것은 장소를 묻는 의문사 ④ Where이다.

| 어휘 | meet 만나다　library 도서관
| 해석 |
A: 우리 어디에서 만날까?
B: 도서관에서 만나자.

| 선택지 |
① 누구
② 왜
③ 무엇
④ 어디에(서), 어디로

07　③

제시된 대화의 질문과 응답이 자연스럽게 연결되지 않은 것을 고르는 문제이다. 몇 시에 만날지 묻는 말에 장소 관련 응답을 하는 ③은 어색하다.

| 선택지 |
① A: 어떻게 지내니?
　 B: 나는 꽤 잘 지내.
② A: 오늘은 무슨 요일이지?
　 B: 월요일이야.
③ A: 우리 몇 시에 만날까?
　 B: 버스 정류장에서.
④ A: 왜 너는 학교에 늦었니?
　 B: 내가 버스를 놓쳤기 때문이야.

08 ②

Would you like some?은 '~ 좀 먹을래?'라는 의미로 음식을 권할 때 사용할 수 있는 표현이다. 이에 대한 가장 적절한 응답은 '응, 좋아.'라는 의미의 ② Yes, please이다.

| 어휘 | delicious 아주 맛있는

| 해석 |

A: 이거 아주 맛있어 보여. 무엇이니?

B: 바나나 케이크야. 먹어볼래?

A: 응, 좋아.

| 선택지 |

① 응, 그래

② 응, 좋아

③ 나는 테니스를 좋아해

④ 나는 책이 몇 권 있어

09 ①

대화의 내용을 통해 밑줄 친 문장의 의도를 파악하는 문제이다. No, thank you.는 '아니, 고맙지만 괜찮아.'라는 뜻으로, 거절을 나타낸다.

| 어휘 | more 조금 더   full 배가 부른, 가득 찬

| 해석 |

A: 케이크를 조금 더 먹을래?

B: 아니, 고맙지만 괜찮아. 나는 배가 불러.

---

05 화제
148쪽

01	①	02	④	03	④	04	①	05	③
06	①	07	①	08	③	09	④	10	①
11	②	12	①	13	③	14	④	15	①
16	①	17	②	18	④	19	④		

01 ①

B가 '나는 14살이야.'라고 나이를 말하므로 A에 들어갈 말로 가장 적절한 것은 나이를 물어보는 표현인 ① How old are you이다. 나이를 답할 때 years old를 생략해도 된다.

| 해석 |

A: 몇 살이니?

B: 나는 14살이야.

| 선택지 |

① 몇 살이니

② 취미는 무엇이니

③ 가장 친한 친구는 누구니

④ 고향은 어디니

02 ④

B가 '중국에서 왔어(중국 출신이야).'라고 응답하고 있으므로 A의 빈칸에 들어갈 말로 가장 적절한 것은 상대방의 국적이나 출신 지역을 물어보는 의문사 ④ Where이다.

| 어휘 | be from ~에서 오다. ~ 출신이다 (= come from) China 중국

| 해석 |

A: 어디 출신이니?

B: 중국에서 왔어.

03 ④

B가 '나는 캐나다에서 왔어.'라고 응답하고 있으므로 A가 '어디 출신이니?'라고 묻는 것이 자연스럽다. 따라서 대화의 빈칸에 들어갈 말로 가장 적절한 것은 ④ Where이다.

| 해석 |

A: 어디 출신이니?

B: 나는 캐나다에서 왔어.

04 ①

제시된 대화의 주제를 찾는 문제이다. A와 B가 서로 미래에 무엇이 되고 싶냐고 묻고 그에 대한 대답을 하고 있으므로 대화의 주제로 적절한 것은 ① 장래 희망이다.

| 어휘 | in the future 미래에   movie star 영화배우

| 해석 |

A: 너는 미래에 뭐가 되고 싶니?

B: 나는 의사가 되고 싶어. 너는 어때?

A: 나는 영화배우가 되고 싶어.

05 ③

A와 B는 서로 장래희망이 무엇인지 묻고 답하고 있으므로 대화의 주제로 가장 적절한 것은 ③ 희망 직업이다.

| 어휘 | dream 꿈   movie director 영화감독

| 해석 |
A: 미래에 무엇이 되고 싶니?
B: 나는 선생님이 되고 싶어. 너는?
A: 나의 꿈은 영화감독이 되는 것이야.

06 ①

제시된 대화의 주제를 찾는 문제이다. A와 B가 서로 여가 시간에 무엇을 하냐고 묻고 그에 대한 대답을 하고 있으므로 대화의 주제로 적절한 것은 ① hobby(취미)이다.

| 어휘 | free time 여가 시간   dance 춤추다
listen to ~을 듣다
| 해석 |
A: 여가 시간에 너는 무엇을 하니?
B: 나는 춤을 춰. 나는 춤추는 것을 좋아해. 너는 어때?
A: 나는 음악 듣는 것을 좋아해.
| 선택지 |
① 취미
② 날씨
③ 운동회
④ 가장 좋아하는 음식

07 ①

A가 여가 시간에 무엇을 즐겨 하는지 묻자 B는 아빠랑 낚시를 하러 가는 것을 좋아한다고 했다. A는 여가 시간에 쇼핑 가는 것을 좋아한다고 응답하므로, 빈칸에 들어갈 말로 적절한 것은 ① What about you(너는)?이다.

| 어휘 | go fishing 낚시를 가다   go shopping 쇼핑을 가다
| 해석 |
A: 여가 시간에 무엇을 즐겨 하니?
B: 아빠랑 낚시를 하러 가는 것을 좋아해. 너는?
A: 쇼핑 가는 것을 좋아해.
| 선택지 |
① 너는?
② 네 아빠는 어디에 계셔?
③ 그곳에 어떻게 가니?
④ 여가 시간이 언제니?

08 ③

B가 요리하는 것을 좋아한다고 응답하므로 A는 취미를 물어보는 것이 자연스럽다. 따라서 빈칸에 들어갈 말로 가장 적절한 것은 ③ hobby(취미)이다.

| 해석 |
A: 취미는 무엇이니?
B: 나는 요리하는 것을 좋아해.
| 선택지 |
① 나이   ② 크기   ③ 취미   ④ 별명

09 ④

제시된 대화의 빈칸에 가장 알맞은 표현을 찾는 문제이다. A가 외모에 대해 묻고(look like) 있으므로, 빈칸에 적절한 말은 생김새를 묘사하고 있는 ④이다.

| 어휘 | look like ~처럼 보이다. ~처럼 생기다
play tennis 테니스를 치다   look at ~을 보다
handsome 잘생긴
| 해석 |
A: 너의 아버지는 어떻게 생기셨니?
B: 그는 키가 크고 잘생겼어.
| 선택지 |
① 그는 서울에 사셔
② 그는 테니스 치는 것을 좋아하셔
③ 그는 그림들을 보고 계셔
④ 그는 키가 크고 잘생기셨어

10 ①

B가 묘사하는 길고 구불구불한 머리카락(long and curly hair)에 안경을 낀(wearing glasses) 여성은 ①이다.

| 어휘 | curly 곱슬곱슬한. 동그랗게 말린
wear (모자·옷 등을) 입다. 쓰다   glasses 안경
| 해석 |
A: 그녀는 어떻게 생겼어?
B: 그녀는 길고 구불구불한 머리카락을 갖고 있어. 그녀는 안경을 쓰고 있어.

11 ②

대화의 내용을 파악하여 적절한 인물을 찾는 문제이다. Minsu의 아버지는 안경을 썼다고 하였으므로 ②가 적절하다.

| 어휘 | uncle 삼촌
| 해석 |
A: Minsu, 이분이 너의 아버지시니?
B: 그분이 아냐. 그분은 나의 삼촌이셔. 나의 아버지는 안경을 쓰고 계셔.

12 ①

Tom은 안경을 끼고 있고 야구 모자를 쓰고 있으며 벤치에서 책을 읽고 있다고 하였으므로 대화에서 묘사하고 있는 인물로 가장 적절한 것은 ①이다.

| 해석 |

A: Tom이 누구지?

B: 그는 안경을 끼고 있고 야구 모자를 쓰고 있어. 그는 벤치에서 책을 읽고 있어.

13 ③

제시된 응답을 보고 질문의 빈칸에 들어갈 알맞은 어휘를 고르는 문제이다. B가 rainy(비가 내리는), windy(바람이 부는)와 같은 단어를 사용하여 날씨에 대해 말하고 있으므로 빈칸에 들어갈 말로 적절한 것은 ③ weather(날씨)이다.

| 해석 |

A: 부산의 날씨는 어떠니?

B: 비가 오고 바람이 불어.

| 선택지 |

① 시간　　② 계절　　③ 날씨　　④ 기상예보관

14 ④

'서울 날씨는 어때?'라는 B의 질문에 A가 '지금 화창해.'라고 응답하고 있으므로 대화에서 알 수 있는 서울의 현재 날씨는 ④해이다.

| 어휘 | weather 날씨　cloudy 구름이 낀　sunny 화창한

| 해석 |

A: 부산 날씨는 어때?

B: 흐려. 서울 날씨는 어때?

A: 지금 화창해.

15 ①

A가 서울의 날씨를 묻자 B는 현재 화창하다고 대답을 하고 있으므로 대화에서 알 수 있는 서울의 현재 날씨는 ① sunny(화창한)이다.

| 해석 |

A: 서울의 날씨는 어때?

B: 지금 화창해.

| 선택지 |

① 화창한　　② 바람이 부는　　③ 비가 오는　　④ 눈이 오는

16 ①

제시된 대화 내용을 파악하여 빈칸에 들어갈 알맞은 의문사를 고르는 문제이다. 날씨가 어떤지를 묻는 의문문에서 문장 뒤에 like가 없으면 ① how가 적절하다. 오늘 날씨가 어떤지 물을 때는 What's the weather like today? 혹은 How's the weather today?로 물을 수 있다.

| 어휘 | foggy 안개가 낀

| 해석 |

A: 오늘 날씨가 어때?

B: 안개가 꼈어.

17 ②

제시된 대화의 질문과 응답이 자연스럽게 연결되지 않은 것을 고르는 문제이다. 요일을 묻는 What day is it today?에 감사 인사에 대한 답인 You're welcome(천만에요).이라고 답하는 것은 어색하다.

| 어휘 | Japan 일본　soccer 축구

| 해석 |

① A: 그것은 얼마입니까?

　B: 그것은 15달러입니다.

② A: 오늘은 무슨 요일입니까?

　B: 천만에요.

③ A: 당신은 어디 출신이십니까?

　B: 저는 일본 출신입니다.

④ A: 당신이 가장 좋아하는 스포츠는 무엇입니까?

　B: 저는 축구를 가장 좋아합니다.

18 ④

제시된 응답을 보고 질문의 빈칸에 들어갈 알맞은 어휘를 고르는 문제이다. B가 시각을 말하고 있으므로, 빈칸에 들어갈 말로 적절한 것은 ④ time(시간)이다.

| 해석 |

A: 지금 몇 시니?

B: 7시 정각이야.

| 선택지 |

① 학급　　② 색깔　　③ 크기　　④ 시간

19 ④

올바른 시간 표현법을 묻는 문제이다. B가 three fifty라고 했으므로 현재 시각은 ④ 3시 50분임을 알 수 있다.

| 해석 |
A: 지금 몇 시니? 3시 15분이니?
B: 아니. 지금 3시 50분이야.
A: 오, 네 말이 맞구나.

06 통신 · 교통									153쪽
01	②	02	③	03	③	04	①	05	③
06	②	07	①	08	④	09	①	10	②
11	②	12	②	13	③	14	③	15	④
16	①	17	①						

01 ②

통화 중 대화에서 질문에 대한 응답으로 적절하지 않은 것을 고르는 문제이다. A가 Jane과 통화할 수 있냐고 묻고 있는데 동의의 의미를 나타내는 ②는 적절하지 않다.

| 해석 |
A: Jane과 통화할 수 있나요?
B: _____.
| 선택지 |
① 저예요
② 저도 그렇습니다
③ Jane입니다
④ 저예요

02 ③

통화 중 대화에서 질문에 대한 응답으로 적절하지 않은 것을 고르는 문제이다. A가 Tony와 통화할 수 있냐고 묻고 있는데 메시지를 남길 수 있냐고 묻는 ③은 적절하지 않다.

| 어휘 | leave 남기다
| 해석 |
A: 여보세요. Tony와 전화 통화를 할 수 있나요?
B: _____
| 선택지 |
① 네. 전화받았습니다.
② 미안하지만, 그는 여기에 없습니다.
③ 제가 메시지를 남겨도 되겠습니까?
④ 전화받았습니다. 누구세요?

03 ③

통화 중 대화에서 질문에 대한 응답으로 적절하지 않은 것을 고

르는 문제이다. A가 Mina와 통화할 수 있냐고 묻고 있는데 다시 전화하겠다고 전해달라는 뜻인 ③은 적절하지 않다.

| 어휘 | call again 다시 전화하다   wrong 잘못된
| 해석 |
A: Mina와 제가 통화할 수 있나요?
B: _____.
| 선택지 |
① 네. 접니다
② 어쩌죠, 그녀는 나갔어요
③ 제가 다시 전화하겠다고 그녀에게 말해주세요
④ 죄송해요. 전화를 잘못 거셨어요

04 ①

통화 중 대화에서 빈칸에 들어갈 알맞은 문장을 고르는 문제이다. 빈칸 뒤에서 A가 자신이 누구인지 밝히고 있으므로 빈칸에 들어갈 말로 적절한 것은 ①이다.

| 어휘 | at the moment 바로 지금
| 해석 |
A: 여보세요. Tom과 통화할 수 있나요?
B: 접니다. 전화를 거신 분은 누구신가요?
A: David입니다.
| 선택지 |
① 전화를 거신 분은 누구신가요?
② 메시지를 남길 수 있을까요?
③ 그는 지금 여기에 안 계십니다.
④ 전화를 잘못 거셨습니다.

05 ③

통화 중 대화에서 빈칸에 들어갈 알맞은 문장을 고르는 문제이다. A가 Jane과 통화할 수 있냐고 묻자 B가 메시지를 남길지 (Can I take a message?)를 되묻고 있으므로 빈칸에 들어갈 말로 적절한 것은 Jane과 통화할 수 없다는 의미인 ③이 적절하다.

| 해석 |
A: Jane과 통화할 수 있을까요?
B: 죄송합니다만, 그녀는 외출 중입니다. 메시지를 남겨드릴까요?
A: 네. 그녀에게 Minho가 전화를 걸었다고 말해 주세요.
| 선택지 |
① 아닙니다. 괜찮습니다
② 전화받았습니다
③ 죄송합니다만, 그녀는 외출 중입니다
④ 전화를 잘못 거셨습니다

06 ②

A가 Jane과 통화할 수 있냐고 물었고, B는 '죄송해요'라고 말하는 것으로 보아 B의 응답으로 가장 적절한 것은 '지금 안 계십니다'라는 의미인 ② she's not in이다.

| 해석 |

A: 여보세요. Jane과 통화할 수 있을까요?

B: 죄송해요, 지금 안 계십니다.

| 선택지 |

① 이건 당신이에요

② 지금 안 계십니다

③ 그것들은 제 것입니다

④ 그거 좋겠군요

07 ①

통화 중 대화에서 전화를 받는 사람을 고르는 문제이다. 대화에서 전화를 받는 사람은 B이고, A가 Mark를 찾고 있으므로 전화 받는 사람은 ① Mark이다.

| 해석 |

A: 여보세요? Mark와 통화할 수 있나요?

B: 접니다. 전화를 거신 분은 누구신가요?

A: 안녕, Mark. 나는 Namsu의 엄마야.

08 ④

대화의 내용을 파악하여 그림에서 길을 찾아 당사자가 찾는 장소를 고르는 문제이다.

| 어휘 | look for ~을 찾다   bookstore 서점
go straight 직진하다   turn right 우회전하다   miss 놓치다
block (도로로 나뉘는) 구역, 블록

| 해석 |

A: 실례합니다. 저는 서점을 찾고 있는데요.

B: 한 블록 곧장 가셔서 오른쪽으로 도세요. 당신의 오른쪽에 있어요. 분명히 찾을 수 있을 거예요.

09 ①

B의 말대로 한 블록 직진한 뒤 왼쪽으로 돌면 오른편에 있는 것은 ① bank(은행)이다.

| 어휘 | turn left 좌회전하다   hospital 병원

| 해석 |

A: 실례지만 저는 은행을 찾고 있어요.

B: 직진하시다가 첫 번째 블록에서 왼쪽으로 도세요. 당신의 오른편에 있습니다.

10 ②

대화의 내용을 파악하여 그림에서 길을 찾아 당사자가 찾는 장소를 고르는 문제이다.

| 어휘 | next to ~의 옆에

| 해석 |

A: 실례합니다. 도서관이 어디에 있나요?

B: 한 블록 곧장 쭉 가세요. 그리고 왼쪽으로 도세요. 그것은 꽃가게 바로 옆에 있어요.

| 선택지 |

① 병원   ② 도서관   ③ 박물관   ④ 우체국

11 ②

대화의 내용을 파악하여 그림에서 길을 찾아 당사자가 찾는 장소를 고르는 문제이다. 출발 지점에서 직진하다가 첫 번째 모퉁이에서 우회전 후 우측에 있는 것은 ②이다.

| 해석 |

A: 실례합니다. 서점은 어디에 있나요?

B: 직진하셔서 첫 번째 모퉁이에서 우회전을 하세요. 그것은 당신의 오른쪽에 있습니다.

12 ②

A가 여기에서 도서관에 어떻게 가면 되냐고 묻자 B는 두 블록을 직진하고 오른쪽으로 돌면 왼쪽에 있다고 안내했으므로 A가 찾아가려는 곳의 위치로 옳은 것은 ②이다.

| 어휘 | library 도서관

| 해석 |

A: 실례합니다. 여기에서 도서관에 어떻게 가면 되나요?

B: 두 블록을 직진하고 오른쪽으로 도세요. 당신의 왼쪽에 있습니다.

A: 고맙습니다.

13 ③

대화의 내용을 통해 남자가 가려고 하는 장소를 고르는 문제이다. Is there a bookstore nearby(근처에 서점이 있나요?)를 통해 남자가 가려고 하는 곳이 ③ 서점임을 알 수 있다.

| 어휘 | nearby 근처에

| 해석 |

남자: 실례합니다. 근처에 서점이 있나요?

여자: 네. 두 블록을 직진한 다음에 오른쪽으로 돌아가세요.

14 ③

A가 우체국이 어디에 있는지 묻고 B는 가는 방법을 설명하고 있으므로 대화의 상황으로 가장 적절한 것은 ③ 길 묻고 답하기이다.

| 어휘 | post office 우체국
| 해석 |
A: 실례지만, 우체국이 어디 있나요?
B: 곧장 두 블록을 가세요. 그것은 당신 오른편에 있습니다.
A: 고맙습니다.

15 ④

제시된 응답에 대한 적절한 질문을 고르는 문제이다. B가 소요되는 시간을 답하고 있으므로 빈칸에 들어갈 말로 적절한 것은 ④이다.

| 어휘 | usually 대개   take (시간 · 돈 등이) 걸리다, 들다
minute 분
| 해석 |
A: 얼마나 걸립니까?
B: 대개 20분 걸립니다.
| 선택지 |
① 몇 시입니까
② 당신은 몇 살입니까
③ 당신의 취미는 무엇입니까
④ 얼마나 걸립니까

16 ①

How do you go to ~?는 '어떻게 ~에 갑니까?'라는 의미로 교통수단을 묻는 말이며, 교통수단을 말할 때는 「by + 탈 것」으로 표현한다.
| 해석 |
A: 어떻게 학교에 가나요?
B: 버스로요.
| 선택지 |
① 버스로   ② 7시에   ③ 서울에서   ④ 10분

17 ①

대화에서 밑줄 친 문장의 의미와 같은 의미를 가진 문장을 고르는 문제이다. on foot은 '걸어서'라는 뜻으로, 밑줄 친 문장과 같은 의미를 가진 문장은 일을 하러 걸어간다는 의미인 ①이다.

| 어휘 | on foot 걸어서

| 해석 |
A: 너희 어머니께서는 어떻게 일하러 가시니?
B: 그녀는 걸어서 가.
| 선택지 |
① 그녀는 걸어서 일을 하러 간다.
② 그녀는 버스를 타고 일을 하러 간다.
③ 그녀는 그녀의 차를 운전해서 일을 하러 간다.
④ 그녀는 지하철을 타고 일을 하러 간다.

07 장소									160쪽
01	②	02	②	03	②	04	④	05	④
06	④	07	③	08	④	09	④	10	④
11	②	12	④	13	③	14	②	15	②
16	③	17	④	18	①	19	②	20	②
21	④	22	①						

01 ②

대화가 이루어지는 장소를 파악하는 문제이다. passport(여권), trip(여행) 등이 포함된 표현들로 보아 대화가 이루어지는 장소로 적절한 것은 ② 공항이다.

| 어휘 | passport 여권   first 첫 번째   trip 여행
| 해석 |
A: 저에게 당신의 여권을 보여 주시겠어요?
B: 물론이죠. 여기 있습니다.
A: 한국 여행은 이번이 처음이신가요?
B: 네, 그렇습니다.

02 ②

대화가 이루어지는 장소를 파악하는 문제이다. Where to(어디로 가시나요)?, Stop at ~(~에 세워 주세요). 등이 포함된 표현과 마지막에 가격을 말한 것으로 보아 대화가 이루어지는 장소로 적절한 것은 ② in a taxi(택시 안)이다.

| 어휘 | ma'am (여성을 정중히 부르는 말) 부인
the nearest 가장 가까운   subway station 지하철역
| 해석 |
A: 어서오세요, 손님. 어디로 가시나요?
B: 가장 가까운 지하철 역에서 세워 주세요.
A: 다 왔습니다. 2,200원입니다.
| 선택지 |
① 은행 안   ② 택시 안   ③ 호텔 안   ④ 시장 안

03 ②

대화의 내용을 파악하여 알맞은 상황을 찾는 문제이다. B가 가방을 찾고 있고, A가 상품을 추천하며 할인 중이라고 말하는 것으로 보아 대화의 상황으로 적절한 것은 ② 물건 사기이다.

| 어휘 | on sale 판매 중, 할인 중인

| 해석 |

A: 도와드릴까요?

B: 네. 가방이 필요합니다.

A: 이것은 어떤가요? 지금 할인 판매 중입니다.

04 ④

대화 내용을 통해 대화가 이루어지는 장소를 파악하는 문제이다. B는 블라우스를 찾고 있고 A는 상품을 추천하고 있으며, 마지막에 I'll take it(그것으로 살게요).이라는 표현이 나온 것으로 보아 대화가 이루어지는 장소로 적절한 것은 ④ 옷가게이다.

| 어휘 | look for ～을 찾다

| 해석 |

A: 도와드릴까요?

B: 저는 블라우스를 찾고 있습니다.

A: 이 흰색 블라우스는 어떠신가요?

B: 좋아 보이네요! 그것으로 살게요.

05 ④

주어진 문장에 이어질 대화를 순서에 맞게 배열하는 문제이다. 주어진 문장은 도움이 필요한지를 묻는 문장이다. 이후 (A), (B), (C)는 상점에서 옷을 사는 상황으로, 셔츠를 찾고 있어 도움이 필요하다고 말하는 (C), 그 다음으로 어떤 색깔의 셔츠를 원하는지 묻는 (B)가 와야 하며, 그에 대한 대답으로 파란색을 원한다고 말하는 (A)가 와야 자연스럽다.

| 해석 |

도와드릴까요?

(C) 네. 저는 셔츠를 찾고 있어요.

(B) 당신은 어떤 색깔을 원하시나요?

(A) 저는 파란색 셔츠를 원해요.

06 ④

대화 내용을 파악하여 빈칸에 들어갈 말로 적절한 것을 고르는 문제이다. 아들에게 줄 새로운 가방을 찾고 있다는 B의 말에 What style does he like(그는 어떤 스타일을 좋아하나요?)라고 응답하는 것이 가장 적절하다.

| 어휘 | son 아들   wear (모자·옷 등을) 입다, 쓰다

| 해석 |

A: 도와드릴까요?

B: 네. 아들에게 줄 새로운 가방을 찾고 있어요.

A: 그는 어떤 스타일을 좋아하나요?

| 선택지 |

① 무슨 요일입니까?

② 그는 무엇을 먹습니까?

③ 당신은 무엇을 입고 있습니까?

④ 그는 어떤 스타일을 좋아하나요?

07 ③

제시된 대화의 내용을 파악하여 적절한 그림을 고르는 문제이다. B가 꽃이 있는 가방을 찾고 있다고 했으므로, 해당하는 그림을 찾으면 ③이다.

| 해석 |

A: 무엇을 찾고 있나요?

B: 저는 꽃이 있는 가방을 찾고 있어요.

08 ④

B는 별이 있는 모자를 사고 싶다고 했으므로 별 그림이 있는 모자인 ④가 정답이다.

| 어휘 | cap 모자   star 별

| 해석 |

A: 도와 드릴까요?

B: 네. 별이 있는 모자를 사려고 하고 있어요.

09 ④

A는 B가 추천해 준 넥타이가 좋다고 말하며 얼마인지 가격을 물어보았으므로 빈칸에는 가격을 말하는 ④ It's twenty dollars가 알맞다.

| 어휘 | necktie 넥타이   cook 요리사, 요리하다   too 너무나

| 해석 |

A: 저는 넥타이를 찾고 있어요.

B: 이것은 어떠세요?

A: 마음에 들어요. 얼마죠?

B: 20달러입니다.

| 선택지 |

① 별말씀을요

② 저는 요리사입니다

③ 너무 길어요

④ 20달러입니다

10 ④

제시된 응답을 보고 질문의 빈칸에 들어갈 알맞은 말을 고르는 문제이다. B가 계란 샌드위치와 오렌지 주스를 주문하고 있으므로, 빈칸에 들어갈 말로 적절한 것은 ④이다.

| 어휘 | take an order 주문을 받다

| 해석 |
A: 안녕하세요! 주문하시겠어요?
B: 네, 계란 샌드위치 하나와 오렌지 주스 한 잔이요.

| 선택지 |
① 얼마인가요
② 어디에 사세요
③ 당신의 취미는 무엇인가요
④ 주문하시겠어요

11 ②

대화 내용을 파악하여 대화가 이루어지고 있는 장소를 고르는 문제이다. A는 음식 주문을 받는 직원이고 B는 손님으로, 대화가 이루어지는 장소로 적절한 것은 ② 식당이다.

| 어휘 | order 주문, 주문하다

| 해석 |
A: 주문하시겠어요?
B: 네, 치킨 샌드위치 하나 주세요.
A: 여기서 드실 건가요, 아니면 가져가실 건가요?
B: 가져갈 거예요.

12 ④

대화 내용을 파악하여 대화가 이루어지고 있는 장소를 고르는 문제이다. A는 음식 주문을 받는 직원이고 B는 손님으로, 대화가 이루어지는 장소로 적절한 것은 ④이다.

| 어휘 | ready 준비가 된   hamburger 햄버거   coke 콜라
grocery shop 식료품점

| 해석 |
A: 주문하시겠어요?
B: 네, 햄버거 하나랑 콜라 하나 주세요.
A: 여기서 드실 건가요, 아니면 가져가실 건가요?

| 선택지 |
① 은행   ② 호텔   ③ 식료품점   ④ 패스트푸드점

13 ③

대화 내용을 파악하여 대화를 나누고 있는 두 사람의 관계를 고르는 문제이다. A는 주문을 받고 있고, B는 음식을 주문하고 있으므로 A와 B의 관계는 ③ 식당 점원 - 고객이다.

| 어휘 | be ready to ~할 준비가 되다
| 해석 |
A: 주문할 준비되었나요?
B: 네, 햄버거 2개 주세요.
A: 여기서 드실 건가요, 아니면 가져가실 건가요?
B: 가져갈 겁니다.

14 ②

주문하겠냐는 주어진 문장 다음에는 햄버거를 주문하는 (B)가 오는 것이 알맞다. 다음으로는 '여기서 드시겠어요, 아니면 가지고 가시겠어요?'의 의미인 (C)가 오며, 가지고 갈 것이라고 답변을 하는 (A)가 와야 흐름이 자연스럽다.

| 어휘 | order 주문하다
| 해석 |
주문하시겠습니까?
(B) 네, 햄버거 두 개 주세요.
(C) 여기서 드시겠어요, 아니면 가지고 가시겠어요?
(A) 가지고 갈 거예요.

15 ②

주어진 문장에서 주문하시겠냐는 말에 치즈 피자 작은 것으로 주문하고 싶다는 (B)의 말이 와야 하며, 이후에는 추가 주문에 대해 물어보는 (C), 마지막으로 그에 대한 대답으로 물만 달라고 하고 있는 (A)가 와야 자연스럽다.

| 어휘 | restaurant 식당   order 주문하다
| 해석 |
Coco의 레스토랑에 오신 것을 환영합니다! 주문하시겠어요?
(B) 치즈 피자 작은 걸로 주문하고 싶습니다.
(C) 네. 피자에 곁들일 콜라를 원하시요?
(A) 아닙니다, 괜찮습니다. 물만 주세요.

16 ③

대화 내용을 파악하여 질문에 대한 대답으로 적절한 것을 고르는 문제이다. A가 스테이크를 어떻게 할지를 묻고 있으므로, 빈칸에 들어갈 적절한 말은 스테이크의 굽기 정도를 나타내는 ③이다.

| 어휘 | medium 중간 정도의
| 해석 |
A: 스테이크는 어떻게 해 드릴까요?
B: 중간으로 익혀 주세요.

| 선택지 |

① 수프 주세요

② 샐러드 주세요

③ 중간으로 익혀 주세요

④ 커피 주세요

17 ④

대화가 이루어지는 장소를 파악하는 문제이다. B가 art museum (미술관)이라고 장소를 직접적으로 말하고 있고, A가 paintings (미술품들)라고 말하고 있으므로 대화가 이루어지는 장소로 적절한 것은 ④ 미술관이다.

| 어휘 | show 보여 주다   take pictures 사진을 찍다
art museum 미술 박물관   hurt 다치게 하다. 손상시키다
painting 미술품, 그림

| 해석 |

A: 표를 보여 주시겠어요?

B: 여기 있습니다. 여기 미술관에서 사진을 찍어도 되나요?

A: 아니요. 안 됩니다. 미술품들을 손상시킵니다.

18 ①

대화가 이루어지는 장소를 파악하는 문제이다. A가 movie ticket(영화표)이 있냐고 물어보았고, 영화를 즐기라(Enjoy the movie.)고 말하고 있으므로 대화가 이루어지는 장소로 적절한 것은 ① 영화관이다.

| 어휘 | theater 극장. 상영관   enjoy 즐기다

| 해석 |

A: 당신의 영화표를 보여 주시겠어요?

B: 여기에 있습니다.

A: 고맙습니다. 3관으로 가세요. 영화 즐겁게 보세요.

19 ②

대화 내용을 파악하여 대화를 나누고 있는 두 사람의 관계를 고르는 문제이다. B가 편지를 보내려고 우표가 필요하다고 말하고 있으므로 두 사람의 관계로 적절한 것은 ② 우체국 직원 – 고객이다.

| 어휘 | mail (우편으로) 보내다   letter 편지   need 필요로 하다
stamp 우표

| 해석 |

A: 무엇을 도와드릴까요, 손님?

B: 저는 이 편지를 보내고 싶고 5장의 우표가 필요합니다.

A: 좋습니다. 여기에 있습니다.

20 ②

대화 내용을 파악하여 대화를 나누고 있는 두 사람의 관계를 고르는 문제이다. B가 A에게 Doctor(의사 선생님)라고 부르며, 자신의 아픈 증상을 설명하고 있으므로 두 사람의 관계로 적절한 것은 ② 의사 – 환자이다.

| 어휘 | problem 문제   hurt 아프다   a lot 많이
take a look (한번) 보다

| 해석 |

A: 안녕하세요. 문제가 무엇입니까?

B: 의사 선생님. 제 다리가 너무 아파요.

A: 알겠습니다. 제가 한번 보겠습니다.

21 ④

대화의 내용을 파악하여 빈칸에 들어갈 알맞은 동사를 고르는 문제이다. A가 B에게 아파 보인다며 무슨 문제냐고 묻는 말에, B의 대답으로 두통이 있다고 하는 것이 자연스럽다. '두통이 있다'라는 표현은 have a headache를 쓴다. 따라서 빈칸에 들어갈 말로 적절한 것은 ④ have이다.

| 어휘 | look ~하게 보이다   sick 아픈   headache 두통

| 해석 |

A: 너 아파 보이는구나. 무슨 일이 있어?

B: 나는 두통이 있어.

| 선택지 |

① 좋아하다

② 놀다, 연주하다, 연기하다

③ 만들다

④ ~이 있다. 가지다

22 ①

대화 내용을 파악하여 대화를 나누고 있는 두 사람의 관계를 고르는 문제이다. B가 병의 증상을 설명하고, A가 그에 대한 진단을 내리고 있으므로 두 사람의 관계로 적절한 것은 ① 의사 – 환자이다.

| 어휘 | matter 사건   cough 기침   cold 감기
should ~해야 한다   get some rest 휴식을 좀 취하다

| 해석 |

A: 무슨 문제가 있으신가요?

B: 저는 머리가 아프고 기침을 합니다.

A: 오, 당신은 감기에 걸려있군요. 당신은 휴식을 좀 취해야 해요.

Ⅲ 독해

01 중심 내용 파악하기

172쪽

01	①	02	③	03	②	04	③	05	①
06	③	07	①	08	①	09	①	10	④
11	④	12	①	13	②	14	②	15	①
16	③	17	④	18	②	19	①	20	②
21	④	22	④	23	③	24	③	25	④
26	①	27	①	28	①	29	①	30	②
31	②	32	④	33	③	34	④	35	④
36	④	37	③						

---

01 ①

반려견과 산책할 때 운동을 할 수 있고, 반려견과 있는 것이 긴장을 푸는 데 도움을 준다고 했으므로 글의 주제로 가장 적절한 것은 ① 반려견을 키우는 것이 건강에 좋은 이유이다.

| 어휘 | raise 키우다[기르다]   be good for ~에 좋다
health 건강   for example 예를 들어   exercise 운동
when ~할 때   take a walk 산책하다   relax 이완하다
| 해석 | 반려견을 기르는 것은 건강에 좋습니다. 예를 들어, 반려견과 산책할 때 운동을 할 수 있습니다. 반려견과 있을 때, 그들은 긴장을 푸는 데 도움을 줄 수 있습니다.

---

02 ③

한국의 봄, 여름, 가을 그리고 겨울에 대한 특징을 서술하는 글이므로 글의 주제로 가장 적절한 것은 ③ 한국의 사계절이다.

| 어휘 | season 계절   spring 봄   summer 여름
cool 서늘한   fall 가을   winter 겨울   snowy 눈이 오는
| 해석 | 한국에는 사계절이 있습니다. 봄은 3월에 시작합니다. 봄은 따뜻합니다. 여름에는 덥습니다. 가을에는 서늘합니다. 겨울에는 춥고 눈이 내립니다.

---

03 ②

첫 문장에 '운동은 당신의 건강과 마음에 중요합니다.'라고 언급한 후 운동 하는 것의 장점에 대해 이야기하고 있으므로 글의 주제로 가장 적절한 것은 ② 운동의 중요성이다.

| 어휘 | important 중요한   mind 정신
strong 튼튼한, 강한, 힘센   also 또한   learn 배우다
how to ~하는 법   team sports 단체 운동
| 해석 | 운동은 당신의 건강과 마음에 중요합니다. 운동을 하는 것은 당신의 신체를 건강하게 해 줄 수 있습니다. 또한 단체 운동을 함으로써 다른 사람들과 일하는 법을 배울 수 있습니다.

---

04 ③

첫 문장에서 책을 읽음으로써 스스로를 향상시킬 수 있다고 제시하며 그 이후에는 독서를 하면 좋은 점을 나열하고 있으므로, 글의 주제로 가장 적절한 것은 ③ 독서의 이로운 점이다.

| 어휘 | improve 향상시키다   yourself 당신 자신
chance 기회   understand 이해하다   others 다른 사람들
the more ~, the more ... ~하면 할수록 더욱더 …하다
much 매우(비교급·최상급 강조)   smarter 더 똑똑한
happier 더 행복한
| 해석 | 여러분은 책을 읽음으로써 스스로를 향상시킬 수 있습니다. 독서는 새로운 것을 배울 기회를 제공합니다. 그것은 또한 타인을 이해하는 데에 도움을 줍니다. 많이 읽으면 읽을수록, 더욱 더 많을 걸 배웁니다. 독서는 여러분을 훨씬 더 똑똑하고 행복하게 만들어 줍니다.

---

05 ①

첫 문장에서부터 '좋은 학습 환경을 만드는 방법을 위한 정보가 있다'고 말하고 있으며, 이후 이 정보에 대해서 나열하고 있으므로 글의 주제로 적절한 것은 ① 좋은 학습 환경 조성 방법이다.

| 어휘 | tip 정보, 조언   environment 환경   first 첫 번째의
quiet 조용한   place 장소   second 두 번째의
make sure ~을 확실히 하다   enough 충분한   light 빛, 전등
third 세 번째의   near at hand 가까이에
| 해석 | 여기 좋은 학습 환경을 만드는 몇 가지 정보가 있습니다. 첫째, 조용한 장소를 찾으십시오. 둘째, 충분한 빛이 있는 장소여야만 합니다. 셋째, 가까이에 펜이나 연필을 두십시오.

---

06 ③

물은 매우 중요하지만 사람들이 그것을 낭비한다고 하며 물을 절약하기 위한 몇 가지 조언을 하는 글이므로 글의 주제로 가장 적절한 것은 ③ 물을 절약하는 방법이다.

| 어휘 | water 물   waste 낭비하다   save 절약하다
turn off (전기·수도 등을) 끄다
brush 솔질[비질/칫솔질]을 하다   teeth 이(tooth의 복수)
take a quick shower 간단히[빨리] 샤워하다
| 해석 | 물은 매우 중요합니다. 그러나 사람들은 그것을 낭비합니다. 여기에 물을 절약하기 위한 몇 가지 조언이 있습니다. 이를 닦을 때 물을 잠그세요. 또한, 간단히 샤워를 하세요.

07 ①

이번 주 토요일에 해야 할 두 가지 일(아침에는 과학 프로젝트를 끝내기 위해 친구들을 만나러 가기, 저녁에는 가족들과 함께 영화를 보기)에 대한 글이므로 주제로 가장 적절한 것은 ① 이번 토요일에 할 일이다.

| 어휘 | be going to + 동사원형 ~할 예정이다
finish 끝내다   science 과학
project 과제, 연구 프로젝트   watch a movie 영화를 보다
| 해석 | 나는 이번 주 토요일에 해야 할 일이 두 가지 있다. 아침에 나는 우리의 과학 프로젝트를 끝내기 위해 나의 친구들을 만나러 갈 것이다. 저녁에는 가족들과 함께 영화를 볼 것이다.

08 ①

「It is important to + 동사원형」은 '~하는 것이 중요하다'라는 의미로, 주제문에 많이 쓰이는 표현이다. 물에 들어가기 전 스트레칭을 하고, 안전요원의 말을 잘 듣고 허가된 구역에서 수영하라는 내용으로, ① 수영 안전 수칙을 주제로 하는 글이다.

| 어휘 | follow 따르다   safety 안전(함)   rule 규칙
stretch (팔다리의 근육 등을) 당기다, 뻗다[뻗치다]
before ~전에   area 구역, 지역   always 항상
listen to ~을 듣다   lifeguard 인명 구조원, 안전요원
finally 마지막으로   permitted 허가된   area 구역, 지역
| 해석 | 수영하러 갈 때 안전 규칙을 따르는 것이 중요합니다. 첫째, 물에 들어가기 전에 스트레칭을 하세요. 둘째, 항상 안전요원의 말에 귀를 기울이세요. 마지막으로, 오직 허가된 구역에서만 수영하세요.

09 ①

만약 좋은 성적을 받고 싶다면, 목표를 세우고 매일 공부하는 것이 중요하고 친구와 같이 공부하는 것도 좋다고 나와 있으므로 글의 주제로 가장 적절한 것은 ① 좋은 성적을 얻는 방법이다.

| 어휘 | get 받다   grade 성적   set a goal 목표를 세우다
| 해석 | 만약 네가 좋은 성적을 받고 싶다면, 목표를 세우고 매일 공부하는 것이 중요하다. 친구와 같이 공부하는 것 또한 좋은 생각이다. 이것이 네가 좋은 성적을 받는 것을 도와줄 것이다.

10 ④

건강을 위해 아침 식사를 하고 운동을 규칙적으로 하며 잠을 충분히 자야 한다고 설명하고 있는 글이므로 글의 주제로 적절한 것은 ④ 건강을 위한 생활 습관이다.

| 어휘 | health 건강   breakfast 아침 식사
exercise 운동하다   regularly 정기[규칙]적으로
enough 필요한 만큼의[충분한]
| 해석 | 당신의 건강을 위해 무엇을 하나요? 당신은 아침 식사를 해야 하고 운동을 규칙적으로 해야 합니다. 그리고 당신은 매일 밤 충분히 자야 합니다.

11 ④

첫 문장에서 우리 건강에 좋은 습관이 무엇인지 질문을 하고 있으며, 이후 규칙적으로 운동하고 충분히 자고 손을 자주 씻는 것에 대해 설명하고 있으므로 글의 주제로 적절한 것은 ④ 건강을 위한 생활 습관이다.

| 어휘 | habit 습관   be good for ~에 좋다
get enough sleep 충분히 자다   wash 씻다   often 자주
| 해석 | 어떤 습관이 우리의 건강을 위해서 좋을까요? 우리는 규칙적으로 운동을 해야 하고 충분히 잠을 자야 합니다. 우리는 또한 손을 자주 씻어야 합니다.

12 ①

14살 Sora가 영화 보는 것과 기타 치는 것을 정말 좋아하고, 가장 좋아하는 과목은 수학이며, 장래 희망은 선생님이라고 이야기한 뒤, 모두 만나서 반갑다고 했으므로 처음 만나는 사람에게 하는 인사임을 알 수 있다. 따라서 글의 주제로 가장 적절한 것은 ① 자기소개이다.

| 어휘 | play the guitar 기타 연주를 하다
favorite 가장 좋아하는   subject 과목   math 수학
| 해석 | 안녕하세요, Sora라고 합니다. 저는 14살입니다. 저는 영화 보는 것과 기타 치는 것을 정말 좋아해요. 가장 좋아하는 과목은 수학입니다. 저는 선생님이 되고 싶습니다. 여러분 모두 만나서 반가워요.

13 ②

Dr. Smith의 출생과 사망 연도, 업적에 대해 설명하고 있으므로 글의 주제로 가장 적절한 것은 ② Dr. Smith의 일생이다.

| 어휘 | be born 태어나다   Germany 독일
take care of ~을 돌보다   poor 가난한, 빈곤한
spend (시간을) 보내다[들이다]   most of ~의 대부분
life 일생   until ~(때)까지   die 죽다, 사망하다

| 해석 | Dr. Smith는 1880년에 독일에서 태어났습니다. 그는 1913년 의사가 되었고, 많은 가난한 아프리카 사람들을 돌보려고 아프리카로 갔습니다. 그는 1960년 사망할 때까지 그들을 돕는 데 그의 일생을 보냈습니다.

14 ②

가족을 설명하는 글이므로 제목으로 알맞은 것은 ② My Family 이다.

| 어휘 | engineer 기술자, 엔지니어   artist 화가, 예술가
high school 고등학교
| 해석 | 나의 가족은 4명입니다: 어머니, 아버지, 언니(누나/여동생), 그리고 나. 아버지는 기술자이고 어머니는 예술가입니다. 언니(누나/여동생)는 고등학생입니다.

| 선택지 |
① 나의 학교
② 나의 가족
③ 나의 선생님
④ 나의 친구

15 ①

자신이 가장 좋아하는 운동인 축구에 대해 쓴 글이다. 따라서 글의 제목으로 알맞은 것은 ① My Favorite Sport(내가 가장 좋아하는 운동)이다.

| 어휘 | favorite 가장 좋아하는   exciting 신나는
practice 연습하다   Tuesday 화요일   Saturday 토요일
unhappy 불행한, 슬픈   world famous 세계적으로 유명한
| 해석 | 축구는 내가 가장 좋아하는 운동이다. 그것은 재미있고 신이 난다. 나는 뛰고 차는 것을 좋아한다. 나는 드래곤 팀에서 뛴다. 나는 매주 화요일과 토요일에 연습을 한다.

| 선택지 |
① 내가 가장 좋아하는 운동
② 나의 가장 친한 친구
③ 슬픈 주말들
④ 세계적으로 유명한 선수들

16 ③

나의 언니(누나/여동생)의 결혼식에 대한 글이므로 글의 제목으로 가장 적절한 것은 ③ My Sister's Wedding이다.

| 어휘 | yesterday 어제   wedding day 결혼식날
look + 형용사 ~인 것처럼 보이다
shy 수줍음[부끄럼]을 많이 타는, 수줍어[부끄러워]하는
think 생각하다(think – thought – thought)   beautiful 아름다운

| 해석 | 어제는 언니(누나/여동생)의 결혼식 날이었습니다. 나의 언니(누나/여동생)는 흰 드레스를 입고 있었습니다. 그녀는 부끄럽지만 행복해 보였습니다. 나는 그녀가 아름답다고 생각했습니다.
| 선택지 |
① 나의 직업
② 나의 취미
③ 나의 언니[누나/여동생]의 결혼식
④ 나의 할아버지의 생신

17 ④

지난 여름에 가족들과 함께 간 제주도 여행에 대한 글이므로 글의 제목으로 가장 적절한 것은 ④ My Family's Summer Trip이다.

| 어휘 | last summer 지난 여름에   stay 머무르다
hike 하이킹[도보 여행]을 가다   top 정상, 꼭대기
enjoy 즐기다   natural beauty 자연의 아름다움   again 다시
someday 언젠가, 훗날   importance 중요성
| 해석 | 나의 가족과 나는 지난 여름에 제주도에 갔습니다. 우리는 거기에 5일 동안 머물렀습니다. 우리는 한라산의 정상까지 올랐고 자연의 아름다움을 즐겼습니다. 우린 아주 멋진 시간을 보냈습니다! 언젠가 다시 가고 싶습니다.
| 선택지 |
① 나의 가족 구성원들
② 계획 세우기에 대한 조언들
③ 친구들의 중요성
④ 내 가족의 여름 여행

18 ②

키우고 있는 귀여운 개 Pipi에 관한 글이므로 제목으로 가장 적절한 것은 ② My Pet이다.

| 어휘 | cute 귀여운   look like + 명사 ~인 것처럼 보이다
| 해석 | 나는 귀여운 개를 키우고 있습니다. 그녀의 이름은 Pipi입니다. 그녀는 두 살입니다. 그녀는 큰 눈과 긴 귀를 가지고 있습니다. 그녀는 토끼처럼 보입니다.
| 선택지 |
① 나의 아빠
② 나의 반려동물
③ 나의 꿈
④ 나의 학교

19 ①

우리에게 맑은 공기를 주는 숲이 매우 중요하므로 숲을 보호해야 한다고 주장하는 글이다. 따라서 글의 주장으로 가장 적절한 것은 ①이다.

| 어휘 | forest 숲   fresh air 맑은 공기
take a deep breath 심호흡하다   take care of ∼을 돌보다
| 해석 | 숲은 우리에게 매우 중요합니다. 그것들은 우리에게 맑은 공기를 줍니다. 우리는 숲에서 맑은 공기로 심호흡할 수 있습니다. 따라서 우리는 숲을 돌봐야 합니다.

20 ②

에너지를 절약하는 쉬운 방법들을 소개하고 있으므로 글의 주장으로 가장 적절한 것은 ②이다.

| 어휘 | easy 쉬운   way 방법   save 절약하다
turn off (전기 · 가스 · 수도 등을) 끄다
light (특히 전깃)불, (전)등   while ∼하는 동안
brush 솔질[비질/칫솔질]을 하다
teeth 이, 이빨(tooth의 복수형)   distance 거리
instead of ∼ 대신에
| 해석 | 여기 에너지를 절약하는 몇 가지 쉬운 방법들이 있습니다. 사용하지 않을 땐 불을 끄세요. 이를 닦는 동안 물을 잠그세요. 가까운 거리는 차를 운전하는 대신 걸으세요.

21 ④

사람들 앞에서 말하는 것이 어렵고 말할 때마다 말하려는 모든 것을 잊어버리는 Jack이 Ann 선생님께 조언을 구하는 글이므로 글의 목적으로 가장 적절한 것은 ④ 조언을 요청하기 위해이다.

| 어휘 | have difficulty -ing ∼하는 데 어려움을 겪다
in front of ∼의 앞에   people 사람들   whenever ∼할 때마다
in public (불특정) 사람들이 있는 데서   forget 잊다
everything 모든 것   need 필요하다   advice 조언, 충고
| 해석 | Ann 선생님께,
저는 사람들 앞에서 말하는 것이 어려워요. 사람들이 있는 데서 말할 때마다 제가 말하려는 모든 것을 잊어버려요. 어떻게 해야 하나요? 당신의 조언이 필요해요.
Jack

22 ④

대학에 갈 때, 간호학을 공부하고 간호사가 되고 싶지만, 부모님은 기술자가 되길 원하시고 나는 커서 기술자가 되고 싶지 않기 때문에 어떻게 해야 할지 묻고 있다. 따라서 편지에 나타난

'I'의 고민으로 가장 적절한 것은 ④ 장래 희망 직업이 부모의 의견과 달라서이다.

| 어휘 | nurse 간호사   college 대학   'd like to ∼하고 싶다
parents 부모   grow up 자라다
| 해석 | Susan에게
나는 간호사가 되고 싶어. 내가 대학에 갈 때, 간호학을 공부하고 간호사가 되고 싶어. 그러나 부모님은 내가 기술자가 되길 원하셔. 나는 커서 기술자가 되고 싶지 않아. 어떻게 해야 하지?
Jane

23 ③

요리하는 것을 좋아하여 요리사가 되고 싶은 자신과 달리 부모님은 과학자가 되길 원하셔서 어떻게 해야 할지 조언을 구하고 있다. 따라서 주어진 글의 목적으로 가장 적절한 것은 ③ 조언 요청이다.

| 어휘 | middle school 중학교   cook 요리하다, 요리사
scientist 과학자   advice 조언, 충고
| 해석 | Park 선생님께,
안녕하세요. 저는 중학생입니다. 저는 요리하는 것을 굉장히 좋아합니다. 저는 요리사가 되고 싶지만 부모님은 제가 과학자가 되길 원하십니다. 제가 어떻게 해야 하나요? 저는 선생님의 조언이 필요합니다.

24 ③

글의 후반부에 나온 문장 What should I do? I need your advice(어떻게 해야 하죠? 당신의 조언이 필요합니다).로 보아 글의 목적으로 알맞은 것은 ③ 조언 요청이다.

| 어휘 | usually 보통   start 시작하다   homework 숙제
late 늦게   at night 밤에   night person 야행성 생활인
often 자주   feel + 형용사 ∼하게 느끼다
sleepy 졸린   tired 피곤한   advice 조언, 충고
| 해석 | 저는 보통 밤 늦게 숙제를 시작합니다. 그러나 저는 저녁형 인간은 아닙니다. 그래서 저는 자주 졸리고 피곤합니다. 어떻게 해야 하죠? 당신의 조언이 필요합니다.

25 ④

그녀의 친구가 되기 위한 방법을 알려 주고 있으므로 글의 목적으로 적절한 것은 ④ 조언하기이다.

| 어휘 | shy 부끄러운   at first 우선   say hello 인사하다
| 해석 | 당신은 그녀의 친구가 되고 싶나요? 부끄러워하지 마세요. 우선, 그녀에게 인사를 하고 친절히 대하세요. 그 이후에 친구가 되고 싶다고 그녀에게 이야기하세요.

26 ①

Insu의 보고서를 칭찬하면서, 장래희망인 과학자가 되기 위해 열심히 노력하라고 조언을 하고 있으므로 글의 목적으로 적절한 것은 ① 조언이다.

| 어휘 | report 보고서   scientist 과학자   wonderful 멋진   country 나라   in the future 미래에   need 필요로 하다

| 해석 | Insu에게,
너의 보고서는 매우 훌륭했어. 너는 너의 아버지처럼 과학자가 되고 싶어 하는구나. 멋지네. 우리나라는 미래에 많은 과학자가 필요할 거야. 훌륭한 과학자가 되기 위해 열심히 노력하렴. 우리나라가 너를 필요로 할 거야!

27 ①

생일 선물로 기타를 주신 아빠께 고마움을 표현하는 글이므로 글의 목적으로 가장 적절한 것은 ① 감사이다.

| 어휘 | birthday 생일   someday 언젠가

| 해석 | 친애하는 아빠,
제 생일에 기타를 주셔서 고맙습니다. 저는 언젠가 아빠를 위해 연주할 거예요. 고맙습니다.

28 ①

전 세계에서 온 동물들이 있다고 하고 개장 시간을 안내하면서 동물원을 소개하고 있다. 또한 특별한 주말을 위해 동물원에 와서 즐기라고 하고 있으므로 글을 쓴 목적으로 가장 적절한 것은 ① 동물원 홍보이다.

| 어휘 | special 특별한   weekend 주말   zoo 동물원   around the world 전 세계   a.m. 오전   p.m. 오후   enjoy 즐기다

| 해석 | 특별한 주말을 보내고 싶으십니까? 그러면, 우리 동물원에 오세요! 우리는 전 세계에서 온 많은 동물들이 있습니다. 우리는 매일 오전 9시에서 오후 5시까지 개장합니다. 와서 즐기세요!

29 ①

특별한 주말을 보내고 싶다면, 많은 전 세계에서 온 그림들이 있고 많은 흥미진진한 미술 수업을 즐길 수 있는 Hana 미술관으로 와서 좋은 시간을 보내라고 하는 글이므로 글을 쓴 목적으로 가장 적절한 것은 ① 미술관 홍보이다.

| 어휘 | art museum 미술관   a lot of 많은   painting 그림   exciting 흥미진진한   art class 미술 수업

| 해석 | 특별한 주말을 보내고 싶나요? 그렇다면, Hana 미술관으로 오세요! 우리는 전 세계에서 온 그림을 많이 갖고 있습니다. 또한 많은 흥미진진한 미술 수업을 즐길 수 있습니다. 오셔서 좋은 시간 보내세요!

30 ②

7월 15일 일요일 오후 6시 집에서 하는 생일 파티에 와달라는 글이므로 글의 목적으로 가장 적절한 것은 ② 초대이다.

| 어휘 | be going to + 동사원형 ~할 예정이다   Sunday 일요일   July 7월

| 해석 | Kevin에게,
나는 생일 파티를 열 거야. 7월 15일 일요일 오후 6시에 우리 집에 와. 그럼 그때 보자!
Jiwon

31 ②

마지막 문장에서 Why don't you ~?는 '~하는 게 어때?'라는 의미이며 요리 교실에 함께하자고 권유하는 글이므로 글의 목적으로 가장 적절한 것은 ② 요리 교실 수강 권유이다.

| 어휘 | bread 빵   join 가입하다, 함께하다   cooking class 요리 수업

| 해석 | 요리하는 것을 좋아하세요? 우리는 피자, 빵, 쿠키, 그리고 케이크를 만들 수 있습니다. 우리의 요리 교실에 함께하는 것이 어떠세요?

32 ④

우주에 흥미가 있다면, 매주 금요일 방과 후에 모이며 우주에 대해 배우는 동아리인 Big Bang에 가입하라고 하는 글이므로 글을 쓴 목적으로 가장 적절한 것은 ④ 동아리 회원 모집이다.

| 어휘 | be interested in ~에 흥미가 있다   space 우주   join 가입하다   club 동아리   after school 방과후에   learn 배우다

| 해석 | 우주에 흥미가 있나요? 그렇다면, 우리 동아리 Big Bang에 가입하세요. 우리는 매주 금요일 방과 후에 모이고 우주에 대해 배워요. 와서 같이 공부해요.

33 ③

첫 문장에서 Why don't you ~?는 '~하는 게 어때요?'라는 의미이며 영어 학습 동아리에 함께하자고 권유하는 글이므로 글의 목적으로 가장 적절한 것은 ③ 영어 학습 동아리 가입 권유이다.

| 어휘 | Why don't you ~? ~하지 않겠니?
join 가입하다, 함께하다   improve 개선하다, 향상시키다
| 해석 | Fun-Fun 영어 학습 동아리에 가입하는 게 어떠세요? 매주 목요일마다, 우리는 영어 공부를 같이 하기 위해서 만납니다. 당신의 영어를 향상시키기 위해서, 당신은 우리에게 123-9999로 연락해야 합니다.

34 ④

일본에 일어난 큰 지진에 대해 설명하며 그들을 도와주는 방법에 대해 말하고 있는 글이므로 글의 목적으로 적절한 것은 ④ 캠페인이다.

| 어휘 | last 지난   a lot of 많은   die 죽다
lose 잃다(lose - lost - lost)   make a phone call 전화를 걸다
pick up 집어 들다   right now 지금 당장
| 해석 | 지난 3월에 일본에서 큰 지진이 났습니다. 많은 사람들이 죽고 가족을 잃었습니다. 그들은 충분한 음식과 물이 없습니다. 그들을 도와주고 싶으신가요? 전화를 거는 것이 그들을 도울 수 있는 쉬운 방법입니다. 지금 당장 수화기를 들어 주세요!

35 ④

작고 갈색이며 귀는 크고 다리는 짧은 두 살짜리 개를 찾는 글이므로 글의 목적으로 가장 적절한 것은 ④ 잃어버린 개 찾기이다.

| 어휘 | look for ~을 찾다   small 작은   brown 갈색
| 해석 | 저의 개를 찾고 있습니다. 그것은 두 살입니다. 그것은 작고 갈색입니다. 귀는 크고 다리는 짧습니다. 만약 이런 개를 보시면 1234-5678로 전화해 주세요.

36 ④

새로운 과학 수업이 언제 어디에서 열리는지, 담당 선생님은 누구인지 알려주는 글이므로 글의 목적으로 적절한 것은 ④ 안내하기 위해서이다.

| 어휘 | science 과학   class 수업   next 다음
twice a week 일주일에 두 번
| 해석 | 새로운 과학 수업이 다음 주 월요일에 102호에서 열립니다. 매주 2회의 수업으로 진행될 예정입니다. 과학 선생님은 Ms. Lee입니다.

37 ③

상점에서 아빠를 위한 셔츠를 샀는데, 아빠가 그 셔츠의 색을 좋아하지 않아서 교환할 수 있냐고 묻고 있다. 따라서 글의 목적으로 가장 적절한 것은 ③ 셔츠를 교환하기 위해이다.

| 어휘 | buy 사다(buy - bought - bought)   shop 상점
yesterday 어제   exchange 교환하다   know 알다
possible 가능한
| 해석 | 나는 어제 당신의 상점에서 나의 아빠를 위해서 셔츠를 샀지만 그가 그 색을 좋아하지 않아요. 검은색으로 교환할 수 있을까요? 가능하다면 알려 주세요. 고맙습니다.

02 세부 내용 파악하기   182쪽

01	④	02	③	03	②	04	③	05	②
06	④	07	③	08	④	09	③	10	④
11	①	12	④	13	④	14	③	15	②
16	②	17	③	18	①	19	③	20	③
21	②	22	③	23	④	24	③	25	①
26	②	27	①	28	②	29	④	30	④
31	④	32	④	33	④	34	④	35	③
36	③	37	①	38	①	39	③	40	①

01 ④

제시된 글에서 Jack은 마침내 성공적인 컴퓨터 회사를 만들었다고 했으므로 글의 내용과 일치하지 않는 것은 ④이다.

| 어휘 | be interested in ~에 관심[흥미]이 있다
program 프로그램   at the age of ~의 나이에
spend (시간·돈 등을) 보내다[들이다]   a lot of 많은
finally 마침내   build ~을 설립하다(build - built - built)
successful 성공한, 성공적인   company 회사
| 해석 | Jack은 컴퓨터에 관심이 아주 많았습니다. 그는 13세에 컴퓨터 프로그램을 만들기 시작했습니다. 그는 컴퓨터 프로그램을 만드는 데 많은 시간을 썼습니다. 마침내, 그는 성공적인 컴퓨터 회사를 만들었습니다.

02 ③

① 태어난 해(1967년), ② 태어난 나라(미국), ④ 좋아한 운동(야구)은 알 수 있지만 ③ 졸업한 학교는 알 수 없다.

| 어휘 | be born 태어나다   September 9월   without ~ 없이

baseball 야구   practice 연습하다
player 선수   later 나중에
become ~이 되다(become – became – become)
famous 유명한
| 해석 | Jim Abbott는 미국에서 1967년 9월 19일에 오른손이 없이 태어났으나 그는 야구를 정말 좋아했다. 그는 야구를 잘하는 선수가 되기 위해 매일 연습했다. 나중에, Jim Abbott는 유명한 야구 선수가 되었다.

03   ②

Minsu에게는 남동생이 아닌 여동생이 한 명 있다고 했으므로 ②는 일치하지 않는다.
| 어휘 | would like to+동사원형 ~을 하고 싶다
glasses 안경   tallest 가장 키가 큰   younger sister 여동생
look at ~을 보다   in the sky 하늘에 있는
| 해석 | 저는 저의 가장 친한 친구 Minsu에 대해서 당신에게 이야기하고 싶습니다. 그는 안경을 쓰고 있고 우리 반에서 가장 키가 큽니다. 그는 여동생이 한 명 있습니다. 그는 하늘에 있는 별을 보는 것을 좋아합니다.

04   ③

Jinho의 형은 친절하고 친구가 많고 Jinho와 자주 논다는 내용은 글에 포함되어 있지만 ③은 Jinho의 형에 대한 설명으로 언급되지 않았다.
| 어휘 | name 이름   be going to+동사원형 ~을 할 것이다
elder 나이가 더 많은   kind 친절한   often 자주
| 해석 | 저의 이름은 Jinho입니다. 형에 대해 이야기하겠습니다. 그는 친절하고 친구들이 많습니다. 그는 저와 자주 놉니다. 저는 형을 사랑합니다.

05   ②

Jinho의 어머니는 친절하고 아름다운 미소를 가졌고 항상 맛있는 음식을 만들어 준다는 내용은 글에 포함되어 있지만 ② 여행을 좋아한다는 내용은 언급되지 않았다.
| 어휘 | beautiful 아름다운   smile 미소
delicious 맛있는   food 음식
| 해석 | 저의 이름은 Jinho입니다. 제 엄마에 대해 이야기하겠습니다. 그녀는 친절하고 아름다운 미소를 가졌습니다. 그녀는 저에게 항상 맛있는 음식을 만들어 줍니다. 저는 제 엄마를 사랑합니다.

06   ④

① 사는 곳은 시드니이고 ② 가족은 아빠, 엄마, 오빠(남동생)가 있고 ③ 취미는 야구를 하는 것이라고 글에 나와 있지만 ④ 장래 희망에 대한 내용은 언급되지 않았다.
| 어휘 | hobby 취미   baseball 야구   after school 방과 후에
| 해석 | 안녕하세요! 저의 이름은 Mary입니다. 저는 시드니에 삽니다. 저는 아빠, 엄마, 오빠(남동생)와 살고 있습니다. 저의 취미는 방과 후에 친구들과 야구를 하는 것입니다.

07   ③

① 나이(14살), ② 출신지(서울), ④ 좋아하는 과목(과학과 수학)은 글에 나와 있지만 ③ 가족에 대한 이야기는 언급되지 않았다.
| 어휘 | be from ~ 출신이다   middle school 중학교
science 과학   math 수학
be glad to+동사원형 ~하니 기쁘다
| 해석 | 안녕하세요, 저의 이름은 Sumin입니다. 저는 14살입니다. 나는 서울에서 왔습니다. 저는 중학생입니다. 저는 과학과 수학을 좋아합니다. 여러분을 만나서 반갑습니다.

08   ④

마지막 문장에서 Nabi는 자신에게는 다정하지만 다른 사람들에게는 다정하지 않다고 했으므로 ④는 글의 내용과 일치하지 않는다.
| 어휘 | family 가족   among ~중[사이]에
brown 갈색[밤색/고동색]의   eye 눈   ball 공
friendly 상냥한, 다정한   other people 다른[그 밖의] 사람들
| 해석 | 우리 가족은 네 마리의 고양이가 있습니다. 그들 중 Nabi는 제가 가장 좋아하는 고양이입니다. 그녀는 갈색 눈을 가지고 있습니다. 그녀는 공을 가지고 놀기를 좋아합니다. 그녀는 저에게 다정하나 다른 사람들에게는 그렇지 않습니다.

09   ③

도시의 소음과 불빛이 철새들에게 또한 위험할 수 있다는 내용으로 보아 ③은 글의 내용과 일치하지 않는다.
| 어휘 | migrating bird 철새   face 직면하다
danger 위험   when ~할 때   sometimes 때때로
hunt 사냥하다   animal 동물   noise 소음   light 빛, 전등
dangerous 위험한   worst 가장 나쁜   human 인간
destroy 파괴하다   place 장소, 서식지

| 해석 | 철새들은 이주할 때 위험에 직면한다. 때때로 그들은 다른 동물들에게 잡히기도 한다. 도시의 소음과 불빛 또한 그들에게 위험할 수 있다. 가장 나쁜 것은 인간들이 철새들이 살 수 있는 곳을 파괴한다는 것이다.

10 ④

글에서 설명하는 This bird는 작은 열매가 아닌 생선을 먹으므로 This bird의 내용과 일치하지 않는 것은 ④이다.

| 어휘 | about 약, ~쯤, ~경   live 살다   warm 따뜻한
area 지역   mouth 입   look like ~인 것처럼 보이다
shoe 신, 신발(한 짝)   fish (물)고기, 어류
| 해석 | 이 새는 키가 약 140cm입니다. 따뜻한 지역에 삽니다. 입은 큰 신발처럼 생겼습니다. 생선을 먹습니다.

11 ①

②는 I go to the library every weekend with my family.에서, ③은 My dad and I like reading novels.에서, ④는 My mom and my younger sister like reading comic books.에서 언급되었지만 ① 어머니가 도서관에서 근무한다는 내용은 언급되어 있지 않다.

| 어휘 | library 도서관   family 가족   lots of 수많은
novel 소설   comic book 만화책
| 해석 | 나는 주말마다 가족과 도서관에 간다. 우리는 그곳에서 많은 책을 읽는다. 내 아빠와 나는 소설 읽는 것을 좋아한다. 엄마와 여동생은 만화책 보는 것을 좋아한다.

12 ④

마지막 문장에서 그것(농사일)은 힘든 일이었다(It was hard work)고 했으므로 ④는 내용과 일치하지 않는다.

| 어휘 | grandparents 조부모님   grow 재배하다   rice 쌀
vegetable 채소   field 밭, 들판   a lot 많이   farming 농사
| 해석 | 나는 오늘 조부모님 댁을 방문했다. 그분들은 쌀과 채소를 재배하신다. 점심 식사 후에 나는 밭에서 일을 했다. 그것은 힘든 일이었지만, 나는 농사에 대해 많은 것을 배웠다.

13 ④

집을 청소했고(cleaned the house), 어머니와 쇼핑을 갔으며(went shopping), 레스토랑에서 저녁 식사를 했다(ate dinner at a restaurant)고 했지만, ④ 등산을 갔다는 내용은 언급되지 않았다.

| 어휘 | go shopping 쇼핑하다
have a good time 좋은 시간을 보내다
| 해석 | 오늘은 나의 어머니의 생일이었다. 아침에 나는 집을 청소했다. 어머니와 나는 쇼핑하러 나갔고, 식당에서 저녁을 먹었다. 우리는 좋은 시간을 보냈다.

14 ③

글에서 글쓴이는 방과 후에 도서관 가기(went to the library), 책 읽기(read books), 숙제하기(did my homework)를 했다. 따라서 글쓴이가 방과 후에 한 일이 아닌 것은 ③ 영화 보기이다.

| 어휘 | library 도서관   there 거기서
| 해석 | 나는 방과 후에 도서관에 갔다. 거기에서 책을 읽고 숙제를 했다.

15 ②

Sam과 Jenny가 한 일로 ① 배드민턴 치기(played badminton), ③ 샌드위치 먹기(ate sandwiches), ④ 영화 보기(watched a movie)는 나와 있지만, ② 자전거 타기는 언급되지 않았다.

| 어휘 | have fun 재미있게 놀다, 흥겨워하다
play badminton 배드민턴을 치다   park 공원
watch a movie 영화를 보다
| 해석 | Sam과 Jenny는 오늘 즐거웠습니다. 아침에 그들은 공원에서 배드민턴을 쳤습니다. 점심에는 샌드위치를 먹었습니다. 오후에는 영화를 봤습니다.

16 ②

① 소풍 요일(토요일), ③ 만나는 장소(학교 앞), ④ 만나는 시각(오전 9시)은 이메일을 통해 알 수 있지만 ② 소풍 준비물은 알 수 없다.

| 어휘 | picnic 소풍   in front of ~ 앞에
hope 바라다, 희망[기대]하다
| 해석 |
수신: susan@abcmail.com
발신: mike@abcmail.com
제목: 소풍
Susan에게,
나는 이번 토요일에 친구들과 소풍을 가기로 했어. 우리는 오전 9시에 만날 거야. 함께 가고 싶으면 우리 학교 앞에서 만나자. 네가 갈 수 있으면 해.
Mike

17 ③

글의 끝에 보내는 사람을 세지라고 밝히고 있으며, 글의 시작에서 Dear 지나라고 하였으므로 받는 사람은 지나임을 알 수 있다. 따라서 세지가 지나에게 보낸 편지임을 알 수 있다.

| 해석 | 2010년 8월 2일

지나에게,

잘 지내고 있니? 어제 너의 편지를 받았어. 나는 매우 행복했어. 나는 오늘 나의 친구 민수를 만나서 너에 대해 이야기를 했어. 곧 답장해 줘.   너의 친구, 세지가

| 오답의 이유 |

① 글의 마지막에서 Your friend라고 한 것을 보아, 지나와 세지는 친구 사이이다.

② 글에서 I met my friend, Minsu라고 한 것을 보아 민수와 세지는 친구 사이이다.

④ 세지가 지나에게 보낸 편지이다.

18 ①

지난 주말에 Sumi는 가족과 제주도에 갔고, 토요일에는 낚시를 하러 갔다(went fishing)고 했으므로 지난 주 토요일에 Sumi가 한 일은 ① 낚시하기이다.

| 어휘 | weekend 주말   family 가족
go fishing 낚시하러 가다   beach 해변
sand castle 모래성   lots of 많은

| 해석 | 지난 주말에 Sumi는 그녀의 가족과 제주도에 갔습니다. 토요일에 그녀는 낚시를 하러 갔습니다. 일요일에 그녀는 해변으로 갔고 모래성을 만들었습니다. 그녀는 정말 재미있었습니다.

19 ③

John은 지난 일요일에 운동을 했고(went out to exercise), 책을 읽었으며(read a book), 숙제를 했다(did his homework). 따라서 ③이 정답이다.

| 어휘 | get up 일어나다   early 일찍   Sunday 일요일
breakfast 아침 식사   go out 나가다   exercise 운동하다
playground 운동장   Korean history 한국사
do one's homework 숙제하다

| 해석 | John은 지난 일요일에 일찍 일어났다. 그는 아침을 먹었고 운동장에 운동하기 위해 나갔다. 오후에, 그는 한국사 책을 읽었다. 저녁에, 그는 숙제를 했다.

20 ③

① 파티 장소는 My house(나의 집), ② 파티 날짜는 August 6th(8월 6일), ④ 초대한 사람은 From Yumi(Yumi로부터)를 통해 확인할 수 있지만 ③ 참석 인원은 초대장에 언급되지 않았다.

| 어휘 | invitation 초대(장)   p.m. 오후

| 해석 | 초대장

Minho에게

내 생일 파티에 와 줄 수 있니?

어디서? 나의 집

언제? 8월 6일, 오후 5시

Yumi로부터

21 ④

축제 날짜(August 13th, 2018), 장소(Seoul Grand Park), 입장료(8,000 won)는 광고문에 언급되어 있지만 ④ 축제에서 제공되는 음식은 언급되어 있지 않다.

| 어휘 | international 국제적인   festival 축제
around the world 전 세계에

| 해석 | 국제 재즈 축제

전 세계의 재즈를 즐기고 싶나요?

• 날짜: 2018년 8월 13일

• 장소: 서울대공원

• 입장료: 8,000원

와서 즐거운 시간을 보내세요!

22 ③

① 나이는 2살(two years old), ② 성별은 암컷(She), ④ 전화번호는 546-4985라고 전단지에 나와 있지만 ③ 성격은 전단지 내용에 언급되지 않았다.

| 어휘 | ribbon 리본   around 둘레에, 주위에

| 해석 | 잃어버린 고양이

Kidi는 2살입니다. 검은 고양이입니다. 그녀는 목에 흰색 리본을 두르고 있습니다. 546-4985로 전화 주세요.

23 ④

① 제목(Abraham Lincoln), ② 저자(David Herbert), ③ 가격(12달러)은 알 수 있으나 ④ 출판사는 나와 있지 않다.

| 해석 | 이 주의 책

제목: Abraham Lincoln

저자: David Herbert

가격: 12달러

24 ④

주어진 책 후기에서 ① 제목(*I Am Possible*), ② 저자(Nick Brown), ③ 쪽수(350쪽)는 알 수 있지만, ④ 가격은 확인할 수 없다.

| 어휘 | review 논평, 후기   title 제목   possible 가능한
best 가장 좋은   sentence 문장   give up 포기하다
| 해석 | 책 리뷰
- 제목: *I Am Possible*
- 저자: Nick Brown
- 쪽수: 350
- 최고의 문장: 절대 포기하지 매!

25 ①

관찰 일지를 통해 ② 관찰 일시(May 25th, 14:00~15:00), ③ 관찰 장소(School playground), ④ 관찰 대상(Ants)은 알 수 있지만, ① 관찰 도구는 알 수 없다.

| 어휘 | playground 운동장
| 해석 |
관찰 일시: 5월 25일 14:00~15:00
관찰 장소: 학교 운동장
관찰 대상: 개미
개미는 함께 살고 각각 특별한 역할을 가지고 있습니다.

26 ②

① 영화 제목(Star Pilot), ③ 극장 좌석 번호(G15), ④ 영화 상영 날짜(July 15th, 2016)는 영화표에서 확인할 수 있지만 ② 영화표 가격은 알 수 없다.

| 어휘 | film 영화   title 제목   pilot 비행기 조종사   seat 좌석
date 날짜   July 7월
| 해석 |
영화 제목: *Star Pilot*
좌석 번호: G15
날짜: 2016년 7월 15일
시간: 18:00~20:00

27 ①

② 출발역은 서울(From Seoul), ③ 도착역은 부산(To Busan), ④ 출발 일시는 2015년 8월 15일 오전 11시라는 것을 알 수 있지만 ① 요금은 알 수 없다.

| 해석 | K-레일
출발 서울 ▶ 도착 부산
날짜: 2015년 8월 15일
시간: 오전 11시

28 ②

명함에 ① 이름(Name), ③ 직업(Job), ④ 전화번호(Phone Number)는 제시되어 있지만 ② 주소는 나와 있지 않다.

| 해석 |
이름: Jinsu Kim
직업: 여행 가이드
전화번호: 822-123-4567

29 ④

① 보낸 사람(David), ② 보낸 날짜(4월 10일), ③ 시험 날짜(내일, 4월 11일)는 알 수 있지만 ④ 시험 과목은 알 수 없다.

| 어휘 | from ~로부터   April 4월   exam 시험
| 해석 | 메모
- Alice에게
- David로부터
- 날짜: 4월 10일
- 메시지: 시험은 내일이야.

30 ④

메모를 보면 ① 꽃에 물 주기(Water the flowers.), ② 방 청소하기(Clean your room.), ③ 개 먹이 주기(Feed the dog.)에 대한 내용만 있으므로 엄마가 부탁한 일이 아닌 것은 ④ 동생 돌보기이다.

| 어휘 | things to do 할 일   water (화초 등에) 물을 주다
clean 청소하다   feed 먹이를 주다
| 해석 | 할 일
- 꽃에 물을 줘라.
- 방을 청소해라.
- 개에게 먹이를 줘라.
엄마로부터

31 ③

애완견 돌보기 목록에 ① 초콜릿 주지 않기, ② 산책시키기, ④ 매주 씻기기는 제시되어 있지만 ③ 장난감으로 놀아 주기는 제시되어 있지 않다.

| 어휘 | give 주다   walk 산책시키다   outside 밖에서
| 해석 |
- 초콜릿을 주지 마시오.
- 밖에서 산책을 시키시오.
- 매주 씻기시오.

32 ④

손을 씻어야 하는 경우로 ①, ②, ③은 안내문에 언급되어 있지만, ④ 동물을 만지기 전은 언급되어 있지 않다.

| 어휘 | should ~해야만 하다   wash 씻다   arrive 도착하다
after ~한 이후에   cough 기침하다   before ~전에

| 해석 |
당신은 손을 씻어야 합니다:
• 집에 도착한 후에
• 기침을 한 후에
• 음식을 먹기 전에

33 ④

수영장 규칙에 ① 달리기 금지(No running), ② 다이빙 금지(No diving), ③ 수영모 착용(Wear a Swimming Cap)은 제시되어 있지만 ④ 음식물 반입 금지는 제시되어 있지 않다.

| 어휘 | pool 수영장   rule 규칙   dive 다이빙하다, 뛰어들다
wear ~을 착용하다(입다)   swimming cap 수영 모자

| 해석 | 수영장 규칙
• 달리기 금지
• 다이빙 금지
• 수영모 착용

34 ②

조용히 이야기하기(Talk quietly.), 뛰지 않기(Don't run.), 음식 가져오지 않기(Don't bring any food.)는 규칙에 제시되어 있지만 ② 반납일 지키기는 언급되지 않았다.

| 어휘 | quietly 조용히   bring 가져오다

| 해석 | 규칙
• 조용히 이야기하세요.
• 뛰지 마세요.
• 음식을 가지고 오지 마세요.

35 ③

①, ②, ④는 안내문에 언급되어 있지만, ③ 서로 대화하지 않기는 언급되어 있지 않다.

| 어휘 | take pictures 사진을 찍다(= take a picture)
bring 가져오다   inside 내부에

| 해석 |
• 뛰어다니지 마세요.
• 사진 찍지 마세요.
• 내부에 음식물을 가져오지 마세요.

36 ③

주어진 글에서 ① 재활용하기(recycle), ② 물 절약하기(save water), ④ 음식물 쓰레기 줄이기(reduce food waste)는 확인할 수 있지만 ③ 대중교통 이용하기에 관한 내용은 확인할 수 없다.

| 어휘 | save 구하다, 아끼다   the earth 지구
have to ~해야 한다   recycle 재활용[재생]하다
reduce 줄이다   food waste 음식물 쓰레기

| 해석 | 지구를 구하세요
• 우리는 재활용해야 합니다.
• 우리는 물을 절약해야 합니다.
• 우리는 음식물 쓰레기를 줄여야 합니다.

37 ①

주간 날씨 예보에서 화요일에 비가 오는 그림이 있으므로 화요일의 날씨로 적절한 것은 ① rainy이다.

| 어휘 | Monday 월요일   Tuesday 화요일
Wednesday 수요일   Thursday 목요일   Friday 금요일

| 선택지 |
① 비가 오는   ② 화창한   ③ 흐린   ④ 눈이 내리는

38 ①

운동 계획표에서 Tom이 비 오는 날에 하는 운동을 찾으면 ① 볼링이다.

| 어휘 | rainy 비 오는   sunny 화창한   cloudy 흐린, 구름 낀
snowy 눈이 내리는   bowling 볼링   basketball 농구
skiing 스키(타기)

| 해석 |

날씨	비 오는	화창한	흐린	눈 오는
운동	볼링	수영	농구	스키

39 ③

Mina의 주간 계획표에서 수요일에 할 일은 ③ 피아노 연습하기(Practice the piano)로 나와 있다.

| 어휘 | do one's homework 숙제를 하다   practice 연습하다
see the doctor 의사의 진찰을 받다, 병원에 가다

| 해석 |

월요일	화요일	수요일	목요일	금요일
숙제하기	방 청소하기	피아노 연습하기	병원 가기	친구 만나기

40 ①

Sumi와 Minsu 둘 다 가장 높은 점수(3점)를 받은 공통된 활동을 표에서 찾으면 ① 숙제이다.

| 어휘 | score 점수 activity 활동 role-play 역할극 homework 숙제 group work 조별 활동 report 보고서

| 해석 |

당신의 점수는?

활동 \ 학생	Sumi	Minsu
역할극	2	1
숙제	3	3
조별 활동	2	3
보고서	1	1

---

03 글의 흐름 파악하기   193쪽

01	③	02	③	03	②	04	②	05	②
06	①	07	②	08	④	09	④	10	④
11	③	12	④	13	①	14	①	15	④
16	②								

---

01 ③

어버이날에 부모님을 기쁘게 해드릴 계획을 말하고 있으므로 컴퓨터 게임을 좋아한다는 내용의 ③은 글의 흐름상 어울리지 않는다.

| 어휘 | Parents' Day 어버이날
be going to + 동사원형 ~할 예정이다
clean up ~을 청소하다 wash the dishes 설거지를 하다
look ~하게 보이다
| 해석 | 오늘은 어버이날이다. ① 나의 형과 나는 우리 부모님을 기쁘게 해드릴 것이다. ② 나의 형은 방을 청소할 것이다. ③ (나도 컴퓨터 게임하는 것을 좋아한다.) ④ 나는 설거지를 할 것이다. 집은 매우 멋있고 깨끗하게 보일 것이다.

---

02 ③

어버이날에 부모님을 기쁘게 해드린 내용에 대해서 말하고 있으므로 새로운 학생이 반에 왔다는 내용의 ③은 글의 흐름상 어울리지 않는다.

| 어휘 | living room 거실 move 옮기다. 이동하다
do one's best 최선을 다하다

| 해석 | 어제는 어버이날이었다. ① 여동생과 나는 부모님을 기쁘게 해드리고 싶었다. ② 여동생은 거실을 청소했다. ③ (새로운 학생이 우리 반에 왔다.) ④ 나는 설거지를 했다. 우리는 최선을 다했다!

---

03 ②

영화 제작자 동아리(Movie Maker Club)에 대한 글이므로 가장 좋아하는 음식에 대해 말하고 있는 ②는 글의 흐름상 어울리지 않는다.

| 어휘 | member 구성원(일원) cell phone 휴대 전화
actor 배우 cameraman 카메라맨. 촬영기사
director 영화감독 on that day 그날에
| 해석 | 나는 '영화 제작자 동아리'의 멤버입니다. ① 우리는 디지털 카메라나 휴대 전화로 영화를 만듭니다. ② (내가 가장 좋아하는 음식은 피자입니다.) ③ 우리 동아리에서 당신은 배우, 카메라맨, 감독이 될 수 있습니다. ④ 매주 금요일 '영화의 날'이 있습니다. 그날 우리는 우리가 만든 영화를 감상합니다.

---

04 ②

주어진 문장 앞에는 돈을 모으게 된 상황이 필요하므로 She wanted to help poor people(그녀는 가난한 사람들을 돕고 싶었습니다). 뒤에 오는 것이 자연스럽다. 또한, With that money(그 돈으로)에서 '그 돈'에 대한 설명이 앞에 필요하므로 주어진 문장이 들어가기에 가장 알맞은 곳은 ②이다.

| 어휘 | save 아끼다. 모으다 poor 가난한. 빈곤한
also 또한 hospital 병원 take care of ~을 돌보다
| 해석 | (①) 그녀는 가난한 사람들을 돕고 싶었습니다. (②) 그래서 그녀는 그들을 위해 돈을 모았습니다. 그 돈으로, 그들을 가르치기 위해 그녀는 학교를 설립했습니다. (③) 그녀는 또한 그들을 보살피기 위해 병원을 개원했습니다. (④)

---

05 ②

주어진 문장은 '그것은 맛있습니다.'라는 의미로, 맛있는 대상이 나온 I like our school food(나는 우리 학교 음식을 좋아합니다). 다음에 이어지는 것이 흐름상 자연스러우므로 주어진 문장이 들어가기에 가장 적절한 곳은 ②이다.

| 어휘 | delicious 맛있는 homeroom teacher 담임선생님
kind 친절한. 다정한 laugh 웃다 a lot 많이 last 마지막으로
soccer 축구 playground (학교의) 운동장
| 해석 | 나는 학교에서 행복합니다. (①) 첫째, 나는 우리 학교 음식을 좋아합니다. (②) 그것은 맛있습니다. 둘째, 나의 담임선생님이신 Kim 선생님은 매우 친절합니다. (③) 그는 또한 우리를

많이 웃게 만듭니다. (④) 마지막으로, 나는 운동장에서 축구하는 것을 좋아합니다.

06 ①

마지막 문장에서 Here are ~라는 표현과 함께 한국 음악에 대한 글이 있다고 말하고 있으므로 이어질 내용으로는 ① 한국 음악에 관한 글이 가장 적절하다.

| 어휘 | be born 태어나다   grow up 성장하다
be interested in ~에 관심[흥미]이 있다
sometimes 때때로   here are ~이 있다   writing 글
| 해석 | Tony의 블로그
저는 이탈리아에서 태어나고 자랐습니다. 저는 한국 음악에 관심이 있습니다. 저는 가끔 저의 블로그에 그것에 대해서 씁니다. 한국 음악에 대한 저의 글들이 여기 있습니다.

07 ②

마지막에서 Here are ~라는 표현과 함께 자연을 더 나아지게 하기 위한 아이디어가 있다고 말하고 있으므로 이어질 내용으로 ② 환경 보호 실천 방법이 가장 적절하다.

| 어휘 | the earth 지구   nowadays 요즘   try 시도하다
nature 자연
| 해석 | 오늘날 지구는 병이 들어 있습니다. 당신은 자연을 더 나아지게 하기 위해 무언가를 하려고 노력해 본 적이 있나요? 여기 몇 가지 방안들이 있습니다.

08 ④

마지막 문장에 Here are ~라는 표현과 함께 가정에서 효율적으로 재활용할 수 있는 간단한 방법들이 있다고 나와 있다. 따라서 글 바로 뒤에 이어질 내용으로 가장 적절한 것은 ④ 가정에서의 효율적 재활용 방법이다.

| 어휘 | most of ~의 대부분   start 시작하다
recycle 재활용하다   at home 집에서   simple 간단한
way 방법   effectively 효과적으로
| 해석 | 우리 대부분은 지구를 구하는 것을 돕고 싶어 합니다. 우리는 집에서 재활용을 하며 이것을 시작할 수 있습니다. 여기 가정에서 보다 효율적으로 재활용할 수 있는 간단한 방법들이 있습니다.

09 ④

마지막 문장 Here is some more useful information ~.으로 보아 뒤에 이어질 내용으로 가장 알맞은 것은 ④ 건강한 삶을 위한 정보이다.

| 어휘 | healthy 건강한   walk 걷다
useful 유용한, 도움이 되는   information 정보
| 해석 | 건강해지고 싶나요? 매일 운동하려고 노력하세요. 더 걸으세요. 여기 건강한 삶을 살기 위해서 더 유용한 정보가 몇 가지 있습니다.

10 ④

마지막 문장 Read the following useful tips ~.로 보아 바로 뒤에 이어질 내용으로 가장 적절한 것은 ④ 새로운 친구를 사귀는 유용한 방법이다.

| 어휘 | have difficulty (in) -ing ~하는 데 어려움을 겪다
make a friend 친구를 사귀다   following 다음에 나오는
useful 유용한   tip (실용적인, 작은) 조언   how to ~하는 방법
| 해석 | 새로운 친구를 사귀는 데 어려움을 겪고 있나요? 다음에 나오는 새 친구를 사귀는 유용한 방법들을 읽어 보세요.

11 ③

마지막 문장에서 컴퓨터실을 사용할 때 다음 규칙들(following rules)을 지켜달라고 했으므로 바로 뒤에 이어질 내용으로는 ③ 컴퓨터실 사용 규칙이 알맞다.

| 어휘 | finally 마침내   use 이용하다
at any time 언제라도   during ~ 동안[내내], ~ 중에
school hour 수업 시간   keep (규약 등을) 지키다   rule 규칙
| 해석 | 안녕하세요, 여러분! 우리는 마침내 새 컴퓨터실을 가지게 되었습니다. 여러분은 수업 시간 중에 언제든지 새 컴퓨터를 사용할 수 있습니다. 이 컴퓨터실을 사용할 때 다음 규칙들을 지켜 주세요.

12 ④

마지막 문장에 '등산할 때, 이 안전 수칙들을 따라야 한다.'라고 나와 있으므로 글 바로 뒤에 이어질 내용으로 가장 적절한 것은 ④ 등산할 때 지켜야 할 안전 수칙이다.

| 어휘 | a lot of 많은   mountain 산   in the world 세상에
climb 오르다   top 꼭대기   however 그러나
dangerous 위험한   when ~할 때
need to ~할 필요가 있다   follow 따르다
safety rule 안전 수칙
| 해석 | 세상에 많은 산들이 있습니다. 많은 사람들이 산의 꼭대기에 오르는 것을 좋아한다. 그러나, 등산하는 것은 위험할 수 있다. 등산할 때, 이 안전 수칙들을 따를 필요가 있다.

13 ①

한국어가 서툴러서 잘 이해하지 못한다고 이야기하고 있으므로 글쓴이의 심경으로 적절한 것은 ① 답답함이다.

| 어휘 | be from ~출신이다
be not good at ~를 잘하지 못하다(= be poor at)
Korean 한국말, 한국 사람   understand 이해하다
feel ~을 느끼다   terrible 좋지 않은, 무서운

| 해석 | 저는 미국 출신입니다. 저는 한국어를 잘하지 못해서, 이해를 잘하지 못합니다. 그것은 저의 기분을 안 좋게 만듭니다.

14 ①

한국어에 너무 서툴러서 이해할 수 없다고 이야기하고 있으므로 글쓴이의 심정으로 적절한 것은 ① 답답함이다.

| 어휘 | so 너무나   be poor at ~를 잘하지 못하다
(not) at all 전혀

| 해석 | 저는 캐나다에서 왔습니다. 저는 한국말이 너무 서툴러서 전혀 그것을 이해할 수 없습니다. 그것은 저의 기분을 안 좋게 만듭니다.

15 ④

지난달 한국으로 와서 친구가 없어 외롭다(lonely)고 이야기하고 있으므로 글쓴이의 심정으로 적절한 것은 ④ 외로움이다.

| 어휘 | England 영국   move to ~로 이사하다
lonely 외로운   here 여기에서

| 해석 | 저는 영국에서 왔습니다. 저는 지난달에 한국에 왔습니다. 저는 친구가 하나도 없어서 여기에서 너무 외롭습니다.

16 ②

꿈에서 달을 여행하며 많은 아름다운 별을 봤고, 꿈이 멋졌다(wonderful)고 표현하고 있으므로 글쓴이의 기분으로 적절한 것은 ② happy(행복한)이다.

| 어휘 | have a dream 꿈을 꾸다   travel 여행하다
moon 달   wonderful 멋진

| 해석 | 나는 지난밤에 꿈을 꾸었다. 나는 달나라로 여행을 갔다. 나는 많은 아름다운 별들을 보았다. 그것은 멋진 꿈이었다.

| 선택지 |
① 슬픈   ② 행복한   ③ 화난   ④ 걱정되는

04 의미 추론하기   198쪽

01	②	02	①	03	④	04	①	05	④
06	①	07	②	08	②	09	①		

01 ②

빈칸의 앞 문장에는 종이는 옷을 만들 만큼 강하지 않다고 사람들이 믿는다고 나와 있고, 그 뒤에는 한지로 옷이나 신발을 만들 수 있다고 나와 있다. 빈칸 앞뒤로 상반된 내용이 나오므로 빈칸에 들어갈 말로 가장 적절한 것은 ② But이다.

| 어휘 | believe 믿는다   strong 튼튼한, 강한
enough to ~할 만큼 충분한   clothes 옷   traditional 전통의
possible 가능한   tough 튼튼한[단단한], 질긴

| 해석 | 사람들은 종이는 옷을 만들 만큼 강하지 않다고 믿습니다. 그러나, 우리는 한국의 전통 종이인 한지로 아름다운 옷이나 신발을 만들 수 있습니다. 이것이 어떻게 가능할까요? 한지는 질긴 닥나무 껍질로 만들기 때문에 강합니다.

| 선택지 |
① 그래서   ② 그러나   ③ 그러므로   ④ ~ 때문에

02 ①

빈칸의 앞부분에서는 휴대 전화의 유용성에 대해 이야기하고 있고, 빈칸의 뒷부분에서는 휴대 전화가 문제를 일으킬 수도 있다고 이야기하고 있다. 빈칸 앞뒤로 상반된 내용이 나오므로 빈칸에 들어갈 말로 가장 적절한 것은 ① However이다.

| 어휘 | useful 유용한, 도움이 되는, 쓸모 있는
make a (phone) call 전화를 걸다   careful 조심스러운
public place 공공장소   cause 일으키다   problem 문제

| 해석 | 우리는 휴대 전화로 전화를 하거나 음악을 듣는 것 같은 많은 유용한 것들을 할 수 있습니다. 그러나, 공공장소에서 휴대 전화를 사용할 때 주의하지 않으면 문제를 일으킬 수 있습니다.

| 선택지 |
① 그러나   ② 처음에   ③ 요약하면   ④ 예를 들어

03 ④

빈칸 앞에는 나라에 돈을 가져다주고 사람들에게 일자리를 제공한다는 관광 산업의 장점이 나와 있고, 빈칸 뒤에는 관광 산업이 항상 좋은 것만은 아니라며 자연 지역과 지역 문화에 손상을 줄 수도 있다는 단점이 나와 있다. 빈칸 앞뒤로 상반된 내용이 나오므로 빈칸에 가장 알맞은 연결사는 ④ However이다.

| 어휘 | tourism 관광 산업   bring 가져오다, 가져다주다
country 나라   provide 제공하다   job 일(자리), 직장

always 항상   damage 손상을 주다, 피해를 입히다
natural 자연의   area 지역   local 지역의, 현지의
culture 문화
| 해석 | 관광 산업은 나라에 돈을 가져다줍니다. 그리고 그것은 많은 사람들에게 일자리를 제공합니다. <u>그러나</u>, 관광 산업이 항상 좋은 것만은 아닙니다. 그것은 자연 지역들과 지역 문화에 손상을 줄 수도 있습니다.
| 선택지 |
① 그러므로
② 요약하면
③ 예를 들어
④ 그러나, 하지만

04   ①

생존에 중요한 것이고 볼 수 없지만 숨을 쉬는 데 필요하고, 자동차를 운전하는 대신에 자전거를 타는 것은 그것을 깨끗하게 유지할 수 있다고 나와 있으므로 밑줄 친 It(it)이 가리키는 것으로 적절한 것은 ① air(공기)이다.

| 어휘 | important 중요한   breathe 숨을 쉬다
bicycle 자전거   instead of ~ 대신에
| 해석 | <u>그것</u>은 생존에 중요한 것입니다. 우리는 <u>그것</u>을 볼 수 없지만 숨을 쉬는 데 <u>그것</u>을 필요로 합니다. 자동차를 운전하는 대신에 자전거를 타는 것은 <u>그것</u>을 깨끗하게 유지할 수 있습니다.
| 선택지 |
① 공기   ② 나무   ③ 땅   ④ 물

05   ④

한국 전통 음식으로서 추석에 먹는 떡은 ④ songpyeon(송편)이다.

| 어휘 | rice cake 떡   have 먹다, 가지다
Korean Thanksgiving Day 추석
| 해석 | <u>그것</u>은 한국 전통 음식이다. <u>그것</u>은 떡이다. 우리는 <u>그것</u>을 한국의 추수감사절인 추석에 먹는다.
| 선택지 |
① 피자   ② 김치   ③ 치킨   ④ 송편

06   ①

사람들과 함께 살 수 있고, 네 다리와 하나의 꼬리를 가졌으며, 많은 사람들이 반려동물로 키우고, 어릴 때 강아지라고 불린다고 했으므로 밑줄 친 It(it)이 가리키는 것으로 적절한 것은 ① dog(개)이다.

| 어휘 | people 사람들   leg 다리   tail 꼬리   pet 반려동물
when ~할 때   young 어린   puppy 강아지
| 해석 | <u>그것</u>은 사람들과 함께 살 수 있습니다. <u>그것</u>은 네 다리와 하나의 꼬리를 가졌어요. 많은 사람들은 반려동물로 <u>그것</u>을 키웁니다. <u>그것</u>이 어릴 때 <u>그것</u>은 강아지라고 불립니다.
| 선택지 |
① 개   ② 사자   ③ 새   ④ 뱀

07   ②

사람들이 좋아하고 항상 듣고 싶어 하며 팝, 재즈, 록, 힙합 등을 일컫는 것은 ② music(음악)이다.

| 어휘 | all the time 항상, 언제나   various 다양한
kinds of ~의 종류   and so on 기타 등등
| 해석 | 사람들은 <u>이것</u>을 매우 좋아한다. 많은 사람들이 항상 <u>이것</u>을 듣고 싶어 한다. <u>이것</u>의 종류는 팝, 재즈, 록, 힙합 등으로 다양하다.
| 선택지 |
① 쇼핑   ② 음악   ③ 돈   ④ 커피

08   ②

Jisu는 맛있는 쿠키를 만들고 가끔 그녀의 쿠키를 학급에 가져와서 우리에게 준다고 하였다. 따라서 밑줄 친 them이 가리키는 것으로 적절한 것은 ② cookies이다.

| 어휘 | delicious 맛있는   sometimes 가끔
bring 가지고 오다   eat 먹다(eat - ate - eaten)
| 해석 | Jisu는 맛있는 쿠키를 만든다. 그녀는 가끔 그녀의 쿠키를 학급에 가져와서 <u>그것들</u>을 우리에게 준다. 나는 어제 그녀의 쿠키를 먹었다. 정말 맛이 좋았다!
| 선택지 |
① 책들   ② 쿠키들   ③ 학급[수업]들   ④ 친구들

09   ①

한국의 알파벳이고 세종대왕에 의해 만들어졌으며 24글자가 있고 과학적이며 아름다운 문자 체계로 알려져 있는 것은 ① 한글이다.

| 어휘 | Korean alphabet 한국의 알파벳   letter 글자
be known as ~로 알려져 있다   scientific 과학적인, 체계적인
beautiful 아름다운   writing system 문자 체계
| 해석 | <u>그것</u>은 한국의 알파벳입니다. <u>그것</u>은 세종대왕에 의해 만들어졌습니다. <u>그것</u>에는 24글자가 있습니다. <u>그것</u>은 과학적(체계적)이고 아름다운 문자 체계로 알려져 있습니다.

01 단어

01	①	02	②	03	②	04	④	05	①
06	③	07	④	08	①	09	②	10	①
11	③	12	④	13	③	14	④	15	③
16	①	17	②	18	③	19	①	20	③
21	①	22	③	23	③	24	④	25	①
26	④								

01 ①

제시된 단어들을 모두 포괄하는 상위 개념의 어휘를 고르는 문제이다. head(머리), shoulder(어깨), foot(발), leg(다리)를 모두 포괄할 수 있는 단어는 ① body(몸)이다.

| 선택지 |

① 몸   ② 음식   ③ 꽃   ④ 국가, 나라

02 ②

제시된 두 단어의 관계가 나머지와 다른 하나를 고르는 문제이다. ①, ③, ④는 반의어 관계이지만, ②는 유의어 관계이다.

| 선택지 |

① 낮은 – 높은

② (치수·정도·양 등이) 큰 – (규모가) 큰

③ 느린 – 빠른

④ 쉬운 – 어려운

03 ②

제시된 단어들을 모두 포괄하는 상위 개념의 어휘를 고르는 문제이다. red(빨강), blue(파랑), black(검정), yellow(노랑)를 모두 포괄할 수 있는 단어는 ② color(색깔)이다.

| 선택지 |

① 직업   ② 색깔   ③ 운동   ④ 동물

04 ④

제시된 두 단어의 관계가 나머지와 다른 하나를 고르는 문제이다. ①, ②, ③은 반의어 관계이지만, ④는 유의어 관계이다.

| 선택지 |

① 깨끗한 – 더러운

② 나이가 많은 – 어린

③ 키가 큰 – 키가 작은

④ 지혜로운 – 영리한

05 ①

제시된 단어들을 모두 포괄하는 상위 개념의 어휘를 고르는 문제이다. cook(요리사), doctor(의사), pilot(파일럿), singer(가수)를 모두 포괄할 수 있는 단어는 ① job(직업)이다.

| 선택지 |

① 직업   ② 장소   ③ 음식   ④ 나라

06 ③

제시된 두 단어의 관계가 나머지와 다른 하나를 고르는 문제이다. ①, ②, ④는 반의어 관계이지만, ③은 유의어 관계이다.

| 선택지 |

① 사다 – 팔다

② 시작하다 – 끝내다

③ 이야기하다 – 말하다

④ 묻다 – 답하다

07 ④

제시된 단어들을 모두 포괄하는 상위 개념의 어휘를 고르는 문제이다. angry(화난), excited(흥분한), glad(기쁜), happy(행복한), sad(슬픈)를 모두 포괄할 수 있는 단어는 ④ feeling(감정)이다.

| 선택지 |

① 색깔   ② 취미   ③ 동물   ④ 감정

08 ①

제시된 두 단어의 관계가 나머지와 다른 하나를 고르는 문제이다. ②, ③, ④는 반의어 관계이지만, ①은 유의어 관계이다.

| 선택지 |

① 큰 – 큰

② 높은 – 낮은

③ 나이가 많은 – 어린

④ 강한 – 약한

09 ②

주어진 그림을 모두 포괄하는 상위 개념의 어휘를 고르는 문제이다. 주어진 그림은 모두 꽃이므로 모두 포괄할 수 있는 것은 ② flower(꽃)이다.

| 선택지 |

① 과일   ② 꽃   ③ 운동   ④ 직업

10 ①

제시된 두 단어의 관계가 나머지와 다른 하나를 고르는 문제이다. ②, ③, ④는 반의어 관계이지만, ①은 유의어 관계이다.
| 선택지 |
① 기쁜 – 행복한
② 큰 – 작은
③ 긴 – 짧은
④ 무거운 – 가벼운

11 ③

제시된 단어들을 모두 포괄하는 상위 개념의 어휘를 고르는 문제이다. cat(고양이), dog(개), pig(돼지), monkey(원숭이)를 모두 포괄할 수 있는 단어는 ③ animal(동물)이다.
| 선택지 |
① 과일   ② 운동   ③ 동물   ④ 날씨

12 ④

제시된 두 단어의 관계가 나머지와 다른 하나를 고르는 문제이다. ①, ②, ③은 반의어 관계이지만, ④는 아무 관계가 없다.
| 선택지 |
① 어린 – 나이가 많은
② 부유한 – 가난한
③ 긴 – 짧은
④ 강한 – 무거운

13 ③

제시된 단어들을 모두 포괄하는 상위 개념의 어휘를 고르는 문제이다. golf(골프), badminton(배드민턴), swimming(수영), football(축구)을 모두 포괄할 수 있는 단어는 ③ sports(스포츠, 운동, 경기)이다.
| 선택지 |
① 음식   ② 음악   ③ 스포츠   ④ 꽃

14 ④

제시된 두 단어의 관계가 나머지와 다른 하나를 고르는 문제이다. ①, ②, ③은 반의어, ④는 유의어 관계이다.
| 선택지 |
① 더운, 뜨거운 – 추운, 차가운
② 멀리 – 가까이
③ 느린 – 빠른
④ 모든 – 모든

15 ③

제시된 단어들을 모두 포괄하는 상위 개념의 어휘를 고르는 문제이다. pants(바지), skirts(치마), blouses(블라우스), T-shirts(티셔츠)를 모두 포괄할 수 있는 단어는 ③ clothes(의류)이다.
| 선택지 |
① 운동   ② 가족   ③ 의류   ④ 국가

16 ①

제시된 두 단어의 관계가 나머지 셋과 다른 하나를 고르는 문제이다. ②, ③, ④는 상위 – 하위 개념의 관계이고 ①은 모두 동물을 나타낸다.
| 선택지 |
① 호랑이 – 사자
② 과일 – 사과
③ 색(깔) – 노랑
④ 직업 – 선생님

17 ②

제시된 단어들을 모두 포괄하는 상위 개념의 어휘를 고르는 문제이다. father(아버지), mother(어머니), son(아들), daughter(딸)를 모두 포괄할 수 있는 단어는 ② family(가족)이다.
| 선택지 |
① 취미   ② 가족   ③ 꽃   ④ 계절

18 ④

제시된 두 단어의 관계가 나머지 셋과 다른 하나를 고르는 문제이다. ①, ②, ③은 상위 – 하위 개념의 관계이고, ④는 아무 관계가 없다.
| 선택지 |
① 과일 – 사과
② 색 – 빨강
③ 동물 – 고양이
④ 산 – 바다

19 ①

제시된 단어들을 모두 포괄하는 상위 개념의 어휘를 고르는 문제이다. red(빨강), yellow(노랑), blue(파랑), green(초록)을 모두 포괄할 수 있는 단어는 ① color(색)이다.
| 선택지 |
① 색   ② 모양   ③ 취미   ④ 국가

20 ③

제시된 두 단어의 관계가 나머지 셋과 다른 하나를 고르는 문제이다. ①, ②, ④는 반의어, ③은 유의어 관계이다.

| 선택지 |
① 이기다 – 지다
② 당기다 – 밀다
③ 대답하다 – 대답하다
④ 도착하다 – 떠나다, 출발하다

21 ①

제시된 단어들을 모두 포괄하는 상위 개념의 어휘를 고르는 문제이다. farmer(농부), teacher(선생님), artist(예술가), doctor(의사)를 모두 포괄할 수 있는 단어는 ① job(직업)이다.

| 선택지 |
① 직업   ② 음식   ③ 색   ④ 달(월)

22 ③

제시된 두 단어의 관계가 나머지와 다른 하나를 고르는 문제이다. ①, ②, ④는 반의어 관계이지만, ③은 유의어 관계이다.

| 선택지 |
① 사다 – 팔다
② 밀다 – 당기다
③ 시작하다 – 시작하다
④ 열다 – 닫다

23 ③

제시된 단어들을 모두 포괄하는 상위 개념의 어휘를 고르는 문제이다. bear(곰), cow(암소, 젖소), elephant(코끼리), fox(여우)를 모두 포괄할 수 있는 단어는 ③ animal(동물)이다.

| 선택지 |
① 색   ② 과일   ③ 동물   ④ 국가

24 ④

제시된 두 단어의 관계가 나머지와 다른 하나를 고르는 문제이다. ①, ②, ③은 반의어 관계이지만, ④는 유의어 관계이다.

| 선택지 |
① 젖은 – 마른, 건조한
② 시끄러운 – 조용한
③ 사실인 – 틀린
④ 똑똑한 – 영리한

25 ①

제시된 단어들을 모두 포괄하는 상위 개념의 어휘를 고르는 문제이다. bread(빵), hamburger(햄버거), salad(샐러드), soup(수프)를 모두 포괄할 수 있는 단어는 ① food(음식)이다.

| 선택지 |
① 음식   ② 꽃   ③ 계절   ④ 국가

26 ④

제시된 두 단어의 관계가 나머지와 다른 하나를 고르는 문제이다. ①, ②, ③은 상위–하위 개념 관계이지만, ④는 그렇지 않다.

| 선택지 |
① 몸 – 손
② 색 – 파랑
③ 동물 – 돼지
④ 겨울 – 여름

02 숙어									265쪽
01	②	02	②	03	③	04	③	05	②
06	①								

01 ②

B가 '나는 테니스를 매우 잘 칠 수 있어요.'라고 응답하고 있으므로 A는 '당신은 무엇을 잘하나요?'라고 묻는 것이 대화의 흐름상 가장 자연스럽다. 따라서 빈칸에는 '~에 능숙하다, 잘하다'라는 뜻의 숙어인 be good at을 만드는 ②가 적절하다.

| 어휘 | play tennis 테니스를 치다   envy 부러워하다
| 해석 |
A: 당신은 무엇을 잘하나요?
B: 저는 테니스를 매우 잘 칠 수 있어요.
A: 부럽군요.

02 ②

빈칸에 공통으로 들어갈 알맞은 전치사를 고르는 문제이다. be afraid of는 '~을 두려워하다', be full of는 '~로 가득 차다'라는 뜻의 숙어이다.

| 해석 |
- 개를 두려워하지 마라.
- 하늘은 별들로 가득 차 있다.

03 ③

빈칸에 공통으로 들어갈 알맞은 전치사를 고르는 문제이다. be ready for는 '~할 준비가 되다', be famous for는 '~로 유명하다'라는 뜻의 숙어이다.

| 어휘 | should ~해야 한다 final exam 기말고사
| 해석 |
- 우리는 기말고사를 준비해야 한다.
- 한국은 김치와 K-pop으로 유명하다.

04 ③

빈칸에 공통으로 들어갈 알맞은 전치사를 고르는 문제이다. look for는 '~을 찾다', be famous for는 '~로 유명하다'라는 뜻의 숙어이다.

| 해석 |
- 무엇을 찾고 있니?
- 한국은 태권도로 유명하다.

05 ②

빈칸에 공통으로 들어갈 알맞은 전치사를 고르는 문제이다. get off는 '내리다', take off는 '벗다'라는 뜻의 숙어이다.

| 어휘 | need to ~할 필요가 있다 next 다음의
stop 정류장 when ~할 때 enter 들어가다
| 해석 |
- 나는 다음 정류장에서 버스에서 내릴 필요가 있다.
- 방에 들어갈 때, 신발을 벗어라.

06 ①

'수업을 받다'라는 뜻의 take a lesson과 '쉬다'라는 뜻의 take a rest의 표현을 활용한 문장이므로 빈칸에 공통으로 들어갈 말로 적절한 것은 ①이다.

| 해석 |
A: 오늘 오후에 뭐 하실 건가요?
B: 저는 피아노 수업을 받을 거예요.
A: 그래요? 저는 휴식을 취할 거예요.

01 ①

제시된 대화의 내용과 관련이 깊은 우리말 속담을 고르는 문제이다. 함께 일하면 일이 더 쉬워진다는 내용의 우리말 속담은 ①이다.

| 어휘 | proverb 속담 mean 의미하다 easier 더 쉬운
| 해석 |
A: "두 명의 머리는 한 명의 머리보다 낫다."는 속담이 있어.
B: 그게 무슨 뜻이니?
A: 함께 일을 하면 일이 더 쉬워진다는 뜻이야.

02 ①

제시된 대화 내용과 관련이 깊은 우리말 속담을 고르는 문제이다. There's no smoke without fire.를 직역하면 '불 없이 연기가 나지 않는다.'라는 뜻으로 이와 가장 유사한 우리말 속담은 ①이다.

| 어휘 | smoke 연기 without ~이 없이 reason 이유
cause 원인
| 해석 |
A: "불 없이 연기가 나지 않는다."라는 속담을 너는 아니?
B: 아니. 무슨 뜻인데?
A: 그것은 모든 것은 이유나 원인을 갖고 있다는 것을 의미해.

03 ③

제시된 대화 내용과 관련이 깊은 우리말 속담을 고르는 문제이다. Look before you leap.을 직역하면 '뛰기 전에 살펴보라.'라는 뜻으로 이와 가장 유사한 우리말 속담은 ③이다.

| 어휘 | leap 뛰다 passible 가능한 danger 위험
act 행동하다
| 해석 |
A: 영어 속담에 "뛰기 전에 살펴보라."라는 것이 있어.
B: 그것이 무슨 의미니?
A: 그것은 우리가 행동하기 전에 일어날 수 있는 위험에 대하여 생각해야 한다는 뜻이야.

04 ④

제시된 대화의 내용과 가장 잘 어울리는 속담을 고르는 문제이다. A가 새로 온 체육 선생님의 외모를 보고 달리기를 잘 못할

것이라고 추측했지만 B가 그녀는 사실 마라톤에서 금메달을 땄다고 하였으므로, 이 상황에 어울리는 속담은 ④ Don't judge a book by its cover.이다.

| 어휘 | win 따다   gold medal 금메달

| 해석 |

A: 새로 오신 체육 선생님을 봐! 진짜 키가 작구나! 빨리 못 뛸 것 같지, 그렇지?

B: 아냐. 그녀는 빨리 뛰어. 그녀는 서울 마라톤에서 금메달을 땄대.

| 선택지 |

① 고통 없이는 아무 것도 얻지 못한다.

② 아는 것이 힘이다.

③ 뛰기 전에 걷는 것부터 배워라.

④ 겉만 보고 판단하지 마라(겉표지만 보고 책을 판단하면 안 된다).

실전 모의고사

01	①	02	③	03	③	04	②	05	③
06	④	07	②	08	②	09	③	10	④
11	③	12	③	13	④	14	④	15	②
16	④	17	②	18	④	19	①	20	②
21	④	22	①	23	③	24	③	25	②

01   ①

mother(어머니), father(아버지), daughter(딸), son(아들)을 모두 포함할 수 있는 단어는 ① family(가족)이다.

| 선택지 |
① 가족   ② 꽃   ③ 취미   ④ 날씨

02   ③

①, ②, ④는 상위-하위 개념의 관계이고, ③은 상위-하위 개념의 관계가 아니다.

| 선택지 |
① 몸-머리
② 과일-딸기
③ 산-강
④ 계절-봄

03   ③

①, ②, ④는 반의어 관계이고, ③은 유의어 관계이다.

| 선택지 |
① 묻다-대답하다
② 사랑하다-미워하다
③ 이야기하다-이야기하다
④ 이기다-지다

04   ②

be ready for는 '~할 준비가 되다', wait for는 '~를 기다리다'라는 뜻이므로 빈칸에 공통으로 들어갈 말로 가장 적절한 것은 ② for이다.

| 어휘 | be ready for ~할 준비가 되다   test 시험
wait for ~를 기다리다

| 해석 |
• 시험을 치를 준비는 했니?
• 너는 나를 꼭 기다려야만 한다.

05   ③

put on은 '~을 입다', turn on은 '(전기·가스·수도 등을) 켜다'의 뜻이므로 빈칸에 공통으로 들어갈 말로 가장 적절한 것은 ③ on이다.

| 어휘 | put on ~을 입다   raincoat 비옷
turn on (전기·가스·수도 등을) 켜다   light 전등

| 해석 |
• 비가 와! 우비를 입어.
• 불을 켜라.

06   ④

B가 because(~때문에)를 이용하여 대답을 하고 있는 것으로 보아 빈칸에 들어갈 말로 가장 적절한 것은 ④ Why이다.

| 어휘 | story 이야기   interesting 재미있는
| 해석 |
A: 왜 그 이야기를 좋아하니?
B: 매우 재미있기 때문이야.

| 선택지 |
① 누구
② 언제
③ 어디서, 어디에
④ 왜

07   ②

B가 '나는 2잔의 물이 필요해.'라고 양에 대한 대답을 했으므로, A는 How much(얼마나 많은)~?로 물어보는 것이 알맞다. 따라서 대화의 빈칸에 들어갈 말로 가장 적절한 것은 ② much이다.

| 어휘 | water 물   need 필요로 하다
two glasses of ~의 2잔
| 해석 |
A: 물이 얼마나 <u>많이</u> 필요하니?
B: 나는 물 두 잔이 필요해.

08   ②

B가 Yes, I am(응, 그래).로 be동사 현재시제 의문문에 대한 긍정 대답을 하고 있으므로 대화의 빈칸에 들어갈 말로 가장 적절한 것은 ② Are이다.
| 어휘 | thirsty 목이 마른
| 해석 |
A: 목마르니?
B: 응, 그래.

09   ③

일반동사 현재시제(3인칭 복수 주어) 의문문은 「Do + 주어 + 동사원형 ~?」이고 부정 대답은 「No, 주어 + don't.」이다. B가 그들은 소고기가 아닌 닭고기를 좋아한다고 했으므로 빈칸에 들어갈 말로 적절한 것은 일반동사 현재시제 부정문에 해당하는 ③이다.
| 어휘 | beef 소고기   chicken 닭고기
| 해석 |
A: 그들은 소고기를 좋아하니?
B: <u>아니, 그렇지 않아.</u> 그들은 닭고기를 좋아해.

10   ④

그림 속 Ben은 전화 통화를 하고 있으므로 ④는 Ben is talking on the phone(Ben은 전화 통화를 하고 있다).로 고쳐야 알맞다.
| 어휘 | draw 그리다   play tennis 테니스를 치다
| 선택지 |
① Sam은 책을 읽고 있다.
② Yumi는 음악을 듣고 있다.
③ William은 그림을 그리고 있다.
④ Ben은 테니스를 치고 있다.

11   ③

이 문장에서는 go라는 동사가 이미 있고, go 앞에 to가 있으므로 뒤에 동사원형이 바로 나와야 하는 ①, ②, ④는 빈칸에 올 수 없다. 빈칸에 ③ has가 들어가서 has to가 되면 '~해야 한다'

는 의무의 의미가 된다. has to는 have to의 3인칭 단수 현재형이다.
| 해석 | 그녀는 어두워지기 전에 집에 <u>가야 한다</u>.

12   ③

그림에서 컵 2개가 탁자 위에 있으므로 빈칸에 들어갈 말로 가장 적절한 것은 '~위에'를 나타내는 전치사 ③ on이다.
| 어휘 | table 탁자
| 해석 | 탁자 <u>위에는</u> 2개의 컵이 있다.
| 선택지 |
① ~의 사이에
② ~안에
③ ~위에
④ ~아래에

13   ④

능동태 문장을 수동태로 바꿀 때, 동사는 「be동사 + p.p.」 형태로 바꾸며, be동사의 수는 수동태의 주어에 일치, 시제는 능동태에 일치시키므로 빈칸에 들어갈 말로 가장 적절한 것은 ④ was written이다.
| 어휘 | write 쓰다(write - wrote - written)   letter 편지
| 해석 | Dongwon은 그 편지를 썼다. → 그 편지는 Dongwon에 의해 쓰였다.

14   ④

영탁이의 주간 계획표를 보면 금요일에 하는 활동은 ④ 꽃에 물주기이다.
| 어휘 | play soccer 축구를 하다
do the dishes 설거지를 하다
play the + 악기 이름 ~ 연주하다
water 물을 주다
| 해석 |

월요일	화요일	수요일	목요일	금요일
축구하기	설거지하기	바이올린 연주하기	수영하기	꽃에 물 주기

15   ②

주간 날씨 예보에서 수요일의 날씨로 가장 적절한 것은 ② rainy(비가 오는)이다.
| 선택지 |
① 흐린   ② 비가 오는   ③ 눈 내리는   ④ 화창한

16 ④

A가 자기소개 후 B에게 이름을 묻고, B는 이름을 답하며 반갑다고 하자, A 역시 만나서 반갑다고 하는 상황이다. A가 Nice to meet you, too.라고 한 것으로 보아 대화의 빈칸에 들어갈 말로 가장 적절한 것은 ④ Nice to meet you이다.

| 해석 |
A: 안녕. 나의 이름은 Yeongung이야. 너의 이름은 무엇이니?
B: 나는 Hojung이야. 너를 만나서 반갑구나, Yeongung.
A: 나도 만나서 반가워.

| 선택지 |
① 진정해
② 기운 내
③ 행운을 빌어
④ 만나서 반가워

17 ②

B가 나이를 말하므로 빈칸에 들어갈 말로 가장 적절한 것은 나이를 물어보는 표현인 ② How old are you이다.

| 어휘 | fourteen 14, 열넷
| 해석 |
A: 몇 살이니?
B: 나는 14살이야.

| 선택지 |
① 오늘 기분이 어떠니
② 몇 살이니
③ 키가 얼마니
④ 날씨가 어때

18 ④

아버지가 어떻게 생겼냐고 A가 묻고 있으므로 '그는 키가 크고 잘생겼어.'라고 외모를 묘사하는 ④가 가장 적절하다.

| 어휘 | look like ~인 것처럼 보이다   singer 가수
look at ~을 보다   map 지도   look for ~을 찾다
cap 모자   tall 키가 큰   handsome 잘생긴
| 해석 |
A: 너희 아버지는 어떻게 생기셨니?
B: 그는 키가 크고 잘생겼어.

| 선택지 |
① 그는 가수야
② 그는 지도를 보고 있어
③ 그는 모자를 찾고 있어
④ 그는 키가 크고 잘생겼어

19 ①

A와 B는 가장 좋아하는 과목에 대한 대화를 나누고 있다.

| 어휘 | favorite 가장 좋아하는   subject 과목
| 해석 |
A: 네가 가장 좋아하는 과목은 무엇이니?
B: 영어는 내가 가장 좋아하는 과목이야.

20 ②

Don't worry. You'll do better next time.은 '걱정 마. 다음번에 더 잘할 수 있을 거야.'라는 의미로 상대방을 격려할 때 할 수 있는 말이다.

| 어휘 | history 역사   hard 어려운   grade 성적
worry 걱정하다   better 더 잘   next time 다음번에
| 해석 |
A: 역사 시험 어땠어?
B: 나에게는 정말 어려웠어. 나는 역사에서 낮은 성적을 받았어.
A: 걱정 마. 다음번에 더 잘할 수 있을 거야.

21 ④

A가 '오늘 저녁에 함께 탁구를 치자'고 하자 B는 좋다고 말하며 약속 시간을 잡고 있다. 따라서 두 사람이 오늘 저녁에 할 일로 가장 적절한 것은 ④ 탁구 치기이다.

| 어휘 | table tennis 탁구   this evening 오늘 저녁
How about ~? ~은 어때?   o'clock 정각
| 해석 |
A: 오늘 저녁에 함께 탁구 치자.
B: 좋아! 몇 시에 만나고 싶어?
A: 8시 정각은 어때?
B: 그래.

22 ①

반려동물과 산책할 때 운동을 할 수 있고 아름다운 경치도 볼 수 있으며, 편안함을 느끼고 긴장을 풀 수 있게 반려동물이 도와줄 수도 있다고 하므로 글의 주제로 가장 적절한 것은 ① 반려동물을 기르는 것이 건강에 좋은 이유이다.

| 어휘 | raise 키우다[기르다]   pet 반려동물
be good for ~에 좋다   health 건강
for example 예를 들어   beautiful 아름다운   view 경치
take a walk 산책하다   comfortable 편안한
relaxed 긴장이 풀린

| 해석 | 반려동물을 기르는 것은 건강에 좋다. 예를 들어, 반려동물과 산책할 때 운동을 할 수 있고 아름다운 경치도 볼 수 있다. 또한, 반려동물은 네가 편안하게 느끼고 긴장을 풀도록 도와준다.

23 ③

Minho의 형은 ① 대단히 친절하고 ② 친구가 많고 ④ Minho와 자주 논다는 내용은 글에 포함되어 있지만 ③은 Minho의 형에 대한 설명에서 언급되지 않는다.

| 어휘 | name 이름 be going to+동사원형 ~할 예정이다
elder 나이가 더 많은 kind 친절한
friend 친구 often 자주 love 사랑하다
| 해석 | 내 이름은 Minho야. 형에 대해 이야기할게. 그는 대단히 친절하고 친구들이 많아. 그는 나와 자주 놀아. 나는 형을 매우 사랑해.

24 ③

명함에서 ① 이름(Nam Seungmin), ② 직업(vet), ④ 전화번호(010-1234-5678)는 알 수 있지만 ③ 주소는 알 수 없다.

| 어휘 | vet 수의사
| 해석 |
이름: Nam Seungmin
직업: 수의사
전화번호: 010-1234-5678

25 ②

지난 일요일에 캠핑을 갔고, 정말 특별한 날이었다고 나와 있으므로 'I'의 심정으로 가장 적절한 것은 ② happy(기쁜)이다.

| 어휘 | go comping 캠핑을 가다 last sunday 지난 일요일
set up ~을 세우다[놓다]/설치하다
campground 야영장 sit around ~을 둘러 앉다
harmonica 하모니카 special 특별한
| 해석 | 나는 지난 일요일에 캠핑을 갔다. 아버지가 야영장에 텐트를 치셨다. 어머니는 우리를 위해 불고기를 만드셨다. 우리는 저녁 식사 후에 불을 둘러싸고 앉았고, 나는 하모니카를 연주했다. 우리에게 정말 특별한 날이었다.
| 선택지 |
① 화난 ② 기쁜 ③ 슬픈 ④ 불안해하는

2 회									281쪽
01	④	02	②	03	④	04	④	05	③
06	④	07	②	08	②	09	④	10	②
11	④	12	④	13	①	14	②	15	④
16	③	17	③	18	①	19	④	20	①
21	④	22	④	23	③	24	①	25	①

01 ④

제시된 단어들을 모두 포함하는 상위 개념의 어휘를 고르는 문제이다. cook(요리사), doctor(의사), singer(가수), teacher(선생님)을 모두 포함할 수 있는 단어는 ④ job(직업)이다.
| 선택지 |
① 동물 ② 색 ③ 음식 ④ 직업

02 ②

제시된 두 단어의 관계가 나머지와 다른 하나를 고르는 문제이다. ①, ③, ④는 반의어 관계이고, ②는 유의어 관계이다.
| 선택지 |
① 큰 - 작은
② 기쁜 - 행복한
③ 무거운 - 가벼운
④ 나이가 많은, 늙은 - 젊은, 어린

03 ④

밑줄 친 단어의 의미가 나머지 셋과 다른 하나를 고르는 문제이다. ①, ②, ③의 kind는 형용사로 '친절한'이라는 의미이나, ④의 kind는 명사로 '종류'라는 의미이다.
| 선택지 |
① 그녀는 정말 친절하구나!
② 당신은 정말 친절하시군요.
③ 그는 점잖고 친절하다.
④ 당신은 어떤 종류의 영화를 좋아하세요?

04 ④

제시된 단어 중에서 복수형을 찾는 문제이다. ④ children은 child(어린이)의 복수형이다.
| 오답의 이유 |
① woman(여자)의 복수형은 women이다.
② tooth(이)의 복수형은 teeth이다.
③ mouse(쥐)의 복수형은 mice이다.

05 ③

연도를 나타낼 때는 전치사 in을 쓰며, be interested in은 '~에 흥미[관심]가 있다'라는 뜻이다. 따라서 빈칸에 공통으로 들어갈 말은 ③ in이다.

| 해석 |
• 나는 1984년에 태어났다.
• 나는 음악에 관심이 있다.

06 ④

〈보기〉는 현재시제 일반동사 긍정문을 부정문으로 바꾼 것이다. 현재시제에서 일반동사의 부정문은 1, 2인칭, 복수 주어일 때는 동사 앞에 don't를 붙이고, 3인칭 단수 주어일 때는 동사 앞에 doesn't를 붙인다. 주어진 문장의 주어는 my mother로 3인칭 단수 주어이므로 빈칸에 들어갈 말로 적절한 것은 ④ doesn't이다.

| 해석 |
• 나는 여름을 좋아한다. → 나는 여름을 좋아하지 않는다.
• 나의 엄마는 겨울을 좋아한다. → 나의 엄마는 겨울을 좋아하지 않는다.

07 ②

미래형 조동사 will이 있으므로 빈칸에는 미래 시점을 나타내는 부사 ② tomorrow가 들어가야 한다.

| 해석 | 나는 내일 낚시하러 갈 것이다.

| 선택지 |
① 지난 밤   ② 내일   ③ 3주 전   ④ 어제

08 ②

앞 문장의 sister를 받는 대명사 자리이므로 빈칸에 들어갈 말로 적절한 것은 ② her이다.

| 어휘 | little sister 여동생   skirt 치마

| 해석 |
A: 너는 너의 여동생을 위해서 무엇을 사길 원하니?
B: 나는 그녀를 위해 치마를 사고 싶어.

09 ④

Jenny는 John보다 6살 어리므로 빈칸에 들어갈 말로 적절한 것은 ④ younger(더 젊은, 더 어린)이다.

| 해석 |
• John은 17살이다.
• 그의 여동생 Jenny는 11살이다.
→ Jenny는 John의 여동생이다.

| 선택지 |
① 더 큰
② 더 늙은, 더 나이가 많은
③ 더 짧은, 더 작은
④ 더 젊은, 더 어린

10 ②

제시된 응답을 보고 질문의 빈칸에 들어갈 알맞은 말을 고르는 문제이다. B가 '2일 동안'이라고 기간을 말하고 있으므로 빈칸에 들어갈 말로 적절한 것은 '얼마나 오래 ~'의 뜻을 만드는 ② How long이다. '~동안'이라는 의미인 for 다음에는 숫자가 나온다.

| 어휘 | stay 머물다   for ~ 동안

| 해석 |
A: 당신은 호텔에서 얼마나 오랫동안 머무르셨나요?
B: 이틀 동안입니다.

| 선택지 |
① 얼마나 멀리(거리, 범위)
② 얼마나 오래(기간)
③ 얼마나 많이, 몇 개(수)
④ 얼마나 자주(횟수, 빈도)

11 ④

제시된 응답을 보고 질문의 빈칸에 들어갈 알맞은 어휘를 고르는 문제이다. B가 날씨에 대해 묘사하고 있으므로 A의 질문의 빈칸에 들어갈 말로 적절한 것은 ④ weather이다. B의 대답 It's rainy and windy. 에 쓰인 it은 날씨를 나타내는 비인칭주어이고 해석하지 않는다.

| 해석 |
A: 런던의 날씨는 어때?
B: 비가 오고 바람이 불어.

| 선택지 |
① 기상예보관   ② 계절   ③ 시간   ④ 날씨

12 ④

A가 전화를 걸어 '여보세요. Tom과 통화할 수 있을까요?'라며 통화하고자 하는 사람을 바꾸어 달라고 요청하고 있으므로 빈칸에 들어갈 말로 알맞지 않은 것은 ④이다.

| 어휘 | hold on 전화를 들고 기다리다

| 해석 |
A: 여보세요. Tom과 통화할 수 있을까요?
B: _____

| 선택지 |

① 저예요.

② 물론이죠. 잠시만 기다려 주세요.

③ 죄송합니다. 그는 지금 여기에 없어요.

④ Tom과 통화할 수 있을까요?

13 ①

대화의 주제를 찾는 문제이다. 미래에 무엇이 되고 싶은지 이야기하고 있으므로, 대화의 주제로 적절한 것은 ① 장래 희망이다.

| 어휘 | in the future 미래에 vet 수의사

| 해석 |

A: 미래에 뭐가 되고 싶니?

B: 나는 가수가 되고 싶어. 너는 어때?

A: 나는 수의사가 되고 싶어.

14 ②

대화에서 질문과 응답의 연결이 자연스럽지 않은 것을 고르는 문제이다. ②에서 좋아하는 동물이 무엇이냐 묻는 A의 질문에 B가 '응, 나는 그것을 좋아해.'라고 답하는 것은 자연스럽지 않다.

| 어휘 | go to school 학교에 가다 present 선물
by+교통 수단 ~을 타고

| 선택지 |

① A: 수영할 수 있니?

　 B: 응, 할 수 있어.

② A: 네가 가장 좋아하는 동물이 무엇이니?

　 B: 응, 나는 그것을 좋아해.

③ A: 학교에 어떻게 가니?

　 B: 버스를 타고 가.

④ A: 선물 고마워.

　 B: 천만에.

15 ④

제시된 대화에서 밑줄 친 문장이 의미하는 것을 고르는 문제이다. Congratulations!는 '축하해!'라는 의미로, 밑줄 친 문장의 의도로 적절한 것은 ④ 축하하기이다.

| 해석 |

A: 나는 춤 경연대회에서 1등을 했어.

B: 대단한걸! 축하해!

16 ③

대화에서 밑줄 친 문장이 의미하는 것을 고르는 문제이다. Do

you mind if ~?로 허락을 구할 때, 허락하는 답변은 부정문으로 해야 한다. 따라서 밑줄 친 문장은 창문을 열어도 된다는 의미이므로 의도로 적절한 것은 ③이다.

| 어휘 | hot 더운 mind ~을 꺼리다

| 해석 |

A: 여기가 너무 덥네요. 창문을 여는 것을 꺼리시나요?

B: 아니요. 하고 싶은 대로 하세요.

A: 고맙습니다.

17 ③

제시된 문장에 이어질 대화의 내용을 순서에 맞게 바르게 나열한 것을 고르는 문제이다. 오늘 밤 영화를 보러 가자고 제안하는 말에 긍정 대답을 하고 약속 시간을 묻는 (B)가 와야 하며, 다음으로는 8시 정각이 어떤지 묻는 (A)가 온 뒤, 그때 보자고 답하는 (C)가 와야 자연스럽다.

| 어휘 | see a movie 영화를 보다 make it 시간 맞춰 가다

| 해석 |

오늘 저녁에 영화를 보자.

(B) 그래. 몇 시에 만날까?

(A) 8시 정각이 어때?

(C) 좋아. 그때 보자.

18 ①

대화가 이루어지는 장소를 파악하는 문제이다. 여권(passport), 여행(trip) 등의 표현이 사용되고 있으므로 대화가 이루어지는 장소로 적절한 것은 ① 공항이다.

| 어휘 | May I ~? ~해도 될까요?(= Can I ~?)
passport 여권 first 처음의, 첫 번째의 trip 여행

| 해석 |

A: 당신의 여권을 보여 주시겠어요?

B: 네, 여기 있습니다.

A: 캐나다 여행은 이번이 처음이세요?

B: 네, 그렇습니다.

19 ④

제시된 질문과 연결되는 적절한 대답을 고르는 문제이다. A가 스테이크 굽기를 어떻게 할지를 묻고 있으므로, 그에 대한 대답으로 적절한 것은 ④이다.

| 어휘 | steak 스테이크 well done 완전히 익힌

| 해석 |

A: 스테이크는 어떻게 해드릴까요?

B: 잘 익힌 걸로요.

| 선택지 |
① 커피를 주세요.
② 샐러드를 주세요.
③ 수프를 주세요.
④ 잘 익힌 걸로요.

20 ①

글의 내용을 파악하여 제목으로 가장 알맞은 것을 고르는 문제이다. 가족이 어떻게 이루어져 있는지 이야기하고, 그들의 직업을 소개하고 있다. 따라서 글의 제목으로 적절한 것은 ① My Family(나의 가족)이다.

| 어휘 | There are+복수명사 ~이 있다   actor 배우
middle school 중학교

| 해석 | 나의 가족은 4명이다. 나의 아버지, 나의 어머니, 나의 남동생, 그리고 나이다. 나의 아버지는 배우이시고 나의 어머니는 가수이시다. 나의 남동생은 중학생이다.

| 선택지 |
① 나의 가족
② 나의 친구
③ 나의 학교
④ 나의 선생님

21 ④

글의 목적을 고르는 문제이다. 자신은 요리를 좋아하여 요리사가 되기를 원하는데, 부모님은 의사가 되기를 원해서 어떻게 해야 할지 조언을 구하는 글이다. 따라서 글의 목적으로 적절한 것은 ④ 조언 요청이다.

| 어휘 | cook 요리사   parents 부모님   should ~해야 한다
need ~을 필요로 하다   advice 충고

| 해석 | Kim 선생님께.
안녕하세요. 저는 학생입니다. 저는 요리하는 것을 굉장히 좋아합니다. 저는 요리사가 되고 싶습니다만 저의 부모님은 제가 의사가 되길 원하십니다. 저는 어떻게 해야 할까요? 저는 선생님의 조언이 필요합니다.

22 ④

글에 언급되어 있지 않은 내용을 고르는 문제이다. 글에서 'I'는 ① 청소를 했고 ② 아버지와 쇼핑을 갔으며 ③ 외식으로 중식당에서 딤섬을 먹었다고 했지만 ④ 등산에 대한 내용은 언급되지 않았다.

| 어휘 | go shopping 쇼핑을 가다
dim sum 딤섬(중국식 만두)   Chinese 중국의
restaurant 식당   have a good time 좋은 시간을 보내다

| 해석 | 오늘은 나의 아버지의 생신이었다. 아침에, 나는 집을 청소했다. 나의 아버지와 나는 쇼핑하러 갔고, 중식당에서 딤섬을 먹었다. 우리는 좋은 시간을 보냈다.

23 ③

초대장에 포함된 정보가 아닌 것을 고르는 문제이다. 초대장에 ① 파티 날짜(6월 2일), ② 파티 장소(나의 집), ④ 초대한 사람(Jessica)은 알 수 있으나, ③ 참석 인원은 알 수 없다.

| 어휘 | invitation 초대

| 해석 | 초대
James에게
나의 생일 파티에 올 수 있니?
장소: 우리 집
언제: 6월 2일, 오후 6시
Jessica로부터

24 ①

주어진 문장들이 공통적으로 조언하고 있는 것을 고르는 문제이다. 매일 운동하고, 단 것을 너무 먹지 않고, 식사 전에 손을 씻는 것은 모두 ① 건강 지키기를 위한 조언이다.

| 어휘 | have 먹다, 마시다
too many+복수명사 너무나 많은 ~   sweet 단 것, 달콤한
soda 탄산음료   wash one's hands 손을 씻다
meal 식사

| 해석 |
• 매일 운동하기
• 아이스크림이나 탄산음료 같이 단 것들을 너무 많이 먹지 않기
• 식사 전에 손 씻기

25 ①

글에 나타난 글쓴이의 심경을 파악하는 문제이다. 미국 출신으로 한국에 왔으나 한국어가 서툴러서 이해를 잘 하지 못한다는 내용으로, 글쓴이의 심경으로 적절한 것은 ① 답답함이다.

| 어휘 | move 이사하다   last month 지난달에
be not good at ~에 능숙하지 못하다(= be poor at)
understand 이해하다   terrible 끔찍한, 기분이 안 좋은

| 해석 | 저는 미국 출신입니다. 저는 지난달에 한국에 왔습니다. 저는 한국어를 잘하지 못해서, 이해를 잘 하지 못합니다. 그것은 저를 기분이 안 좋게 만듭니다.

memo

memo

memo

memo

정답과 해설

2025 최신판

에듀윌
중졸 검정고시
기본서 영어

고객의 꿈, 직원의 꿈, 지역사회의 꿈을 실현한다

펴낸곳 (주)에듀윌   **펴낸이** 양형남   **출판총괄** 오용철   **에듀윌 대표번호** 1600-6700

주소 서울시 구로구 디지털로 34길 55 코오롱싸이언스밸리 2차 3층   **등록번호** 제25100-2002-000052호

협의 없는 무단 복제는 법으로 금지되어 있습니다.

에듀윌 도서몰	• 부가학습자료 및 정오표: 에듀윌 도서몰 > 도서자료실
book.eduwill.net	• 교재 문의: 에듀윌 도서몰 > 문의하기 > 교재(내용, 출간) / 주문 및 배송

꿈을 현실로 만드는
에듀윌

DREAM

공무원 교육
- 선호도 1위, 신뢰도 1위! 브랜드만족도 1위!
- 합격자 수 2,100% 폭등시킨 독한 커리큘럼

자격증 교육
- 8년간 아무도 깨지 못한 기록 합격자 수 1위
- 가장 많은 합격자를 배출한 최고의 합격 시스템

직영학원
- 직영학원 수 1위
- 표준화된 커리큘럼과 호텔급 시설 자랑하는 전국 22개 학원

종합출판
- 온라인서점 베스트셀러 1위!
- 출제위원급 전문 교수진이 직접 집필한 합격 교재

어학 교육
- 토익 베스트셀러 1위
- 토익 동영상 강의 무료 제공

콘텐츠 제휴 · B2B 교육
- 고객 맞춤형 위탁 교육 서비스 제공
- 기업, 기관, 대학 등 각 단체에 최적화된 고객 맞춤형 교육 및 제휴 서비스

부동산 아카데미
- 부동산 실무 교육 1위!
- 상위 1% 고소득 창업/취업 비법
- 부동산 실전 재테크 성공 비법

학점은행제
- 99%의 과목이수율
- 16년 연속 교육부 평가 인정 기관 선정

대학 편입
- 편입 교육 1위!
- 최대 200% 환급 상품 서비스

국비무료 교육
- '5년우수훈련기관' 선정
- K-디지털, 산대특 등 특화 훈련과정
- 원격국비교육원 오픈

에듀윌 교육서비스 **공무원 교육** 9급공무원/7급공무원/소방공무원/계리직공무원 **자격증 교육** 공인중개사/주택관리사/감정평가사/노무사/전기기사/경비지도사/검정고시/소방설비기사/소방시설관리사/사회복지사1급/건축기사/토목기사/직업상담사/전기기능사/산업안전기사/위험물산업기사/위험물기능사/유통관리사/물류관리사/행정사/한국사능력검정/한경TESAT/매경TEST/KBS한국어능력시험·실용글쓰기/IT자격증/국제무역사/무역영어 **어학 교육** 토익 교재/토익 동영상 강의 **세무/회계** 회계사/세무사/전산세무회계/ERP정보관리사/재경관리사 **대학 편입** 편입 교재/편입 영어·수학/경찰대/의치대/편입 컨설팅·면접 **직영학원** 공무원학원/소방학원/공인중개사 학원/주택관리사 학원/전기기사 학원/세무사·회계사 학원/편입학원 **종합출판** 공무원·자격증 수험교재 및 단행본 **학점은행제** 교육부 평가인정기관 원격평생교육원(사회복지사2급/경영학/CPA)/교육부 평가인정기관 원격 사회교육원(사회복지사2급/심리학) **콘텐츠 제휴·B2B 교육** 교육 콘텐츠 제휴/기업 맞춤 자격증 교육/대학 취업역량 강화 교육 **부동산 아카데미** 부동산 창업CEO/부동산 경매 마스터/부동산 컨설팅 **국비무료 교육 (국비교육원)** 전기기능사/전기(산업)기사/소방설비(산업)기사/IT(빅데이터/자바프로그램/파이썬)/게임그래픽/3D프린터/실내건축디자인/웹퍼블리셔/그래픽디자인/영상편집(유튜브)디자인/온라인 쇼핑몰광고 및 제작(쿠팡, 스마트스토어)/전산세무회계/컴퓨터활용능력/ITQ/GTQ/직업상담사

교육
문의 **1600-6700** www.eduwill.net